도덕감정의 사회학

김왕배 지음

도덕감정의 사회학

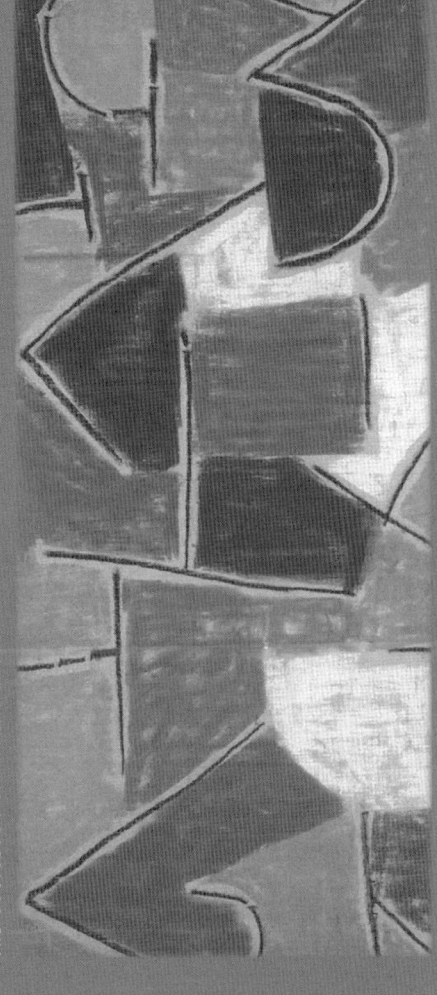

THE SOCIOLOGY OF MORAL EMOTION

한울
아카데미

차례

감사의 글 8

서론: 왜 도덕감정인가? ——————————————— 11
1. 시대의 전환 11
2. '열정'의 시대에서 '증환'의 시대로 16
   1) 성장과 열정의 시대 16 | 2) 증환의 시대 21
3. 민주주의 퇴행: 패도와 혐오의 정치 23
   1) 민주주의의 퇴행 23 | 2) 권력의 대기자들과 요설 공화국 26 | 3) 혐오와 반지성주의 27
4. '사회란 없다' vs. '사회를 살려야 한다' 29
   1) 1998, 나라를 살리자 29 | 2) 사회란 없다! 30 | 3) 여러분의 동료도 없다! 33 | 4) 개인화와 '즉자적 개인'의 탄생 35 | 5) 정의를 갈망하는 사회 37
5. 법과 도덕 사이의 '사태들', 도덕감정을 초대해야 할 다양한 이유 41
   1) 법과 도덕 사이에서 41 | 2) 도덕감정을 초대해야 할 다양한 이유 44

1부 도덕감정의 감정들: 공감, 양심, 정의

1장 도덕감정: 지각, 사유, 판단 ——————————————— 49
1. 감정과 지각 49
   1) 일상과 감정 49 | 2) 도덕감정의 지각과 판단 52
2. 도덕감정: 타자성찰과 공적감정 58
   1) 도덕감정이란 무엇인가? 58 | 2) 도덕감정을 구성하는 요인들 61
3. 부채의식과 감사의 순환 66

1) 부채의식 66 | 2) 감사 70 | 3) 죄책감 73 | 4) 부채와 감사의 균열: 감사할 만한 부채가 존재하는가? 78

2장 공감과 비판적 상상력 ─────────────── 82

1. 공감 82

    1) 공감이란 무엇인가? 82 | 2) 서양철학에서의 공감론의 계보 86 | 3) 유학에서의 공감, 서(恕) 96

2. 사변으로서의 상상력 104

    1) 상상력 104 | 2) 사회학적 상상력과 비판적 사변 109

3장 양심과 책임 ─────────────────── 118

1. 양심 118

    1) 양심이란 무엇인가? 118 | 2) 양심과 양지(良知) 121 | 3) 양심의 가책 124 | 4) 양심 구현의 어려움 130

2. 책임 133

    1) 책임 윤리 133 | 2) 정명론(正名論) 137 | 3) 동기와 결과의 책임 판단 140 | 4) 미래 세대에 대한 책임 141

3. 사유와 판단 144

    1) 시민적 덕성과 책임 144 | 2) 사유의 불능 147

4장 정의: 복수의 정념과 어려운 용서 ──────────── 151

1. 정의의 감정 151

    1) 예리하고 냉정함 151 | 2) 탈리오의 원칙: '눈에는 눈, 이에는 이' 154 | 3) 분배정의의 담론 159 | 4) 정의와 도덕감정 165

2. 복수의 정념 168

    1) 복수는 '나의 것' 168 | 2) 국가범죄와 이행기 정의 172 | 3) 원한과 분노 175

3. 분노의 분노를 넘어, 어려운 용서에 대하여 183

    1) 죄책감의 힘 183 | 2) 시간과 기억 190 | 3) '어려운 용서'의 타진 196 | 4) 미래를 향한 '미완' 205

2부 도덕감정과 적(敵)의 장벽: 혐오, 생명통치, 이데올로기

5장 혐오의 정치와 반지성주의 ——————————— 209

1. 혐오사회의 정치 209

   1) 혐오의 양가성 209 | 2) 혐오와 희생제의 215 | 3) 혐오정치의 배경 223

2. 반지성주의 사회 228

   1) 반지성주의란 무엇인가? 228 | 2) 반지성주의 사회의 특징들 236 | 3) 반지성주의의 요람 239 | 4) 정치인과 고위 관료층의 반지성주의 247

6장 법, 생명통치, 이데올로기 ——————————— 252

1. 생명이란 무엇인가? 252
2. 법, 정의, 폭력 257
3. 법과 생명통치 262

   1) 생명의 통치술 262 | 2) 법과 면역의 정치 265

4. 왜곡된 신념 혹은 이데올로기 272

   1) 이데올로기의 종언과 부활 272 | 2) 전도된 의식과 화폐의 물신화 276 | 3) 담론과 소비이데올로기 280

5. 환상과 균열 283

   1) 상상적 관계의 표상과 '호명' 283 | 2) 도덕감정의 비판 역량: 이데올로기의 균열과 저항의 가능성 291

3부 개인화 시대의 도덕감정: 자기배려와 신뢰

7장 개인화, 고립화 그리고 외로움 ——————————— 299

1. '개인'의 탄생과 개인주의 299

   1) 개인의 탄생 299 | 2) 개인과 프라이버시 306 | 3) 고립화된 개인: 고독 아닌 외로움 309

2. 오래된 논쟁, 개인과 공동체 314

   1) 개인과 공동체주의 314 | 2) 부족 공동체와 신(新)사회운동의 가능성 318

8장 자기배려와 이타주의 ─────────────────── 322

1. 이기주의와 이타주의 논쟁 322

   1) 이기주의와 이타주의에 대한 질문 322 | 2) 이타성에 대한 이기주의적 접근과 '이타주의'적 접근 326

2. 순수 이타주의와 자애심 329

   1) 순수 이타주의 329 | 2) 종교적 이타성 331 | 3) '동정'과 연민에 대하여 335

3. 자기배려: 또 하나의 이타주의 339

   1) 건강과 자산, 신중함의 덕목 339 | 2) 자기 전념과 회귀 344 | 3) 자기존중 347

9장 신뢰와 연대, 존중과 품위사회 ───────────── 352

1. 신뢰와 사회자본 352

   1) 신뢰에 대한 다양한 시각들 352 | 2) 신뢰와 '사회자본' 356 | 3) 한국 사회의 신뢰 362

2. 연대의 사회 366

   1) 공화주의 시민연대 366 | 2) 연대와 시민사회의 힘 377

3. 존중과 품위사회 380

   1) 인격과 생명의 존중 380 | 2) 일상생활 속의 존중의례 386 | 3) 소통과 '다성성(多聲性)'의 미학 389

나가며 ─────────────────────────────── 394

참고문헌 403
찾아보기 423

감사의 글

즐겁게 산다는 것, 올바르게 산다는 것, 보람되게 산다는 것은 과연 무엇인가? 우리는 삶의 의미와 가치를 묻고, 크고 작은 수많은 판단을 내리며 살아간다. 오늘날 이러한 질문은 시대의 불안 증후와 불가분의 관계에 놓여 있다. 인공지능의 도래, 지구온난화와 기후위기, 민주주의 퇴행과 불평등의 심화로 인한 실존적 불안은 그 어느 때보다 예리한 사유와 판단, 성찰과 실천을 요청하고 있다. 구태의연한 듯한 도덕감정이란 용어를 소환하여 이 책을 쓰게 된 배경이다.

나는 수년 전 『감정과 사회』라는 책에서 분노와 슬픔, 혐오, 냉소주의, 친밀성 등 다양한 감정의 렌즈를 통해 한국 사회가 걸어온 궤적을 파악해 보려 했다. 이 책은 그 마지막 장을 이어받아 쓴 후속작이라 해도 무방하다. 그러나 책의 제목을 정하는 데 망설임이 있었다. 무한 상상과 창조적 미래, 개방적이고 유연한 사유, 심지어 수긍할 만한 일탈을 주장하는 나로서는 기존의 도덕이란 말에 약간의 거리낌을 가지고 있었기 때문이다. 이 책의 제목은 '탈(脫)도덕감정'이 더 적절했는지도 모른다.

제한된 지면에 너무 많은 내용을 다루고 싶었던 탓일까, 각각의 주제 무엇 하나 제대로 완결한 것 없이 어중간하게 유랑한 것은 아닌지 걱정스럽다. 사회철학을 주변에서 기웃거렸을 뿐인 내가 감히 대가들의 흉내를 낸 것이 아닌가 하는 부끄러움도 앞선다. 다만 전문학자들보다는 다양한 일상의 이웃들에게 다가가고 싶은 마음에 일부 장들에서는 비평적 글쓰기를 시도해보기도 했다.

나는 사회학자는 항상 '머뭇거리고 다소 우울한' 습성을 가지고 있다고 생각한다. 사회학자는 사회 비평가와 달리 자신이 부딪히는 세계를 즉각적으로 판단하는 것이 아니라, 타자들의 세계를 우회하여 그들의 목소리를 전해야 하는 임무를 안고 있기 때문이다. 사건의 표층이 아닌 심층을 파악하기 위해 '왜'라는 질문을 던져야 하고, 가치판단은 사실판단에 기초해야 한다는 어떤 강박증 같은 것을 가지고 있기 때문이기도 하다. 세상은 모순과 부조리에 가득 차 있는데 그 까닭을 선명하게 밝히지도 못하고, 적절한 대안을 제시하지 못할 때 밀려오는 무기력함과 우울함은 일종의 숙명과도 같은 것이리라.

어느덧 미래의 세대를 걱정하는 나이가 되었다. 깊이보다 넓이를 추구했던 지난 학문의 여정이 허전하고 못내 아쉽다. 여전히 고개를 뒤로 돌리며 서성이는 학자로서 시대의 앞줄에서 당당하게 목소리를 내지 못한 소심증을 떨쳐내지 못했다. 말로써 다하지 못한 말이 남는 것처럼 지면은 텅 비어 있는 것 같고, 시린 어깨가 안쓰러울 뿐이다. 시장, 살림살이, 호혜 교환과 도덕감정의 문제를 사정상 이 책에 담지 못한 것도 그 이유이리라. 머지않은 훗날 인간 너머 비인간 자연들과의 새로운 연대, 감각과 소통의 가능성을 도덕감정 차원에서 논의할 수 있는 기회가 닿기를 바랄 뿐이다.

감사해야 할 분들이 많다. 방연상 교수에게 감사드린다. 그는 나에게 '앞을 내다보게 하는 힘과 지혜'를 주었다. 감정사회학계의 선구자인 박형신 박사에게도 감사드린다. 그의 독려와 채근이 없었다면 이 책의 출간은 불가능했다. 제자이며 동료인 김종우 박사, 오탈자와 문헌 정리를 도와준 정민종 대학원생에게도 감사드린다. 척박한 전문서적 출판시장의 사정에도 불구하고 이 책의 발간을 기꺼이 허락해준 한울엠플러스(주)의 김종수 대표와 관계자들, 특히 배소영 팀장에게 심심한 감사의 말씀을 전한다.

불안한 인생 항로에 든든한 버팀목이 되어주고 있는 아내 혜경, 내 삶의 반면교사가 되어준 종서, 종윤에게 고맙다는 말을 전한다. 수년 전 나의 가족과 반려의 인연을 맺은 '마루'에게도.

부채와 감사의 순환, 때로 적대와 긴장의 존재론적 운명을 함께하고 있는 나의 이웃들에게 이 책을 드립니다.

2024년 7월
개고 흐리기를 반복하는 날
김왕배

서론: 왜 도덕감정인가?

1. 시대의 전환

실존의 불안이 엄습하고 있다. 인류 사회는 어디로 가고 있는 것일까? 세계는 민주주의의 위기, 경제의 위기, 생태의 위기, 기후의 위기 등 파국의 서사로 가득 차 있다. 그뿐만 아니라 인간과 기계의 결합체인 사이보그, 챗봇(Chatbot), 인공지능(AI) 등 과학기술 담론이 일상을 지배하고 있다. 무한 이미지와 정보를 찾아 디지털 공간에서 유영(遊泳)하는 시간이 많아지면서 현실과 가상의 경계는 무의미해지고 있다. 메타버스의 실험이 말해주듯 조만간 나의 대리 행위자인 '아바타'들이 일상생활의 주체로 활동할지도 모른다는 예감이 더욱 깊어지고 있다. 괴이할 수도 있고 흥미로울 수도 있는 '인간-기계'의 접합 존재, 이른바 '포스트휴먼(post-human) 시대'가 도래하고 있는 것이다.

현실과 가상이 융합된 혼종성(hybridity)이 지배하는 시대에서는 현실이 가상의 세계를 숨 가쁘게 뒤따라가는 역주행이 발생하기도 한다. '속도의 사상가' 폴 비릴리오(P. Virilio)는 이미 반세기 전의 현대사회를 '질주의 사회'라 불렀다(비릴리오, 2013; 주은우, 2013).[1] 너무나 빠른 회전 속도 때문에 마치 제자리에 서 있는 듯한 느낌에 사로잡힌 것처럼, 우리는 시간의 속도 속에 공간이 정지되어 있는 시대를 살고 있다. 시간과 공간의 질주가 파노라마처럼 펼쳐지고 있는 시대에 자본과 노동, 수없이 많은 여행객과 이주민, 그리고 난민들, 각종 세균과 바이러스들의 전 지구적 이동은 그 어느 때보다 빠르게 진행되고 있다.

평생 직장과 안정된 일자리, 노동의 희망(예컨대 노동은 자아실현의 행위라는 식)은 옛 이야기가 된 지 오래이다. 시간제 계약으로까지 파편화되고 유연화된 단기 노동시장은 더 이상 예측적인 삶의 리듬을 제공하지 않는다. 자극, 흥분, 유행, 재빠른 순환, 이미지, 정보, 디지털 화폐 등으로 충만한 소비사회는 삶의 세계를 입자와 파동처럼 쪼개고 이어간다. 허구적 상품으로 변신하면서 폭발적으로 몸집을 키워가는 투기적 주식 상품의 시대, 즉 '카지노 자본주의' 시대에 '빛보다도 빠른 이윤 사냥'이 벌어지고 있다(Strange, 1997; 마르틴·슈만, 2003). 이제 우리의 삶의 경험은 지그문트 바우만(Z. Bauman, 2010)이 묘사했던 '액체적 모더니티'를 넘어 '기체적 모더니티'로 나아가고 있는지도 모른다.

상황이 이렇다면 현재의 시대 진단을 넘어 미래지향의 새로운 철학과 사상이 급박하고 절실하다. 개인들의 무한한 상상력과 창의력을 북돋고 미래를 지향하는 신선한 용어와 새로운 패러다임과 같은 것 말이다. 예를 들면

---

1) 이러한 현상은 자본주의 초창기부터 발견되었다. 카를 마르크스(Karl Marx)가 '공산당 선언'에서 운을 떼었고, 데이비드 하비(D. Harvey)가 후기 자본주의 도시화 과정의 특징으로 묘사한 '시간에 의한 공간의 소멸'이다(Harvey, 1983).

최근 주목을 받고 있는 '사변적 실재론(speculative realism)' 같은 조류이다. 그런데 왜 갑자기 '도덕감정'인가? 과거로의 회귀 정서가 물씬 풍기는, 진부하고 고리타분하며 구태의연하고 케케묵은 듯한 용어—도덕감정을 소환하려 하는가? 오늘날 청소년들이 대학수학능력시험을 위해 영혼 없이 암기하는 '윤리와 사회'의 확장판을 논의하자는 것인가? 아니면 황제의 신민이나 전체주의 정권에 순종하는 '얌전하고 착한' 시민을 만들기 위해 예절 교육을 강조하자는 것인가? 권위주의 정권에 '충성'하기 위해 의무적으로 '도덕과 윤리'를 배워야만 했던 세대에게 도덕감정이란 신물 나는 개념일 수도 있다.

그런데 현시대의 변화를 어떤 식으로 규정하든 간에 과연 이 시대가 우리의 안녕과 행복을 보장하는 '바람직한' 방향으로 가고 있는가? 역사는 과연 진보하고 있는가? 앞서 개괄적으로 기술한 현대사회의 특징들은 기호적 의미를 갖는 '서구(The West)'에 국한된다. 지구 대부분의 인구는 이른바 '글로벌 사우스(Global South)' 지역에 살고 있다. 제3세계 또는 후진국이라는 용어가 폐기되면서 개발도상국이라 불리기도 하고, 혹은 '서구'에 대비되는 기호로서 '나머지(The Rest)'라고 불리는 곳[2]이다. 그 지역의 인구들은 오늘날 글로벌 네트워크 속에 엮여 있지만 서구와는 다른 삶을 살고 있다. 그 지역을 이동하는 것은 정보와 자본이 아니라 가난과 빈곤, 폐허를 피해 삶의 터전을 찾는 이주민과 난민들이다. 그곳에서는 여전히 내전과 국지전, 테러와 학살이 벌어지고 있다. 지구의 한 곁에서는 빈곤과 가난, 억압과 폭

---

[2] 서구는 더 이상 지리적 개념이 아니라, 발전, 미래, 희망, 모델, 제국 등의 파생 의미를 담고 있는 정치, 사회, 문화적 개념이다. 스튜어트 홀(S. Hall)은 수많은 지구상의 문화가 소수의 서구와 나머지들로 나뉘어 있다고 말한다. Hall(1996)을 참고하라.

력이 여전하고, 지구 곳곳에서는 마약과 무기, 동식물의 밀수입, 매춘과 노예노동으로 팔려 나가는 국제 인신매매가 성행하고 있다. 정치적 억압과 살해, 식량과 일자리의 위기로 밀려 나가는 인구의 수는 점차 많아지고 있다. '지금/여기'의 세계에는 '서구'와 '나머지'가 동시대 속에서 이질적으로 접합되는 '동시성의 비동시성'이 발생하고 있는 것이다.

수 세기에 걸쳐 인류의 피와 땀으로 이룩한 민주주의가 전 세계적으로 퇴행하고 있다는 사실이 무엇보다도 우려스럽다.[3] 아직 미완이기는 하지만 자유와 평등의 보편적 가치를 실현하고자 힘겹게 이룩한 정치체제가 '민주주의'이다. 그러나 아직도 많은 나라, 특히 글로벌 사우스 지역에서는 군부 세력과 연합한 독재정치가, 그리고 겉으로는 인민들의 민주주의를 표방하면서도 일부 집단이 권력을 장악하고 있는 현실 사회주의 국가의 전제정치가 성행하고 있다. 게다가 민주주의의 귀감이라고 자타의 공인을 받아왔던 서구 유럽과 미국 그리고 일부 국가들에서 자유와 평등, 평화와 공존의 민주주의 가치가 걷잡을 수 없이 허물어지고 있다.

우파들은 순수 혈통과 인종주의, 국가주의와 민족주의를 전면에 내세운다. 팬아메리카니즘(pan-Americanism)의 부활과 번영을 꿈꾸던 도널드 트럼프(D. Trump)는 대놓고 '미국 제일주의(America First!)'를 외치며 마키아벨리적인 위압의 정치를 서슴지 않았다. 그를 추종하는 일부 극우 세력들은 백주 대낮에 민주주의의 요람으로 상징되는 국회의사당을 폭력적으로 점령했다. 그리고 여전히 미국인의 절반이 그를 지지하고 있다. 영국은 탈(脫)EU를 단행했으며, 유럽의 극우 정당들도 약진을 거듭하더니 급기야 이

---

[3] 얼마 전 발표된 세계 민주주의 지수이다. https://www.newspim.com/news/view/20230203000401

탈리아에서는 파시즘의 후예가 총리로 등극하기에 이르렀다.[4] 중국은 과거 제국의 지위를 되찾기 위해 '중국 몽(夢)'을 실현하려고 하고, 러시아 역시 구(舊)제국의 영광을 꿈꾸고 있다. 리바이어던들의 동맹과 냉전이 갈수록 심화되고 있는 것이다.

  오늘날 지구는 정보기술의 발달에 힘입어 정치, 경제, 문화적 삶이 촘촘하게 엮인 '초네트워크화' 사회가 되어 있고, 우리가 당면한 많은 문제들은 전 세계 인류가 함께 풀어야 하는 공동의 의제(議題, agenda)가 되었다. 인권, 평화, 빈곤, 무역, 경제, 전쟁 그리고 기후위기 등의 문제는 더 이상 어느 특정 국민국가만의 것이 아니다. 한 세대 전에는 초국적 거버넌스가 출현함으로써 이러한 문제가 해결되리라 기대하던 분위기가 있었다. 그런데 오늘날 과연 그런 시스템이 작동하고 있는지에 대해서는 매우 회의적이다. 세계 정치의 거버넌스는 여전히 선진 강대국들의 리그를 벗어나지 못하고 있다. 세계 곳곳에 전쟁과 기근, 학살이 발생하고, 불평등과 기후위기의 증환(症患)들이 인류의 삶을 위협하고 있지만 국제적인 협력을 통한 해소의 기미가 보이기는커녕 오히려 각 국민국가들이 이해관계를 앞세우는 통에 문제는 더욱 꼬여가고 있다. '적과 동지'의 이분법에 근거한 동맹 정치와 진영의 논리가 강화되면서, 국내외 정치는 혐오와 증오, 적대와 폭력의 장으로 균열되고 있다. 합리적 이성을 바탕으로 전 세계 인류의 역사가 진보를 이룰 것이라는 계몽주의의 기획은 물거품이 되고 있는 듯 보인다. 그 주체라고 여겨졌던 시민사회는 급속히 약화되고 있다. 노동조합과 시민 단체와 사회운동단체는 무기력하고 온순해졌다. 외려 한 무더기의 시민들은 파시

---

[4] 2022년 극우 정치인인 조르자 멜로니가 이탈리아의 총리가 되었다. 1922년 베니토 무솔리니가 집권한 이후 첫 극우 총리의 탄생이다.

즘적 정권을 적극 지지하고 있지 않은가? 히틀러에게 열광했던 독일 대중의 함성이 아직도 우리 주변을 배회하고 있다. 약육강식의 음험(陰險)함과 전체주의의 유령이 지구를 떠돌고 있는 것이다.

2. '열정'의 시대에서 '증환'의 시대로

시간은 어긋나 있다. ─햄릿

1) 성장과 열정의 시대

식민지, 분단과 전쟁 그리고 극심한 가난에 허덕이던 한국은 2차 세계대전 이후 세계적으로 유례없는 성장을 통해 이른바 수치상 선진국의 대열에 진입한 나라이다. 1960~1970년대 서구 유럽은 자본주의의 황금기를 누리며 대량생산/대량소비라고 하는 포디즘적 생활양식의 지배하에 놓여 있었다. 광고와 유행, 그리고 성(性)의 상품화 등 자본주의가 무르익던 시기, 이에 저항하고 사회를 변화시키고자 하는 다양한 철학적 사유와 시민사회운동, 특히 청년문화라 일컫는 저항적 생활양식이 등장했다. 재즈와 록(Rock)이 기존의 음악에 도전하는가 하면, 물질문명에 환멸을 느낀 히피족들의 자연주의 문화가 형성되기도 하고, 뉴레프트의 등장과 함께 여성, 인권, 환경 등을 이슈로 하는 신(新)사회운동, 기존 체제와 질서에 도전하는 아방가르드적인 철학과 예술이 등장했다. 모더니즘과 포스트모더니즘의 사조들이 서로 씨름을 벌이며, 거대 담론에 대한 '해체'의 용어가 문학, 철학, 예술 분야의 전면에 나서기도 했다. 서구 현대사의 대전환기로 조명 받는 '68혁명'은 유럽인들의 삶의 방식, 철학, 사유 모든 면에서 '이전과 이후'를 가르는 변곡점이 되었다.

당시 한국 사회는 이와 사뭇 다른 상황에 놓여 있었다. 한국 사회가 겪고 있던 갈등의 이슈는 자본주의의 풍요가 아니라 절대적 가난 때문에 생긴 것이었고, 피비린내 나는 전쟁의 후유증을 극복하고 '분단된 조국의 통일'을 이루는 것과, 독재 정권하에서 최소한의 민주주의를 구축하는 것이 시대적 과제였다. 또한 유교적 가부장주의와 식민지 전체주의 유산, 권위주의 정권 그리고 전쟁의 상흔과 냉전, 절대빈곤이 사회를 가득 채우고 있었다. 자유, 평등, 인권 등의 가치를 억눌림 당한 채 개발독재 정권이 위로부터의 산업화를 전격적으로 가동한 시대이기도 했다.[5] 서구 사회에서 볼 수 있는 저항적 예술과 철학, 청년문화는 생각하기도 힘든, 언감생심(焉敢生心)에 불과했다. 이런 과거에 비하면 오늘날의 한국은 어떠한가? 세계 첨단기술의 총아인 반도체, 상품의 핵이라 불리는 자동차, 산업화의 쌀이라 불리는 철강 산업은 세계 최상위권에 진입해 있다. 또한 '한류'로 상징되는 '한국적인 것'들이 글로벌 대중문화를 선도하고 있다. 오랫동안 우리에게 '선진국의 세계'는 넘을 수 없는 벽이었다. 놀랍지 않은가? 국내외의 많은 연구자들, 특히 '글로벌 사우스'의 지식인과 정치인들은 수수께끼와 같은 대한민국의 성장 현상에 주목하고 있다.[6]

---

5) 나의 어린 시절을 기억하건대, 사람들은 여름이 되면 '보릿고개'(쌀이 없어 보리로 연명해야 하는 상황)를 맞아 얼굴이 누렇게 뜨는 '부황 증상'을 경험해야 했고, 농촌에서는 분유와 강냉이 등 원조 물품을 배급받기도 했다. 그 세대가 전쟁 이후의 베이비부머(1954~1964년생 전후)이고, 오늘날의 60, 70대이다.
6) 1980년대 이후 국내외 많은 학자들이 연구하기 시작했다. 발전주의 국가론, 신유교주의 문화론, 국제 분업론 등 매우 다양하다. 나 역시 이에 대한 강의와 연구를 지속한 바 있다.

나는 이 시기를 열정의 시대라 부르고자 한다. 1960년 군사 쿠데타로 등장한 개발독재 정권은 시민사회를 병영적 통제에 가까운 수준으로 억압하면서 반공체제를 굳건히 하기에 이르렀다. 한편 개발독재 정권은 일본의 메이지 유신 모델, 즉 위로부터의 산업화 모델을 좇아 '부국강병을 통한 일등국가'의 염원을 불태웠다. 당시 한국 사회의 역량으로는 무모할 만큼 산업화의 전략을 수립하고 저돌적으로 밀어붙여 성장의 '도약'을 위한 발판을 마련했다. 이는 '잘 살아보세'라는 희망을 노래했던 많은 노인 세대가 박정희 대통령에게 향수를 가지고 있는 이유이기도 하고, 오늘날 이 시대를 재평가하자는 움직임이 일고 있는 이유이기도 하다.

그러나 개발독재 정권은 민주주의의 가치인 시민들의 참정권을 제한하고, 사상과 언론의 자유를 억압하며, 준(準)전시에 해당하는 예외 상황을 통해 유사 총통제로의 전환을 꾀했다. 한국은 시민들의 총화단결을 독려하면서 '반공'을 국가가 지향해야 할 가치인 국시(國是)로 삼은 거의 유일한 나라가 되었다. 나는 이 시기를 '사상의 암흑기'라 부른다. 그런데 이에 저항하는 시민사회의 민주화에 대한 열망 또한 산업화의 열망 못지않았다. 쉼 없는 저항과 고통 속에서 재야(在野)로 불리는 시민 정치 세력이 민주주의를 위한 투쟁에 앞장섰다. 광주 시민을 학살함으로써 권력을 탈취한 전두환 정권에 대항하여 학생과 시민들의 운동이 급진화되기 시작했고, 이들의 지도부는 마르크스주의, 사회 구성체론, 종속 이론 등의 이론과 이념으로 무장하기 시작했다. 투쟁 노선의 차이로 진영이 갈라지기는 했지만 민주화 투쟁의 전선은 재야, 시민, 학생, 노동 세력들로 확대되었다. 드디어 1980

대표 저서로는 Amsden(1989)을 소개한다.

년대 후반에 이르러 시민들이 직접선거의 권한을 되찾고 민주주의 체제를 확립하기에 이른다. 우리는 이를 서구 '68체제'에 빗대어 '87체제'로 부르기도 한다.

'87체제'에 이르러 시민들의 정치 참여가 보장되는 민주화가 이루어질 즈음, 한국 사회의 경제는 통계적으로 선진국의 문턱에 다다르고 있었다. 한편 그동안 국가의 혹독한 병영적 통제에 눌려 있던 시민사회가 자신의 모습을 드러내기 시작했다. 개인의 권리와 자유, 언론과 표현의 자유, 소수자의 권리, 새로운 신세대의 문화, 시민사회 담론이 풍성해지기 시작했고, 이러한 담론은 서구 신좌파(네오마르크스주의)에 영향을 받은 진보 지식인들이 주도했다. 1990년대 중반즈음 진보 지식인들은 돌연 '민중' 담론을 폐기하고 '시민' 담론으로 전회했다. 정보기술 사회의 다양한 소비 생활 방식과 포스트모던한 현상들, 새로운 세대 집단이 출현하고(오늘날 MZ, 2030이라고 부르는 것처럼 당시에 오렌지족, X세대라는 용어가 처음 등장했다), 금기시되었던 동성애 담론이 부각되기 시작했으며, 여아(女兒)에 대한 선호 및 남녀 구별 없는 상속, 호주제 철폐 등을 통해 여성들의 사회적 지위가 높아졌다. 그리고 환경과 생태 보존, 사회적 기업과 같은 새로운 경제조직의 활성화를 도모하는 시민 단체의 활동이 활발히 진행되었다. 한편에서는 급기야 '사이보그 담론'이 출현하기 시작했다. 이 얼마나 빠른 질주인가?

그러나 정치인과 투쟁가, 시민운동가들만의 열정이 아니었다. 가난과 설움, 차별 속에서 살아온 서민들 역시 있는 힘을 다해 성공하고자 했다. 산업화로 인한 사회 해체와 사회이동은 개인과 가족이 '출세'할 수 있는 절호의 기회였다. 중산층 서민들은 자신이 어렵다면 자녀를 통해서라도 사회적 지위의 상승을 열망했다. 그들에게 사회적 상승을 도모할 수 있는 자원은 '교육'이었다. 공식적 학위는 경쟁에서 유리한 지위를 확보할 수 있는 '학력

자본'이다. 상대적으로 계급의 응집력도 약했고 대부분의 사람들이 거의 절대빈곤선에 허덕이던 한국 사회는 가부장적인 문화적 위계질서는 강했지만 평등의식 역시 강한 사회였다. 이는 곧 기회균등의 역설적 상황을 의미하기도 한다. 일류 학교는 있어도 귀족 학교는 없었고 최소 고등학교까지는 누구에게나 기회가 평등하게 보장되었다. '열심히 노력하고 공부 잘하고 운이 좋다면' 고시에 합격해서 고위 관료로 충원될 수 있었고, 대기업에 취직도 할 수 있었다. 한국인들은 소를 팔아서라도 자녀의 대학 등록금을 마련했고, 그래서 대학은 상아탑이 아니라 '우골탑(牛骨塔)'으로 불리기도 했다. 자영업은 중소기업가로 상승할 수 있는 징검다리였다. 갑작스러운 토지 개발로 수억 대의 자산을 움켜쥘 수 있는 운도 작용했지만, 교육을 제대로 받지 못했다 하더라도 '장사를 잘하면 먹고살 만'하거나 중산층으로 상승할 수 있었다.

식민지와 분단, 전쟁과 절대빈곤을 경험한 '아버지, 어머니' 세대들은 가난에서 벗어나기 위해, 자녀의 출세를 위해 열정을 바쳤다. 산업화의 주도 세력들은 부국강병을 통한 일등국가의 꿈을 펼쳤고, 투쟁가들은 민주주의를 위해서 맨손으로 저항했으며, 일반 시민들은 성공을 염원하며 허리띠를 졸라맸다. 시인(詩人)들의 우울한 낭만 역시 열정의 불쏘시개가 되었다. 피와 땀, 고뇌와 고통, 가난하고 어려웠지만 '거친 감정'들과 '삶의 에너지'가 곳곳에서 분출하던 시기였다. 나는 이 시대를 통틀어 '열정의 시대'라 부르고자 한다.

2) 증환의 시대

> 나도 모를 아픔을 오래 참다 처음으로 이곳에 찾아왔다. 그러나 나의 늙은 의사는 젊은이의 병을 모른다. 나한테는 병이 없다고 한다. 이 지나친 시련, 이 지나친 피로, 나는 성내서는 안 된다. —윤동주, 「병원」

 국가가 기획하고 통제하던 시대, 권위주의와 함께 가부장적 위계질서가 강조되던 시대, 강렬한 열정의 시대, '크고 힘센 것'과 '근육질'적 사유를 강조하고 성장 신화를 숭배하는 발전 지향의 틀을 '1970년대 패러다임'이라고 부르자. 아울러 억압과 고통과 모멸을 감내하던 시대, 민주화를 위해 목숨을 내걸며 투쟁하던 시대, 완고한 강철 이념의 시대, 갈등과 모순에 대한 적대적 분노와 한(恨)의 열정을 토하던 시대, 이 시대 민주화 과정의 틀을 '1980년대 패러다임'이라고 하자. 한국 사회는 이 양자 패러다임이 서로 나선형처럼 꼬여 갈등하고 대립함으로써 변화하고 있다. 그러나 이제 이 양자의 패러다임은 현 사회를 진단하거나 대안을 제시하는 데 수명을 다한 것 같다. 폐기 처분하자는 것이 아니다. 온고지신(溫故知新)할 수도 있겠지만 새로운 시대의 새 패러다임에 양보해야 할 수밖에 없는 운명이다. 그러나 우리 사회에서는 여전히 이 두 패러다임이 각축전을 벌이고 있고 다가오는 시대를 위해 새롭게 변신할 줄을 모른다.
 새로운 진단과 대안이 절실히 요구되는 이유는 오늘날 한국 사회의 변화가 예사롭지 않은 질환들을 너무 많이 불러오기 때문이다. 디지털 시대의 선봉에 서 있는 국가 한국은 유감스럽게도 OECD 국가들 중에서 십수 년째 최고 높은 자살율을 보이고 있다. 그뿐만 아니라 이혼률, 고령화률, 노인 빈곤률, 저출산율의 수치도 높다. 지표가 보여주는 것이 곧 사회 해체로 가는 위험 징후는 아닐 수도 있지만 이 중 몇 가지는 '증환'이라 할 만큼 우려하지 않을 수 없는 것들도 있다. 지난 십수 년간 타 국가의 추종을 불허하는 자살율은 한국 사회에 경종을 울린 지 오래이다. 역으로 말하면 '살고 싶다'는 절규가 우리 사회에 메아리치고 있는 것이다. 한국 사회를 뿌리 깊게 지탱하고 있던 전통적인 가족과 연고주의 유대가 급격히 와해되고 이 빈자리를 채울 만한 사회 안전망과 새로운 연대가 아직 구축되지 못한 탓이 가장 큰 이유일 것이다.

엄청난 교육열은 한때 압축적 산업화에 필요한 인적 자본을 형성하는 데 큰 동력이 되기도 했지만 더 이상 미래 세대를 위해 효용 가치가 있는지 의문이다. 오히려 갈수록 더 치열해지는 경쟁 때문에 청소년들은 '행복하지 않다'.[7] 더구나 암기식 수학 능력과 경쟁에 의존하고 있는 교육은 미래 사회의 대안은커녕 '상상력과 문해력 저하'의 퇴행을 야기하고 있다. 그렇지 않아도 기호와 이모티콘이 난무하는 디지털 시대, 랑그와 파롤이 무너지는 시대 아닌가? 계급은 점차 구조화되어 상층은 물론 중산층의 세습 현상까지 나타나게 되었고(조귀동, 2020), 학력자본과 자산 상속을 통해 계급의 '구별 짓기'가 더욱 뚜렷해지고 있다. '개천에서 용 나는 시절'은 옛 이야기가 되어, 세대 간 지위 상승의 시대는 이제 거의 멈추어 선 듯하다(이철승, 2019).[8] 경쟁의 늪 속에서 미래 세대는 허덕이고, 젊은 세대는 상대적 박탈감이라 불렀던 것과 유사한 공정-격차감을 가지고 있으며, 미래와 희망을

---

[7] 한국의 아동 및 청소년의 행복지수에 관한 조사로 염유식(2019)을 볼 것.
[8] 한국 사회의 교육 불평등과 세대 간 지위 이동 등에 대해서는 연구자들 사이에서도 논쟁이 있다. 전문가들의 자료 분석과 일반 대중의 주관적 인식과의 괴리도 있다. 김영미(2016); 김위정·김왕배(2007); 정인관 외(2020); 최성수·이수빈(2018) 등을 볼 것.

말하는 기성세대의 호소는 오히려 냉소주의를 불러일으킬 뿐이다.

3. 민주주의 퇴행: 패도와 혐오의 정치

1) 민주주의의 퇴행

> 공정함을 꾸며서는 공정해질 수 없다. ─『근사록(近思錄)』

전 세계의 민주주의 지수가 떨어지고 있는 흐름에서 한국 역시 예외가 아니다.[9] 거짓말을 일삼으며 사실이라고 폭력을 강요하는 사회, 자신의 과오를 남 탓으로 돌리기에 바쁘고 책임을 회피하기에 급급한 사람들이 지도자 행세를 하는 사회, 잘못을 범하면서도 고치지 않으려 하고(과이불개, 過而不改) 오로지 눈앞의 부와 권력만을 추구하며(견리망의, 見利忘義) 타자의 잘못과 과오를 과장하고 공격하여 자신의 오점을 덮으려는 이전투구(泥田鬪狗)의 사회, 이런 사회에서 우리는 살고 있다.[10] 수치가 없는 곳에 명예도 없으련만 이들은 아랑곳하지 않는다. 눈에 보이는 물리적 폭력보다 더 큰 위압을 행사하는 은밀한 구조적 폭력, 법치의 이름으로 행해지는 폭력이 낯 뜨거울 뿐이다. 법 테두리 안에서 마음껏 불법을 저지르는 사람들이 행하는 패도(覇道)의 정치는 한마디로 시민들을 법과 국가권력을 동원해 '겁

---

9) 최근 발표된 자료를 보면 한국의 민주주의, 인권, 언론자유 지수가 급강하하고 있다.
10) 군자는 자신에게 잘못을 묻지만 소인은 다른 사람에게 잘못을 떠넘기려 한다(君子 求諸己 小人 求諸人). ─『논어』, 「위령공(衛靈公)」

박'하는 정치를 말한다. 그들은 누군가를 '공공의 적'으로 만들어 악마화한 후 대중으로 하여금 증오와 혐오를 불러일으키도록 한다. 그런 지도자를 추종하는 대중은 자신들이 마치 정의를 위해 싸우는 전사라도 되는 양 자신들이 세운 도덕적 우위를 자랑스러워한다.

현대 민주주의 사회에서 우리는 모두 피선거권을 가진 인격체이다. 누구나 정치를 할 수 있지만 그렇다고 아무나 하는 것이 아니다. 정치의 자질과 소명 의식을 가진 자들만이 정치를 해야 한다. 그렇다면 정치가의 자질은 무엇일까? 이 책의 3장 '양심과 책임'에서 다룰 것이기 때문에 이 자리에서는 한두 마디만 하겠다. 막스 베버(M. Weber)는 정치란 악마의 힘과 관계를 맺는 것이기 때문에 우리의 운명을 결정할 수 있는 정치인의 선택은 무엇보다도 신중해야 하며, 정치인은 정치인다운 자질을 가져야 한다고 주장한다. 정치인은 열정과 냉정함과 균형 감각, 그리고 무엇보다 결과에 대한 '책임 윤리'를 자질로서 지녀야 한다. 유교에서는 정치인은 백성들의 마음을 헤아려 함께 즐기고 슬퍼하는 혈구(絜矩)의 자세를 가지라고 말한다. 정치란 백성들과 함께 즐기기 위해(與民同樂) 화합의 장을 마련하는 것이지, 권력에 도취된 일부 집단들이 못된 짓을 서슴지 않는 낭패위간(狼狽爲奸)이어서는 안 된다는 것이다.

정치가의 어깨에는 그만큼 무거운 윤리가 놓여 있다. 그런데 우리 사회에서 정치인이나 고위 공직자들은 상류 계층의 품성과 도덕성을 나타내는 '노블리스 오블리제(nobleless oblige)'는 고사하고 차마 부끄러워 보기조차 민망한 이력을 고스란히 드러낸다. 그들의 청문회장은 비리와 편법, 주식 투기와 불법 상속, 위장 전입, 표절 등 온갖 비리로 점철된, 천민성의 극치를 보여주는 경연장이다(송복, 2014). 그렇다고 그 분야에 전문성이 있는 것도 아니다. 우리의 삶이 어떻게 멸균 작용하듯 깨끗할 수 있겠는가마는, 그리고 과연 누가 죄 없는 자가 있어 돌을 던지겠는가마는 평균적 시민들의 삶의 노력에도 미치지 못하는 그들의 행태를 보노라면 분노를 금하기 어렵다.

그래도 그들은 부끄러워하지 않는다. 잠시 얼굴이 붉어진들 어떠리, 권력을 얻는 자리이니 양심도 수치도 뒷전이다. 심지어 당당하기까지 하다. 그야말로 인면수심이다. 평균적 시민이 애써 지키는 법조차 준수하지 않는 사람들이 버젓이 법을 행사하는 지도자의 자리에 앉는 이 기막힌 풍경! 미래 세대를 이끌 젊은 정치인들도 사정은 별반 다르지 않다. 그들이 과연 정치의 길이 무엇인가를 진지하게 사유하고 수련해본 적이 있는가? 정치철학을 학습하고, 자원봉사나 여러 집단 활동을 통해 경험을 쌓은 후 외교와 국방, 경제 동향을 파악하는 지적 능력과, 공인에 걸맞은 언어를 습득하여 정치인으로 성장하는 것이 아니다. 그들은 기존 정치인의 후광 아래 요설과 독설, 알량한 정치 기술부터 배운다. 생물학적으로 젊다고 해서 과연 미래의 정치인이 될 수 있는가?

민주주의란 원래 쉽게 부서지는 사상누각인지도 모른다. 자유와 평등의 가치를 이념으로 하는 민주주의는 완성도 해보기 전에 망가지고 있다. 자유로부터 도피하며 권력자를 뒤좇는 사람들, 그런 우중(愚衆)과 짝패가 되어 권력을 위해 사생결단을 벌이고 있는 정치가들은 상대를 '경쟁하는 맞수'가 아니라 '굴복시켜야 할 적수'로 간주한다. 맞수가 최소한의 예의와 존중을 보이며 경쟁하면서 시너지를 올리는 상대라면, 적수는 철저하게 죽여야 할 대상이다. 우리의 정치는 적수의 정치이다. '오래된 미래'라고나 할까, 사화(士禍)를 일으켜 상대편을 몰살시키던 조선 시대의 당파 싸움의 유산이 여전히 살아 꿈틀거리고 있다.

2) 권력의 대기자들과 요설 공화국

>자유란 듣기 싫어하는 것을 말할 수 있는 권리이다. —조지 오웰

'적과 동지'라는 이분법적 논리는 비단 정치의 영역뿐 아니라 시민사회 속에 일상화되어 있다. 종교는 선과 악, 정통과 이단을 구별 짓고 사랑과 자비보다는 증오와 적대를 불러일으킨다. 끼리끼리 내통하는 집단 담론은 확증 편향을 불러일으키고, 상대방에게 적대적인 증오의 언어가 난무한다. 피와 땀의 대가로 이룩한 자유민주주의에 무임승차한 자들이 '자유'를 남용하고 있다. 정치의 세계에는 정치의 윤리, 지식의 세계에는 과학의 윤리, 언론계에는 언론의 윤리가 존재한다. 그 윤리란 그들 세계가 요청하는 열정과 도덕, 전문성을 포함한다. 종교는 말할 나위 없으리라. 그들만의 코드와 기호, 매체가 존재한다. 그러나 한국에서는 국가의 권력이 시민사회 곳곳의 메커니즘을 '작동'시킨다. 시민사회와 정치권의 소통(소통의 결과는 입법이다)은 거대 양당에 의해 독점되고, 정치권력의 입김은 언론, 종교, 대학, 문화계, 시민사회 곳곳에 '너무나 쉽게, 너무나 위풍당당하게' 진입한다.

자유민주주의 체제에서 권력기관과 언론의 대립 및 긴장은 자연스러운 것이고 필요하기까지 하다. 그러나 정치권에 대한 비판 기사는 곧 가짜 뉴스나 선동 기사로 간주되고, 감시와 제재 및 압박이 가해진다. 해방 이후 지금까지 이어지는 악순환이다. 하위 시스템의 자율적인 자기 회귀 능력이 취약하기 때문이기도 하고, 정치권력의 하수인들이 곳곳에 줄을 서서 권력자의 하명(下命)을 기다리고 있기 때문이다. 가장 줏대가 있어야 할 언론인, 교수, 종교인들은 부끄럽고 수치스럽지 아니한가?

목하 한국 사회는 요설(妖說) 공화국이 되어 있다. 우중과 어우러진 지식

인들의 공명심, 정치권력의 장(場)에 뛰어든 폴리페서들과 정치권력을 지향하는 폴리널리스트들, 온갖 TV 종편과 유튜버들은 낯 뜨겁게 '누군가'를 향한 충성 경쟁을 벌인다. 국제 정세, 경제와 불평등, 인권, 기후위기, 한반도의 미래와 평화 등에 대한 심층 논의 및 토론은 찾아보기 힘들다(이런 주제들은 몇몇 신문이나 방송의 탐사 기획에서 드물게 다루어질 뿐이다).

그들은 선정적인 언어와 비난, 얄팍하기 짝이 없는 비평만을 배설하고 있다. 스스로를 언론이라 칭하는 유튜브 논객들은 짭짤한 광고 수익과 팔로어를 끌어모으기 위해 일종의 '광기'를 발휘하기도 한다. 욕설과 막말, 진정성이나 실용성도 없는 대화가 난무하고, 그들은 기회가 닿으면 연줄을 좇아 어김없이 정치권력의 장으로 들어간다. 어느샌가 한국의 언론은 정치권력의 장으로 진입하기 위한 통로가 되었다.

3) 혐오와 반지성주의

원색적이고 선동적이며, 위협적인 적대적인 언어를 통해 표출되는 혐오 감정은 반(反)지성주의의 진원이 되고 있다. 혐오와 반지성주의는 동반자적인 순환 고리를 형성하면서 서로를 증폭시키는 역할을 한다. 반지성주의자들은 오로지 자신만의 세계관과 가치관을 절대화하는 전체주의적 사고에 젖어 타자의 세계관이나 지식 체계에 냉소적으로 대응하거나, 타자에 대한 비난과 혐오를 서슴지 않는다. 자신의 존재감을 드러내기 위해 극단적 언사를 서슴지 않는 정치인들, 자신의 도그마에 빠져 침소봉대(針小棒大)와 아전인수(我田引水)를 마다하지 않는 지식인들, 정화되지 않은 오염수처럼 온갖 가짜 뉴스와 억측을 쏟아내는 언론인들, 타자의 세계는 안중에도 없는 종교인들, 맹목적인 생활 태도를 보이는 우중, 소위 '반지성주의 동맹'

이 우리 사회를 병들게 하고 있다. 특히 한국의 지성을 대표한다는 일부 지식인들의 품격 없는 독설과 요설은 반지성의 완성판을 보는 듯하다. 비판이란 이름으로 한풀이인지 화풀이인지 모를 혐오 발언을 쏟아내는 그들의 행태는 정작 한국 사회의 모순이나 갈등에 대한 명쾌한 진단이나 대안을 제시하는 것도 아니며, 진지하고 엄숙한 계몽의 언어도 아니고, 해학과 풍자, 유머 등의 언어적 유희로 사회의 위선과 가면을 벗기려는 디오게네스적인 '견유주의(kynicism, 犬儒)'와도 거리가 멀다.

반지성주의는 원래 엘리트주의에 반대하고 평등 이념을 추구하려는 민중 지향적 태도였다. 엘리트들이 독점하고 있는 지식이나 세계관을 쉬운 언어와 구체적 삶의 경험을 통해 문맹 상태의 민중에게 전달하려 했던 반엘리트주의적 경향이었다. 반엘리트주의자들은 지성보다는 감정을 중요시했다. 전문가들의 과학적 지식이나 이성적인 관찰보다는 신비주의와 영성, 감각과 직관, 초월적 경험, 다수에 대한 관용과 포용을 강조했다. 그러나 오늘날 우리가 목도하고 있는 반지성주의는 이와 다르다. 독단과 독선에 젖어 자기의 세계관이 역사의 진보와 사회정의를 대변한다는 착각, 이를 맹신하는 편집중적 증상에 매몰되어 있는 태도이다. 오늘날 과학과 철학의 '권위'는 추락하고 말았다. 오랜 훈련과 진지한 성찰, 경험, 노력과 수고를 통해 생성된 전문적 지식은 물론 그 수행자들을 홀대하는 분위기가 팽배하고 있다. 전문가와 장인의 '권위'가 사라지고 있는 것이다(이 책의 6장 참고).

4. '사회란 없다' vs. '사회를 살려야 한다'

1) 1998, 나라를 살리자

다시 한 세대 전의 한국 사회로 돌아가보자. 1990년대까지 이어지던 고도성장에도 불구하고 한국 사회는 1997년 'IMF 사태'라는 예기치 못한 경제위기, 좀 더 정확하게 말하면 금융위기에 부딪힌다. 한국 사회가 '모라토리엄(국가 부도)'을 선언할 지경에 이른 것이다. 도대체 고도성장을 통해 선진국의 반열에 동참한, '한강의 기적'을 이룬 한국에서 무슨 일이 발생했던 것일까? 외국의 언론과 전문가들은 한국이 너무 일찍 샴페인을 터뜨렸다고 했다. 한국 정부는 물론 대기업, 은행과 2차 금융권, 그리고 과도한 소비(해외여행, 연수, 유학 등)를 일삼던 한국인들이 총체적으로 '모럴 해저드(도덕적 해이)'에 빠진 것이 이런 사태를 불러왔다고 연일 보도했다. 비웃었다고 하는 편이 정확하다. 정통 서구의 시장주의 패러다임을 비껴간 국가 주도의 성장이 얼마나 위험한지를 한국이 증명했다는 것이다.[11]

IMF(국제통화기금)는 가까스로 국가 부도를 면하게 하는 대신 한국에 '혹독한 개혁' — 긴축재정으로 성장의 규모를 줄일 것, 정리해고로 노동시장의 유연화를 추구할 것, 기업의 투명한 재정회계와 재벌 해체, 은행의 자기자본비율(BIS) 확보 등 —을 요구했다. 재벌 해체처럼 개혁의 필요가 있는 영역도 있었지만, 가혹한 개혁은 많은 노동자들을 길거리로 내몰았다. 그나마 대기업 노동자들은 퇴직금을 받아 식당 등 소규모 자영업을 운영할 수 있었지만, 대부분의 노

---

11) 한국의 IMF 상황에 대해서는 Kim, Wang-Bae(1999)를 참고하라.

동자나 채무자는 노숙자가 되거나 해외로 도피했고, 상당수의 가족이 와해되었다.

일차적으로는 정부와 은행, 대기업이 '국가 부도' 사태를 책임져야 함에도 불구하고 많은 시민들이 장롱에 묻어두었던 '돌반지'까지 꺼내 금 모으기에 동참하면서 사태 해결에 힘을 보태고자 했다. 세계 어느 나라에서도 볼 수 없는 이 얼마나 '장엄하고도 괴이한 민족주의 정념'인가? 대기업의 대규모 정리해고와 이에 저항하는 노동자들의 투쟁 일지가 보도되었고 많은 이들이 슬픔과 비통함, 죄책감에 잠겼다. '정리해고'라는 다소 생경스러웠던 단어가 일상에 자리를 잡게 되었다. 군사정권의 잔재를 안고 있던 보수 정권이 경제 위기를 계기로 무너지고, 해방 이후 처음으로 연합 민주 정권이 등장했다. 한국 민주화 투쟁의 상징적 존재였던 김대중 씨가 대통령으로 당선되었다. 그는 경제 위기의 사태를 수습하는 데 전력을 다했고, 한국 사회는 혹독한 시절을 점차 벗어나는 듯했다.

2) 사회란 없다![12)

그런데 얼마 지나지 않아 사람들은 알아버렸다. 경제 위기 상황에서 부자는 더욱 부자가 되고, 빈곤한 자는 더욱 빈곤해진다는 사실을 말이다. 달러의 가치가 원화의 두 배로 뛰어오르자 달러를 소유하고 있던 부자들은 더욱더 많은 부를 축적하고, 급매로 나온 건물을 수 채씩 구입할 수 있었다. 그들은 경제 위기에 아랑곳하지 않고 해외여행과 호화로운 삶을 즐겼다.

---

12) 영국의 대처 수상이 공기업 개혁, 복지 삭감 등을 외치며 한 말이다. "There is no such a society!"

경제 위기에 가장 큰 책임을 져야 할 핵심 세력들은 오히려 더 큰 권력을 쥐었다. 대부분 주변부 노동자들이 해고되었고, 소규모 자영업자들이 몰락한 것이다.

'사람 사는 세상', '진정한 정의'에 목말라 있던 시민들은 과거의 적폐(積弊)를 청산하고 민주주의 가치를 완수하겠다며 등장한 신념의 정치인 노무현을 대통령으로 선출했다. 시민 단체의 지도자들과 시민들은 이제 비로소 실질적인 민주주의의를 실현할 수 있는 기회가 왔다고 믿었다. 한국인들은 성장을 이룬 열정으로 경제 위기를 극복하고, 성숙한 시민사회의 궤도에 올랐다고 생각했다. 하지만 불길한 조짐은 곳곳에서 드러났다. 소위 진보 정권을 '친북 좌파' 세력으로 의심하던 보수 정치인들, 종교인들, 언론인들, '레드 콤플렉스'를 지닌 지식인들, 기득권을 누리고 있던 상류 계층과 특정 지역의 사람들이 '보수대연합(保守大聯合)' 동맹을 맺었다. 이들 세력은 오히려 이전보다 더 강력한 힘이 되어 한국 사회의 수면 위로 등장한다.[13] '뉴라이트(New Right)'라는 지식 세력이 등장한 것도 이즈음이다.[14]

'사람 사는 세상'이라는 구호와 달리 현실에서는 '부익부 빈익빈'이 심화

---

13) 보수주의를 정리한 책으로 양승태 엮음(2014)을 보라. 특히 이 책에서 이완범은 한국의 보수주의 계보를 ① 위정척사 등을 외친 전통 양반계급의 유교적 보수주의(오늘날 거의 단절), ② 온건 개화파 → 지주 출신 전통 보수 야당 → 김영삼, 김대중, ③ 개화사상과 기독교 자유주의(건국 사상) → 신흥 부르주아의 보수주의 → 급진 개화(이승만 기독교 정책), ④ 민족주의를 기원으로 한 부국 사상 → 박정희 등 신흥 군사 엘리트 → 반공주의 → 자유민주연합 → 영미식 네오콘과 유사 등으로 추적해보고 있다. 한편 보수와 수구를 구분하여 분석한 이나미(2011)를 참고할 것. 한국 정치의 이념에 대해서는 강정인 외(2013)를 볼 것.
14) 한국 뉴라이트의 출현과 내용에 대해서는 김기협(2008), 그리고 한국 보수 단체의 이념을 실증적으로 분석한 신진욱(2008)을 보라.

되고, 양극화(중산층의 불안정화와 슬럼화) 현상이 깊어졌다. 진보 정권은 민주주의 가치와 미래 세대의 희망을 외쳤지만 정작 사람들의 살림은 팍팍해지고 있었다. 이념과 현실의 괴리, '공적인 것'(자유,평등)과 '사적인 것'(개인의 욕망)의 대립에서 오는 간극은 더욱 벌어졌다. 해방 이후 세대를 이어 견고하게 뿌리내린 보수주의 세력을 아마추어 진보 정권이 감당하기는 버거운 일이었다.

선진 자본주의 사회의 구성원으로서 욕망은(엄밀히 말하면 소비 욕망) 높은데 양극화는 심화되고, 살림은 빠듯해졌는데 누군가는 부동산과 투기를 통해 엄청난 부를 거머쥐었다. 더구나 WTO 체제(1995년 1월 발족) 이후 물밀듯이 들어온 신자유주의의 우승열패식 경쟁 논리가 일상 속에 뻗어가고 있었다. 사람들은 입으로 외치는 정의는 한낱 구호일 뿐임을 알게 되었다. 재야 및 운동권 출신의 정치인들은 자신의 뜻을 펼쳐 보려 했지만 일반 시민들은 실망과 배신을 느꼈다. 시민 단체는 점점 이익단체가 되어가고, 시민 사회에서 숨죽이고 있던 보수 세력 역시 스스로를 '시민 단체'로 부르며 우후죽순처럼 생겨나기 시작했다. 소위 민주화의 최전선에 섰던 진보 세력은 인간에게 최고의 유혹이라고 하는 권력의 미로에 빠져들었고, 정의는 그들의 의도와 상관없이 이데올로기로 변질되었으며, 그들의 현실 정치는 시대 변화에 제대로 대처하지 못하는 무능력을 드러냈다. 이 시기 보수 세력은 대연합을 이루어 막강한 힘을 정비하기에 이르렀는데 정작 진보 세력은 내부 권력을 둘러싼 분파들로 깨져나가기 시작했다.

사람들은 각자도생의 원리를 수용하게 되었다. '같이 잘해 봅시다'가 아니라 '너나 잘하세요'라는 경쟁적 냉소주의가 팽배하기 시작했다. 핵가족화된 가족 단위의 경쟁은 더욱 심해졌고, 대학은 '사상과 철학'을 버리고 신자유주의가 원하는 기업 인재를 만들어내는 데 힘을 쏟았다.[15] 불안을 해소하려는 '서바이벌 게임'의 논리가 젊은 세대를 억눌렀다. 생존형 경쟁과 생존주의 경쟁은 다르다. 전자는 어떡하든 가난을 벗어나기 위해 노력하는 형태로 나타나지만 후자는 나와 경쟁하는 상대를 '죽여야만 내가 사는' 냉혹한 게임의 논리로 나타난다.

전문가들은 2008년도 미국발 경제 위기가 1930년대 전 세계를 덮친 대공황의 쓰나미보다 더할 것이라고 진단했고, 불과 10년 전 'IMF 사태'를 겪었던 한국인들은 다시 한 번 공포에 빠져들었다. 그러나 다행스럽게도 글로벌 거버넌스가 작동하고, '달러의 힘'으로 위기는 유예되었다. 한국에는 능력주의를 신봉하면서 부의 욕망을 자극하는 '이념 없는 보수주의 정권'이 등장했고 뒤이어 '박정희의 위대함'을 그리워하는 사람들의 열렬한 지지에 힘입어 과거 독재자의 딸이 대통령에 등극했다. 그러나 그녀는 곧 '국정농단'의 책임을 지고 탄핵 당했다. 탄핵을 외치는 촛불시위와 탄핵 반대를 외치는 태극기 시위는 한국 사회가 극명하게 이념, 세대, 이해관계에 따라 균열되어 있음을 알려주는, '매우 솔직한 민낯의 시그널'이었는지 모른다. 협의와 소통은 거의 불가능해지고, 혐오와 증오의 정치만이 횡횡하고, 오염된 언론의 자유와 표현, 요설이 판을 치는 사회로 이미 빠져들어 있던 것이다.

3) 여러분의 동료도 없다!

위기는 금세 반복하는가? 1997년 'IMF 금융위기' 10년 후 한국 사회는 다시 불길한 금융위기의 상황에 부딪히고 만다. 당시 고통스러운 정리해고를

---

15) 성취형 교육열에서 생존형 교육열로, 즉 사회적 상승을 지향한 교육열이 아니라 평균 이하의 나락으로 떨어지지 않으려는 교육열로 바뀌는 지경에 이르렀다(김왕배, 2014).

거쳐 대우자동차는 미국의 거대 기업인 GM에 흡수되었다. 어느 정도 정상화가 이루어지자, 약속대로 대우자동차의 정리해고 노동자들은 대부분 작업장으로 돌아갈 수 있었다. 그런데 대우자동차 정리해고 사태가 발생한 지 10년 후 쌍용자동차가 경영 위기를 맞이하고, 과거처럼 집단적인 정리해고를 단행했다. 노사 타협이 결렬되자 일부 노동자들은 현장 공장을 점거한 채 농성을 벌였다. 10년 사이 한국 사회는 어떻게 변해 있었을까? 앞서 말한 대로 한국 사회는 IMF 금융위기 이후 양극화, 각자도생의 냉소주의, 세계 최고의 자살률을 체험했다.

대우자동차 파업 때만 해도 시민사회와 언론 그리고 정부까지 연민, 동정, 응원을 보냈다. 그러나 쌍용자동차 파업 때는 달랐다. 그 누구도 파업 노동자들의 편이 되어주지 않았다. 어제의 동료들이 욕을 하고, 파업 노동자의 아내들에게 비파업 노동자들의 아내들이 삿대질을 했다. 그들은 '너희가 죽어야 우리가 산다'고 외쳤다(김왕배, 2019b). 특공 경찰대가 이들을 무자비하게 진압했고, 이후 22명의 해고 노동자가 자살했다. 사회학자 김명희는 에밀 뒤르켐(E. Durkheim)이 각주에서 잠깐 언급하고 지나갔던 '숙명적 자살'의 범주로 이들의 자살을 설명한다(김명희, 2012). 보수 언론은 집요하게 파업 노동자들을 공산주의자, 나라를 파괴하는 불순분자라고 낙인을 찍으며 엄벌을 촉구했고, 이들에게는 수 평생 갚아도 갚을 수 없는 벌금이 부가되었다(그리고 15년이 지나서야 대법원은 벌금 부과가 부당하다는 최종 판결을 내렸다).[16] '그때/그곳'에서는 토머스 홉스(T. Hobbes)가 묘사한 '만인의 만인에 대한 투쟁의 자연 상황'이 벌어지고 있었던 것이다. 나의 생명과 번영

---

[16] "쌍용자동차 노동자들, 결국 이겼다⋯15년 만에 모든 법적 소송 마무리", 프레시안, 2024. 2. 1(https://www.pressian.com/pages/articles/2024020111160242675).

을 위해 너를 살해할 권리, 그러나 그 권리를 가진 이들이 서로를 두려워해야 하는 상황! 우리 사회가 과연 우정과 배려, 도덕과 정의의 문명사회인지를 의심하게 하는 우울한 장면이었다. 이 시기의 한국 사회는 공동체적 연대와 신뢰의 감각이라고는 더 이상 찾아볼 수 없는 최악의 바닥을 드러냈다.

4) 개인화와 '즉자적 개인'의 탄생

수단은 준비되어 있는데 목표가 무엇인지를 모르는… —지그문트 바우만

'빛과 이미지, 정보 등의 신경 자극'을 받으며 살아가는 현대인들은 긴장의 끈을 놓지 못한 채 피로한 삶을 살고 있다. 현대인들에게 피로는 장 보드리야르(J. Baudrillard)가 말했던 것처럼 개인의 몸이 아니라 체계(system) 속에 구조화된 요소로 작동한다(보드리야르, 1999). 후기 자본주의 시대에 우리는 지나친 속도감으로 인한 무기력과 권태에 빠져 있든지, 혹은 디지털 세계에서 정보를 찾아 이리저리 클릭을 멈추지 않는 디지털 유랑자가 되어가고 있는지 모른다. 실시간으로 소통이 가능해야 하고 침묵과 여유가 허용되지 않는 전자 정보의 시대, 인간과 기계의 경계가 허물어지고 마침내 혼종형 생명체라고 주장하는 로보쿠스(Robocus)의 등장 가능성이 머지않은 시대, 모든 것이 유동적이며 이동하는 시대에 '존재론적 불안'은 더욱 깊어진다.

불안은 만성화되어 있다. 이 불안을 헤쳐나가기 위해 자신의 행보에 지나칠 정도로 집중하는 자기중심적 개인, 나르시즘에 빠진 과잉 주관화된 개인, 취향을 넘어 지나친 흥분으로 몰입하는 중독된 개인, 매우 사소한 일에도 흥분과 분노를 토해내는 개인, 피해자와 희생자 코스프레를 하기에

여념이 없는 개인, 각자도생의 생존주의에 젖어 경쟁에 더욱 예민해진 개인, 욕망의 결핍으로 항상 불만에 찬 개인들로 이 세계는 채워지고 있다.

각자도생의 생존주의 논리가 사회 분위기를 지배하면 사람들은 불안한 눈으로 타자를 응시하게 된다. 이때의 불안은 실존주의 형이상학자들이 던진 심오한 존재 성찰의 길로 향하는 불안이 아니다. 피와 살을 가진 존재로서 죽음과 삶의 경계에서 느낄 수밖에 없는, 나의 생존을 위해 타자를 감시하고 서로 긴장해야 하는 '홉스'적 불안이고 두려움이다. 극한 경쟁 사회에서 발생하는 불안은 더욱더 자기방어적인 개인주의를 낳는다.

개인주의는 독립적이고 자율적인 주체로서의 판단과 성찰, 행위, 그리고 책임을 전제하는 개인을 탄생시킨 사상적 조류이다. 이 같은 개인주의 없는 개인화는 개별화에 불과하다. 그런데 우리 사회는 경쟁에 필요한 '개인', 한마디로 신자유주의형 인간을 요구했다. 그 인간은 기업이 요구하는 경쟁적 자질을 갖춘 인간, 시장형 인간, 자신을 고부가가치를 생산하는 자본으로 만들기 위해 계발을 멈추어서는 안 되는, 그래서 각종 스펙으로 무장한 물화(物化)된 인간이다(서동진, 2009; 세넷, 2002). 생산을 위해서는 자본으로 기능하고, 소비를 위해서는 상품 광고를 사랑하며 상품과 대화하는 인간이다. 한국 사회의 개인화는 개인주의와 자유주의의 사상적 배경 없이 진행되고 있다. 독립적이며 자율적이고 자주적인 개인이 탄생하는 것이 아니라 경쟁과 소비, 우승열패의 개인화 속에서 개인이 자라고 있는 것이다. 거칠게 말해 사상과 철학이 뒷받침되지 못한 개인화, 즉 '개인답지 못한 개인화'가 진행되고 있다. 나는 이를 '즉자적 개인화'라 부른다(이 책의 7장 참고).

즉자적 개인은 공적인 것에 대한 거부와 무관심을 냉소주의로 표현하기도 한다. 세상에 과연 옳고 그름이 존재한다던가? 개인화 시대의 MZ라고 불리는 젊은 세대는 무엇보다 공정성을 민감하게 느끼며 불만을 토로한다

(김왕배, 2019a).17) 그들의 공정성 감정은 나의 처지를 타자와 비교함으로써 발생하는 '상대적 박탈감'으로, 공정성의 준거는 공동체 집단이 아니라 '나' 자신이다. 즉 개인적인 투자와 성취를 타자의 그것과 비교한다.

5) 정의를 갈망하는 사회

정의란 무엇인가? 한때 한국 사회에는 정의의 열풍이 불었다. 마이클 샌델(M. Sandel)의 저서 『정의란 무엇인가』가 무려 100만 부 이상 팔렸다는 소리도 들렸다. 기껏해야 국내 전문 학술서가 수백 부, 대중 학술서가 수천 부 팔리는 상황에서 100만 부라는 판매량은 믿기 어려운 것이다. 그는 한 대학에서 강연 요청을 받았고, 청중은 노천 강당을 가득 메웠다. 그뿐인가, 그가 귀국길에 출판사로부터 선(先)인쇄료로 1억 원을 챙겼다는 소문이 파다했다. 그런데 왜 그렇게 많은 한국인들이 그 책에 열광했던 것일까? 비록 대중 학술서라고 하나 서양 정치철학사에서 나타난 정의를 주제별로 정리하고 질문을 던지는 그 책의 내용은 한국 독자들에게 그리 쉬운 편은 아니다. 흥미롭고 쉬운 사례를 들긴 했다. 예컨대 선로 A에 인부 1명, 다른 선로 B에 인부 4명이 작업을 하고 있다. 그런데 선로 B로 들어오는 기차의 브레이크가 고장 났다. 당신이 기관사라면 방향을 돌려 1명이 작업하는 선로 A로 돌진할 것인가(4명의 목숨을 구한다), 아니면 원칙대로 4명이 있는 선로 B로 돌진할 것인가(1명의 목숨을 구한다). 당신의 선택은? 그리고 그 선택에 대한 판단은? 이는 결국 공리주의인가 의무론인가에 대한 질문을 던진 것으

---

17) 한국의 세대 문제의 실상과 허상에 대해서는 전상진(2018); 신진욱(2022)을 추천한다.

로, 한국의 일반 독자들에게 친밀한 용어들을 다룬 것은 아니다. 특히 칸트 부분에서 그렇다. 과연 그 책을 산 한국의 독자들은 그 주제의 맥락과 내용을 얼마만큼 이해하고 성찰했을까?

그러나 내용의 해독 여부와 상관없이 서구 학자가 쓴 정의론이 한국 사회에 열풍을 불러일으켰다는 사실은 그만큼 한국 사회에서 정의의 담론이 결여되어 있었다는 것이고, 한국인들이 '정의'에 대해 갈증을 느껴왔다는 반증이다. 정치인들이 외친 정의는 정작 '정의'를 왜곡하고 있었고, 많은 사람들에게 냉소의 대상이 되고 말았다. 학살을 통해 등장한 군사정권마저 자신들이 정의롭다고 외쳤고, 한때 군부를 따르는 언론인, 지식인, 정치인들이 모여 만든 정당의 이름이 '민주정의당'이었다. 심지어 '정의 유치원'이라는 노래까지 만들어 전국 방방곡곡의 유치원에서 부르게 하지 않았던가?

혐오사회에서도 정의의 목소리는 들끓는다. 고소 고발과 법적 다툼이 난무하는 사회, 나의 잘못은 은폐하려 들면서 상대의 과실은 과장하여 드러내려는 사회, '이해와 소통, 협상, 일말의 관용과 용서'를 찾아볼 수 없는 사회에서 '단죄'의 목소리가 정의의 이름으로 거리낌 없이 울려 퍼진다. 이러한 사회에서는 죽음마저도 속죄되기 어렵다. 자신들이 규정한 정의(正義) 밖의 사람들은 범죄자이기 때문에 사회적 죽음이라는 극한 처벌을 가하는데도 일말의 주저함이 없다. 단죄 문화의 사회에서는 '정의들'이 난무하고, 사소한 과실조차 정의를 위반한 중차대한 범죄가 된다.

자신들이 마치 정의의 화신이라도 되는 양, 자신들에게 최면을 걸기 위한 방편으로 정의를 외치는 사람들은 종종 누군가가 죄의 희생물이 되기를 희망한다. 끓어오르는 욕망을 어딘가에 분출하지 못하면 금방이라도 폭발하거나 숨이 멎을 것처럼, 자신들이 토해내는 정의의 분노를 받아낼 악마의 존재를 희망한다. 그 대상에게는 범죄 혐의만 있어도 족하고, 과실이라면 더 좋다. 제법 큰 범죄 혐의가 입증되면 더할 나위 없이 안성맞춤이고, 없으면 '만든다'. 우리는 그 희생물을 벌거벗은 신체, 즉 '호모 사케르(Homo sacér)'라 부른다. 인간이면서 인간이 아닌, 죽여도 면책이 되는, 나치즘하의 유대인들이 대표적이었다(김왕배, 2019b).

단죄 사회에서 처벌은 설령 과잉화되어 있더라도 이것이 곧 정의의 실현이므로 도덕적으로나 법적으로 문제가 되지 않는다. 더구나 법을 수행하는 자들이 불법을 저질러도 정의를 수행하는 과정에서 그럴 수밖에 없다는 식의 정당성을 부여한다. 언론은 이미 도덕적 처벌을 선고함으로써 법적인 범죄가 성립되지 않아도 그 대상에게 사회적 응징을 가한다. 범죄 혐의가 뚜렷한 목표물을 잡으면 두고두고 필요할 때마다 희생제의를 치를 수 있다. 법과 언론과 우중의 짝패가 한 무리가 되어 '멸문지화(滅門之禍)'의 벌을 내리며 환호성을 지른다. 마치 자신들은 진정한 정의의 사도인 것처럼, 도덕과 정의로 정화시킨 몸이나 되는 것처럼.

한국의 많은 사람들은 법의 집행이 공정하지 못하다고 판단하고, '유전무죄 무전유죄(有錢無罪 無錢有罪)'라는 말을 만들어낼 만큼 법이 정치권력이나 경제력으로부터 자유롭지 못하다고 생각한다. 그러면서도 사소한 개인 간의 다툼은 물론 큰 사회적 사건에 이르기까지 법에 호소하려 든다. 세상사의 옳고 그름이 어디 법의 판단에만 있을까마는 우리는 바람직함과 그렇지 못함, 심지어 좋고 싫음까지도 법의 판단에 의존하려 든다. 법이 모든 정의를 독식하는 사회에서는 정치의 사법화는 물론 일상의 '법대로'가 진행된다. 무관용의 법 장치에 의존하는 사회는 인간이 가진 유연하고 개방적인 해석의 역량, 소통과 합의의 미학을 포기한 사회이다. 이런 사회에서 삶의 반경은 매우 협소해지며 삶의 질은 거칠고 삭막해질 수밖에 없다. 고소 고발의 남용으로 치루어야 하는 사회적 비용은 너무나 크다. 게다가 갈등이

해소되기는커녕 오히려 심화되어 원한과 복수의 감정, 불신의 악순환은 더욱 깊어 간다.[18]

한편 공정한 분배와 처벌에 대한 기대감도 아주 높다. 법과 도덕이 혼재되어 있어 사안에 따라 정의감이 차고 넘친다. 우리는 흔히 공인(公人)들에게 심지어 연예인들에게도 청렴한 도덕성을 요구한다. 그러나 이 모두가 자신에게는 예외이다. 높은 도덕성과 정의감은 타인에게 요구되고, 자신은 항상 피해자라는 의식이 강하다. 타자에게만 지킬 것을 종용하는 도덕과 법이 과잉화된 위선 공화국이다!

정의는 불의에 대한 되갚음으로 무언가 잘못되어 있거나 결핍되어 있다는 판단, 나 혹은 내가 사랑하는 사람이나 익명의 이웃이라 하더라도 부당하게 위해를 받은 데 대한 처벌 의식을 그 발로로 한다. 한마디로 정의의 바탕에는 복수의 원한이 깔려 있다. 오늘날 국민국가에서는 이러한 복수를 국가가 법의 이름으로 대행한다. 그렇다고 해서 피해자의 상처가 온전히 회복되는 경우는 드물다. 더구나 국가가 가해자가 되어 범죄를 저지르는 경우라면 이에 대응할 방도가 마땅치 않다. 우리는 이를 국가범죄라 칭하고, 진상 규명과 책임 귀속, 피해자의 명예 회복과 보상, 제도와 문화 구축에 이르는 일련의 과정을 '이행기 정의'라 부른다. 그러나 이 길은 매우 어렵고 험난하다. 특히 가해 주역들이 '부인(否認)의 정치(the politics of denial)'로 일관하는 한, 그리고 시효 만료의 이유로 이행의 절차를 거부하는 한 진실과 화해로 나아가는 길은 더욱 요원하다(이 책의 4장 참고).

---

[18] 최근 한국의 연 고소 고발은 약 50만 건으로 일본보다 140배가량 높은 것으로 알려져 있다.

5. 법과 도덕 사이의 '사태들', 도덕감정을 초대해야 할 다양한 이유

1) 법과 도덕 사이에서

2차 세계대전 이후 세계인권선언이 공포되고, 정치적 시민권과 사회적 시민권 규약이 연이어 발표되었다. 그 후 제3세대의 인권이라 불리는 비엔나 선언을 거쳐 인권의 범위는 점차 확산되어오고 있다. 인간의 자유와 평등의 권리로부터 환경권에 이르기까지, 그리고 여성, 아동, 다양한 소수자의 영역에 이르기까지 지속적으로 확장되고 있는 것이다. 오늘날에는 '포괄적 차별 금지법'이라는 인권 규약으로 이들의 개요를 종합시키고 있다. 한마디로 인권은 인종, 성별, 연령, 지역, 민족, 국가, 직업, 신체 등의 이유로 차별 받지 않을 권리이며(소극적 권리), 자신의 행복과 삶을 고양시킬 수 있는 권리이다(적극적 권리)(조효제, 2007; 김종우, 2021). 그러나 한국은 유엔(UN)의 권고에도 불구하고 아직까지 포괄적 차별 금지법을 통과시키지 않고 있다. 개인은 어떠한 생물학적·사회적 속성을 갖고 태어나든 그 인격은 존중받아야 한다. 사상과 종교, 표현과 집회의 자유 등 기본적인 시민권이 제약을 받아서도 안 되고, 일자리, 교육, 물질적 분배 등을 통해 개인의 삶의 질을 향상시켜나갈 권리가 있다. 정치와 경제의 민주화가 인권 실현의 기본적인 사회 조건임은 두말할 나위 없다.

오늘날 한국 사회에서 여성들의 지위는 어떠한가? 페미니스트들은 한국 사회의 일상 곳곳에 스며든 여성 차별 관행과 가부장적 문화를 청산하고 여성들의 권리를 신장하기 위해 긴 시간 동안 저항해오고 있다. 얼마 전 미국 대법원이 '낙태' 금지 법안을 통과시켰을 때, 여성들은 자신의 신체의 권리를 내세우며 극렬한 반대 시위를 벌였다. 한국에서는 아직 이 부분에 대해 조용한 것 같다. 창조주로부터 부여 받은 태아의 생명권을 주장하는 가톨릭 중심의 종교인들은 낙태를 수용할 수 없다고 반발한다. 한편에서는 낙태에 찬성하든 반대하든 국가가 나설 일이 아니라고 주장한다. 즉, 낙태를 법으로 금지할 것인가, 개인의 자유의지에 맡길 것인가 역시 쟁점이 되고 있다.

사형 제도의 존폐 여부도 생명에 대한 인식과 태도 속에서 찬반 논쟁이 분분하다. 당신이 가장 사랑하는 이가 살해를 당했다면(그것도 잔인하고 참혹하게), 그 가해자를 과연 살려둘 수 있을까? 죄는 미워하되 죄인은 용서하라는 사랑과 자비로 대할 수 있을까? 그러나 사형과 같은 극형이 범죄를 낮추는 데 별다른 효과가 없기 때문에, 아니면 정치범 사형과 같이 국가의 폭력이 작동하는 것을 예방하기 위해, 혹은 법원 판결의 오류로 인해 무고한 사람이 생명을 빼앗길지도 모르는 가능성을 없애기 위해 사형 제도는 폐지되어야 하지 않겠는가?

존엄사나 안락사의 문제 역시 우리에게 예리한 판단을 요구한다. 인간의 존엄성을 존중해야 한다는 정언명령(定言命令) 때문에 '구차하게' 연명되는 생명까지 존중해야 하는가? 구차함이라면 그 기준은 무엇이고, 누가 판단하는 것인가? 안락사 찬성론자들은 어떠한 경우라도 생명의 존엄을 지켜야 한다는 의무론자들을 '멍청이(idiot)'라고까지 부른다. 환자의 연명을 중지한다고 해서 존엄을 훼손하는 것이 아니며, 연명은 환자는 물론 가족들에게 고통을 주는 의료 행위에 지나지 않는다는 것이다.

성소수자의 권리 향상과 동성 결혼의 합법화 또한 전체 사회 구성원의 판단과 합의를 요구하는 사안이다. 성소수자 문제가 한국 사회에서 공론화되기 시작한 시점은 시민사회의 담론이 활성화되던 1990년대 중반이고,

'퀴어 축제'의 역사도 짧다. 오늘날 성소수자에 대한 인식은 많이 호전되었지만, 미국이나 유럽 국가들에서 확산되고 있는 동성 결혼의 합법화에 대해서는 반대의 목소리가 높다. 특히 한국의 개신교는 동성애 문제에 대해 서만큼은 보수적 입장을 취하고 있는 데다, 일부 우파 개신교 집단은 아예 성소수자들을 '공공의 적'으로 규정하여 그들을 악마화하고, 온갖 모멸을 일삼으며 수치스러운 신체적·정신적 기호를 부여한다. 한 연구자가 표현한 대로 '성스러운 혐오' 전쟁을 통해 자신들을 하느님의 나라를 수호하는 전사라고 여긴다.

장애인들의 지하철 출근 투쟁도 생각해볼 문제이다. 대학교 청소 노동자들이 임금 상승과 노동환경 개선을 요구하기 위해 교정에서 집회를 열고 소음을 냈다고 해서 일부 학생들이 학습권 침해를 이유로 들어 청소 노동자들을 고발한 사건이 벌어졌다. 만약 등록금 무료 투쟁을 위해 학생들이 총장실을 점거한다면 대학은 경찰을 부를 것인가? 그냥 보고만 있을 것인가? 소수자를 위한 할당제 입학이나 직업 채용은 또 다른 역차별인가?(샌델, 2010b).

우리의 사유와 판단이 요구되는 일들은 삶의 현장 곳곳에 널려 있다. 인간사만이 아니다. 점점 심각해지고 있는 지구환경과 생태, 기후위기로 인해 우리는 인간과 자연의 관계를 재설정해야 할 시점에 이르렀다. 동식물과 같은 생명체, 혹은 강이나 숲처럼 무수한 생명을 포괄하는 생명체들(혹자는 지구 자체를 지구 생명이라 부른다)에게도 자연의 권리가 인정되어야 하는가? 한 발 더 나아가 그들에게 아예 법적 인격체로서의 권리를 부여해야 하는가? 아직 다가오지 않은 미래 세대를 위해 우리는 어떠한 정치체제를 만들 것인가? 나와 동료들은 다른 지면에서 이러한 문제들을 '지구법학'과 '바이오크라시(Biocracy)'라는 차원에서 논의한 바 있다. 이 문제들은 여전히 논쟁적이다(김왕배 엮음, 2023).

동물 실험은 계속 허용할 것인가? 하루에도 수천, 수만 마리의 생명체들이 인간을 위해 실험 대상으로 죽어가고 있다. 인간의 질병을 치료하기 위한 신약 개발, 인간의 미에 대한 욕망을 충족하기 위한 화장품 개발 등 결국 인간의 복리를 위해 오늘 이 시간에도 엄청난 숫자의 생명이 사라지고 있다. 산업형 축산과 도살은 어떠한가? 인간의 이윤 추구를 위한 욕망이 높아질수록 동식물은 더 많이 죽어간다. 지구 행성의 타나토스, 즉 죽음의 본능이 커지고 있는 것이다. 그렇다고 싱어(Singer, 1999)의 요구대로 고통을 느끼지 못하는 비(非)척추 생물류(예: 굴) 같은 수산물만 먹어야 할까?

수백 톤의 핵 오염수를 바다로 방출하는 행위에 대해서는 어떤 판단을 내려야 할까? 정치와 과학은 도대체 어느 지점에서 만나고 헤어져야 할까? 인간의 몸에 이상만 없다면(이런 가정의 근거도 여전히 쟁점이다) 핵 오염수의 방출을 용인할 수 있는가? 인간의 생명만 괜찮다면 바닷속의 수많은 생명들, 예컨대 산호초와 플랑크톤을 비롯한 수많은 어종들에게는 상관없는 일인가? 후쿠시마 바다의 물고기들은 인간을 대리인으로 하여 일본 정부를 고소하는 법정 원고가 될 수는 없는가?

2) 도덕감정을 초대해야 할 다양한 이유

오늘날 전 세계는 물론 한국 사회에 대한 진단만 보더라도 시급히 도덕감정을 소환해야 할 이유는 차고 넘친다. 우리는 옳고 그름, 좋고 나쁨, 바람직함 등을 사유하고 판단해야 하는, 그리고 선택하고 실천해야 하는 수없이 많은 '사태'들에 직면해 있다. 대부분 일상에서 거의 직관적으로 가치판단을 내리고 있고 자기의 판단을 '옳고 좋으며 바람직하다'고 생각하는 경향이 크다. 타자에게는 전혀 그렇지 않을 수 있음에도 불구하고 말이다. 자신이 좋아한다고 해서 옳은 것도 아니다. 그래서 우리는 항상 나의 사유 판단과 선택에 대해 성찰해야 하고, 타자와의 소통을 통해 적정선을 찾아야 한다. 정의의 이름으로 자비와 관용, 이해 없는 복수의 정념만을 불태운다면 우리의 삶은 적대와 혐오로 가득 찰 것이고, 자기만의 이기주의적 선택에 갇혀 있다면 공멸할 것이며, 책임 윤리를 망각한 지도자들이 국가와 사회를 이끌어 나간다면 파멸의 길로 가게 될 것이다.

도덕감정은 지각, 사유와 판단, 실천 의지의 감정이고, 타자에게 자신을 개방하며 세계를 상상하는 감정이다. 공적인 장에서 발현되는 타자성찰의 감정으로서, 타자와의 소통을 통해 '적정선'을 합의하는 감정이다. 타자의 타자는 바로 '나'라는 점에서 나에 대한 성찰이며 배려의 감정이기도 하다. 모든 감정이 대상에 대한 인지와 판단, 의지와 실천의 기능을 가지고 있지만 도덕감정은 바로 그러한 감정들을 판단하는, 즉 '판단의 판단'을 수행하는 감정으로서 매우 다양한 하부 감정들을 통솔하고 있다. 공감과 사변으로서의 상상력은 도덕감정의 전위대 역할을 하고, 깊은 내면의 양심과 책임의 목소리는 스스로를 판단하는 재판관으로 작용한다. 나아가 우정과 돌봄, 배려의 도덕감정은 신뢰와 연대를 구축하는 에너지이기도 하다. 그러나 도덕감정은 결코 유약하지 않다. 그것은 불의에 대한 복수의 정념과 강력한 혐오 그리고 때로는 분노와 폭력까지도 호출하는 감정이다. 도덕감정은 기존 질서에 순응하기를 요구하면서 이데올로기로 변질된 '도덕들'에 이의를 제기하는 감정이다.

우리는 과연 프리드리히 니체(F. Nietzsche)가 말한 대로 기존 도덕을 뛰어넘는 초(超)윤리적인 인간, 양심의 자유와 책임의 권리를 소유하는 자가 될 수 있을까? 시인 윤동주가 염원했던 대로 '하늘을 우러러 한 점 부끄러움

없는 자'가 될 수 있을까? 아니, 될 필요가 있을까? 나는 이러한 버거운 질문에 답할 수도 없고, 이에 답하고자 하지도 않으며, 또한 이와 같은 문제를 제기하지도 않는다. 도덕감정이란 평범한 일상 속에서 주체적으로 자기의 삶을 기획하고 실천하는, 그래서 떳떳하고 당당한 자가 되기 위해 노력하는 자의 감정이고, 상상력과 '적절한 일탈'을 허용하는 감정 정도로만 이해해도 무방할 것 같다. 다만 '나'는 어쩔 수 없이 '관계의 운명'을 안고 태어난 존재이니 만큼 수많은 타자, 즉 이질적인 존재들과 상황들을 어떻게 사유하고 판단하며 포용할 것인지 고민할 수밖에 없다는 점은 인정해야 한다.

이질성은 항상 우리에게 긴장을 가져다주며, 적대감이나 혐오와 같은 불편함을 주기도 한다. 그러나 이질성은 호기심을 이끌어내고 매혹적인 존재가 되는 데 기여한다. 자신만의 혈통, 종교, 신념과 관습, 법, 도덕을 가지고 이질적 타자를 배제하는 태도, 순혈주의적·멸균주의적·배타적인 사고는 과거로의 영구 회귀를 도모하려는 독선과 아집의 위험을 낳는다. 겸양은 도덕감정의 미덕이기도 하다.

우리는 온 지구를 강타한 '코로나19 사태'를 경험하면서 '살리는 생명'과 '죽게 내버려두는 생명'을 보았다. 아울러 인간의 눈에는 아예 보이지도 않는 '미천한 것'의 엄청난 힘을 보았다. 나의 욕망을 방해하고 저지하는 것, 나와의 교감을 통해 내 감각을 넓히고 삶의 반경을 넓히는 것, 도너 해러웨이(D. Haraway)가 말한 대로 온갖 '트러블(troble)'들과 함께 살 수밖에 없는 것이 오늘날 인류 사회의 운명이다. '차이들의 차이'라고 말하지 않는가? 아무리 미분(微分)해도 다가서지 않는 지점이 존재한다. '사회적인 것(the social)'이란 이들의 차이를 엮어주는 가치와 제도, 즉 신뢰와 연대의 마당을 마련하여 '함께(with)' 사는 것이다. 도덕감정은 바로 그러한 '사회적인 것'을 추구하는 삶의 에너지이다.

1부

도덕감정의 감정들
공감, 양심, 정의

1장 도덕감정: 지각, 사유, 판단

2장 공감과 비판적 상상력

3장 양심과 책임

4장 정의: 복수의 정념과 어려운 용서

1장

도덕감정

지각, 사유, 판단

1. 감정과 지각

1) 일상과 감정

일상은 무수히 많은 감정을 불러일으킨다. 일상은 사소하고 하찮은 일들로 가득 차 있지만, 매우 단조로우며 권태로운 행위의 궤적들로 이루어져 있다. 잠자고 식사하고, 출근하고, 업무를 수행하다가 퇴근하고 카페에 들러 친구를 만나는 등 반복적인 경로가 되풀이되는 세계가 일상이다. 주중에는 비슷한 시간과 공간의 경로가 되풀이되다가 주말과 휴일에 다소간의 궤도가 변경될 뿐이다. 다양한 실천과 지루함이 몰려오는 곳, 실존의 불안이 운명처럼 깔려 있는 곳, 우리는 일상을 벗어나기 위해 여행을 통해서 시공간의 경로를 바꾸어 보려 하지만 결국 일상으로 돌아오거나 심지어 벗어나고자 했던 일상을 그리워하기도 한다.

일상은 우리가 감각과 의식을 통해 체험하고 인지하는 여러 가지 일들로 구성되어 있는 듯 보인다. 그런데 사회학적 상상력을 동원해 조금만 더 들여다보면 일상의 깊은 곳에서는 우리가 인식하지 못하는 거시적인 구조들, 예컨대 국가와 계급, 글로벌 세계의 금융 네트워크, 디지털 시장이 굴러가고, 어딘가에서 마그마처럼 끓어오르는 분노를 모아둔 창고와 반려종의 세계, 거대한 우주 행성의 장력과 빛들이 움직이고 있다. 일상의 밖에서 경험되는 것은 없다. 모든 갈등은 일상에서 조직되고 폭발한다(김왕배, 2018). 우리는 바로 일상에서 삶의 의미를 찾으려 하고, 그 의미를 묻는다(르페브르, 1992). 일상에서 조각조각 파편화되고 연결된 삶의 회로에는 크고 작은 감정들이 교류한다. 우리의 몸은 감정의 미세한 파동이 전류처럼 흐르고 있는 공간이라 해도 과언이 아니다. 일상에서 우리는 얼마나 많이 이성의 범주라고 하는 합리적 판단, 유비추리(有非推理), 논리적 정합성을 동원하며 살까? 우리는 주로 감정을 통해 타자와 상호작용하고, 사물을 인지하며 반응한다.

감각적으로 느끼고 마주하는 타자들과의 행위, 사회문제와 갈등, 예컨대 지구온난화로 인한 이상한 날씨, 요동치는 주식시장, 불안정한 취업, 신경을 자극하는 뉴스 등 모두가 일상의 장에서 발생한다. 불안, 분노, 사랑, 기쁨을 느끼는 곳도 일상이다. 일상의 사소한 일에 감정은 얼마나 민감하게 반응하는가? 식당 주인의 서비스와 음식의 맛에 예민하게 반응하고, 끼여드는 운전자에게 화를 내며 욕설을 퍼붓기도 한다. 스포츠 중계를 보면서 환호를 지르는가 하면 출퇴근 시간의 혼잡함에 짜증을 내기도 하고 직장상사의 갑질과 업무에 스트레스를 받는다. TV로 정치 뉴스를 보다가 혐오와 증오의 감정을 드러내고, 어느 정치인의 부패와 기업인의 탈세 소식을 접하면 분노가 치밀어 오르기도 한다.[1] 길거리를 오가며 무관심하게 지나치는 익명의 사람들 속에서도 감정의 교류가 중단되지 않는다. 어빙 고프만(E. Goffman)이 묘사한 시민들 간의 '예의 바른 무관심'은 타자에 대한 절제된 감정의 표현이다.

일상, 이 가벼운 곳은 결코 하찮지 않다. 일상은 생각보다 매우 복잡하고 견고하며 단단하다. 일상은 거미줄같이 얽히고설킨 관계의 그물망이고, '나'는 이 관계 다발의 위도와 경도가 교차하는 어느 한 지점을 차지하고 있는 존재이다. 역사의 시간과 공간 속에 위치하는 나는 이 우주에 하나밖에 없는 '단독자'로 존재한다. 그런데 나의 삶과 죽음을 그 누구에게도 대리시킬 수 없는 나는 '천상천하 유아독존(天上天下唯我獨尊)'의 존재이지만 이미 선대로부터 이어져온 공동체의 관계 다발, 즉 가족, 지역, 민족, 국가, 인류 사회의 관계망 속에서 태어나고 살아간다. 빈손이 아니라 이미 관계망의 외투를 걸치고 탄생하며, 내가 부인한다고 해서, 의식하지 않는다고 해서 그것들이 사라지는 것은 아니다. 이 단순하고도 자명한 사실을 다시 한 번 상기해보자. 자연권과 자연법을 추론해낸 사회계약론자들이 전제한 추상적이고 독립적인 개인은 존재하지 않는다. 타자와의 관계 속의 존재, 결국 아리스토텔레스가 말한 대로 인간은 사회적 존재일 수밖에 없다.[2]

여하튼 우리는 일상에서 다양한 감정을 주고받는다. 대체로 즉각적이고 표피적이라고나 할까, 일차원적이라고 할까. 그런데 일상의 사소한 일들 와중에도 우리는 항상 무언가를 평가하고 판단하며 선택하고 반추한다. 무

---

1) 이 감정들은 행동으로 이어지기도 한다. 누군가는 촛불시위에 참여하기도 하고, 누군가는 이웃의 층간 소음에 화를 내고 그 격분을 이기지 못해 폭력을 휘두르기도 한다.
2) 마치 초등학생이 쓴 듯한 김광규 시인의 시 「나」를 참고해보자. "살펴보며 나는 나의 아버지의 아들이고 나의 형의 동생이고… 선생이고… 이웃이고, 납세자고 예비군이고. … 나의 개의 주인이고, 나의 집의 가장이다"(김광규, 1979). '나'는 추상적인 내가 아니라 가족과 직장, 지역, 국가 등과 구체적인 삶의 현장에서 피할 수 없는 인연을 맺은 존재이다.

엇이 옳고 그른지, 무엇이 선하고 선하지 않은지, 무엇이 나에게 혹은 가족과 사회에 바람직하고 그렇지 않은지, 어떤 선택을 할 것인지, 그 결과에 대한 책임을 어떻게 질 것인지 등 '성찰하고 판단하는 감정'이 작동하는 것이다. 이런 감정은 대상에 대해 비교적 즉각 반응하고 표출되는 감정들과는 다른, 그렇다고 뚜렷하게 경계를 긋기도 어렵지만, 타자를 성찰하고 공감하면서, 분노와 증오와 혐오 혹은 배려와 관용과 환대 등 다양한 감정(복합감정군)으로 표출되는 것이다. 나는 이러한 감정을 '도덕감정'이라 부르려 한다.

2) 도덕감정의 지각과 판단

감정은 환경의 자극에 의해 발흥되는 수동적이고 즉각적이며 변덕스럽거나 비합리적인 것으로 간주된다. 대상에 대한 개념적 지각이나 합리적 판단은 이성의 몫이라는 것이다. 과연 그런가? 몇몇 감정 연구자들은 감정이 인지 작용과 합리적 판단, 실천 모두를 담당하거나 매개한다고 말한다. 나 역시 감정의 능동성, 즉 감정이 사회의 변화나 운동에 미치는 영향을 강조한 바 있고, 통계학적 용어로 굳이 말한다면 종속변수가 아닌 독립변수 혹은 매개변수로 작용한다고 주장한 바 있다. 즉, 감정이 세상을 어떻게 구성하는가, 그리고 감정 자체가 어떠한 지각, 판단력, 나아가 실천성을 가지고 있는가에 대해 말한 적이 있다(김왕배, 2019b). 감정은 단순히 외부의 자극에 의해 반응하는 수동적 성향만을 갖는 것이 아니며, 대상에 대한 인지나 지각과 상관없는 것도 아니고, 즉각적이어서 판단이나 평가를 내리지 못하는 것도 아니다. 오히려 막스 셸러(M. Scheller)가 말한 것처럼, 감정은 이성에 앞서 작용하는 직관적 정신 작용이다. 그에게 감정은 지각과 윤리

실천의 측면에서 이성보다 우위를 차지한다. 감정의 지각 작용은 가치를 지향하고(가치로의 지향성), 그 가치들을 직관적으로 파악함으로써 가치 의식을 발생시킨다. 이후 가치 의식을 바탕으로 비교, 추론 등 이성의 작용이 생겨난다. 일차적인 인간의 정신 활동은 감정인 것이다(셸러, 1998; 금교영, 2013). 도덕에 대한 인식 역시 이성적인 지적판단에 앞서 선악의 가치에 대한 감정의 느낌을 통해 이루어진다. 즉, 도덕법칙이 선악을 판단하는 것이 아니라 역으로 선악에 대한 감정적 느낌이 도덕법칙을 만든다. 감정은 '인식의 어머니'인 것이다(조정옥, 1999: 44).[3]

감정은 휘발성적인 것도 있지만, 오랫동안 학습에 의해 체화된 것도 있다. 후자의 감정, 즉 몸에 체화된 감정을 '감정 아비투스(emotional habitus)'라고 부른다.[4] 감정 아비투스는 기억을 통해 오랜 과거의 경험과 감정을 현재로 불러내기도 한다. 즉, 개인적인 삶의 궤적은 물론 역사적인 사건을 소환하는 기능도 담당한다. 누구는 이것이 의식의 작용이지 감정의 작용이 아니라고 주장할 수도 있다. 그러나 감정은 의식의 중요한 부분이다. 과거 분노를 일으킨 사건에 대한 기억은 현재의 분노 감정을 불러오고, 혐오의 기억이 혐오를 불러오기도 한다. 물론 기억의 재생은 원본과 차이가 있을 수 있고, 현재 감정의 강도는 당시의 감정 강도와 차이를 보일 수 있다. '희미한 옛사랑의 그림자'라는 표현처럼 '그때/거기'를 회고하는 향수 속의 과

---

[3] 셸러는 칸트의 이성주의에 맞서고 있다. 그의 감정론은 사물, 감각, 생명, 정신적 가치(진리, 선악, 아름다움 등)와 성스러움의 가치 인식과 뗄 수 없는 관계를 맺고 있다. 이에 대해 셸러(1998); 금교영(1995)을 보라. 한편 가치와 도덕성, 경험 등의 문제를 논의한 요아스(Joas, 2000)와 그의 사상을 잘 소개한 신진욱(2018)의 책을 추천한다.

[4] 감정의 적극성, 감정과 느낌, 정동으로 번역되고 있는 정서와의 관계, 그리고 육체화된 감으로서의 느낌과 감정에 대해서는 버킷(2017)을 보라.

거는 실제 과거와 차이가 있을 수 있지만 기억은 과거의 사건과 감정을 재생시키기도 한다(김왕배 외, 2017).

감정은 대상에 대한 '지향성(intentionality)'을 갖는다. 현상학자들이 금과 옥조(金科玉條)처럼 여기는 의식의 지향성 개념을 차용하는 감정론을 '감정의 현상학'이라 부르기도 한다. 도대체 이 지향성이란 무엇인가? 현상학자 에드문트 후설(E. Husserl)은 모든 의식은 지향성을 갖는다는, 얼핏 들으면 상식에 지나지 않는 주장을 통해 후대 학자들에게 많은 영향을 미쳤다. "사태 자체로!"는 그가 건 현상학의 슬로건이다. 어떻게 의식이 본질직관을 통해 사태(대상, 사건, 사물 등)를 명료하게 증명해낼 것인가? 후설은 대상의 본질을 명증하기 위해서는 대상에 대한 기존의 개념이나 편견을 모두 '괄호치기(에포케, epoche)'해야 한다고 주장한다. 일단 판단중지를 하라는 것이다. 그는 외부의 관찰과 실험을 통해 지식을 논리적으로 체계화하려는 실증주의적 접근, 특히 자연과학적(그중에서도 물리학) 패러다임에서 벗어나야 한다는 입장이었다. 심지어 우리가 당연하다고 믿는 자연주의적 태도도 일단 괄호로 묶어두어야 한다는 것이다.5) 이 자리에서 후설의 논의를 상술하기는 어렵다. 다만 그는 의식의 지향성이라는 용어를 통해 사태의 본질을 직관할 수 있는 초월적 의식 혹은 순수의식이 작용할 수 있음을 강조했다. 이는 대상을 향한 의식 지향성의 존재가 언어로 표현될 때 전치사를 갖는다는 사실에서도 나타난다. 즉, 우리는 어떤 대상을 생각할 때 '~에 대해, ~을, ~에 관하여(think of, about)' 생각한다(자하비, 2017; 이남인, 2004). 그리고 그 의식을 통해 사물에 대한 '의미'를 부여한다. 후설이 말하는 의식 속에는

---

5) 한편 현상학적 사회학은 오히려 '당연하다고 믿는(it is taken for granted)' 것, 예컨대 상식이나 의미 구조 등을 발굴하는 데 관심을 두었다. Schutz(1975); 하홍규(2019)를 참고하라.

이성, 추론, 비유, 판단, 지각, 평가, 감정, 욕망 등 다양한 요인들이 포함되어 있다. 모든 사물의 의미는 의식의 산물인 것이다.

감정 역시 마찬가지이다. 예컨대 분노는 자신의 욕망을 부인하는 대상 혹은 부당하게 개입하는 '사람, 사건(사물)'을 인지하거나 판단하고 이에 대해 반응하는 감정의 한 양태이다. 슬픔은 상실한 것에 대해, 혐오는 미워하고 싫어하는 것에 대해, 복수심은 피해를 본 것에 대한 반응이다. 불의에 대한 정의감은 불의라는 대상을 지향하는 감정이다. 감정철학의 대가인 로버트 솔로몬(R. Solomon) 역시 감정은 지향성을 가지고 있으며, 이 지향성을 통해 세상을 구성한다고 말한다. 좀 더 정확히 말하자면, 감정은 대상에 '의미를 부여함으로써' 세계를 구성하는 것이리라. 솔로몬은 "사건이 나를 화나게 해서 화내는 것이 아니라, 내가 화를 내기 때문에 사건이 화의 대상이 된다"고까지 말한다(솔로몬, 2023b). 곰 자체가 두려운 것이 아니라 우리가 두려워하니까 두려운 존재가 되는 것이다. 상대를 제압할 수 있는 권력이 있다면 어떤 대상을 두려워하지 않을 것이고, 그렇다면 그 대상은 무서운 존재가 아니다. 엄밀히 말하면 두려움의 대상이 '아닌 것으로 구성'된다.

의식이나 감정이 실재의 질료적 존재 자체를 생성하지는 않지만, 실재를 어떤 식으로 구성할 것인가에 대해서는 영향을 미칠 수 있다. 예를 들어 감정이 스마트폰을 만드는 것은 아니다. 그러나 감정은 스마트폰에 여러 의미를 부여하고, 이들에 의해 생겨난 '집합적 의미'는 곧 스마트폰의 사회적 의미가 되며 생산자는 이 사회적 의미를 고려하여 스마트폰을 디자인할 수 있다. 존재론적으로 좀 더 깊이 들어간다면, 스마트폰이란 언어에는 이미 어떤 언어적이고 사회적인 '의미'가 부여되어 있고, 그 의미가 있기 때문에 스마트폰이 존재한다! 우리의 감정이 스마트폰을 하나의 의미 구성체로 만든다고 말해두자.

솔로몬(2023a)은 감정은 "판단의 형식이면서, 세상을 경험하고 참여하는 방식"이라고 말한다. 그의 따르면 "감정은 개념적 구조이며, 타인과 우리를 극적 시나리오에 캐스팅"하는 역할을 한다. 그의 말을 인용해본다.

> 감정은 우리의 관심과 판단력에 예리함을 부여하고… 아무리 뛰어난 사회과학자라도 추정할 수 없는 통찰력과 이해력을 제공한다. 우리가 가치를 가지는 것은 감정을 통해서이지 사고된 추상적 판단을 통한 것이 아니다. 벗이나 이웃, 연인이나 형제자매가 우리에게 의미가 있다면 그건 그 사람이 객관적인 범주에 들기 때문이 아니라, 우리가 감정을 통해서 그 사람에게 신경을 쓰고, 그 사람을 인식하고, 생각하고, 대하기 때문이다. 우리는 삼단논법이나 사회학적 분석을 통해 간접적 방식으로 그들이 우리에게 중요하고, 우리에게 가깝다고 판단하는 것이 아니라, 우리가 오해하기 쉽게 감정이라고 부르는 것을 통해 직접적으로 그렇게 판단한다… 우리는 단순히 우리의 관계를 인식하는 것이 아니다. 관계를 구성하는 것은 다름 아니라 우리의 감정이다(솔로몬, 2023a: 444).

감정은 또한 대상에 대한 우회적 판단이나 성찰보다는 직관적이고 직접적으로 대상에 적용하는 '프레임(frame)'으로 기능하기도 한다. 인지 과정에 필요한 신경 에너지라고나 할까, 생각하고 판단해야 하는 시간과 노력을 줄임으로써 '인지의 경제(economy of cognition)' 기능도 담당한다. 특히 긴 시간을 통해 체화된 '감정 아비투스'가 그렇다. '나치즘은 나쁘다'라는 감정 아비투스를 가지고 있는 사람이 만약 헤드 스킨이나 나치 문양의 옷을 입고 거리를 행진하는 극우파들을 보면 두려움과 분노라는 감정을 통해 그들을 나쁘다고 판단할 것이다. 이 두려움과 분노는 긴 인지의 회로를 필요로 하지 않는다. 물론 이처럼 간결하고 응축된 반응으로서의 감정은 편견과 독선을 낳기도 한다. 유사한 이념과 가치관, 종교적 가치를 공유하는 사람들끼리만 내(內)집단에서 교류할 때 편견에 가득 찬 감정이 발동한다. 특정 인종에 대한 혐오, 두려움, 분노 등의 감정이 대표적이다.

다시 한 번 말하건대 감정은 세상을 바라보고, 세상에 의미를 부여하면서 '세상에 관여하는 방식'이다. 예컨대 사회정의에 대한 분노의 감정은 '개인의 생리적 요소가 아니라 도덕적으로 세상에 관여하는 방식'이다. 그러나 고립된 개개인의 감정을 통해 그렇게 하는 것이 아니라 타자들과 함께 교류하고, 습득하고 배운 감정을 통해 관여한다. 선함과 악함, 옳음과 그름, 정의와 불의에 대한 '예리한 감정적 감각과 판단'도 그렇다(솔로몬, 2023a: 445). 감정이 없다면 과연 삶의 의미와 사회변혁의 힘이 가능할까? 감정은 내가 살고 있는 이 세계에 대해 인식과 판단을 내리게 하고, 어떤 행동을 취할 것인지 생각하게 하고 실천에 옮기도록 한다. 누군가는 투표를 통해 분노와 좌절을 표현하고, 누군가는 거리로 나가 저항운동에 참여하며, 누군가는 열정적인 사랑을 하고, 누군가는 어떤 대상을 죽도록 혐오한다.

그런데 이러한 감정의 심층에는 또 다른 감정이 존재한다. 이 감정이 천성적인지, 외부의 교육이나 사회화를 통해 습득되는지에 대한 논의는 여기서 다루지 않는다. 다만 감정을 인지하고 판단하는 감정, 그것은 마치 의식을 의식하는 자아의식과도 같은 감정이고 타자성을 획득한 감정이다. 자신의 표층적 감정이 옳고 그른지 판단하는 감정, 나는 이를 도덕감정이라 부를 것이다. 나는 이성의 존재에 대해 다소 회의적이지만, 이성이 냉정하고 합리적인 판단을 내리는 기능을 한다고 치면 감정도 그렇다고 본다. 그렇다면 감정은 이성의 적이 아니라 동지이다. 나아가 감정 중에는 자신의 행위나 감정에 대해 반성(反省)하는 감정이 존재한다. 예를 들어 감정적인 행위(울컥 화를 내어 상대를 불쾌하게 했거나, 본인도 해를 입었다고 했을 때)에 대해 반성할 때 그 반성은 후회라는 감정을 통해 수행된다. 다음 절에 이어지겠지만 나는 감정에 대한 판단 역시 감정이 담당하며 이러한 종합적 판단의 역할을 하는 것이 바로 성찰적 감정으로서 도덕감정이라고 말하고자 한다.

요약하건대, 감정은 단순히 수동적인 반응이 아니다. 감정은 지각하고 판단하고 실천하는 기능을 담당한다. 예컨대 숲속에서 곰을 만났을 때 두려운 감정은 바로 위험 상황임을 판단하고, 도망을 치도록 지침을 내린다. 세상에 대한 판단이나 평가, 신념 등이 없다면 공포나 분노와 같은 감정 그 자체는 실제로 분노, 공포를 구성하지 않는다(Solomon, 2008: 10). 감정이 원시적이고 비지성적이며, 합리적 이성을 와해한다는 생각을 버려야 한다 (Solomon, 2023a: 438). 오늘날 일부 정치철학자들이 공화주의 이념을 구현하기 위해서는 더 이상 이성에 의존할 수 없으며 감정을 좇을 수밖에 없다는 판단하에 감정철학자인 데이비드 흄(D. Hume)으로 돌아가는 이유이기도 하다(Krause, 2008). 감정이 윤리에 반한다는 생각, 공적이성에 걸림돌이 된다는 생각도 버려야 한다. 조리에 맞고, 시의적절하게 표출하고, 때로는 참고 절제하는 감정의 함양을 통해 개개인의 감정을 공적감정으로 확장시킬 때 그 감정이 곧 공공 윤리를 수행하는 힘이 될 것이다. 나는 이처럼 함양된 감정을 도덕감정이라고 부르고자 한다.

2. 도덕감정: 타자성찰과 공적감정

1) 도덕감정이란 무엇인가?

도덕이란 용어는 엄숙하고 무거우며 부담스럽고 다소간 불편하다. 얼핏 기존 질서를 옹호하고 순응하며, 자신의 규율은 물론 타자의 저항과 일탈을 통제하는, 나아가 자유와 상상을 제약하는 보수적 개념으로 들린다. 도덕과 계열체를 이루는 개념과 실체들, 예컨대 규범, 윤리, 계율, 법, 정의 등도 마찬가지이다. 도덕은 집단 구성원들이 비교적 오랜 기간의 상호작용을 거쳐 구성된 일종의 협약 체계로서 집단 구성원들에게 부여하는 당위적인 행위규범이다. 도덕은 당대의 보편적 가치로서 높은 수준의 규범 원리와 다양한 하위 행동의 강령 체계를 의미한다. 일반적으로 도덕은 그 사회의 옳고 그름을 평가하는 잣대로 기능한다. 사회학자들은 도덕을 종교나 윤리 등의 형이상학적 규범 논리가 아니라 사회 통합을 위해 기능하는 객관적 규범 체계로 보는 경향이 강하다. 사회학적 관점에서 도덕은 특정한 시대의 사회 구성원들이 합의를 통해 구성한 가치 체계로서 구성원들을 결합시키는 '사회적 연대'를 의미하기도 했다.

도덕은 당대의 '바른 행실'을 지도하는 윤리, 혹은 의(義)로운 가치와 행위규범을 지칭하는 가치 체계이지만 '무엇이 의로운가? 무엇이 바른 행실인가?', 즉 도덕의 내용과 판단 기준에 대해서는 시대에 따라, 그리고 사회를 구성하는 다양한 집단, 계층, 성, 세대에 따라 여러 각도로 해석되고 구성되어왔다. 도덕은 상대성을 지니는 가치인 것이다. 구원이나 해탈과 관련된 종교적 신념 체계, 초월적인 보편적 윤리 수준의 규범 원리마저도 당대의 사회 구성원들이 합의하고 공유하는 도덕(moral)이었다. 다만 시대를 관통하는 도덕의 일반적 기능이 있다면 공동체에 대한 복종과 양보, 의무 같은 행위 동기를 부여하고, 구성원들의 연대를 도모하는 '사회적 실재'의 역할을 하고 있다는 것이다(Durkheim, 1984; 기든스, 2000).

도덕은 다양한 수준의 규범을 가지고 있고, 하위 수준의 규범 체계일수록 특수하고 더 상대적이며 가변적이다. 도덕은 인류 사회 전체를 포괄하는 가치 체계로부터 한정된 조직이나 집단의 규범으로 분화되어 있다. 상황적 규범(행위와 상호작용의 지침을 이루는 기대), 협동 단위의 규범(분업 체제 속에서 각 개인이 어떤 지위에서 어떻게 행동해야 하는가에 대한 특정한 기대), 제도적 규범(특정한 제도적 영역에서 개인들의 지위에 따르는 일반적인 기대), 사회의 구성원들이 담지하고 있는 선악, 옳고 그름, 타당성과 비타당성을 규정하는 추상적이고 초맥락적인 개념 체계 등으로 분류되기도 한다. 이처럼 도덕 코드의 수준은 매우 다양하고, 후자에 이를수록 구성원에 대한 평가 내용의 강도는 세진다(Turner and Stets, 2007).

공동체에 습속화되어 있는 도덕은 그 구성원들에게 일정한 책무를 요구한다. 도덕은 사회화의 내용이기도 하며, 사람들이 상호작용하며 살아가게 하는 일상의 지식(knowledge)으로 작용하기도 한다. 도덕은 타자를 인지하고 평가하는 잣대로서 자신의 행위를 조율하는 틀이다. 내면화된 도덕은 '너무나 당연한 세계의 구성' 요인이 되어 알프레드 슈츠(A. Schutz)가 말한 대로 생활 세계를 살아가는 '레시피(recipes)', 즉 선대에 의해 만들어진 다양한 생활 방식, 기대, 역할, 상호작용, 언어, 기술 등을 망라하는 삶의 지침이 되기도 한다. 거의 무의식적으로 작용하는 '전형(typication)'인 것이다(Schutz, 1975; 김광기, 2002, 2005).

이 무의식적 내용 중 하나가 공동체에 대한 책무이다. 영웅, 의인(義人), 사회 투쟁가들, 도덕 재무장 운동가들, 또는 극단적 이타주의를 일컫는 '테레사주의자들'[6]이 보여주는 높은 수준의 도덕이 아니더라도, 일반적인 사

---

6) 테레사주의란 극단적 이타주의를 말한다. 그러나 테레사 수녀의 순수 이타성은 존경의 대상이지 결코 폄하될 수 없다. 여기서는 극단적 이타성을 행하는 도덕주의자들을 상징하는 용어로 쓴다.

회 구성원 모두가 '별달리 회의하지 않고 묵묵히 지켜가는 규범 체계'가 존재한다. 그 안에는 서로가 서로의 책무를 지킬 것이라는 신뢰가 들어 있다. 그 암묵적 규범 체계는 우리의 삶에 질서와 의미를 부여하고 안녕을 보장한다. 도덕은 개인들의 자유분방한 개별 욕망들과 긴장 대립의 관계에 있으면서 동시에 상생과 공존을 가능케 하는 지침서로 작용한다. 그래서 도덕을 어길 때, 그 행위가 매우 하찮은 것이더라도 일정한 비난과 처벌을 가하려 한다. 예컨대 교통 위반은 교통신호를 지키겠다는 사회 구성원들의 암묵적 합의와 신뢰를 깨뜨린 행위로서 비난의 대상이 된다. 우리가 상식적으로 지키며 살아가던 규범을 일탈한 행위로서 비난의 대상이 된다.

2) 도덕감정을 구성하는 요인들

그런데 왜 도덕이 아니라 도덕감정인가? 이 글에서 내가 도덕이라는 용어보다 도덕감정이라는 용어에 주목하는 이유는 도덕이 개인들의 심상에 구조화되어 개인과 타자를 성찰하고 해석하지 않는다면 의미가 없기 때문이다. 실재론자들이 주장하는 것처럼 추상적 범주로서의 도덕이 객관적으로 존재한다 하더라도, 도덕이 개개인에게 내면화되어 어떻게 행위 추동력으로 작동하는가에 관심이 있기 때문이다. 도덕이 단순히 객관적으로 구조화된 실재로서가 아니라 주체와 상호작용하는 산물로서 객체-주체 간 역동적인 관계를 형성한다고 보기 때문이기도 하다.

또한 도덕은 이성의 산물이라는 주류 사유에 대해 다른 견해를 갖고 있기 때문이다. 이미 앞 절에서 논의한 것처럼 감정은 지각, 판단, 실천, 능동성을 가지고 있다. 후술하겠지만 흄이 말한 대로 '이성은 정념의 노예'라는 문구로 가늠하고자 한다. 도덕감정은 특별히 타자에 대한 상상과 공감을 발현시키는 감정이다. 도덕감정은 제3자의 시선에서 자신과 타자를 바라보며 신중하고, 배려하고, 수치스러워하고, 경멸하고 분노하는 감정들을 복합적으로 탑재한 감정이다. 도덕감정은 세상을 인지하고 지각하며 의미를 부여하고 판단할 수 있는, 나아가 세계에 개입하고 실천하는 역능(力能)을 가지고 있다.

도덕 실재론자들은 도덕이 인간의 의식이나 감정과 별개로 '저 멀리에' 객체로서 존재한다고 주장할 것이다. 도덕은 그 나름의 세계에서 그 자체의 자율성을 갖는 구조로 움직이고, 인간은 인간의 주관적 세계에서 이 구조와 연관을 맺으며 살아갈 뿐이라고 주장할 수도 있을 것이다. 실재론을 대표하는 로이 바스카(R. Bhaskar)라면 아마 이렇게 주장했을 듯싶고, 초구조주의자인 루이 알튀세르(L. Althusser)라면 도덕감정은 아예 관심 밖이었을지도 모른다. 구조주의자들에 의하면 인간은 시나리오(구조)대로 움직이는 무대 위의 배우(agency)에 지나지 않기 때문이다.[7] 여러 갈래가 있으나 기본적으로 인간 의식 너머에 사물이 존재한다고 주장하는 신유물론자들, 일부 사변적 실재론자들도 이에 동의할지 모른다.

실재론과 구조주의는 현상학만큼이나 나에게 지적 호기심을 불러일으키고 매력적인 분야이다. 특히 실험과 관찰, 계량화된 데이터 분석을 통해 변수들 간의 상관관계나 유형론에 치중하는 실증주의의 한계를 비판할 수 있는 강력한 무기이다. 일반적으로 구조주의나 실재론은 현상학과 대별된다

---

[7] 바스카의 의도는 아니겠지만 그의 실재론은 여전히 이분법(즉, 구조의 자동의 영역과 행위의 타동의 영역)에 의존하고 있다. 초구조주의자들은 인간의 의지나 감정이 구조에 의해 수동적으로 반응하는 것에 불과하다는 입장을 보이기도 한다. 이들에 대한 '뼈만 연구하는 사람들'이라는 조롱 섞인 비판이 흥미롭다. Tompson(1978)을 참고하라.

는 인식이 팽배한 것 같다. 그러나 현상학이 인간의 의식이나 감정을 다룬다고 해서 실재론과 대척 지점에 서 있다고 말할 수는 없다. 현상학에 대한 가장 큰 오해는 현상학이 주관적 관념론에 빠져 구조적인 실재를 무시하고 있다는 주장이다. 복잡하고 때로 심오한 방법론 논쟁을 이 자리에서 논의할 수는 없지만, 나는 실재론이나 구조주의가 우리가 지각하거나 경험할 수 있는 현상 너머 그 배후까지 파고들려는 방법론이나 인식론에 동의한다. 다만 그들이 여전히 구조와 행위, 실재와 경험을 이분법적으로 구분하는 데 불만을 가지고 있다.

경험에 대해서도 한마디 하고 넘어가자. 후술하겠지만 공감과 상상이 도덕감정의 전위대 역할을 하는 것은 타자의 경험을 파악하기 때문이다. 그런데 실증주의자들이 말하는 것처럼 감각기관에 의존해서 사물을 바라보고 지각하는 것이 경험의 전부가 아니다. 내가 사회를 경험한다는 것은 사회를 살아간다는 것이고, 살아간다는 것은 수많은 인과적 요소들과 과거, 현재, 미래가 중첩된 시공간을 경험한다는 것이다. 나의 삶은 이들 전체를 '경험'하는 것이다. 즉 경험은 매우 두터운 시간, 과거-현재-미래 속의 삶의 지평을 '경험'하는 것이다.8) 또한 현상 뒤에서(나는 이를 뒤에서가 아니라 현상과 함께라고 표현하고 싶다) 움직이는 구조를 경험하는 것은 내가 의식할 수도 있고, 무의식 세계에서 펼쳐질 수도 있다. 예를 들어 초국적 금융자본에 의해 움직이는 자본주의 구조를 나는 의식하지 못하고 있다 해도 이미 '경험'하고 있다. 즉, 자본주의 구조의 영향력 아래 살고 있는 한 나는 그것을 경험할 수밖에 없는 것이다. 의식의 경험과 의미 체계를 강조하는 현상학적

---

8) 서구 철학에서 경험에 대한 다양한 사상을 추적한 흥미로운 책, 마틴 제이(M. Jay)의 『경험의 노래들』(2021)을 추천한다.

입장에 대한 논의는 다음을 기약하자. 도덕감정은 기본적으로 타자를 지향하는 공동체 의식을 바탕으로 형성된 복합적 감정이다. 자신과 타자를 제3자의 입장에서 성찰하는 공감, 배려, 연민, 호혜 등 사회연대의 기초를 이루는 감정이기도 하고, 불의에 대한 복수, 분노, 혐오 등 정의감을 포함하는 감정이기도 한다. 도덕감정의 타자 지향적 성격, 즉 대자적이고 공동체적인 속성 때문에 기본적으로 이 감정의 심연(深淵)에는 공동체에 대한 부채와 감사, 그리고 공동체의 기대 규범을 수행하지 못한 것에 대한 죄책감이 깔려 있다. 나는 부채감, 감사, 죄책감의 순환성을 도덕감정의 단서로 부르고자 한다.

일반적으로 도덕감정은 사회문화적인 관습, 전통, 맥락에 따라 전수되고 형성된다. 뒤르켐에 의하면 "도덕은 사변적이고 추상적인 기하학이 아니며, 삶의 영역에 속한 것으로 사람들이 타자와 교류하는 구체적인 삶의 양식 내에서 존재한다"(김종엽, 1998: 247). 도덕감정에는 상상, 공감, 부끄러움, 죄책, 경멸, 분노 등의 다양한 감정적 요소들이 혼합되어 있다. 이러한 도덕감정은 비교적 오랜 기간 동안 객체와 주관이 상호작용한 산물이라는 점에서 '구성적'이고 사회문화적이며, 사람들의 특정한 성향(disposition) 혹은 기질을 드러내는 아비투스(습속)로 작용하기도 한다.

도덕감정은 기본적으로 무엇이 옳고 그른지, 무엇이 선이고 악인지, 무엇이 바람직하고 그렇지 않은지에 대해 '가치판단'을 하는 감정이다. 개별 감정들이 수행하는 판단의 적정선과 타당성 및 정당성을 재차 판단하고 지휘하는 감정이고, 개인의 내면에 존재하면서[9] 개인의 개별적 욕망을 초월

---

9) 개인의 내면에 존재한다는 의미가 태생적이라는 뜻은 아니다. 사회화 과정을 거쳐 체화된 상태인 것이다. 설명 내재적이라 하더라도 언어, 경험, 교육 등의 상호작용이 없다면 도덕

하여 타자(공공의 대상)를 지향하는 감정이다. 감정은 즉흥적이고 휘발성이 강한 측면도 있지만 도덕감정은 성찰성이라는, 흔히 주류 철학자들이 말하는 이성의 속성을 가진 감정이다. 예컨대 분노의 감정은 사회의 불의나 범죄에 대한 도덕적 평가를 통해 드러나고, 공분, 격노, 진노의 수준으로 발전하면 강력한 저항의 힘으로 나타난다. 그렇다고 모든 분노가 도덕감정을 구성하는 하위 감정은 아니다. 갑질을 일삼는 상사의 분노는 도덕감정이 아니다. 혐오도 마찬가지이다. 사회적인 불의나 위선을 대할 때 이를 적대시하는 혐오 그리고 그 적합성을 판단할 때 도덕감정으로서의 혐오가 도덕감정이지 모든 혐오가 도덕감정인 것은 아니다. 오히려 인종차별적 혐오라든가 폐쇄적이고 편견에 가득 찬 혐오는 도덕감정이 배척하는 감정이다. 배려나 관용, 이타성 등 선의의 감정들 역시 무조건적으로 도덕감정이 되는 것은 아니다. 가난이나 억압이 '옳지 않거나 선하지 않은 것으로 가치판단을 통해 표출될 때' 도덕감정의 성원이 된다.

다양한 하부 감정들을 지니고 있는 도덕감정의 지향점은 타자이다. 이때 타자의 타자는 자신이다. 결국 타자성찰의 대상은 '나와 타자' 모두를 포함하는데, 타자성찰을 가능하게 하는 것은 공감과 상상력이다. 도덕감정의 전도사라고 볼 수 있는 공감은 성찰을 통해 타자(이때 타자는 개인, 사회, 세계를 말한다)를 내면화하고, 내면화된 자아를 통해 자신의 행위를 성찰하고 조정하는 역할을 한다. 이 타자성찰의 방향은 나선형적이다. 타자로 지향한 나의 감정이 타자성을 획득한 후 다시 나에게 되돌아오고, 다시 타자로 나아감의 반복이 이루어진다. 그러면 도덕감정은 어떻게 타자성을 지향하는

감정은 발현될 수 없다.

가? 도덕감정의 심연에는 부채의식과 죄책감이 놓여 있다. 부채의식과 죄책감은 모두 타자성찰의 공감이 전제될 때 가능하다. 이렇게 형성된 도덕감정은 개인들 간의 교류와 소통을 통해 유대를 확보하고, 하나의 공동체로 그들을 연합시킨다.

3. 부채의식과 감사의 순환[10]

1) 부채의식

도덕감정을 일관하는 것은 타자성찰의 사회성이다. 도덕감정의 발현은 단순히 개인의 내면적 감정 상태가 아니라, 그가 속한 공동체에 대한 사유와 책임 그리고 실천 의지로 나타난다. 그러나 이 의무는 일방적이 아니라 호혜적인 성격을 갖는다. 즉, 개인이 사회나 공동체에 대해 의무를 이행하는 대신 사회로부터 권리를 보장 받는 것인데 이는 기본적으로 사회에 대한 부채 관계로부터 비롯된다. 뒤르켐의 개인과 사회관계를 보면 보다 뚜렷하게 드러난다.

> … 뒤르껭[켐]은 의무의 담론을 개인의 사회적 채무(social debt)로 개념화했는데, 이 개념은 인간의 사회적 성취가 항상 전체 사회 체계의 작용을 전제하기 때문에 개인은 그 빚을 사회에 갚아나가야 한다는 것이다. 그리고 이에 대응하

---

[10] 이 절은 내가 발표한 「도덕감정: 부채의식과 감사, 죄책감의 연대」, ≪사회와 이론≫, 23권(2013)의 내용을 일부 수정 보완한 것이다.

여 사회는 전체 성원의 복지 향상에 관심을 기울여야 한다. 이런 정신에 입각할 때 연대의 장으로 설정된 사회는 국가 행동의 규범적 조절의 이념이 되는 동시에 개인의 시장적 행위의 주권적 행위를 사회의 규범적 행위 요구에 종속시키는 이념이 된다(김종엽, 1998: 203).

호혜적이긴 하지만 기본적으로 개인은 사회에 대해 채무자의 입장에 설 수밖에 없다. 도덕감정은 타자(공동체)에 대한 채무자의 부채 의식으로부터 시작한다. 흥미롭게도 니체는 인간의 기본적 관계를 채권자와 채무자의 관계로 설정하면서 도덕과 양심의 계보를 설명한 바 있다. 헤겔의 주인과 노예의 변증법을 연상시키는 이 관계 속의 양자는 적대적이면서도 긴장된 관계, 다른 한편으로는 감사와 보은의 관계를 맺고 있다.

채무자는 부채를 지은 자로서 채권자에게 빚을 갚아야 할 도덕적·법적 의무가 있고, 채권자는 당연히 빚을 받을 권리가 있으며, 만약 채무자가 빚을 갚지 못할 경우 "셰익스피어의 베니스의 상인에 나오는 고리대금업자 샤일록처럼, 채무자의 살덩이라도 떼어 갈 권리"가 있다(니체, 2005).. 부채의식은 가끔 권력층의 지배를 정당화하는 이데올로기나 병리적 감정으로 이해되기도 한다.

채무자는 빚이 청산되지 않는 한 숙명적으로 채권자의 노예로 남을 수밖에 없다. 그런데 그 채권자가 신(神)이라면 그 빚은 아무리 갚으려 해도 갚을 수 없고, 빚을 갚지 못하는 채무자의 번민과 죄스러움은 영원히 남아 있을 수밖에 없다. 빚을 탕감 받는다 해도 [아니, 탕감을 받았기 때문에] 그 부채의 흔적은 감사의 마음으로 전이된 채 남는다. 도덕감정은 바로 이러한 부채의식의 산물이고, 양심은 이 부채의식을 스스로 마음속에 느끼는 것이다(니체에 관한 논의는 3장과 4장에서 계속 이어질 것이다).[11] 부채의식은 이어서 감사, 즉 보은(報恩) 의식을 동반한다. 부채를 지었으니 당연히 갚아야 하고, 그 부채 때문에 '나'의 생존이 가능했다면 채권자에게 한없이 감사할 뿐이다. 채권자가 빚을 탕감해 주었다면 나는 더할 나위 없이 보은을 드려야 하며, 무한 감사의 심경에 이르면 채무자인 나는 더 이상 내게 속하는 것이 아니라 채권자의 것이다. 이것은 마치 신실한 기독교 신자가 신에게 드리는 고백과도 같다. 예수께서 나의 죄를 대속해 주셨으니, 나는 그에게 영원히 빚진 자로서 그에게 속해 있는 채무자이며, 내가 이 세상에서 아무리 빚을 갚으려 해도 그 빚을 갚을 수 없는 병든 영혼이다. 밤낮을 깨어 헌신하고 충성하고 기도한다 한들 과연 그에게 진 빚을 갚을 수 있을까? 그 부채의 대상을 '부모'로 바꾸어 "날 낳으시고 기르신 부모의 은혜를 갚을 길 없으니 효(孝)를 다하여 천분지 만분지 일이라도 갚는 것이 도리"임을 강조한 것이 유교의 효이다.

이 부채의 대상을 국가로 대상화한다면 그 부채에 대한 보은 의식은 '국가주의'로 등장한다. 국가와 그 통치체의 내용인 국민(혹은 민족)은 개인에 절대적으로 우선하기 때문에 개인의 존재와 삶의 의미는 초월적 집합체인 국가의 존립과 번영에 달려 있다. 국가는 진선미(眞善美)의 응결체로서 '나'는 국가로부터 빚을 진 자이니, 국가에 충성하고 헌신하여 그 은혜를 갚아야 한다. 이러한 국가주의에 유교주의의 효가 더해지면 매우 독특한 부족적 국가주의가 탄생한다. 부모가 날 낳고 기르듯 국가는 부모와 같아 날 낳았고 길렀으니 부모께 효를 다하듯 국가에 충성을 바쳐야 하며 국가와 나는 운명 공동체로서 국가의 중흥이 곧 나의 번영이다. 국가가 구체적인 현

---

11) 여기서 '신'을 내세워 인간에게 영원히 부채의식을 지우려는 기독교 사제 권력에 대한 니체의 비판의 근거가 생긴다.

실적 인격체로 우리 앞에 현현(顯現)하여 통치하는 자로 등장하면 그 통치자는 국부(國父)가 되고, 그의 아내는 국모(國母)가 된다. 일본의 천황(天皇)제 국가는 더욱 기묘한 형태로 국민 앞에 등장했다. 국가 유기체론과 사회진화론 그리고 천황 사상이 결합한 일본의 국가사상과 그 흐름을 보라.12) 이른바 부채의식의 이데올로기화가 진행되는 것이다.

그런데 이 자리에서 내가 말하고자 하는 도덕감정의 부채의식은 이데올로기화된 것들이나 니체가 말한 것처럼 채무 변제의 약속을 지키지 못함으로써 느끼는 병리적 감정으로서 양심의 가책과는 다르다. 부채의식으로서의 도덕감정은 오히려 이데올로기의 허상을 깨려는 성찰의 힘이며 양심의 가책보다는 당당하게 양심을 내보이는 감정이다. 내가 말하는 부채 관계는 사회와 나, 타자와 '나'가 호혜성의 원리를 통해 교환하는 것이기도 하며, 이데올로기나 자기기만의 세계 이전에 존재하는 원초적인 생활 세계에서 맺어지는 관계이다. 즉, '너(사회, 공동체)'라는 타자가 있음으로써 '나'라는 개별자가 존재한다는 의미에서 실존적인 현상학적 개념인 것이다.

나는 부채의 대상을 나와 타자가 함께 살아가는 '생활 세계'라 할 것이다. 모든 것을 괄호 안으로 처리하고도 남는, 나와 타자의 실존 세계인 생활 세계 안에서 '나'는 타자를 지향하는 사회관계의 얽힘 속에서 필연적으로 존재한다. 이것은 나의 선호 문제도 아니고 선악의 문제도 아니다. 현상학자들이 말하는 것처럼 전(前) 과학의 세계, 즉 인간의 생동 욕구가 원초적으로 녹아 있는 공간, 그래서 사람들이 너무나 당연한 세계로 인식하는 생활 세계 속에서 타자들과 얽히고설킨 존재이기 때문이다. 나의 존재는 존재 자

---

12) 국가이성을 강조하는 국가유기체론과 19세기 독일과 일본을 비교해보라. 전복희(1996); 강상중(2004)을 참고할 것.

체가 타자들과의 일상적 관계, 역사적으로 선조들이 만들어놓은 습속에 존재할 수밖에 없기 때문이다. 그래서 생활 세계는 '나에게 긴장의 부담을 주는 부채의 대상'이 된다.[13]

2) 감사

부채의식의 대상을 일단 뒤르켐을 따라 내가 속해 있는 공동체 혹은 사회라고 가정해두자. 이 부채의식은 감사를 불러일으키고, 감사의 행위는 '기본적으로 인격의 교환'으로 나타난다. 감사는 법률적 강제성과는 다른 차원의 상호작용이며, 그 상호작용의 균형을 유지하고 매개 역할을 하는 감정이며 행위이다. 이 매개를 사회관계의 '끈'으로 묘사한 게오르그 지멜(G. Simmel)은 감사의 사회적 속성을 다음과 같이 설명한다.

> 감사는 법률적 질서를 보완하는 역할을 한다. 사람들 사이의 모든 거래는 무엇인가를 주고 이에 대한 등가물을 받는다는 도식 위에 기초하고 있다. 수많은 증여와 서비스의 경우 거기에 대한 등가물은 강제성을 지닌다. 법률의 형식 속에서 일어나는 모든 경제적 교환, 특정한 서비스를 수행한다는 확고한 약조, 그리고 법률적으로 규제된 관계에서 나오는 모든 의무들의 경우, 법률은 급부와 반대급부를 주고받도록 강제하고 이 상호작용이 가능하도록 배려한다. 이것이 없이는 사회적 균형과 응집이 존재할 수 없다. 그러나 또한 이러한 법률

---

[13] 뒤르켐은 이를 사회라 했다. 개인은 공동체에 부채를 졌다. 공동체의 도움으로 인간은 그 존재의 안녕과 번식, 번영을 보장 받을 수 있었다. 씨족사회로부터 인류의 공동체 역사를 추적해보건대, 인간은 공동체의 활동을 통해 자신의 존재를 가능하게 할 수 있었다.

형식이 적용되지 않는 관계가 수없이 많은데, 이 경우 주는 것에 대한 대응물을 강제할 수 없다. 이때 법의 대리자로 감사가 등장한다. 감사는 모든 외적 강제가 기능을 발휘하지 못할 때 상호작용의 끈, 다시 말해 사람들 사이에 주고받는 행위의 균형을 유지하는 끈을 제공해준다(지멜, 2005: 175).

지멜은 감사로 맺어지는 상호작용은 물적 교환이 아니라 '혼'의 교환이며, 먼저 주는 쪽에서 항상 자발적 우월성을 갖게 된다고 말한다. 타자에 대한 '신세짐'이 타자의 자발적 행위에 기인한다면 그 감사는 더욱 도덕적 성격을 지닌다. 다시 지멜을 인용해본다.

감사는 주어진 것에 대한 충분한 응답은 있을 수 없다는 의식과, 주고받는 사람들의 영혼이 서로 지속적인 관계를 맺게 해주는 그 무언가가 있다는 의식이고, 우리가 다른 사람으로부터 감사할 만한 가치가 있는 것을 받은 경우에, 특히 그가 우리보다 앞서서 행한 경우에 우리는 어떠한 반대급부나 서비스로도 ─설령 이것이 우리가 받는 것보다 법적으로나 객관적으로 우월하더라도─ 이에 완전히 응답할 수 없다. 왜냐하면 앞서 이루어지는 급부나 서비스에는 그 대가로 이루어지는 반대급부나 서비스에 더 이상 존재하지 않는 일종의 자발성이 포함되어 있기 때문이다. 다시 말해 우리는 이미 그에 대해 응답해야 하는 도덕적인 의무를 지닌다(지멜, 2005: 182).

항상 먼저 주는 쪽은 상대의 보답 행위가 가질 수 없는 자유를 가지고 있다. 반대급부는 완전한 자유가 없기에 '속박의 색채'를 띠고 있고, 그 상황에서 벗어나는 것은 도덕적으로 용납되지 않는다. 감사야말로 아마도 모든 상황에서 도덕적으로 요구할 수 있고, 행할 수 있는 유일한 감정 상태이다.

감사는 서로를 얽히고설키게 하는 실타래 역할을 함으로써 이들이 모이다 보면 보편적 의무의 분위기가 형성된다. 극히 미세하지만 매우 질긴 실타래로서 하나의 사회적 요소를 다른 요소에 연결시키고 이를 통해 궁극적으로 모든 개별적 요소들을 전체 사회적 삶의 형식에 견고하게 결합시킨다. 감사는 대면적으로나 익명적으로나 사회연대를 가능하게 하는 속성을 지니고 있는 것이다.

무한대적 순환의 감사 교환은 마르셀 모스(M. Mauss)가 말한 선물 교환, 그리고 사회인류학자들이 트로브리안드 군도의 교환 관계로부터 발견한 익명적이고 일반적인 호혜 관계와 유사하다(모스, 2002; Sahlins, 1972; 김왕배, 2011). 감사의 보답이 순환하다 보면 공동체의 관계로 구조화되고, 이 상황에서 원래 채무자였던 나는 또한 누군가에게 채권자가 된다. 채권-채무의 연계 순환, 빚진 자이며 빚을 준 자로 남는 상황이 연출되는 것이다.

현대 심리학자들 역시 긍정 감정으로서 감사의 사회적 기능에 주목했다. 부정적 감정이라 불리는, 예컨대 불안, 분노, 우울, 혐오 등의 감정은 그 감정을 불러일으키는 대상에 대해 정해진 반응[협소 반응(narrow response)]을 보이는 반면, 감사와 같은 긍정 감정은 되갚음에 대해 다양한 방식을 기획함으로써[생성적 반응(creative response)] 감정의 흐름을 더욱 확장시키고 구축한다는 것이다(Fredrickson, 2004). 이른바 확장-구축 이론(broaden and building theory)에 따르면 감사와 같은 긍정 감정은 당사자뿐 아니라 주변에 확장되고 전파됨으로써 그 감정의 긍정 효과를 높이고, 상대가 순환을 거듭하여 무한대의 익명적 타자가 되면 결국 사회 전체에 감사의 감정이 구축된다.

감사는 도덕의 측정 지표(moral barometer), 도덕적 동기가 되며 도덕을 강화하는 역할을 한다. 감사는 "타자가 의도적으로 나의 복리를 증진시키는 행위를 인지했을 때, 즉 이타적 행위를 했다든가 혜택이나 선물을 받았다든가 했을 때 발흥된다". 그리고 감사하는 이는 그 혜택을 받은 만큼만 보답하지 않고(다시 말하면 감사는 'tit for tat' 관계가 아니다) 이를 확장시킴으로써 준사회적(pro-social) 행위로 발전한다. 감사는 '그 이야기'를 간접적으로 듣기만 해도 사람들에게 동기를 불러일으키고, 결국은 이 감정이 확산되어 사회 전체의 통합을 구축하는 데 기여한다는 것이다.[14]

3) 죄책감

개인이든 국가든, 부모든 사회든, 타자에 대해 부채의식과 감사를 수행할 수 없을 때 갖는 죄책감은 도덕감정을 불러일으키는 감정이다. 즉, 부채에 대한 책무를 수행하지 못한 데 대한 자책과 부끄러움이 도덕감정의 원류를 이룬다는 것이다. 도덕적 책무를 수행하지 않는 타자를 보았을 때 그 타자에게 느끼는 경멸과 분노 역시 도덕감정의 발로이다. 지그문트 프로이트(S. Freud)의 정신분석학은 죄책감에 대해 매우 흥미로운 시사점을 준다. 그는 불안, 분노, 죄책감 등의 범주가 기본적으로 유아기의 성적 본능이 억압되어 발생하는 것으로 본다(프로이트, 1997). 원초적 불안은 아기가 어머니의 자궁에서 세상으로 나오는 순간 자신의 존재가 소멸 또는 와해될지

---

14) 긍정 감정은 호혜의 빈도를 높이거나 그 관계를 지속시킨다. 최근 공감과 같은 긍정 감정이 다양한 도움 행동을 유발한다고 보는 연구들이 주목 받고 있다. 박성희(1996); 전신현(2009); Dovidio and Schroeder(1990); Einoff(2008); Eisenberg and Miller(1987)를 참고하라. 그러나 일부에서는 감사를 부채와 구별하기도 하는데, 후자는 단순히 주고받는 관계로서 오히려 협소한 반응을 일으키는 행위이다. 다시 말하면 감사와 달리 '즐겁지 않은' 의무감인 것이다.

모른다는 숙명적인 두려움으로부터 발생한다는 것이다. 프로이트의 논의를 이어받았던 멜라니 클라인(M. Klein)에 의하면 불안은 사랑하는 애착 대상의 상실로부터 발생하는데, 유아의 최초 애착 대상은 어머니의 젖가슴이고, 그 대상을 타자로서의 어머니 것이 아니라 나에게 소속된 것으로 간주한다. 어머니의 부재는 어머니가 다른 아이 혹은 아버지에게 가 있다는 상상과 함께 분노를 일으킨다. 어머니의 젖가슴을 자기의 것으로 착각한 유아는 그 대상에게 상처를 내지만 곧 그 대가로 보복을 당할 것이라는 두려움, 즉 박해 불안에 쌓인다. 이후 그 대상이 나의 것이 아니라 타자(어머니)의 것임을 인지하면서 사랑의 대상을 공격한 자신의 행동을 후회하며 우울 불안에 빠진다(이매뉴얼, 2003). "내가 무슨 짓을 한 거지?" 이 우울적 상태가 바로 죄책감의 증후이다(싱, 2004).

유소년기의 성 본능으로 다양한 증상(symptom)을 설명하려는 정신분석학은 많은 시사점을 던져주고 있음에도 불구하고, 감정의 사회성 문제를 어떤 식으로, 적절하게 설명하고 있는지는 여전히 의문스럽다.[15] 사회과학자들에게는 오히려 프로이트의 개념을 차용하여 나치즘과 독일 국민의 병리적 대중심리를 파악해보거나, 현대 기술 관료주의의 억압성과 해방적 실천 등을 강조한 일련의 '비판 이론가'들이 더 많은 시사점을 준 것 같다. 그 이유는 감정에 대해 '유아기적 본능 환원론'의 입장을 취하기보다는 제도, 문화, 체제 등 거시 사회적 환경을 사회심리를 분석하는 데 도입했기 때문

---

15) 물론 프로이트 자신도 후기에 갈수록 인간의 본능과 사회적 환경을 논의하려 했다. 전(前)과학적 추론으로 들릴지 모르나, 『토템과 타부(Totem and Taboo)』에서 인간 최초의 계약과 금기사항의 근원을 밝히려 했고, 『문명과 불안』에서 사회적 도덕과 규범이 인간의 본능을 억압하는 측면을 지적했다(프로이트, 1995, 1997).

이다(Fromm, 1965; 마르쿠제, 2009; 라이히, 2006).

그럼에도 불구하고 내가 특별히 도덕감정과 관련하여 정신분석학을 조명해보는 이유는 정신분석학이 유아기부터 자신의 자아에 서서히 각인되어 성장하는 '타자'에 주목하고 있다는 점 때문이다. 타자는 도덕, 양심 등 이른바 슈퍼에고의 형상으로 나타난다. 이 타자가 결국 제3자가 되어 자신 속에 형성되면, 이 타자의 시선은 곧 도덕이 되고, 그 도덕으로부터 자신을 바라보고 평가하게 된다. 죄책감(guilt)이나 수치심(shame)은 제3자의 시선으로 나를 바라보았을 때 발생한다. 일면 유사한 듯하면서도 죄책감과 비교했을 때 수치감은 매우 부정적이고 자기 파괴적인 감정으로 알려져 있다. 심리학자들은 수치심과 죄책감을 구분하지만 양자 모두 외적 기준을 내부에 적용해 스스로 자신을 평가함으로써 발생하는 감정이라는 의미에서, 나는 그 둘을 유사 범주로 취급한다.[16]

지멜은 수치심의 감정은 자신을 바라보는 제3자의 존재를 인정하고 스스로 체면이 손상되었다고 느꼈을 때 생긴다고 말한다. 그는 수치심이 자아가 겪는 분열 상황에 기인한다고 보았다. 한 개인이 타자들에게 이목의 대상이 될 때, 그 자아가 부각되지만 동시에 완벽하고 규범적이며 이상적인 자아에 미치지 못하는 결점을 의식하면서 자기 경멸이 생기는 분열적 현상이라는 것이다(지멜, 2005: 230). 만약 자아의 이상에 도달해 완벽하다고 느낀다면 자만, 으쓱거림, 나르시즘, 노출욕, 자긍심 등으로 이어지는 반면

---

[16] 수치심은 역사적으로 형성된 감정이다. 다음의 정의도 참고해볼 만하다. "스스로에 대한 자긍심 혹은 타인에 대한 배려에서 비롯된 개인적 도덕률이나, 일정 시대와 장소에 특징적인 도덕률이 도리에 어긋난다고 판단하는 모든 행위를 직접 행하거나 보는 것을 억제하고 그런 종류의 예술적 형상화를 삼가는 감정"(볼로뉴, 2008: 21).

위축된 자신의 모습을 보는 것에 대한 불안, 두려움, 혹은 당혹감 등이 수치심으로 나타난다.

간단히 말해 수치심을 일으키는 기제는 남들의 이목, 제3자의 눈, 타자의 존재이다.

> 우리는 우리에 대한 다른 사람의 판단, 감정, 의지를 대신하도록 자신의 일부를 스스로에게서 분리시킨다. 마치 제3자가 그렇게 하듯이 자신을 관찰하고 판단하고 판결을 내릴 때 부끄러운 감정을 불러일으키는 타인의 예리한 이목을 이제 우리 자신 안에서 인식한다(지멜, 2005: 230).

수치심 혹은 죄책감을 느낄 수 있다는 것은 자신을 내다볼 수 있는 또 다른 자아가 독립적으로 형성되어 있다는 의미이다. 수치심이란 자신을 '부각'시키는 것과 '격하'하는 것 사이의 충돌이므로 자신이 자신에 대해 완벽한 잣대와 (타자의 기대 또는 규준을 통해) 자신의 현재 모습을 비교하고, 그에 미치지 못하는 자신을 부끄러워하거나 혐오하는 것이다. 독립된 자아가 없다면 자신에 대한 부각도, 자신에 대한 격하도 일어나지 않기 때문에 수치심을 느낄 수 없다. 또한 어느 한 집단에 속한 개인은 집단의 타 구성원이 [때로는 그 집단 전체가] 부끄러운 줄 모르거나, 부끄러움을 인식하지 못하거나, 부끄러움을 유발하는 행위를 할 때 또한 수치심의 감정을 느끼기도 한다.

물론 수치심이나 죄책감이 반드시 도덕감정과 연계된 것은 아니다. 수치심 일반은 도덕과 상관없이 발생할 수 있다. 즉, 도덕과 상관없이 단순히 자신에 대한 오해, 혹은 격하 감정에서 느낄 수도 있다. 도덕과 연관된 수치심은 사회나 집단이 설정한 기대나 규범, 가치 등의 잣대라는 시선을 가지고 자신을 지켜봄으로써 느끼는 것인데, 독립된 자아는 바로 이 시선을 객관화할 수 있는 일반화된 타자를 말한다. 도덕감정으로서의 수치심은 자신의 현실 행동이 그 사회의 시선, 즉 사회가 요구하는 '도덕'의 기준에 미치지 못할 때 느끼는 모멸감 혹은 양심의 가책이다.

도덕적 잣대라는 기준, 일반화된 타자로서 자신에게 내재된 시선으로 스스로를 들여다보면서 그에 상응하지 못한 자신의 행위나 사고에 대해 자신을 격하시키는 감정으로서의 수치심과 죄책감은 도덕감정의 핵심적 요소이다. 그렇기 때문에 도덕감정의 빈곤은 '도덕적 영역에서의 수치심이나 죄책감의 부재'를 말한다고 볼 수 있다. 도덕과 연관된 수치심이나 죄책감은 후회, 분노 등 다양한 부수적 감정과 행위를 동반한다.

> 죄책감은 도덕적 이탈과 재통합에 관련된 일련의 경험에 속하는 부분이다. 그리고 여기에는 위반, 과실, 고소, 비난, 항변, 수치심, 회환, 후회, 회개, 변명, 처벌, 복수, 용서, 보상, 화해의 개념들이 포함된다(싱, 2004: 10).

이 수치심 혹은 죄책감을 앞서 언급한 채권-채무의 부채 관계로 조명해보았을 때, 부채를 졌으나 채무 의식을 느끼지 못하고 감사할 줄 모르는 행위는 수치심(죄책감)의 감정이 존재하지 않기 때문이며, 이는 곧 도덕감정의 부재를 의미한다. 바꾸어 말하면 도덕감정은 타자로부터 부채의식과 감사를 느끼고, 이를 상환하지 못할 때 갖는 수치심이나 죄책감의 응집 상태를 말한다고 볼 수 있다.

4) 부채와 감사의 균열: 감사할 만한 부채가 존재하는가?

죄책감의 저변에는 '갚지 못한[못하는] 부채'에 대한 부담감이 놓여 있다. 도덕감정론자는 이렇게 말할 것이다. "도덕은 공동체의 안녕과 번영을 위한 표상이고, 공동체는 나의 존재의 조건들을 보장하고 있다. 나는 실존적으로 타자인 공동체에 사회적 책무를 진 존재이고, 나의 존재는 공동체의 부채에 대한 성찰로부터 시작된다. 그런데 성찰은커녕, 공동체의 집합표상을 위반했다면 당연히 죄책감을 가져야 한다. 이러한 부채와 죄책감은 감사를 통해 그나마 상환될 수 있다. 갚지 못한 것에 대한 죄책감의 부재는 그것이 적극적이든 소극적이든 도덕감정의 빈곤을 의미한다."

다시 한 번 부채에 대한 질문을 던져보자. 그렇다면 타자[공동체]에 대한 부채, 즉 사회적 책무와 죄책감은 어디서 오는가? 기독교에서 주장하는 것처럼 태어남으로써 운명적으로 주어진 '원죄'와도 같은 것인가? 오늘날 도대체 '나'는 누구에게 부채를 지었고 누구에게 감사를 하란 말인가? 기독교 신자에게 그 대상은 두말할 나위 없이 '나의 죄를 대속하신 신'이고, 국가주의자들에게는 '국가'이며, 민족주의자들에게는 '민족'이고, 효(孝) 지상주의자들에게는 부모일 것이다. 그런데 내가 비종교인이고 아나키스트이며 가부장주의에 반항하는 자라면, 도대체 그 대상은 누구인가? 나는 그 대상을 실존론적 현상학의 입장에서 원초적인 생활 세계라고 말한 바 있다.

일반적으로 부채의식의 부담으로부터 생겨나는 감사는 긍정 감성으로서 채무 이행 시 즐거움과 만족감을 수반하고, 부채에 대한 긍정적 되갚음을 통해 자긍심을 갖게 하는 감정이다. 그렇다면 오늘날 이 세계에서 과연 '감사한 부채'가 가능할까? 부채와 감사의 순환 속에는 부담과 즐거움의 모순이 존재한다. '부정적 부채'와 '진정한 부채'가 구별되는 지점이 바로 여기이다. 그러나 오늘날 부채와 감사의 순환, 그리고 이를 수행하지 못했을 때 죄책감의 고리를 끊어내려는 장애물들이 도처에 널려 있다.

오늘날 사회가 개인에게 지운 부채는 개개인의 자유의지를 박탈하는 '부담'으로만 작용하는 경향이 높아지고 있다. 즉, 부채를 졌으나 감사가 뒤따르지 않는 변제 의도만이 존재한다. 강요된 부채에 대해 채무자가 느끼는 것은 단순 상환에 대한 부담이며, 때로 그들은 부채의 정당성에 대해 분노하거나, 상환이 불가한 자신의 무능력에 좌절한다. 여기에는 당연히 죄책감도 수반되지 않는다. 니체의 말대로 고리대금업자에게 시달리는 채무자는 항상 상환의 부담과 함께 불안에 쌓여 있을 뿐이다. 또한 일단 갚아버리면 그만인 부채 역시 감사를 수반하지 않는다. 감사는 역설적으로 부채 상환이 되지 않기에 혹은 될 수 없기에 느끼는 감정이다. 공적 영역의 기관으로부터 받은 채무, 예컨대 은행 대부는 그 대가로 이자를 얹어 원금을 상환하면 그만이다. 동등하게 쌍방적이고 일시적인 호혜 관계가 설정되어 있기 때문에 어떤 도덕적 의무나 감사의 감정을 가질 필요가 없다. 이처럼 현실의 세계 속에는 감사하지 않아도 될 많은 부채가 존재하며[즉, 도덕감정과 상관없는 부채의식], 오히려 우리를 '부담'스럽게 하는 부채들이 삶을 고단하게 한다. 이러한 부채로부터 나오는 의식은 감사와 죄책감을 수반하는 부채의식이 아니라 불안과 피해의식에 가깝다.

금융 시대의 자본은 점점 더 우리 모두를 부채의 덫으로 옭아매고 있다. 대량생산 대량소비를 넘어 소비가 일상의 미학으로 자리 잡은 포스트모던 소비 자본주의 시대는 우리의 삶의 방식을 '가계 빚' 혹은 빚에 의한 생활 방식으로 바꾸어놓았다(백욱인, 1994). 소비를 촉진시키기 위해 광고와 유통업을 급속히 증대시키고, 유행을 통해 상품의 수명을 단절시키며, 마침내 신용카드의 발급을 통해 우리를 '빚'의 세계로 인도한다. 예컨대 신용카드

금액을 결제할 때까지 우리는 은행이나 카드 회사에 빚을 지고 있다. 이 빚의 결과는 소수의 고리대금업자에게는 엄청난 부를 가져다주고 있고, 많은 이들은 이와 반대로 '파산'을 경험하거나 파산하지 않기 위해 긴장된 삶을 살고 있다. 부채를 지었으나 감사할 필요도 감사할 수도 없다.

이러한 부채는 '공동체가 과연 나에게 무엇을 해주고 있는가? 나의 안녕을 보장해주고 있는가? 나에게 어떤 삶의 의미를 주고 있는가?'와 같은 회의를 불러일으킨다. 물론 이러한 회의는 후기 금융자본주의 시대 이전에 이미 산업화로 급속히 사회가 분화되고 해체되던 근대사회 초창기부터 던져졌던 질문이지만, 오늘날 가히 해체형 사회라 부를 수 있는 사회에서 피해의식과 함께 매우 높아지고 있다. 공동체와의 호혜 관계는 지극히 산술적으로 계산되고 냉담한 정산으로 청산될 뿐 인격적·도덕적·미적인 교환과는 점차 거리가 멀어졌다. 파산자들과 무관심한 방관자들이 서로를 부담스럽게 응시하는 상황, 즉 부채와 감사의 결별이 진행되고 있는 것이다.

이러한 사회적 조건들은 공동체에 대한 도덕감정의 약화를 초래하고, 도덕감정의 부재는 무관심한 방관자들을 낳는다. 사회가 개인에게 부채의식의 당위를 제공하지 못할 때, 그래서 개인들이 스스로 협약을 통해 자신의 삶의 방패막으로 만들었던 '도덕'에 회의를 품게 될 때, 공동체성은 사라진다. 예컨대 정리해고를 당하고도 아무런 사회적 관심과 지지를 얻지 못한 희생자들이나 운 좋게 살아남은 자들 모두 사회와 조직에 대한 신뢰를 철회한다. 희생자들은 회생되지 못하고, 생존자들은 방관자로 남고, 심지어 일부는 타자의 고통을 즐기는 관음증적인 병적 증상을 보이기도 한다.

사회가 나를 거세할 것 같은 불안이 엄습하고, 사회가 나를 길바닥에 유기할 것처럼 냉담하다면, 더 이상 그 사회는 부채의식을 느낄 대상도, 감사할 대상도 아니다. 공동체의 약속과 신뢰가 사라졌으니 기존의 도덕을 위반했더라도 죄책감은 발생하지 않는다. 타자성을 상실한 개인은 다시 즉물적이고 즉자적인 대상으로 회귀하고, 사회는 그들을 안타깝게 바라볼 뿐이다.

2장

공감과 비판적 상상력

1. 공감

1) 공감이란 무엇인가?

나는 '나의 의지와 상관없이' 공동체의 관계 다발을 숙명적으로 안고 태어난다. 태어나 보니 이미 부모와 가족, 그리고 그 밖의 겹겹의 공동체들의 관계가 나를 감싸고 있는 것이다. 이것이 운명이고 실존이다. 관계로 형성된 생활 세계 속에서 우리는 피차간의 부채를 맺고 있다. 도덕감정을 원초적으로 구성하고 있는 부채의식과 감사, 죄책감은 결국 '타자성'과의 필연적 관계 속에서 발생하기 때문에 도덕감정은 한마디로 '타자성찰의 감정'이다. 한 번 더 언급하고 지나가자. 타자의 타자는 곧 '나'이다. 타자성찰은 결국 나의 성찰이기도 하다. 조금 더 관계성을 면밀히 살펴보면, 나와 이미 관계를 맺고 있는 타자를 내가 관계하고 있는 것이며, 타자와 이미 관계를 맺고 있는 나를 타자가 관계하고 있는 것이다. 주체와 객체는 단순히 이분법적으로 나뉘어 상호작용하는 것이 아니라, 즉 이차원적이 아니라 매우 중첩적이고 복합적이다. 내가 타자를 성찰할 때는 나를 성찰하고 있는 타자를 보는 것이다(뻔한 이야기이지만 한 번 더 말하자면 이 타자는 구체적 개인으로부터 익명적인 타자, 바로 사회이다). 타자와의 관계는 화엄종에서 말하는 '인드라망', 혹은 시스템 이론에서 말하는 무한한 자기 회귀의 개념과도 가깝다.[1]

공감은 타자성찰을 수행하는 도덕감정의 전위대 역할을 한다. 간단히 말해 공감은 '타자의 감정과 경험을 이해하는 능력'이다. 부채의식, 감사, 죄책감이 마치 도덕감정의 주춧돌 같은 것이라면 공감은 도덕감정의 본질이면서 동적인 것, 도덕감정을 발현시키고 재구성하는 행동 대원이나 마찬가지이다. 그리고 공감은 상상력을 통해 바로 그 역할을 수행한다. 상상력은 공감의 척후병이라 볼 수 있다.

도덕감정은 타자 지향의 태도로부터 발생하는 감정이다. 내가 타자 지향을 할 수 있다면 타자의 입장에서 나를 바라본다는 의미이다. 타자 지향은 일방적 관계가 아니라, 나로부터 타자로 지향하고 다시 타자가 나를 지향하는 상호 교호적 관계로서 이 과정을 통해 타자(사회)는 나의 의식 속에 머물러 있게 된다.[2] 사회심리학자인 찰스 홀튼 쿨리(C. Horton Cooley)는 이런 식으로 형성된 자아를 '거울 자아'라 불렀다(Cooley, 1956). 거울 자아란 내 안에 타자가 존재하여 그 타자의 거울을 통해 나를 들여다본다는 것이다. 결국 그 타자는 익명적인 사회를 말한다. 자아를 생물학적 현상이 아니라

---

1) 인드라망은 중중무진(重重無盡)의 그물망이라는 뜻으로 중층적 관계를 말한다. 예를 하나 들어보자. 어느 운전자가 차를 몰고 거리에 나갔는데 '교통 체증'에 걸렸다. 저들은 왜 차를 가지고 나와 이 난리냐고 화를 내는 운전자는 자신이 그 교통 체증을 일으킨 일부라는 사실을 망각하고 있다. 주체와 객체는 이분법적으로 분리되는 것이 아니다.
2) 자아의 타자성은 헤겔이 쓴 정신현상학의 대자적 자아 개념 속에도 잘 나타나 있다.

사회적 과정의 산물이라고 말한 조지 허버트 미드(G. Herbert Mead)는 이러한 거울이 되는 타자를 '일반화된 타자(generalized others)'라 불렀다(미드, 2010; 하홍규, 2011). 자아(self)는 주관적 자아(I)와 객관적 자아(Me)로 구성되는데, 객관적 자아는 사회적 관계를 통해 형성된 자아이다. 미드는 이러한 객관적 자아는 개인과 타자의 상호작용적인 사회적 과정을 통해 형성된다고 본다. 그 과정을 사회화라 부르는데 사회화의 중요한 수단과 통로, 그리고 내용이 되는 것이 바로 언어와 같은 상징이다.

아이는 태어나면서부터 부모와 형제들과 상호작용을 한다. 그리고 아이들은 친구들과 함께 소꿉장난을 하는 과정에서 타자의 역할을 맡게 되고, 그러한 놀이를 통해 타자 이해를 하게 된다. 즉, 타자의 입장에서 자신을 들여다보게 되는데 이 타자는 점차 '익명적으로 일반화된 타자'로 발전하고, 그 일반화된 타자를 통해 자신을 바라보면서 자신의 행위를 조절하고 통제하는 자아를 형성한다.[3] 그런데 여기서 주체적인 나 'I'에 주목해보자. 주체적 자율성을 지닌 자아 'I'는 사회적 자아 'Me'가 내리는 도덕적 판단 등에 대해 의문을 제기할 수 있다. 다시 말하면 'I'는 기존의 사회적 질서나 제도에 대해 비판적 시선을 던질 수 있고, 이를 바꾸려는 능동적 실천으로 나아갈 수 있다.[4]

공감 능력은 이러한 상호 관계성을 통해 형성된 객체적 자아의 일부라고

---

[3] 프로이트는 자아 체계가 본능적 욕구인 이드(id), 사회적인 양심과 도덕이 내면화된 슈퍼에고(superego), 이 양자를 조절하는 에고(ego)로 구성된다고 말한다. 슈페에고는 문명의 산물로서 도덕이나 양심 등을 의미하는데 인간의 자유 본능을 억압하는 기능을 한다.
[4] 헤겔이 [정신현상학]에서 논한 주인과 노예의 변증법적 관계와, 미드의 상징적 상호작용론을 접목하여 인정투쟁론을 전개한 악셀 호네트(A. Honneth)는 'I'와 'Me' 사이의 나선형적 상호관계를 주장한다. Honneth(1992)를 참고하라.

볼 수 있다. 도덕감정은 기본적으로 집단 구성원들의 공감에 기초한다. 공감은 다원화와 이질성, 혼종성이 증대하고 있는 사회, 그래서 개개인의 주체화가 빠르게 진행되고, 개인은 물론 집단 간 갈등과 긴장이 팽배하고 있는 사회, 자본주의와 관료제의 물화로 인한 파편화와 소외가 급속히 진행되고 있는 사회, 혐오와 모멸, 배제의 정치가 증폭되고 있는 사회, 소통의 불능이 더욱 높아지고 있는 사회, 환경의 파괴와 오염이 심화되고 있는 현대사회의 문제들을 극복하기 위한 대안적 역량으로 관심을 받고 있다. 최근에는 인간이 이기적 욕망의 존재인가(예컨대 이기적 유전자론), 이타적이고 협동적인 존재인가 등 인간 본성론을 둘러싼 논쟁도 공감 차원에서 일어나고 있다.

공감에 대한 사회철학적 논의는 매우 다양하게 진행되고 있다. 공감과 동감, 동정, 교감 등 서로 유사한 용어들의 개념과 용법을 둘러싼 작은 다툼도 일어나고 있다. 여기에는 항상 번역의 어려움, 즉 서구 사회의 맥락성을 내포한 서구 용어를 우리말로 적절하게 옮기는 과정에서 발생하는 어려움도 한몫하고 있다.5) 용어 사용의 모호함에도 불구하고 나는 좀 더 포괄적인 정의, 즉 '타인에 대한 느낌에 기반한, 타인을 이해하고자 하는 일체의 감정 활동'을 총칭해 공감이라 규정하고, 동정, 사랑, 동감, 감정이입 등 모

---

5) 혹자는 동감(sympathy)은 타인의 감정과 동일한(sym) 감정(pathos)이 된다는 의미이지만, 공감(empathy)은 나와 타자 사이의 구분을 전제로 타자의 감정, 의견, 주장을 해석하고 느끼는 것이라고 본다. 따라서 동감은 비합리적 감정 전염 등과 구분되지 않고, 객관적 판단을 왜곡할 위험이 있는 반면, 공감은 타자의 상황에 대한 인지적 이해에 국한되며 정서적인 애정을 포함하지 않는다고 말한다. 따라서 공감은 상대방에 대한 무관심한 관찰이나 사디즘적 잔인성을 표현할 경우에도 사용될 수 있다는 것이다(이승훈, 2015). 동감은 또한 동정으로 번역되어 측은함, 연민 등의 용어와 함께 쓰이기도 하고, 공감은 감정이입으로 번역되기도 한다.

두를 공감의 영역으로 포함하고자 한다(박인철, 2012: 102). 다만 공감을 사회과학이나 철학의 방법론적 차원에서 논의할 것인가(예컨대 딜타이와 베버로 이어지는 해석학의 경우), 윤리적 토대로 볼 것인가, 이 양자의 결합 형태로 자리매김할 것인가라는 문제를 제기하고 싶다. 공감을 감정이입을 통해 타자의 행위 동기와 태도를 파악하기 위한 방법론으로만 볼지, 타자의 행위를 이해하고 동정하며 공동체를 구성하려는 윤리적 실천의 개념으로 볼지에 대한 질문이다. 많은 논의가 필요하겠지만 도덕감정과 관련하여 나는 잠정적으로 공감은 사회과학의 해석학적 방법론이며 동시에 일상의 실천적인 과정이고 윤리적 토대가 될 수 있다는 포괄적 입장을 취하고자 한다.

공감은 동서양을 둘러싸고 다양한 계보를 갖는다.[6] 이제 그들의 논의를 간단히 요약해보도록 하자.

2) 서양철학에서의 공감론의 계보

(1) 유사성에 기초한 반추 능력: 데이비드 흄

흄은 이성에 입각한 윤리적 합리주의나 홉스와 같은 사회계약론자들이 전제한 이기주의 도덕철학 모두를 못마땅하게 여겨온 학자로 알려져 있다.

---

[6] 많은 이들이 지적하는 바와 같이 뇌과학은 감정의 신체적 반응에 대한 연구를 확장시켜오고 있다(이배환, 2023). 거울 뉴런계(mirror neuron system)는 타인의 행동을 관찰하고 모방할 수 있는 능력과 연관된 신경계로서(Rizzolatti et al., 1996; Dapretto et al., 2006), 타인의 행위를 보기만 하더라도 활성화되는 특징을 가지고 있다. 거울 뉴런의 존재는 원숭이의 모방 과정을 연구하다가 처음 확인되었다고 알려졌다. 이후 인간의 뇌 연구에서 일군의 학자들은 전운동 피질(pre-mortor cortex)이 활동하는 영역을 중심으로 거울 뉴런이 뇌의 다양한 부분에 존재한다는 점을 밝혀냈다(Lohmar, 2006).

그는 근대 경험주의 철학의 선구자답게 신학적이고 형이상학적인 요소를 제거하고, 일반적으로 우리가 경험하고 관찰할 수 있는 인간 본성을 통해 도덕철학의 원리를 마련하고자 했다. 그 인간 본성이 바로 공감이다. 이 공감 능력은 증명이 필요 없는 것으로, 공감은 "타인에 대한 관념이 나에게 감정, 즉 인상을 일으키는 상상력을 매개로 수행된다"고 말한다(Hume, 2009). 이런 흄의 주장의 바탕에는 그가 합리주의 이성보다는 감정을 강조했다는 점이 깔려 있다. 그는 도덕적 인식과 판단에 가장 근원적인 원리는 감정에서 비롯된다고 하면서 이성은 감정에 종속되어 간접적인 역할을 할 뿐이라고 주장한다. 그 유명한 선언과도 같은 '이성은 정념의 노예'인 것이다.

> 이성만으로는 어떤 행동도 유발할 수 없고, 어떤 의욕도 불러일으킬 수 없기 때문에, 나의 추정으로 이성이라는 직능은 의욕을 막거나 어떤 정념, 또는 정서를 선택하려고 싸울 역량이 없다. 이성은 우리의 정념에 상반된 방향이 충동을 주는 것 외에는 의욕을 막을 영향력을 가질 수 없다. … 이 정념과 이성의 싸움을 말할 때, 우리가 말하는 것은 엄밀하지도 철학적이지도 않다. **이성은 정념의 노예**이고 또 노예일 뿐이어야 하며, 정념에게 봉사하고 복종하는 것 외에 결코 어떤 직무도 탐낼 수 없다. … 정념은 근원적 존재이며 사람들이 원한다면 존재를 변용시킬 수 있다(흄, 2014: 160).

앞서 말한 대로 공감 능력은 상상력을 매개로 펼쳐진다. 그렇다면 어떻게 이 개인적 주관성이 일반적 보편성을 갖는가? 흄에 의하면 인간은 서로 유사하기 때문에 공감할 수 있고, 이러한 주관성과 자의성은 바로 공감을 통해 수정할 수 있으며 따라서 일반성을 확보할 수 있다. 개인의 주관성은 인간이 동원할 수 있는 일종의 반성 능력인 일반적 관점, 인간이라면 따를 공통의 관점(common point of view), 혹은 사회적 규약 등에 의해 점검된다고 주장한다. 이때 반성적 능력은 이성주의자들이 말하는 논증이나 추론이 아니라 감정에 대한 이차적 반추 능력이다. 이러한 반추를 통해 감정이 더욱 훈련되고 세련되어진다(소병일, 2014; 양선이, 2011). 따라서 흄에게 공감은 추론적이고 성찰적 능력을 가지며 이러한 공감을 통해 인간들은 서로 윤리적 관계를 설정하고 또 실천할 수 있다. 조금 더 상술해보자.

미덕이냐 악덕이냐, 선이냐 악이냐를 도덕적으로 판단하고 승인하는 행위는 상상력을 동원해 쾌락의 유용성을 공유하는 능력, 즉 공감에서 나온다. 내가 쾌락이나 호감을 갖는 대상은 미덕이고, 불쾌함이나 혐오 등을 갖는 대상, 즉 내가 불쾌함을 부여하는 대상은 악덕이 된다. 흄이 보기에 도덕성은 판단하기보다 느끼는 것이다. 사물에 대해 승인의 감정(approval)을 불러일으키는 것이 있고 부인(disapproval)하는 것이 있는데, 전자는 옳음 혹은 좋음으로 후자는 그 반대로 부른다. 선과 악, 덕과 부덕, 쾌락과 고통, 유쾌와 불쾌 등과 같은, 이른바 도덕적 가치판단은 감정에서 나오는 것이다. 어떤 행위가 덕이 있다는 것을 이성적으로 추론한 후 그 결과에 만족감을 느끼는 게 아니라는 것이다. 우리는 어떤 대상이 유쾌하기 때문에 그것을 덕이 있다고 추론하는 게 아니라, 우리가 유쾌하다고 느끼기 때문에 덕스럽다고 말하는 것이다(전영갑, 2004: 420). 그런데 이 같은 개인적인 호오(好惡)와 선악(善惡)의 주관성은 상상력을 동원해 타자와 감정 공유, 즉 공감을 통해 일반화가 가능하다. 따라서 공감은 단순한 정서적 공유가 아니라 타자와의 소통과 감정 교류의 통로이기도 하다.

흄에게 공감이란 모든 사람이 불편부당하게 공감하는 승인과 부인을 형성하는 소통의 원리이며 일종의 도덕감각이다. 공감은 일차적으로 타인에 대한 관념이 나에게 인상을 일으키는 것이다. 이런 공감은 직접 발생하는 것이 아니라 상상력을 매개로 한다. 공감이란 내가 특정 상황에서 타인도 그러할 것이라는 상상이며, 그런 상상이 나에게 타인과 동일한 감정을 불러일으킨다. 공감은 직관이나 직접적 느낌, 단순 모방이 아니라 지각 활동이고 반성의 결과물이다. 선과 악을 가르는 기본적인 궁극의 기준을 쾌락/고통이라는 인간의 본성에 둔다면 우리는 전자를 증진시키고 후자를 피하려 한다. 쾌락은 단순한 감각적 흥분이 아니라, 정의와 같은 덕스러운 행위, 공동체와 타인을 이롭게 하는 행위를 포괄한다(소병일, 2014).[7]

공리주의의 효시라 불릴 만큼 흄의 도덕론에서 효용은 '쾌락'을 증진시킴으로써 도덕적 승인을 받는 중요한 요인이다. 그런데 인간의 본성상 가족 및 친지와 같은 소규모 공동체에서는 적극적 미덕인 자비, 인애, 관용이 작용하겠지만 익명적인 사회에서는 그렇지 않을 것이다. 따라서 국가와 같은 대규모 사회에서는 이기심의 과도함을 억제하는 미덕, 즉 정의가 필요하다. 박애, 자비, 관대함이 인간 본성에 따른 자연적 덕목인 반면, 재산권 보호를 담당하는 정의는 이성을 동원하여 어떤 의도를 관철하기 위한 '인위적 덕목'이다. 요약하자면 흄에게 쾌락을 증진시킬 수 있는 요인은 곧 미덕으로 자리 잡고, 그 미덕의 보편성은 공감을 통해 사회적으로 형성된다. 나와 다른 타자에게 공감이 가능한 이유는 '인류의 유사성' 때문이다. 아무리 편차가 있다 하더라도 모든 인간은 먹고 마시며, 생각하고, 관계하는 유사한 존재이다.

이 글에서 나는 흄의 공감론을 비판하기보다는 간략히 소개하는 것으로 마치겠지만 한마디만 언급하고 지나가기로 한다. 흄의 공감의 보편성을 인

---

7) 그가 비록 공리주의자들에게 영향을 주었지만 단순한 감각적 쾌락이 아님을 유의할 필요가 있다.

간의 유사성으로 전제하여 풀어내기에는 큰 한계가 있다. 오늘날 우리는 너무나 다양한 인종, 문화와 관습, 정치, 세계관 등을 갖는 이질적인 존재들과 마주한다. 더구나 동식물과 같은 비인간 존재, 인공지능과 같은 사물, 사이보그와 같은 혼합 물질처럼 '인간 너머'의 존재들과도 관계를 맺을 수밖에 없다. 유사성보다는 '차이'와 '다양성'이 강조되는 사회이다. 공감의 작동 기제가 더욱 넓고 정교하고 치밀해야 할 필요가 있다.

(2) 제3의 관찰자의 승인: 애덤 스미스

도덕감정을 기본적인 사회관계로 인식하면서 정치경제학의 근본을 세운 애덤 스미스(A. Smith)는 인간에게는 태어나면서부터 타인의 고통, 슬픔, 기쁨 등 감정을 이해할 수 있는 상상력이 있으며, 이 상상력이 작용함으로써 타자의 처지를 이해하고 감정을 공유한다고 말한다. 아무리 난폭한 사람이라 하더라도 타인의 고통이나 불행을 보면 그 상황을 공유하는 감정이 존재한다는 것이다. 그러나 실제로 공감은 그렇게 단순하지 않다. 공감의 능력은 타자에 대한 이해만을 의미하는 것이 아니라, 타자의 입장에서 자신을 내다보는 것이다. 다시 말하면 타자의 입장에서 자신의 감정이나 행위의 적정함을 판단하는 것이고, 또한 그 적정선에 따라 감정과 행위를 조율하고 통제하는 것이다(바바렛, 2009). 스미스에게 이런 타자는 바로 제3의 객관적 관찰자로 나타난다.

스미스에게 중요한 것은 공감의 적정선 문제이다. 내가 타자의 입장에서 보았을 때 충분히 그의 행위가 이해되고 그 결과를 수긍할 수 있다면, 또한 타자의 입장에서 나의 감정을 보았을 때 타자가 수긍할 것이라는 판단이 선다면 나의 감정 행위는 옳은 것이다. 즉, 내가 상상의 관찰자인 제3자의 입장에서 나 혹은 타자의 감정 상태를 '시인(是認)'할 때 생기는 공감이 바로 도덕감정이다. 따라서 도덕감정이란 '나와 타자의 행위를 제3자의 관찰자 입장에서 이해해보고, 그것이 적정하다고 인정되는 공감'이라고 볼 수 있다. 이 공감이 옳고 그름, 혹은 수용과 비(非)수용을 판단하는 도덕적 기준이다.

스미스에게 도덕감정은 그의 스승인 프랜시스 허치슨(F. Hutcheson)이 말한 이타심도 아니고, 규율화된 계몽주의적 경건성을 담고 있지도 않다. 비록 이기주의적 행위라 하더라도 그것이 제3자의 입장에서 공감이 된다면 그 행위는 도덕적인 것이다. 테레사 수녀가 타자를 위해 모든 것을 내주는 헌신적 태도에 우리는 존경을 표할 수 있고, 공감할 수도 있다. 하지만 궁핍한 집안의 가장이 아내와 자녀의 안녕을 저버리고 타자를 돕는 이타적 행위는 '시인'하기가, 즉 공감하기가 어렵고 그렇기에 도덕적으로 바르다고 말할 수 없다. 오히려 처와 자식을 위해 타자에게 관심을 두지 않았을 때, 그의 이기심이 그럴 수밖에 없는 상황이라고 공감이 된다면 그것은 도덕적으로 바를 수 있다(스미스, 2009).

앞서 말한 바와 같이 스미스의 도덕감정은 타자를 돕고, 자비로움을 베풀어야 한다는 이타심을 의미하는 것은 아니다. 도덕감정은 타자의 입장을 이해하고, 그 입장에서 타자와 자신을 평가하며, 그 평가의 적정선을 공감할 때 발생한다. 흔히 스미스를 이기심을 옹호한 학자로 간주하는 경향이 있다. 하지만 그가 말하는 이기심은 타자(제3자)의 입장에서 공감이 가는 한도 내의 이기심이므로, 타자의 이해를 해치거나 몰(沒)이해적 태도와는 거리가 먼 개념이다. 인간이 소유한 이기심대로 행동하되 타자의 입장에서 공감할 수 있는 이기심을 보이라는 것이다. 결국 자기의 필요를 해소하려는 이기적 욕구를 상호 교환 행위를 통해 잘 해소할 수 있다면 그것이 곧 공동선(共同善)을 이루게 되고, 그 공동선이야말로 전체의 도덕이 되지 않겠는가 하는 것이 그의 생각이었다.

스미스의 현실적이고도 미래지향적인 통찰은 이기심의 교환을 통해, 다시 말하면 이기심이 상호작용하는 사회적 관계망을 통해 공동선을 이룰 수 있다는 점이다. 시장은 바로 이러한 교환을 완성시키는 장(場)이다. 내가 필요한 것을 충족시키기 위해, 즉 나의 필요 해소라는 자리(自利)에 의해 타자와 교환하고, 타자는 그의 자리를 위해 그가 생산한 것을 교환한다(박영주, 2004; 박순성, 1994; 전주성, 2006). 교환 메커니즘의 총체인 시장은 신의 은총이라 부를 수 있는 '보이지 않는 손'에 의해 조절되고 작동한다. '보이지 않는 손'은 신으로부터 부여 받은 자연권적 권리이므로 국가(정부)는 그 작동의 메커니즘을 훼손시키지 말라는 것이 그의 요청이다. 다만 국가는 시장 활동을 원활하게 할 수 있는 다양한 조건들, 예컨대 치안이나 빈민 구제 등을 실시하는 데 역할을 제한하라는 것이다(스미스, 2008).

이처럼 공감에 기초한 도덕감정은 시장경제에 기초한 자본주의를 떠받드는 원리로서 스미스의 도덕감정론은 '자본주의 정신'으로까지 이어진다는 평가를 받는다. 절제와 근면, 공정하고도 자유로운 경쟁, 인간의 저변에 깔린 이기심에 의해 운영되는 자본주의 체제가 타자를 이해하고, 타자의 입장에서 스스로를 판단하는 공감으로서의 도덕감정에 의해 뒷받침된다면 가히 신의 은총이라 볼 수 있지 않겠는가? 가라타니 고진(G. Kojin)은 스미스의 도덕감정은 다른 어떤 부족 공동체에서도 볼 수 없는 자본주의 시장경제로부터 발생론적 기원을 갖는다고 말한다.

> 도덕감정은 이기심과 대립하는 것이지만 스미스가 말하는 감정은 이기심과 양립하는 것이다. 무릇 상대의 몸이 되어서 생각한다면 상대의 이기심을 인정하지 않으면 안 되는 것이다. … 이를 바탕으로 그는 각자가 이기적으로 이익을

추구하는 것이 결과적으로 전체의 복지를 증대시킨다고 주장했다. 도덕감정론과 약육강식의 시장주의가 어떻게 양립할까? 그가 말하는 공감은 연민이나 자비와 다르다. 그의 경우 이기심과 공감은 배반되지 않는 것이다. 무릇 스미스가 말하는 공감은 이기심이 긍정되는 상황, 즉 자본주의적 시장경제에서 비로소 출현하는 것이다. 공감은 공동체에 있었던 호혜성을 회복하려는 것이고 공감은 상품 교환 원리가 지배할 때만 출현하는 도덕감정, 또는 상상력이고 [부족] 공동체에는 존재하지 않는 것이다(고진, 2007: 175).

스미스가 주장하는 공감은 단순한 역지사지(易地思之)가 아니다. 공감은 기본적으로 감정의 작용이다. 그런데 이러한 주관적 감정이 어떻게 도덕 판단의 기준이 되는가? 즉, 객관적인 윤리적 기준이 될 수 있는가? 앞서 말한 대로 스미스는 이를 두고 '공정한 제3의 관찰자가 긍정한다면[是認]'이라는 전제를 내놓는다. 공감은 연민이나 동정, 단순한 감정이입과는 다르다. 공감은 도덕적 판단을 내리는 감정이며 이 도덕적 기준은 공감의 적정선이다. 내 아이가 굶어 죽을 판에 거지를 돕는 행위는 시인할 수 없다. 반대로 내가 부자가 되기 위한 이기적 동기로 남에게 손해를 주지 않는 범위에서 열심히 일해 소기의 성과를 얻었다면 이기적이지만 인정을 받는다. 공감은 관찰자가 행위자와 동일한 처지에 있다고 가정할 때, 그 행위자가 느끼는 감정을 감지하고 도덕적 판단을 내릴 수 있는 능력, 즉 상상을 통한 상황의 전환, 공감, 더 나아가 승인하는 능력을 의미한다. 즉, 관찰자가 자신의 상상력을 동원하여 행위자가 직면한 상황과 처지에서 느끼는 감정과 판단을 공정하고 객관적으로 반추하는 능력인 것이다. 제3자적 관점에서 공정하게 고찰하고 평가하는 마음의 성향으로서 '상상 속의 공정한 관찰자'이며, 제3자로서 합당한 도덕적 판정을 내려주는 주체이다(김광수, 2016: 36).

이처럼 스미스에게는 사회적 관찰자로부터 인정 받는 것이 도덕적 판단의 기준이다. 그러면 적정선을 어떻게 유지할 것인가? 나는 적정선의 문제를 이기심과 이타심, 공정, 감정 표출, 정의 등 모든 분야에 적용시킬 수 있다고 본다. 적정선은 계량화하기 어려운 척도이다. 중용과 중도에 대한 사유를 통해 '적정선' 문제를 어느 정도 사유할 수 있을 것이고, 타자와 부단히 소통함으로써, 즉 공감의 확장을 통해 잠정적으로나마 그 상대성을 극복할 수 있을 것이다. 이 또한 제3자의 승인 기준이 복잡해지는 현대사회에서는 쉽지 않은 과제이다.

(3) 인간애(人間愛)로서의 공감: 막스 셸러

막스 셸러는 단순하게 타자 이해를 목적으로 하는 공감론을 상당히 못마땅해 한 것 같다. 그는 공감은 감정 전염이나 감정이입과 다르다면서 '진정한'이라는 형용사를 붙인 공감을 보편적 윤리의 근거로 삼을 수 있다고 말한다. 감정 전염은 타인이 감정에 대한 체험을 반드시 필요로 하지 않는다. 댄스 클럽에서의 유희감이나 축구 경기장에서의 열기 등을 생각해보자. 고통의 전염도 마찬가지이다. 나에게 전염된 고통은 타인의 것이 아니라 나 자신의 고통으로 주어지고 이 경우에 정작 이해의 대상인 타인은 사라져버린다. 감정이입 역시 진정한 공감이 될 수 없다. 감정이입은 타인의 감정을 나의 감정과 동일시하고, 타인의 자아를 나의 자아와 동일시하는 것, 즉 타인과 나를 동일시하는 것인데, 타인의 감정에 휩쓸리거나 타인과 나를 동일시하게 되면 진정한 공감이 아니다(소병일, 2014: 209). 여기에서는 '나'가 사라지고, 타인도 사라지며 나와 너가 함께 만드는 윤리의 토대가 형성되지 않는다. 또한 윤리적 고려의 대상이 되어야 하는 타인의 실제적인 체험이나 삶도 드러나지 않는다.

그렇다면 셸러에게 '진정한 공감'이란 무엇인가? 진정한 공감은 각 개인의 고유성과 독립성을 인정하며, 동시에 더 높은 가치 속에서 조화를 이루는 것이다. 공감은 '뒤따라 느낌'을 기반으로 한다. 즉, 누군가의 감정을 뒤따라 느끼는 것이다. 그러나 여기에 멈추지 않고 진정한 공감은 타인의 체험에 실제로 참여하는 것이다. 물론 뒤따라 느낌은 공감 없이 일어나기도 한다. 뒤따라 느낌은 공감의 조건이긴 하지만 필수는 아니라는 것이다. 타인의 고통에서 쾌감을 느끼는 잔인함도 존재하기 때문이다. 진정한 공감은 단순히 뒤따라 느낌만이 아닌, 타인의 자아 존재와 타인에 대한 체험을 함께하는 것으로, 단순한 유비추리(類比推理)를 하는 것도 아니고, 투사적으로 감정을 이입하는 것도 아니다. 모방 충동은 더더욱 아니다. 공감은 타인에 대한 이해를 불러일으키는 것이 아니라 타인의 체험에 실제적으로 참여하는 것이다(셸러, 2006). 예컨대 가난에 대한 공감은 그 비참한 삶을 경험해보는 것, 혹은 현장으로 가는 것이다.

독실한 기독교인이었던 셸러는 진정한 공감을 기독교적 사랑의 원리로 확장한다. 진정한 공감이 가능한 이유는 정신과 사랑이라는 고유한 능력이 있기 때문이다. 공감이 자발적 의지나 가치와 연관될 때 윤리적 성격을 갖는다. '사랑 없이는 공감 없다.' 사랑이란 상관하고 있는 나와 그 내적 본성에서 상이한 타인의 개별성, 즉 나와 다르고 상이한 타인의 개별성에 대해 이해와 상관을 맺는 것이다. 타인의 실제성과 본성에 대해 아낌없이 긍정하고, 개개의 인간에게 자유와 독립성, 개별성을 부여하고 인정하는 것이 진정한 공감이다(박인철, 2012: 135).

셸러에게 사랑은 가치와 내면세계를 지향하는 정신 작용이다. 자기의 입장에서 자기의 경험에 바탕을 둔 재생은 순수하고 적극적인 공감 지(知)가 아니다. 슬픔의 예를 들어보자. 공감은 '함께 슬퍼함'이라는 직관적인 방식으로 타자와 세계를 살아가는 통일성을 파악한다. 이는 타자의 슬픔에 직접적으로 참여하는 것이지, 타자의 슬픔을 추론하는 것이 아니다(금교영, 1999). 타인의 실제 상황에 참여하라는 셸러의 요구가 얼마만큼 가능한지는 모르겠지만, 한마디로 셸러는 '자신'의 느낌이나 감정으로 타자를 환원시키지 말라는 경고를 하고 있다.

3) 유학에서의 공감, 서(恕)

삼라만상의 이치[理] 혹은 도(道)가 모든 사물에 내재해 있다고 보는 유교의 세계관에서 인간은 네 가지 기본적인 도덕감정, 즉 측은지심(惻隱之心), 수오지심(羞惡之心), 시비지심(是非之心), 사양지심(辭讓之心)을 가지고 있고, 이는 인의예지(仁義禮智)라는 네 가지 덕의 단서가 된다.[8] 주자(朱子)는 그 중에서도 인(仁)을 으뜸[一元]이라고 보았다. 그렇다면 인은 무엇인가? 『논어』에는 인이 너무나 다양하게 언급되기 때문에 그 뜻을 추적하기 어렵지만 대개는 인의 구성 요소를 효제충서(孝悌忠恕)로 꼽는다.[9] 즉, 부모에게 효도하고, 형제(이웃)에게 우애를 베풀며, 진실하고 충직하며, 타자를 돌보고 살피라는 가치이다. 공자의 인 사상은 타자에 대한 관용, 베풂, 배려 등을 담고 있다. 유교는 언뜻 봐서는 엄숙한 도덕적 가치와 이성을 중시하는 윤리의 이미지가 강하다. 합리적 이성을 강조하는 플라톤의 이데아, 칸트의 정언명령과 도덕철학 등의 이성주의를 상기시키고 감정보다는 지성이나 이성을 강조하는 주지주의(主知主義)를 떠올리게 한다. 특히 조선의 성리

---

8) 4단에 대한 기술은 『맹자』의 「고자장구 상」편을 참고하라.
9) 사회학자 송복의 『동양적 가치란 무엇인가』(1999)를 참고하라.

학이 '리(理)'를 강조한 탓도 있을 것이다. 그러나 유교는 도덕감정학이라고 불러도 손색이 없을 것 같다. 유학자들은 덕의 모든 근원은 본래 하늘에서 부여 받은 성(性)으로서 앞서 말한 4단[性卽理]이라고 보았고, 외부의 자극에 반응하는 일곱 가지 감정[七情], 즉 기쁨, 분노, 슬픔, 두려움, 사랑, 싫어함, 욕망(喜怒哀懼愛惡慾)을 어떻게 다스릴 것인가에 주목했다. 다음 장에서 잠깐 소개하겠지만 양명학(陽明學)은 감정론에 더 가깝다. 유교에서 감정은 인간을 구성하는 핵심적인 것들로, 다만 지나치거나 부족하지 말라는 중용의 도를 강조했다.10) 그뿐 아니라 형식적인 예의(禮儀) 이전에 진정성 있는 태도를 우선했다. 공자는 윗자리에 있으면서 관용을 모르고, 예를 행하면서 경건하지 못하며, 상례에 임하면서 슬퍼하지 않는다면 그런 사람은 더 이상 볼 것이 없다고 했다. 어질지 못하면 예가 무슨 소용이 있느냐는 것이며, 진실함 없이 무슨 형식적 예가 필요하냐는 것이다. 즉, 내면의 덕성(진실, 신실, 어짊)이 외면적 형식보다 우선이라는 것이다.

이 중 공감과 깊게 관련된 것은 충서(忠恕)이다. 유교에서는 타인과의 감정 교류에 가장 핵심적인 요인을 충서로 본다. 심지어 일부 학자들은 충서를 단순한 인의 구성 인자라기보다는 유교의 정신 전체를 관통하는 요소로서 주목한다. '일이관지(一以貫之, 하나의 이치로 모든 것을 꿰뚫는다)'의 충서야말로 유교의 기본 덕목이라는 것이다. 즉, 타자를 이해하는 감정이 '충서'이고 타자 이해야말로 유학의 근본이라는 것이다. 충은 임금에 대한 무조건적인 복종이나 국가에 대한 일방적인 헌신의 태도가 아니라 진심으로 타자를 대한다는 의미이다. 정성을 다한다는 뜻으로서 타자를 대할 때의 진정

---

10) 예컨대 공자는 "즐거워하되 도를 넘지 말고, 슬퍼하되 상처 받지 말라(樂而不淫 愛而不傷)"고 이른다. ―『논어』, 「팔일(八佾)」.

성과 성실성을 의미한다. 나는 이것이 '마음을 다한다[盡心]'와 '진솔하다[眞心]'의 의미 모두를 가지고 있다고 보는데, 이러한 태도는 당시 신하가 군주뿐 아니라 친구를 대할 때 지켰던 덕목이기도 하다. 공감과 관련하여 논어에서 언급된 내용을 좀 더 이어가보자.

공자는 '자기 마음을 미루어 남을 헤아림[推己及人]', '자기가 싫은 것을 남에게 시키지 않음[己所不欲 勿施於人]', 그리고 '가까운 데서 취하여 깨우친다'는 의미의 능근취비(能近取譬)야말로 인을 실천하는 법이라고 말한다.11) 인은 멀리가 아니라 가까이에 있는데, 남을 헤아리는 마음이 곧 충서의 이치라는 것이다. 충서의 이치가 말하기 쉬워도 행하기 어려운 까닭은 인간에게 사심이 있어 자신의 이익을 우선하기 때문이다. 자기가 싫은 것을 남에게 시키지 않는다는 것은 '자기가 서고 싶으면 남도 세워주고, 자기가 통하고 싶으면 남도 통하게 해주라는 것이고, 이는 결국 개인의 욕망을 소거하는 극기복례(克己復禮)를 통해 가능하다'는 것이다.12)

헤아림, 보살핌의 의미를 갖는 서(恕)는 공감을 도덕 원칙으로 해석할 수 있는 여지가 많은 개념이다. 피비린내 나는 약육강식의 정치 질서 속에서 유학자들의 문제의식은 강대국과 약소국 간의 국제 질서는 물론 개인, 가족, 친지, 종족, 군신의 관계를 통틀어 이상적 질서를 어떻게 구축할 수 있는가였다. 유학은 한마디로 인간의 관계 맺음에 대한 성찰이었던 것이다. 예컨대 도와 인의 발견은 신뢰와 배반의 문제이고, 예치(禮治), 인치(仁治),

---

11) 仲弓問仁 子曰 出門如見大賓 使民如承大祭 **己所不欲 勿施於人** 在邦無怨 在家無怨 仲弓曰 雍雖不敏 請事斯語矣(『논어』, 「안연(顔淵)」]. 능근취비(**能近取譬**)는 『논어』, 「옹야(雍也)」.
12) 인이란 무엇인가 물었을 때 공자는 극기복례, 즉 개인의 욕구를 버리고 공공의 목적을 추구하는 자세라 답했다. 顔淵問仁 子曰 克己復禮爲仁(『논어』, 「안연」).

법치(法治)는 보응 기제의 문제이며, 예술적(시적) 상상력은 모든 사물과의 관계 조합을 위한 상상력의 문제였다. 이 중에서도 타자를 배려하는 관용의 원칙을 삼은 것이 서였다. 그러나 서는 타자 이해와 관용을 넘어 보다 광범위한 도덕적 가치를 포괄한다. 서는 타자에 대한 용인(容認)의 의미, 당위의 구현으로 자기를 다한다는 책임 의무, 타자배려의 의무, 도덕적 실천성까지 포함한다. 서의 정치는 정확히 남의 처지를 헤아리고 보살핀다는 의미의 혈구지도(絜矩之道)의 정치와 추체험의 정치를 의미하기도 한다. 이 과정에서 나와 타자가 '공속적 존재'를 맺는다. '서'는 개인과 개인, 개인과 국가의 관계에서 불간섭과 불가침해를 보증하는, 즉 자유 보존의 격률로 해석되기도 한다. 한마디로 서는 품성의 덕이며 의무 윤리인 것이다(신정근, 2004).

유교에서 공감의 핵심적 요인인 서를 황태연은 보다 적극적으로 공감 이론의 측면에서 조망한다. 잠깐 소개해보자. 그는 자신의 논의를 '공감론적 해석학'으로 지칭하고, 동서고금의 감정 사상과 이론, 철학, 진화론, 뇌과학, 생물학, 사회학 등 전 영역에 걸쳐 합당한 공감 이론을 정립하기 위한 길고도 먼 학문적 여행을 시도한다. 그는 자연과학에 빗댄 실증주의는 말할 것도 없고, 상상 속의 입장 바꾸기, 상상적 자기 전치(轉置), 언어 소통적 관점 인계, 사유 이입적 재현, 시뮬레이션 등 온갖 유형의 사변적 '역지사지' 개념에 기초하는 이해를 '사이비' 공감론으로 간주한다. 역지사지는 근본적으로 불가능해서 본질적으로 자기기만이라는 것이다(황태연, 2014: 38).

그러고 나서 그는 공자가 말한 서를 공감과 교감의 의미로, 충서를 공감으로 일이관지하는 학문 방법으로 논증하려 한다. 공감은 자타 분리의 위치에 있는 타인의 감정을 지각하고 동감하는 것인 반면, 감정 전염은 멸치 떼처럼 일사불란한 유영으로, 새 떼의 군무나 광장에 모인 군중이 감정의 일심동체성과 같이 자타 분리가 없는 가운데 타인과 동일한 감정을 갖는 것이다. 교감은 타인의 감정을 지각하지만 동감이 없는 반면, 공감은 타인의 감정을 교감적으로 지각하고, 또한 타인의 감정과 같은 감정을 재생하여 동감하는 것이다(황태연, 2014: 40).

이 공감 과정에 서가 핵심이라는 것이다. 황태연이 시도한 충서의 해석을 다시 들여다보자. 서는 모든 경험을 하나로 꿰뚫은 핵심 개념인데 앞서 말한 대로 '자기를 미루어 사물을 헤아림'이라는 의미를 가지고 있다. 서는 공감 역량으로서 타자성의 시발이고 공공의 관계로 나아가는 도덕감정의 기초이다. 그는 이성적으로 헤아리거나 미루어 생각하는 것이 아니라 남의 감정을 내 몸으로 느끼는 공감이라는 감정 능력의 작용으로서 서를 사유가 아닌 느낌의 차원에 위치시킨다. 서는 단순히 인을 구성하는 인자가 아니라 인의 근본인 것이다. 이처럼 서를 강조하는 그는 충과 서를 하나의 대등한 병렬 개념으로 보지 않고, 충서를 전체와 연결하여 볼 것을 주장한다. 그는 충서를 하나로 볼 것인지 둘로 볼 것인지 하는 논쟁은 빗나간 것이라고 본다. 그는 충서를 동사와 목적어로 보기보다는 일이관지와 연결, 일(一)은 공감[恕]이고, 관(貫)은 충(忠)을 의미하므로 일이관지는 공감 하나로 경험 지식들을 관통하는 것이라고 주장한다. 충서는 공감에 충성을 바치는 것, 즉 공감을 충실히 견지하는 것[恕以忠之]이다.

그러나 이러한 해석에 대해 유교 철학자들은 다른 주장을 펼친다. 인간 공감의 중핵인 서가 과연 보편타당한 도덕 행위로 자리 잡을 수 있을까? 서는 타자를 이해하고 관용을 베푸는 인의 구성 요소이지만, 베풂이나 아량 등 인정에 치우치면 법도가 무너진다. 따라서 아량과 정을 베풀되 강직한 법규를 지켜야 하고, 엄정한 법도로 인정(人情)을 바로잡아야 하며, 인정에 치우치지 않음으로써 도를 지켜낼 수 있다. 충이 바로 이러한 역할을 담당한다. 법도와 인을 전제한 것이 서인 것이다(신정근, 2004).

서의 보편성 논쟁을 살펴보면 흄이 공감, 타자 승인 등을 통해 주관성의 보편성을 담보하려 한 노력이나, 스미스의 제3자의 시각과 유사한 점을 찾게 될 것이다. 따라서 충이 없으면 서는 온전히 실행될 수 없다고 말하면서 서를 실행하기 위해 충을 완수해야 한다고 말한다. 충은 자신의 진정성을 다함[盡己], 올바르게 판단하고 처신함, 공정한 관찰자로서 자아를 확립함 등을 의미하는데, 충을 다함으로써, 즉 자기를 다함으로써 서를 행할 수 있다는 주자의 말은 서가 혹여 분별없는 관용으로 전락하는 것을 막기 위해서였다는 것이다. 즉, 서가 합당한 도덕 행위가 되려면 그 상위 전제로 충이 담보되어야 한다. 충은 사물을 이치에 맞게 객관적으로 처리하는 도덕이며 행위이고, 도덕성에 어긋난 공감이나 관용은 억제되어야 한다. 즉, 충은 서의 공정한 관찰자인 셈이다(홍성민, 2016).[13]

사회적으로 자리 잡고 있는 규범과 공감 사이에 관련된 복잡한 논의를 이 자리에서 하나하나 논하기는 어렵다. 다만 공감과 관련하여 유학의 서는 공감 해석에서 매우 중요한 위치를 차지한다. 서는 공리주의적 가치 실현이 아니라 공동체 안에서 인간다운 삶을 영위하는 데 필요한 기본 조건들을 동등하게 보장한다는 뜻이며, 공동체 안에서 누구나 인간답게 살고자 하는 염원이자 욕구를 표현하는 것이기 때문이기도 하다(홍성민, 2016: 335).

∞

이상 논의를 정리해보자. 공감은 타자를 이해하고 성찰하기 위해 상상력을 동원하는 감정의 과정이다. 그러나 타자를 이해하기 위해 수행하는 단

---

13) 이상익(2004)은 "충을 최대 도덕으로 서를 최소 도덕"으로 정의한다.

순한 감정이입이나 감정 전염은 공감과 질적으로 차이가 있다. 타자의 감정을 이해하는 감정이입이나 단순한 교감이 이차원적 감정의 교류라면 공감은 다차원적이고 입체적인 감정 교류의 과정이다. 감정 전염에 대해서는 굳이 언급할 필요가 없을 것이고, 감정이입이 '뒤따라 느낌'이거나 인지에 지나지 않는 데 반해 공감은 타자의 상황을 재해석하는 과정을 포함한다. 감정이입이나 감정 전염이 나와 타자 사이의 차이를 무화시킨다면, 공감은 서로의 주체를 지속적으로 지탱한다. 감정이입이 타자를 이해한다고 하면서도 타자의 감정을 나의 것으로 환원시키려 하는 반면 공감은 나와 타자의 주체성을 인정한다. 공감은 주체적 느낌과 표현과 경험을 상호 주관적으로 교류하는 것이다. 공감은 이런 상호성을 전제로 하기 때문에 사회적이다. 공감은 나를 또한 타자의 위치로 전환시키기도 하며, 대자적 자아의식을 갖는 지각 과정으로서 타자를 협소하게 만들거나 축소하지 않는다.

나아가 진정한 공감은 또한 타자의 감정뿐 아니라 체험 그리고 그 맥락에 대한 참여를 요구하기도 한다. 이러한 참여가 없을 때 공감은 단순히 인지 작용에 그치거나 심지어 타자의 고통을 보고도 즐거워할 수 있는 일탈적 행위로 전락할 수 있다. 앞서도 말했지만 공감은 개개인의 주관적 평가와 판단을 객관화할 수 있는 작용을 한다. 흄이 말한 대로 공감을 통해 쾌락과 불쾌함의 도덕적 근거를 확립할 수 있고, 스미스가 말한 대로 공정한 제3자의 시선을 통해 자신과 타자의 행위에 도덕적 판단을 내리는 준거를 마련할 수 있다. 유학에서는 충서의 논리로 공감이 윤리성을 확보하기도 한다. 그런데 공감이 윤리적 토대가 된다는 것은 공감이 단순한 지각 상태에 머물러 있음을 의미하지 않는다. 셸러와 같이 진정한 공감을 주장하는 학자는 기독교적 사랑의 실천을 옹호했고, 유학자들은 서를 통해 타자에 대한 배려와 관용의 실천을 강조했다.

그런데 공감 원리는 인간의 유사성과 접근 가능한 관계망에 국한되는 경향이 있다. 예컨대 흄은 인간의 유사성에 기대어 공감 가능성을 논의했다. 그래서 그 범위가 제한되어 있지만, 앞서 말한 대로 현대사회에서 타자는 매우 이질적이고 광범위하게 확대되어 있다. 전 지구적 이동이 빈번한 글로벌 시대에는 수없이 다양한 '차이'와 '이질성'이 교차하고 있다. 이들을 어떻게 공감할 것인가? 공감의 가능성을 인간의 유사성과 접근 가능성에 국한시킬 수는 없다. 인류의 정치는 끊임없이 이질성에 대한 포용과 배제를 저울질하는 과정이었고 배제를 위해 다양한 유형의 폭력을 동원하기도 했다. 어떻게 유사성의 전제를 넘어 이질성을 포용하는 공감을 구축할 것인가? 더구나 공감의 대상은 '인간 너머 비인간'의 세계로 확장되어 있다. 동식물 등의 비인간 자연, 대지·물·공기 등 지구 행성과의 공감 역시 생태계의 교란과 기후위기 시대를 살아가는 우리에게 절박함으로 다가오는 과제이다.

나는 공감 그 자체에 대한 개념적 논의보다는 공감을 수행할 수 있는 능력이 어떻게 가능한가에 관심을 두고 있다. 즉, 공감의 사회적·역사적·정치적·문화적 조건들을 바탕으로 한 의미 공동체에 관심이 있다. 어떻게 사회 구성원이 그런 역량을 갖출 수 있을 것인가? 이승훈은 이를 배양하기 위한 사회적 조건으로 자원 결사체나 공론장에의 참여, 인문학과 예술교육을 통한 공감 능력의 향상을 주장한다(이승훈, 2015). 이승훈의 지적대로 한국 사회는 전통적으로 연고에 의한 공감이 발달된 사회이지만 공적인 장에서의 공감은 빈곤하다. 궁극적으로 지연, 학연 등과 같은 전근대적 귀속형 유사 가족주의를 극복하고 좀 더 광범위하고 익명적이고 이질적인 시민사회에 대한 공감 역량이 필요하다. 교육의 필요성은 두말할 나위 없다. 공감은 타자성의 감정이어서 기본적으로 사회화 과정을 통해 습득되기 때문이다.

2. 사변으로서의 상상력

1) 상상력

공감은 상상력을 매개로 실행된다. 나는 공감을 도덕감정의 전위대라 부르고, 상상력을 공감의 척후병이라 불렀다. 공감을 위해 타자의 정보를 탐색하고 모아 오며, 길을 안내하는 역할을 한다는 의미에서이다. 타자를 이해하는 상상력은 공상이나 몽상이 아니다. 많은 동서양의 철학자들이 감정을 이성의 하위에 놓았던 것처럼 상상력도 지각의 의사(pseudo-) 재현 능력 혹은 자의적 공상으로 간주했고, 이성보다 열등한 것으로 하대해왔다. 그러나 상상력은 감성과 지성을 매개하며, 지성을 '선취(先取)'하는, 때로는 닫힌 지성을 개방하는 창조적 능력이다. 상상력은 공감을 가능케 하는 정신적 작용이면서 감정이입과 같은 감정의 활동을 수반한다. 또한 상상력과 사변은 매우 가까운 이웃이다. 엄정한 논리와 형식성, 실증주의를 강조하는 현대 과학의 조류에 밀려 상상력과 사변은 형이상학의 잔재로 규정되기도 했지만, 데이비드 흄이나 애덤 스미스는 일찌감치 상상력의 중요성을 간파하고 있었다.

상상의 작용에 의해 우리는 자기 자신을 타인의 입장으로 바꾸어놓고 스스로 모두 똑같은 고문을 참고 견디고 있는 것처럼 생각하고, 말하자면 타인의 신체에 이입하여 어느 정도까지 그 사람과 같은 인격이 되고, 그리고 그 인간의 느낌에 관한 어떤 지식을 얻고, 정도는 좀 약하지만 인간이 느끼는 감정과 완전히 다르다고 생각하지 않는 어떤 종류의 감각을 느끼게 된다(스미스, 2009: 25).

즉, 인간은 타자의 입장에서 그를 이해하고, 나아가 그의 입장에서 나를 바라보는 역지사지의 역량을 가지고 있기 때문에 '나'는 '너'가 아니지만 '너'의 감정과 의도를 '너'의 입장에서 '상상력을 동원해 이해'할 수 있다는 것이다. 이는 감정이입과 추체험의 과정을 통해 상대의 행위 동기를 이해할 수 있다고 본 빌헬름 딜타이(W. Dilthey)의 '해석학'이나 막스 베버의 '이해적 방법(verstehen)'과도 거의 유사하다(딜타이, 2002; Weber, 1949).[14] 결국 공감과 상상력은 동전의 양면이거나 공감이 좀 더 포괄적인 것으로 기지 역할을 한다면 상상력은 기지를 떠나 타자의 세계로 유영한 후 기지로 돌아오는 의식과 감정의 행위소이다.

철학사에서 상상은 의식 작용 중에서도 하류에 속하며 명증한 지식에 대비되는 것으로 인식되었다. 그러나 상상은 지식 대상에 접근하는 경험, 추론, 개념 적용 등의 한계를 극복할 수 있는 또 다른 의식 작용이다. 비록 감성과 지성의 기능에 비해 부차적인 것으로 간주하긴 했지만 이마누엘 칸트(I. Kant) 역시 상상의 중요성을 인식했다. 칸트에 의하면 우리의 지식은 선험적인 시공간 범주와 함께 대상의 현상을 경험한 감각 자료를 오성의 범주가 개념적으로 종합함으로써 성립한다.[15] 그러나 여기서 앎의 작용을 멈출 것인가? 칸트는 순수 이성 비판의 영역과 실천 이성 비판이나 판단력 비판의 영역을 분리하여 자유, 실천, 미추(美醜) 영역을 보다 폭넓게 해명하려 했다. 그런데 순수 이성 비판의 영역, 즉 오늘날 과학 탐구라 부르는 영역

---

14) 동감 혹은 공감은 남의 처지를 이해하는 데 머무르지만, 동정은 단순한 이해를 넘어 처지를 안타까워하고, 도와주려는 이타적 감정까지 의미한다(Davis, 2007; Dovidio and Schroeder, 1990; Einoff, 2008; Batson et al., 1995; Schumitt and Candace, 2007; Wispe, 1986).
15) 칸트의 12가지 범주, 즉 경험 대상의 양, 질, 관계 등에 대해서는 루드비히(2004)를 참고하라.

도 단순히 경험과 오성 범주의 종합에서 멈추는 것이 아니다. 그 이상의 탐구 영역으로 나아가기 위해 이성을 인도하는 안내자가 바로 상상이다.

열등한 의식 작용으로 간주되던 상상력의 지위를 높인 철학자는 장 폴 사르트르(J. Paul Sartre)였다. 그는 주류 철학이 거짓된 것, 오류, 감각적인 것으로 치부했던 이미지를 자신의 실존철학 속으로 끌어들였다. 사르트르는 물질로 간주되던 상상력과 그 이미지를 의식의 작용으로 복귀시켰는데, 기존 철학자들이 이미지에 물질적인 성질을 부여해서 제대로 된 이론을 만들지 못했다고 보았다. 즉, 이미지를 사물화하여 하나의 '응고 덩어리'로 간주하는 오류를 범했다는 것이다. 사르트르에 의하면 상상력이란 "쓸데없이 덧붙여진 경험적인 힘"이 아니라 "자유를 실현하는 전적인 의식"인 것이다(사르트르, 2010: 359). 그러나 여전히 사르트르의 상상력에 대한 입장은 견고하지 못하다고 평가 받는다.

과학철학자 가스통 바슐라르(G. Bachelard)의 상상력에 대한 논의는 우리에게 보다 풍부한 안목을 제시해준다. 그는 상상력을 인간의 정신 활동 중 합리적 이성의 활동에 버금가는 것으로 볼 만큼 이미지와 상징에 적극적인 의미를 부여했다. 과학적 객관성을 위해 배제했던 의식은 전체가 아니라 의식의 어느 한 부분이다. 그는 '의식을 배제한 과학이 인간의 영혼을 폐허화한다'는 기존의 주장을 수정한다. 한쪽으로 지나치게 기운 의식이 다른 한쪽의 의식을 억압함으로써 인간의 영혼이 폐허화된다는 것이다. 의식과 과학은 상치되는 것이 아니다. 바슐라르는 객관적 인식의 메마름을 보상해 줄 위안자로서 상상력의 가치를 높이 평가한다. 상상력은 인간 의식 활동의 중요한 한 부분임에도 불구하고 합리적 활동만을 중시하는 과학주의(합리주의)에 의해 억눌려왔다는 것이다(진형준, 1992).

과학철학자로서 상상에 대한 그의 주장은 다소 역설적이다. 예컨대 불에 대한 정신분석학적 접근은 불에 대한 잘못된 신념, 즉 주관성의 오류를 낳을 수 있지만 그는 바로 그러한 '부질없는 생각들을 모으는 동안 그가 비난하고자 했던 그 오류들에 매혹되었고, 상상력은 정신적 생산력 자체'라는 결론에 이르렀다. 몽상과 같은 상상력을 통해 인간의 진정한 자유와 창조적인 심리적 기능이 나온다. 그는 과학철학자로서의 활동과 시적 이미지에 대한 탐사 활동에 매진했다. 과학은 엄밀한 객관적 사실에 도달하기 위해 객관적 인식을 방해하는 요인들, 즉 인식론적 방해물들을 제거해나가야 한다. 그 방해물이란 본능, 원초적 경험, 일반적인 인식, 친숙한 이미지, 역사적 상황이나 감정 등 확실치 않은 사고나 태도들이다. 그중 원흉은 몽상에서 비롯된 시적 이미지이다. 그런데 그는 합리적이고 과학적이라 믿어왔던 인식들이 사실상 비과학적·비합리적 인식에 물들어왔음을 보여주고자 했다. 과학주의에 빠진 이들이 이미지를 폄훼해왔지만 이러한 행위가 바로 비과학적이라는 것이다.

이 비과학적이라고 간주된 이미지를 어떻게 볼 것인가? 역설적으로 바슐라르는 이미지의 매력에 빠져든다. 한마디로 이미지가 유혹하는 힘에 이끌렸다. 과학의 축과 시(詩)의 축을 병행하고자 했던 그의 과학철학을 '이미지의 현상학'이라 부르는 이유이기도 하다. 과학이 지각의 영역이라면 시는 상상력이 활동하는 영역이며, 결코 비현실적이지 않다. 합리주의는 반쪽 의식에 불과하다. 인간의 소외는 의식 없는 과학이라기보다 시학이 결여된, 즉 상징적 이해가 결여된 순수 지성 때문에 일어난다. 이처럼 지각 혹은 이성에 종속된 대접을 받던 상상력은 "바슐라르에 의해 그것과 어깨를 나란히 하게 된다. 상상력은 무의식이라는 다소 소극적인 개념에 의지할 필요 없이, 의식의 한 부분으로 편입된다"(진형준, 1992: 40).

바슐라르는 우주 삼라만상의 근원적 존재 요소를 물과 대지, 바람과 불

등으로 보았다. 그에게 상상력은 현실을 넘어서 현실을 바라보는 능력이고, "현실에 존재하는 사물을 넘어 (현실을) 창조하는 비전"이다(바슐라르, 2000). 물, 불, 대지, 공기에 대한 상상력은 자유분방한 속성을 가지는 한편 일정한 규칙과 한계도 지닌다. 그는 상상력을 지각 작용에 의해 받아들인 이미지를 변형시킨 능력이며, 무엇보다도 기존의 이미지로부터 우리를 해방시키고, 이미지들을 변화시키는 능력이라고 말한다(바슐라르, 2000: 19). 그뿐만 아니라 그에 의하면 상상은 의식의 지향이며 그 지향은 상상하는 존재의 실존성을 의미하기도 하고, "인간의 위대한 힘들, 외부로 전개되는 그 힘조차도 내밀성 속에서의 상상된 힘"이다(바슐라르, 2000: 10). "사물들의 내면을 들여다보려는, 보이지 않는 것을 보려는, 보이지 않아야만 하는 것들을 들여다보려는 의지와 기묘하게 팽팽한, 미간을 긴장되게 하는 몽상"이 상상력으로부터 형성된다. 그때 관여하는 것은 놀라운 광경들을 기다리기만 하는 수동적 호기심이 아니라, 공격적인 호기심, 어원적 의미에서 수사관의 호기심, 그 안에 무엇이 있는지 보려고 장난감을 부서버리는 어린아이와도 같은 호기심이다(바슐라르, 2000: 18). 상상력은 제한되지 않은, 끝이 없는, 질료의 순수한 바닥에까지 내려가는 어떤 활동을 말한다(바슐라르, 2000: 65).

한편 '상상의 인류학'을 주장한 질베르 뒤랑(G. Durand, 2022)에 의하면 상상력이란 인간 주체들의 충동 및 인간을 둘러싸고 있는 환경과 끊임없이 주고받기의 과정에서 발현되는 인류학적 개념이다. 인간은 주변의 환경에 동물적인 본능을 통해 주체적으로 반응한다. 인간의 상상적인 표현이 가장 고도로 발휘된 최초의 문화 형태가 바로 신화로서, 신화는 집단 상상력의 산물이다. 기존의 많은 철학자들은 이미지나 상상의 작용을 '오류와 허위의 주범'이라고 평가절하하면서 이성이 결여된 것으로 취급하고, '모든 상상은 정신에 대한 죄악', '태동 상태의 관념', '상상계는 의식의 유아기'라고 말한다. 그러나 뒤랑은 상상에 대한 이러한 견해를 신랄하게 비판한다. 그는 상상은 잔류 이미지, 혹은 결과 이미지, 모호한 감각의 한계 영역이라는 기존의 입장을 거부했다. 상상력의 활동 대상은 이미지, 허구, 전설, 신화, 상징 등의 상상적인 것 모두를 포함한다(진형준, 1992; 김무경, 2007). 이러한 상상력을 통해 인간은 자신을 둘러싼 환경을 넓고 깊게 파악하고 창의적인 세계를 만들어간다.

2) 사회학적 상상력과 비판적 사변

이러한 상상력을 사회구조의 삶 속에서 강조한 이가 바로 사회학자 C. 라이트 밀스(C. Wright Mills)이다. 밀스는 개인의 삶을 구조와 연관시켜 사유하는 능력을 사회학적 상상력이라 불렀다. 그가 말하는 사회학적 상상력이란 "인간과 사회, 개인의 일생과 역사, 자아와 세계 사이의 상호작용을 파악하는 데 긴요한 정신적 자질"이다. 실제로 우리에게 필요한 것이 무엇인지, 세상이 어떻게 돌아가는지, 자신들 내부에서 어떤 일이 일어나는지에 대한 정보를 이용하는 정신적 역량으로서 저널리스트와 학자, 예술가와 대중, 과학자와 편집인들 모두가 이른바 사회학적 상상력을 가지고 있다.

> 우리 자신의 내밀한 현실을 보다 큰 사회적 현실과 결부시켜 이해할 수 있도록 가장 극적으로 보증해주는 것은 다름 아닌 **상상력이라는 정신적 자질**이다. 그것은 그저 오늘날의 다양한 문화적 감수성 중 한 가지 자질이 아니라 바로 이 감수성을 보다 광범위하고 정교하게 이용함으로써 다른 모든 감수성들이 —사실은 인간의 이성 자체가— 인간사에 더 큰 일을 할 수 있도록 해주는 중요한 자질이다(밀스, 2004: 30).

밀스는 정치적이고 지적인 사회과학의 과제는 현대의 불안과 무관심이 왜 발생하는지를 밝혀내는 것이며, 이는 곧 사회학적 상상력을 필요로 한다고 주장한다. 사람들은 자신이 겪고 있는 고통이나 어려움을 역사적 변동과 제도적 모순으로 규정하려 하지 않는다. 그들이 누리는 안락 역시 자신이 살고 있는 사회의 흥망성쇠로 여기지 않는다. 개인적인 혹은 개별적인 것으로 보이는 현상은 곧 사회구조라는 '덫'의 연결 고리와 접합되어 있다. 사회학적 상상력이란 이런 사실을 밝혀내려는 질문이며 탐구 의욕이고 호기심이다. 상상력을 이용하는 것이야말로 최선의 학문적 작업이라는 것이다. 사회학적 상상력은 사실을 밝혀내는 것뿐 아니라 윤리, 문학작품을 평가하고 정치 상황을 분석하기 위해서도 필요하다.[16]

나는 바로 이러한 상상력의 능력, 즉 사물을 두텁게 보기, 부분과 전체를 통합해 보기, 행위와 구조를 총체적으로 보는 능동적이고 창의적인 호기심과 의식의 지향 능력으로서의 상상력을 곧 '사변(speculation, 思辨)'의 핵심 요소로 본다. '사변'의 사전적 의미는 경험에 의존하지 않고 순수한 논리적 사고만으로 현실 또는 사물을 인식하려는 태도 혹은 의식의 작용이다. 헤겔은 사변을 경험 속에서는 주어지지 않지만, 궁극원리나 이념으로 불릴 수 있는 개념적 사유라고 칭하기도 했다. 어느 대상을 종합적으로 파악하려면 모순 관계에 있는 대립적인 부분들을 하나의 개념으로 종합해야 한다는 것이다. 즉, 대상을 부분적이고 추상적으로 인식하는 지성적 사유에서

---

16) 한편 그는 현대 사회과학의 흐름에 대해서도 일침을 가한다. 그가 보기에 오늘날의 사회과학은 탐구 방법의 정교함을 통해 지식의 우월을 자랑하는 '방법론적 허세'를 부리고 있으며, 공적으로 중요한 문제를 회피하고 '사소한 문제에 집착하는' 관료주의적 기술과 같은 지식 체계로 변해가고 있다. 방법의 난해성, 천박성 때문에 사회 연구는 오히려 위기를 맞았으며 그 위기로부터 탈출할 방법도 제시하지 못하고 있다.

전체적이고 구체적으로 파악하는 사유로 이행하는 것이다. 전자를 반성으로 부른다면 후자가 곧 사변이다(백훈승, 2004).

그러나 알프레드 화이트헤드(A. Whitehead)는 사변은 경험과 정합성을 맺어야 하며 나름의 논리성과 합리성을 가져야 한다고 주장한다. 그에 의하면 사변이란 "우리의 경험의 모든 요소를 해석해낼 수 있는, 일반적인 관념들의 정합적이고 논리적이며 필연적인 체계를 축조하려는 시도이다"(화이트헤드, 2019: 51). 최근 인간 너머의 존재를 강조하는 다양한 신유물론이나 신실재론자들도 사변성을 적극 소환하고 있는데, 인간의 의식이 지향된 세계로 국한시켰던 사유를 인간 너머의 세계로 확장하기 위해서는 바로 이러한 사변이 필요하다는 것이다(김왕배, 2021; 메이야수, 2010; 하먼, 2020). 나는 이러한 사유의 총체를 공감과 상상력의 영역으로 포함하고자 한다. 그리고 사회과학의 해석학적 방법론으로도 포함하고자 한다. 상상력을 조작적 정의나 데이터 분석을 위한 '작은 찻잔' 정도로 간주하려는 실증주의의 갑옷을 벗겨내자는 것이다.

조금만 더 논의를 이어나가보자. 사변은 대상에 대한 앎[知]의 과정이다. 그런데 유학에서 '앎'이란 단순히 사물에 대한 지식을 말하는 데 그치지 않는다. 『중용(中庸)』에서는 앎의 유형을 다섯 가지로 구분했다. 앎이란 널리 배우고[博學之], 자세히 묻고[審問之], 신중하게 생각하고[愼思之], 분명하게 분별하고[明辨之], 독실하게 실천해야 한다[篤行之]는 것이다.[17] 한 대상에 대해 넓고 깊게 파고들며, 사유와 판단을 통해 실천으로 나아가는 것이 앎이다. 이 과정을 일반적으로 '성찰', 혹은 '반성', '비판(Kritik)'이라 칭하기도 한

---

17) 博學之 審問之 愼思之 明辯之 篤行之. ─『중용』

다. 비판이란 어떤 사실이나 사상, 또는 행동의 진위, 우열, 가부, 시비, 선악을 판정하여 그 가치를 평가하는 것이다. 비판은 주어진 것을 부분으로 나누고, 그 요소와 전체를 연결하며, 전체 속에서 부분을 해석하고 평가하는 작용이다. 즉, 비판은 필수적으로 '해석'의 과정을 거친다. 해석은 어떤 대상에 내재된 의미나 뜻을 파악하는 동시에 그것을 '재구성' 혹은 '고안'하는 작용이다. 진실을 규명하고, 시대와 상황에 맞게 의미를 '발명'해내는 것이다. 비판은 사태를 명증하기 위해 일정한 거리 두기를 요청한다. 이 거리 두기는 해석자가 평소 가지고 있는 편견이나 협소한 견해, 혹은 감정적 애착을 떨궈내는 방식으로 수행할 수 있다. 그러나 이와 달리 자신의 선이해 또는 편견을 솔직히 드러내놓고 교정해보는 방식으로 진행할 수도 있다(리쾨르, 2003). 이러한 비판을 통해 단순한 감각 경험적인 지식이나 편견, 나아가 독선을 피할 수 있다.

　비록 대상에 대한 단순한 지각적 앎일지라도 다양한 복합적인 과정을 거친다. 예를 들어 내가 책상에 놓여 있는 컵을 보았다고 치자. 다섯 감각기관 중 하나인 눈이 시각을 통해 표상을 받아들이고, 이를 인지하면 질과 양, 부피, 인과 등 개념으로 종합하는 하나의 의식이 작용한다. 아울러 의식을 의식하는 자아의식이 발동하고, 오래전부터 경험으로 쌓아온, 혹은 관습적 무의식 차원의 경험과 지식이 영향을 미친다. 칸트의 사실판단의 작용과 일부 유사하지만, 불교에서는 이를 다층적 의식의 작용으로 본다. 즉, 다섯 감각기관 중 눈을 통해 들어온 의식(느낌, 정서, 의식)과, 이를 계산하고 생각하는 의식(마나식이라 부른다), 기억이나 예전의 경험에 의해 영향을 미치는 의식(저장식 혹은 아뢰야식이라 부른다)이 찰나적으로 작동하여 마침내 컵을 지각하게 된다(서광 스님, 2016: Johansson, 2008).

　한편 순수한 개념을 통해 이론을 창작한다는 의미에서 사변은 실천에 반대되는 관조의 의미를 담고 있다고 간주되는 경향이 있다. 그러나 사변은 대상에 대한 수동적 관조를 의미하지 않는다. 사변의 궁극적 도달점은 성찰(혹은 반성)을 통한 실천이다. 반성의 의미는 『논어』에서 함축적으로 나타난다. "나는 하루에 자신을 세 번 반성하는데, 남을 위해 하는 일에 충실하게 행동했는가, 벗이나 이웃을 대하는 데 믿음을 주었는가, 예로부터 내려오는 지식을 제대로 학습했는가" 하는 것이다.[18] 이는 성찰과 사유가 단순한 의식 작용으로 끝나는 것이 아니라, 실천한다는 것을 의미한다. 비판의 영역은 개인적인 삶과 텍스트 해석의 차원에 머무르지 않는다. 다양한 공적 활동 장에서의 토론, 연설, 글쓰기, 선언 등 실천적 행위를 도모하는 것이 사회적 비판이다. 사회적 비판이 집합적인 공동의 행위로 나타날 때 사회개혁 혹은 변혁을 위한 운동이 일어난다. 우리는 알게 모르게 다양한 유형의 사회적 비판에 참여하고 있다(Walzer, 1987).

나는 도덕감정의 행동 대원인 공감과 상상력이 사변과 실천의 동력이 된다고 본다. 타자를 성찰하고 이해하는 앎의 과정이 그렇게 간단할 리 없다. 수없이 긴 시간, 우리가 흔히 억조창생(億兆蒼生)이라 표현하는 무량수의 인간들이 맺는 인연으로 태어난 나와, 내 생명과 약동의 의지, 눈물과 한숨, 기쁨과 환희, 분노와 희망, '살과 뼈', 노고와 욕망, 그리고 이들이 모여 만든 사건과 사건의 흔적, 제도와 역사를 '지금/여기'의 단면으로 잘라 파악할 수 있을까? 이 두터운 삶과 역사의 층위를 실증주의적인 과학의 이름으로 실험과 관찰이라는 감각에 의존한 채, 현상의 인과적 상관 법칙으로 환원할 수 있을까? 공감과 상상은 기존의 질서와 앎의 체계에 질문을 던지는 감정

---

18) 吾日三省 爲人謀而不忠乎 與朋友交而不信乎 傳不習乎. ―『논어』, 「학이」

이기도 하다. 그것들은 우리가 알고 있는 지식, 대부분의 실증주의 지식이나 개인적인 삶의 경험을 통해 아는 지식의 공식을 깨뜨리기도 한다.

불교의 인식론이나 존재론은 상상력의 영역을 보다 더 넓고 광활하게 넓혀주고 나아가 실천적 동력을 제공하기도 한다. 이 자리에서 상술할 수는 없지만 존재론적 차원에서 관계론과 인과율에 대해 간단히 소개해보자. 타자가 없는 무인도에서의 나는 내가 아니듯 '너' 없는 '나'는 불가능하다(그 반대로 마찬가지이다).19) 너와 더불어 존재한다는 것과 관계한다는 것은 실존적으로 '의미 이전의 실존'이며 의미를 갖기 위한 실존이다. 그런데 나와 타자(타자는 개인, 혹은 집단, 사회, 국가, 우주를 망라한다)의 관계는 무한수(無限數)이다. 나와 타자의 관계는 단순하게 이분법적으로 구별된 두 존재가 상호 일면적인 관계로 만나는 것이 아니다. 나는 이미 나와 관계하고 있는 너를 만나는 것이며, 너는 이미 너와 관계하고 있는 나를 만나는 것이다. A↔B가 아니라 A(B)↔B(A)라고 표현해보자. 이 관계는 마치 거울을 두고 서로가 만나는 것과도 같다. 두 사람의 경우만 생각해도 이분화가 아니라 최소한 2의 삼제곱 관계가 펼쳐진다. 나를 품고 있는 사회를 내가 관계하고 있고, 사회를 품고 있는 나를 사회가 관계하고 있다. '너'라는 존재가 무수한 대상으로 펼쳐질 때, 그 수는 무한량이며, 또한 그들 모두를 하나의 집합으로 묶는다 해도 마찬가지이다. 불교에서는 이를 중중무진이라 한다. 모든 사물은 복합적이고 다층적인 계(界)의 중첩 속에 존재하는 것이다. 시스템 이론에서 말하는 무한 자기 회귀와 환경의 관계성과도 매우 유사하다(메이시, 2004; 유승무 외, 2021).

---

19) 나는 모나드적 존재로서 나이다. 그러나 너와 관계 맺음으로서의 나이다. 위는 아래라는 타자로부터 성립하고, 앞은 뒤라는 타자로부터 성립한다.

화엄종에서는 이렇게 무한수로 펼쳐진 관계망을 인드라망이라 부른다. 구슬과 구슬이 서로 빛을 발하여 마치 거대한 샹들리에처럼, 모든 개별자들이 중중무진하게 상즉상입(相卽相入)하는 우주의 장엄함을 표현하는 말이기도 하다. 모든 것이 서로 연관이 있다는 연기법(緣起法)의 세계관을 상징하는 비유이다. 서로 의존하여 존재하는 상의상존(相依相存), 서로 마주하면서 관통하는 상즉상입의 개체들이 연기에 의해 총체적인 관계의 그물망으로 엮여 있다(화엄경, 2016: 167, 395).[20]

세계는 부분들과 총체가 상호 관통하면서 존재하기 때문에 그 인과율도 다양할 수밖에 없다. A가 시간적으로 선행하여 발생하면 B가 항상(혹은 확률적으로) 발생한다는 고전적인 인과율은 많은 인과율 중 하나일 뿐이다. 세계는 또한 머무름 없이 변하고 지나가는 것이다.[21] 많은 연기의 관계로 존재하고, 이 순간에도 변하고 있기 때문에 "법은 법이 아니다. 그러므로 법"이라는 모순적인 논법이 성립한다(금강경, 2016: 125).

'있다'와 '없다'로 규정하는 존재론 역시 불교적 사유에서는 무너지고 만다. 있기도 하고 없기도 하며, 있는 것도 아니고 없는 것도 아니다. 존재는 A이거나 B이며, A이기도 하고 B이기도 하고, A가 아닌 것도 아니고 B가 아닌 것도 아니다. 좀 더 상술해보면 다음과 같다. ① 모든 것은 진실이다[A]. ② 모든 것은 진실이 아니다[B]. ③ 모든 것은 진실이기도 하고 진실이 아니기도 하다. ④ 모든 것은 진실도 아니고 진실이 아닌 것도 아니다. 진실 A

---

20) 이 총체성의 관계는 지붕과 서까래의 예를 들어 부분과 총체, 개체와 개체, 생성과 소멸을 논한 법장 스님의 육상원융(六相圓融)의 사고에 잘 드러나 있다. 쿡(1995)을 참고하라.
21) 일부 철학자들은 화이트헤드의 과정 철학과 화엄경의 차이 및 유사점을 비교하기도 한다. 오딘(1999)을 참고하라.

와 비진실 B 항목 사이의 조합은 'A&-B', '-A&B', 'A&B', '-A&-B'로 확장된다(가츠라 쇼류·고시마 기요타카, 2020: 189).[22] 도대체 무엇을 어떻게 인식하자는 것인가? 우리의 상상은 감각 너머의 세계로 넘어간다. 오늘날 실증과학은 확률론으로 자신의 한계를 겸손하게 드러내는 것 같지만 우리의 진정한 지식 세계를 덮어버리고 있다. 최근 과학의 대세인 빅데이터 기법은 인과율이 아니라 유형(패턴)을 나누는 데 만족하고 있다. 그러나 이들 앎은 관찰되지 않는 것은 부재한 것이며 부재한 것은 과학의 대상이 아니라는 논리를 기본으로 깔고 있다. 하지만 부재는 없는 것이 아니라 '부재로서 존재'하는 것이다. 장자(莊子)가 말하는 '무용지용(無用之用, 쓸모없어 보이는 것으로부터 효과가 발생한다)'과도 유사하다. 나는 얼마 전 「사변철학과 불교 화엄종의 사회학적 함의」라는 글을 통해 불교적 사유가 실증주의의 폐쇄적 울타리를 넘어 우리를 풍부한 앎의 세계로 이끄는 상상력의 원천이 되고 있음을 주장한 바 있다(김왕배, 2024).

이처럼 상상력은 사물, 사건에 대해 넓고 깊고 두터운 앎과 이에 대한 다양한 실천으로 나아갈 것을 요청한다. 이들을 지휘하는 도덕감정은 대상에 대한 존재와 이해를 도모하는 해석학적 전통의 사유인 동시에 실천 행위이다. 유순하고 자애로운 감정이 아니라 비판의 예지를 담고 있는 에너지인 것이다. 공감과 상상력은 타자와 감정을 공유하는 능력이다. 더 폭넓게 말하자면 세계 전체와 교감할 수 있는 의식의 작용이기도 하다. 공감은 최근 타인에 대한 관심이나 우정, 이타성, 협력의 가능성을 모색해보기 위한 감

---

22) 나가르주나(龍樹)의 설법으로 알려져 있다. 유(有), 무(無), 역유역무(亦有亦無), 비유비무(非有非無)로 표기하기도 한다. 유와 무에 집착하지 말라, 혹은 색(色)과 공(空)에 집착하지 말라는 의미로서, 중도(中道)의 뜻을 가지고 있다.

정으로 주목 받고 있다. 공감은 얼핏 약하고 유한 감정으로 여겨진다. 하지만 데이비드 흄은 공감은 자신의 이해타산을 압도하는 강력한 보편적 감정이라고 말한 바 있다. 단순히 '더불어 느끼는 감정'이라기보다 자비로움의 한 형태이며, 동료 시민을 위한 감정이고, 타자의 행복에 대해 관심을 보이는 감정으로 보았던 것이다. 앞서 말한 대로 인간은 무한의 관계망 속에 존재하고, 자기가 속한 다양한 공동체와 유대를 맺는 사회적 존재이다. 관계망은 다양한 이해관계와 태도, 정보 그리고 감정이 교류되는 전선줄과도 같다. 그러나 궁극적으로 타자는 타자, 나는 나이다. 나 아닌 타자와 '동일한' 감정을 공유한다는 것은 불가능하다. 공감과 상상력은 이들을 연결시키는 가교(架橋) 역할을 한다. 또한 현실 사회에서 우리가 맺고 있는 관계는 평등하지 않은 경우가 대부분이다. 대칭적일 수도 있지만 성별, 직업, 지위, 인종 등 관습과 문화양식에 따라, 그리고 무엇보다도 권력에 따라 비대칭적인 관계가 형성된다. 이 관계 속에서 도덕감정의 전위대이며 첨병인 공감과 상상력은 단순한 사실에 대한 정보를 파악하는 것이 아니라 '무언가 옳지 못하다'는 판단의 단서를 제시하기도 한다.

3장

양심과 책임

> 모든 국민은 양심의 자유를 갖는다. ―대한민국 헌법 제19조
>
> 부끄러움을 모르는 그러한 부끄러움이 진정 부끄러움을 모르는 것이다. ―『맹자』

1. 양심

1) 양심이란 무엇인가?

당신은 양심적인가? 이 질문을 받았을 때 다소간의 불편함을 느낀다면 그 이유는 무엇인가? 즉, '양심'이란 언어가 내적 긴장감을 유발하는 까닭은 무엇인가? 양심은 죄에 반대하는 증언의 능력으로서 도덕적 위반에 대해 '아니오'라고 말하는 단호한 태도이다. 양심에 비추어 자신의 행위를 성찰한다는 말은, 곧 개인에게 내면화된 도덕에 의해 자신의 행위를 평가한다는 의미이다. 내면화된 도덕은 개인이 속한 공동체의 '집단표상'으로서 개

인의 자유분방한 욕구와 대립적 관계를 맺으면서 집단표상을 위반하는 행위를 감시한다. 양심의 가책이란 이러한 통제 규준(規準)에 순응하지 못한 자신의 행위를 스스로 반성하고 부끄러워하는 심리 상태로서 '수치심' 또는 '죄책감', '부끄러움'을 수반한다. 자기의 옳지 못함을 부끄러워하는 수오지심의 발로인 것이다.

　이 양심을 결여한 행위를 흔히 '후안무치(厚顔無恥)'라 부르기도 하고, '염치없다'고도 말한다. 양심을 거스르는 행위를 했을 때 그 가책으로 인한 신체적 표정은 대개 낯빛이 불그스레해지는 것이다. 수치심 또는 부끄러움의 반응인데, 양심에 어긋나는 일을 하고도 이러한 표정이 나타나지 않을 때, 우리는 흔히 '뻔뻔하다', '낯이 두껍다'고도 한다. 형이상학적 거대 윤리 담론의 주제인 양심은 일상생활의 소소한 관계와 행위들 속에서 빈번히 쓰이는 용어이기도 하다. 새치기를 한다든지, 쓰레기를 투기한다든지, 침을 뱉는 행위 모두를 양심 없는 행위라고 말한다. '가슴에 손을 얹고 생각해보라'거나 '양심의 소리에 귀 기울여보라'고 요구하기도 한다. 양심의 소리는 자신만이 들을 수 있기 때문이다.

　양심은 자신의 인격에 호소하여 진실을 말하고 행하라는 정언명령을 스스로 받아들이는 내면의 진솔한 감정이다. 양심(良心)은 글자 그대로 '선량하고 착한 마음'으로서 자기의 행위에 대하여 옳고 그름, 선과 악의 판단을 내리는 도덕적 의식이다. 양심은 유약한 마음이 아니다. 자신의 솟아오르는 욕망과 외부의 회유와 협박 심지어는 살해의 위협, 사회적 죽음의 위협마저도 과감히 거부할 수 있는 강인하고도 장엄한 내면의 힘이다. 양심은 스스로에게 옳고 그름을 판단하고 실현하는 '내면의 재판관'인 것이다.

　양심은 자신을 초월한 실존으로 존재하기도 하고, 오로지 자신만을 지향하는 자아의식의 감정으로서 존재하기도 한다. 양심의 가책은 자신이나 다자가 행하는 옳지 않은 일을 보고도 묵인하거나, 악을 보고도 침묵할 때, 자신을 기만할 때, 이상적 도덕감과 현실의 간극 사이에서 느끼는 부조리한 감정이다. 당위와 현실 사이에서 고뇌하는 마음의 방황이리라. 양심은 그 어떠한 법이나 규범, 도덕보다 순수한 초월적 존재이다. 인격을 유지하게 만드는 최후의 보루라고나 할까? 우리가 법이나 도덕을 넘어 양심에 호소한다고 하는 것은 양심이 현실의 다양한 개입, 이해관계, 법적·정치적 재단을 초월하여 가장 순수한 형태의 자기 자신, 어떠한 외적 규범의 외투를 벗어버린 나의 인격을 지향하기 때문이다. 양심은 도덕감정의 심연에 놓인 자기 성찰적 감정의 응결체라고 볼 수 있다. 양심을 감싸고 있는 도덕감정이 내면적이며 동시에 외향적인 지향성을 갖는다면 양심은 초지일관 내향성을 지향하는 감정이라고 볼 수 있다. 그만큼 양심은 자신에 대해 최고의 존엄적 가치를 지니며, 어떠한 경우에도, 무엇으로도 제한할 수 없다. 양심이야말로 도덕적 주체로서의 인격을 유지하는 최후의 윤리적 역량이고 의지이며 실천 행위이다.

　이러한 양심을 좇아 양심이 바라본 진실을 외부에 공개하는 것이 '양심선언'이다. 양심선언이란 양심의 부름에 따라 자신의 인격을 대외적으로 표명하고, 인격의 존엄을 인정 받으려는 언어 수행적인 실천이다. 양심선언은 내면에 침잠한 '양심'을 외부로 드러내는 일이고, 조직이나 집단, 공동체로부터 핍박이나 위협 등을 감수하는 행위이다. 한 개인의 양심선언으로 은폐되었던 집단의 거짓과 불법이 드러나기도 하고, 때로는 한 시대의 역사적 변곡점이 만들어지기도 한다. 양심선언은 또한 자신의 신념을 타자로부터 인정 받고자 법적 처벌의 위험을 무릅쓰고 공론의 장으로 그것을 드러내는 사건이기도 하다. 예컨대, 양심적 병역거부자들은 대중에게 비난을 받고 법의 처벌을 받기도 하지만 가치전환을 위한 불복종운동을 통해 점차

타인들로부터 동의를 획득하고 법을 바꾸기도 한다.[1]

2) 양심과 양지(良知)

옳은 일을 하지 못했거나 어긴 것에 대한 부끄러움과 수치심, 죄책감을 느끼고, 자존감, 명예를 지키려는 강력한 힘이 양심이다. 도덕감정의 핵이라 할 수 있는 양심은 지각과 판단을 포함하는 동시에 실천의 동력으로 작동한다. 유교의 사단칠정론(四端七情論)에 의하면 옳고 그름을 판단하는 도덕감정은 곧 의(義)의 단서가 되는 수오지심의 감정과 매우 밀접하다.[2] 양심은 또한 자신을 지향한다는 점에서 신독(愼獨)의 원리를 포함한다. 신독이란 자기 혼자 있는 곳에서조차 '도'를 잊지 말고 따르라는 의미를 갖고 있다.[3] 또한 양심은 자신을 속이지 않고 진실되게 하기 위한 태도이며 이 근본은 참되고 정성스러운 성의(誠意)에 있다. 양심은 불의를 보고 부끄러움을 느끼며, 이에 투쟁하는, '하늘이 부여한 도리'인 것이다(장승구, 2003).

수치와 부끄러움을 느끼는 것, 즉 양심의 소리를 따르는 것이야말로 도

---

[1] 양심의 권리는 의무에 앞선다. 그러나 대한민국에서 병역거부 행위는 수용하기 어려운 대표적 위법 및 일탈 행위로 간주된다. 최근 종교적 이유나 사상의 이유로 병역이행을 거부하는 양심적 병역거부행위가 법원에서 인정되는 추세이고, 대체복무로 전환하고 있다. 안경환·장복희(2002); 최성호(2019)를 참고할 것.

[2] 성리학에서는 도덕적 본성인 인의예지의 4단이 되는 측은지심, 수오지심, 사양지심, 시비지심의 감정을 이(理)가 발현된 감정으로 보는가 하면(이퇴계), 기(氣)의 발현인 칠정(七情)에 포함시키기도 한다(이율곡). 유영희(2009)를 참고할 것.

[3] 다산(茶山) 정약용(丁若鏞)은 신독을 자기가 혼자서만 아는 일을 삼가라(함께 공유해서 알라)의 의미로 해석하기도 했다. '공유하라'는 말 속에는 지식의 공공성과 실용성 및 실천성의 의미가 담겨 있다.

덕감정의 출발 아니겠는가? 나는 특별히 유학의 한 지파인 양명학이 주장하는 '양지'가 양심을 잘 비춰주는 개념이라고 본다. 주자학을 이어받은 주류 성리학자들이 '성이 곧 리'라는 성즉리(性卽理)를 주장했다면, '마음이 곧 이치[心卽理]'라고 주장한 왕수인(王守仁)은 맹자가 말했던 '양지양능(良知良能)', 즉 배우지 않아도 알고 배우지 않아도 할 수 있다는 뜻을 유학의 가장 본질적인 것으로 보았고 이를 으뜸의 덕목인 '인(仁)'이라고 말한다.[4] 양지란 선하고, 명료한 앎, 좋은 마음, 좋은 지각과 실천 등을 포괄하는 개념이다. 마음속의 양지는 옳고 그름, 좋고 싫음의 지각과 판단력 나아가 실천력으로서 이성이 아니라 감각과 감정 활동이다(이혜경, 2008).

양명학자들은 결국 사물의 이치는 마음속에 있다고 보았다. 경전(經典)을 열심히 외우고 익혀 외부 사물에 존재하는 이치를 깨달을 수 있다는 주자학의 방식을 거부하고, 마음의 수양을 통해 본질을 직관할 수 있는 역량을 키워낸다면 사물의 이치를 깨달을 수 있고, 나아가 잘못된 것을 바로잡을 수 있다고 보았던 것이다.[5] 양명학자들은 지(知)가 단순한 수동적 지각에서 생겨나는 것이 아니라, 능동적 인식과 실천에 연관되어 있다고 보기 때문에 앎과 실천이 합일되어야 한다는 '지행합일(知行合一)'을 강조한다. 아울러 양명학자들은 추상적이고 형이상학적인 관념의 세계가 아니라 자신이 직접 경험하는 일상생활에서 앎을 이룰 것을 요구했다. 이를 '사상마련(事上磨鍊)'이라 부른다.

---

[4] 사람들이 배우지 않고도 할 수 있는 것은 양능이요, 생각하지 않고도 아는 것은 양지이다 (孟子曰 人之所不學而能者 其良能也 所不慮而知者 其良知也. —『맹자』, 「진심장구 상」).
[5] 격물치지(格物致知)에 대해 양명학은 주자학과 다른 해석을 내놓는다. 주자학에서 격(格)은 사물의 이치를 탐구하는 것이지만, 양명학에서는 '바로잡음'이다.

이 자리에서 양명학의 계보와 내용을 논의할 여력은 없다. 양명학은 중국에서는 당시(16세기) 젊은 지식층으로부터 많은 관심을 받았던 새로운 학풍이었다. 그 자리에서 결정을 내린다는 즉결(卽決), 직관(直觀) 등을 강조하던 양명학은 일본의 '사무라이 정신[武士道]'에 큰 영향을 끼친 것으로 알려져 있다. 그러나 조선에서 양명학은 이단으로 취급 받았고 변방의 몇몇 지식인들에 의해 겨우 명맥이 유지되었다.[6] 개화기 이후 제국의 침탈을 받자 일부 지식인들이 지행합일을 강조한 양명학에 주목하기도 했지만[7] 거의 묻히다시피 했다. 식민지 시기 양명학의 정신을 부활시키려 했던 지식인은 연희 전문학교의 정인보 선생이었다.

위당(爲堂) 정인보(鄭寅普, 1892~?)는 식민지 시기에 자주독립을 기원하며 내면의 힘을 갖춘 '자주인'의 모습을 역설했다. 그는 비록 외부의 자주적 실체, 즉 민족국가는 상실했지만 개개인의 내면의 역량을 통해 언젠가 그 실체를 찾을 수 있다고 믿었다. 그 힘은 다름 아닌 누구에게나 보편적으로 주어진, 하늘에서 내려준 '천명의 도', 즉 양지이며 이 양지는 개인은 물론 집합적 존재자들인 민족의 '얼'로 나타난다고 주장했다. 양지야말로 자주적 인간의 본성인 것이다. 그는 양지를 갖춘 자주적 인간이 서로 소통하는 역량을 '양지감통(良知感通)'이라 불렀다(정인보, 2020). 양지감통은 무비판적·무성찰적으로 타자를 받아들이는 것이 아니라 옳음과 선함, 추함과 그릇됨, 유용함과 허례 등을 해석하고 판단하면서, 그 조건들을 '선택' 흡수하고 그

---

6) 강화학파라 불리는 하곡(霞谷) 정제두가 중심이었다. 왕양명의 『전습록(傳習錄)』을 비롯해, 양명학에 대해서는 최재목(2017); 금장태(2008); 정인재(2014); 한정길(2020) 등을 참고하라.
7) 예컨대 구한말 박은식의 경우이다. 그는 『왕양명 선생실기』(2011)를 펴내기도 했다.

것들을 기존의 주체적인 것들과 융합하여 창발적 효과를 발생시키는 힘이다.8) 시간 축으로 보았을 때 이 소통은 과거와 현재 그리고 미래를 연계시키는 과정이다. '지금'이라는 현재의 시간 속에는 후설(2011)이 말한 대로 과거의 시간이 보유(retention)되어 있고, 앞으로 다가올 미래가 예기(豫期)되어 있다. 시간 축을 따라 양지감통은 온고이지신(溫故而知新), 즉 옛것의 지혜를 살려내어 현재를 개혁한다는 의미를 포함하고 있고, 공간 축에서 보았을 때 안과 밖의 다양한 문화, 지식, 문물 등을 탐색하고, 이를 수용하여 창발시키는 기능을 한다는 의미를 가지고 있다. 한마디로 양지감통은 과거와 현재 그리고 다가올 미래의 '지평융합'인 셈이다.9) 양지감통의 힘은 사유의 능력이다(김왕배, 2022). 양지감통은 타자를 애틋이 여기는 공감의 능력이고, 또한 타자, 사건, 자연 등의 이치를 깨닫게 하는 방법론이자 자유와 평등의 연대를 가능하게 하는 힘이다. 공감과 타자성찰을 가능하게 하는 양지감통은 관계 단절로부터 관계 회복으로 사회를 변화시키는 에너지로 작동한다. 즉, 도덕감정의 중요한 실천 역량인 것이다.

3) 양심의 가책

양심은 자기반성을 통해 자기를 감시하고 선과 악, 옳고 그름을 판단하는 내부의 사법부라 불린다.10) 장-자크 루소(J. Rouseau)는 저서 『에밀』에

---

8) 그의 인문학적 방법론은 한마디로 '동서고근(東西古近)의 화충(和充)'이라는 것으로, 오늘날 통섭 학문 체제를 말한다. 이에 대한 자세한 내용은 김왕배(2022)를 참고하라.
9) 지평 융합은 시공간적 교차를 말한다. 나는 이 개념을 가다머(2012) 등 현상학적 해석학자들로부터 빌려오고 있고, 선택과 조합, 창발, 과정 등은 화이트헤드(2003)의 철학에 의존했다.

서 양심을 일러 이성을 초월하는 '내면의 소리'라 했다. 루소는 이성이 우리를 속이고 기만하는 경우가 많을 뿐 아니라 실천을 결여하고 무기력한 것이라 규정하면서 양심만이 도덕을 판단하는 절대적 근거가 된다고 했다.

> 인간의 마음속에는 정의와 미덕의 천부적인 원리가 있어 우리 자신의 격언이야 어떻게 되었든 우리는 이 원리에 입각하여 자신의 행동과 다른 사람의 행동을 선과 악으로 판단하는데 나는 그것을 양심이라는 이름으로 부르고자 한다. … **존재한다는 것은 느끼는 것이다.** 인간이 본질적으로 사회적 동물이라면 인간에게는 인류와 관계 있는 천부적인 감정이 필요할 것이다. 그런데 자기 자신과 자신의 종족에 대한 이중 관계에서 형성되는 윤리 체계에서 양심의 충동이 생기게 된다. 그러므로 나의 벗이여, 나는 **이성과는 독립되어 있는 양심의 원리**를 우리 본성의 귀결에 의해 설명이 가능하다고 보고 있다. 또한 우리는 스스로를 위해 증언하는 양심의 소리가 있기 때문에 자연이 보여주는 대상, 그 자체의 본연의 모습을 이성에 의해 확실히 볼 수 있는 것이다. 그러므로 겸허하게 우리 자신 속에서 발견되는 최초의 감정으로 만족하자(루소, 2002: 244).[11]

애덤 스미스의 제3의 관찰자 개념은 나와 타자와의 관계뿐 아니라 나와 자신과의 관계 속에서도 적용된다.[12] 즉, 자기가 자기를 반추하는 관점인

---

10) 양심의 어원은 라틴어 '콘스키엔티아(conscientia)'이다. 그리스어로는 '쉬네이데시스(syneidesis)'인데, '함께(con, syn)', '앎(scientia)' 혹은 봄(eidesis)'의 의미를 갖고 있다. 잘못한 행위에 주목하는 공동의 인식이라는 것이다(백춘현, 2021: 341).
11) 감정 중심주의적인 루소의 양심론과 달리, 이성을 신봉했던 칸트는 양심의 문제 역시 이성의 완성체인 도덕법칙의 입장에서 접근한다. 칸트(2018: 278~280)를 참고하라.
12) 『도덕감정론』의 제3부 '우리 자신의 감정과 행위에 관한 판단의 기초 및 의무'를 참고하라.

것이다. 그는 인간은 이기적인 욕망의 소유자로서 이기적 욕망은 일정 부분 편향성이 존재하기 때문에 자신의 가족이나 친지 등에게는 공감의 경향이 강한 반면, 관계가 먼 사람이나 주변인에게는 공감하는 경향이 약하다고 보았다. 인간의 본성은 자기가 직접 관여하거나 관계를 맺고 있는 사람이나 이해관계가 걸린 일에 대해서는 매우 민감하지만, 먼 이웃이나 먼 나라의 사태와 슬픔, 고통에 대해서는 침묵하거나 무관심으로 일관할 수 있고 양심의 가책을 느끼는 경우도 드물다. 스미스가 말한 대로 "만일 내가 새끼손가락을 잃어야 한다면 오늘 밤 나는 잠들지 못할 것이지만, 먼 곳의 무수히 많은 대중의 생명이 파멸된다 하더라도 이는 자신의 새끼손가락을 잃는 하찮은 불행보다 훨씬 관심이 덜 가는 대상인 것이다"(스미스, 2016: 326). 그러나 스미스는 이러한 이기주의적 본능인 자기애(自己愛)에 대항할 수 있는 힘, 즉 양심이 존재한다고 보았다.

자기중심적이고, 내적 편향성이 존재하거나, 지식과 정보의 불확실성이 존재할 때 제3자로서의 공정하고 합당한 판단을 기대하기 어렵다. 이때 자기 편향성을 지양하고 공정한 관찰자의 관점을 취하고자 하는 태도가 바로 양심이다. 스미스는 이러한 양심을 공정한 관찰자의 입장에서 자신을 판단하고 명예와 숭고함을 존중하도록 하는 강력한 힘으로 보았다. 자기애를 극복하기 위한 강력한 힘, 온화한 인간애도 아니고 연약한 불꽃인 박애심도 아닌, 좀 더 강력한 설득력을 지닌 힘, 이성과 원칙, 마음속의 거주자, 우리 행위에 대한 위대한 재판관 및 중재인 역할을 하는 것이 양심이다.

> 강력한 충동인 자기애에 대항력으로 작용할 수 있는 것은 인간애라는 온화한 힘도 아니고, 자연이 인간의 마음속에 점화한 박애심이라는 연약한 불꽃도 아니다. 그보다 더욱더 강력한 힘이고, 더욱더 설득력 있는 동기이다. 그것은 이

성, 원칙, 양심, 마음속의 거주자, 내면의 인간, 우리의 행위의 위대한 재판관 및 중재인
이다. … 많은 경우 우리를 자극하여 그러한 신성한 덕목을 실천하도록 만드는
것은 우리 이웃에 대한 사랑도 아니고, 인류에 대한 사랑도 아니다. … 한층 더
강력한 애정, 한층 더 강대한 애착, 즉 명예롭고 고상한 것에 대한 애호, 우리
자신의 성격의 숭고함, 존엄성, 탁월성에 대한 애호이다(스미스, 2016: 327, 328).

프리드리히 니체에게 양심의 계보학은 곧 도덕의 계보학이다. 그는 양심을 이미 세상에 존재하는 권위가 교육이나 사회화 등을 통해 주입한 자기 규제적인 내면의 힘이라고 본다. 자신의 본능적 욕망을 억누르는 폭력적인 힘인 것이다.[13] 니체는 산업화 시기의 지배 체제나 기독교 질서의 오류를 밝히기 위해 '뒤집기(debunk)' 사유를 강조한 철학자였던 만큼 양심 역시 기존의 권위 질서가 내재화된 것 또는 자기기만을 위한 허상으로 보고 있다. 그러나 그가 보고 있는 양심과 양심의 가책은 다면적이다. 앞서 1장의 '도덕감정이란 무엇인가'에서도 잠깐 소개했지만, 그는 인간의 가장 근본적 행위가 '교환'이라고 전제한다. 니체는 경제적 계약관계를 인간의 원초적이며 근본적인 관계로 상정한다. 인간의 관계는 상호 교환으로부터 시작되고, 이 교환 관계를 통해 사물의 가치에 대한 평가, 즉 정당함/부당함의 가치판단이 이루어진다. 그리고 교환은 상호 대상들에게 채권-채무의 관계와 이로 인해 발생하는 부채의식을 형성시킨다. 빚을 갚지 않았을 때 생기는 부채의식은 곧 죄의식으로 향한다. 즉, 양심의 가책이 발생하는 것이다.

종교에서의 부채 감정은 죄의식이며, 이로 인한 양심의 가책은 실로 가

---

13) 따라서 프로이트가 말한 슈퍼에고의 형성 과정과 거의 비슷하다. 문명의 발전은 문명에 대한 본능의 적대적인 힘을 승화시키는 과정이다. 프로이트(2014)를 참고하라.

혹하다. 니체는 조상에 대한 부채가 종족의 신 혹은 부족의 신으로 대체되었다고 보면서 그러한 죄책감은 그리스도교에서 절정을 이룬다고 말한다(니체, 2016: 441). 우리는 신이 내려준 은총의 부채를 도저히 갚을 수 없다. 신의 아들인 예수께서 인간의 죄를 대속하기 위해, 그것도 인간들에 의해 십자가에 못 박혔으니, 그래서 이 은사를 죽어도 갚을 길이 없으니 그 부채의식은 한량없다. 예수의 죽음으로 인해 우리는 부채 상환이 불가능하게 되었다. 영원한 형벌인 신에 대한 죄책감으로 인해 우리는 자신을 채찍질한다. 니체는 이러한 죄책감, 즉 양심의 가책을 "지금까지 창궐했던 가장 무서운 병"이라 말했다(니체, 2016; 김정현, 2012).[14] 효(孝)를 최고의 가치로 여기는 유교 문화권에서는 바로 그 신이 부모이며 조상이다. 자식은 아무리 갚고 갚아도 부모의 은혜를 갚을 길이 없다. 효는 이러한 부채의식으로 인해 더 공고해진다. 국가주의자들은 부모의 자리에 국가를 앉힌다. 그들에 대한 부채는 사실상 되갚는 것이 불가능하기 때문에, 평생 갚아도 불가능하기 때문에 오롯이 국가에 충성하고 부모에 효도하라고 외친다.

니체는 흥미롭게도 도덕 개념의 계보를 경제 관계라는 도덕 외적 계보에서 찾는데, 역설적으로 그 내용은 전혀 도덕적이지 않은 계보를 갖고 있다. 부채 상환은 인간이 '약속 이행이 가능한 동물', 즉 신뢰를 수행하는 동물임을 전제로 한다. 약속 가능한 개인만이 경제적 계약의 주체가 되는데, 이 약속을 지키게 하는 기제는 '채권자의 잔인함'이다(니체, 2016: 404).[15] 부채

---

14) "나는 양심의 가책을 인간이 일반적으로 경험했던 모든 변화 중에서도 가장 근본적인 변화의 압력 때문에 빠져들 수밖에 없었던 심각한 병이라고 간주한다"(니체, 2016: 430). "양심의 가책이란 하나의 병이다"(니체, 2016: 436).
15) 이러한 약속 이행에서 계약의 효력을 위해 채무자는 무덤 속의 평안까지도 저당 잡혀야 한다. 약속 이행은 망각과 달리 기억이라는 가장 고통스러운 것만을 남겨두기 때문에 약

이행의 약속이 깨질 때 채무자는 죄의식, 즉 양심의 가책을 느끼게 된다. 약속을 지키겠다고 기억하고 계약 이행을 하면 채권-채무는 사라진다. 그렇지만 채권자의 잔인함으로부터 비롯되는 고통에 대한 기억을 통해 약속을 기억하는 인간, 자기 지배력이 약한 인간은 부채감에 시달린다. 니체는 진정한 양심을 외치는 자를 염원했다. 그는 자신을 학대하는 양심의 가책이 아니라 약속을 지키겠다는, 채권자에게 변제를 하겠다는 약속을 당당히 지켜내는 자기 긍정의 힘으로서 양심을 기원했다. 자율적이고 책임 있는 주체, 즉 주권적 개인이다. 그래서 그는 권력에의 의지와 초인을 등장시켰다. 초인은 양심을 통해 자기 스스로 입법(立法)하는 자이다.

그가 진정으로 원했던 양심은 무엇일까? 니체가 보기에 양심의 가책은 자신의 영혼을 괴롭히는 기제로서 자신에 대한 박해, 자신을 향한 사디즘적 행태에 불과하다. 외부의 권위에 억눌리면서 자신의 본능을 억압하고, 자신을 경멸하고 괴롭힘으로써 쾌감을 느끼는 것이 양심의 가책이다. 양심의 가책을 불러오는 도덕은 인간의 자연성을 억압하는 폭력이며 강제이고, 오로지 생존을 위한 인간의 자기 보전적 기술이라는 것이다(김정현, 2012). 니체에 의하면 두 부류의 인간이 존재한다. 하나는 양심의 가책을 갖는 사람이고 다른 하나는 '양심'을 주장하는 인간이다. 전자가 노예적 인간이라면 후자는 주인형 인간이다. 양심의 가책을 발명한 자가 원한을 가진 인간이라면, 주체적이고 주권적인 양심 주체는 책임과 약속의 권리를 가진 자유롭고 건강한 개인이다. 니체는 후자를 '공격적 인간'이라 보았다. 폭력적이란 의미가 아니라 강하고 용기 있는, 자유로운, 훌륭한 양심을 소유한 자

속 이행은 바로 이 기억에 의해 존립한다(니체, 2016: 404).

라는 의미이다(백승영, 2007).

인간은 자기 학대를 통해 즐거움을 찾는 잔인한 동물이기도 하다. 노예는 외부로 주인에게 공격하지 못하고 공격성을 내면화하면서 자기 공격을 일삼는다. 기득권층의 지배 질서의 압박으로 인해 자신을 죄의식과 양심의 가책에 빠지게 하고, 이를 승화시켜 사랑이니 평화니 하고 외치는 자기기만을 일삼는다. 한마디로 니체에게 양심의 가책은 자기 학대의 의식이고 원한 감정의 표현이다. 즉, 원한 감정이 왜곡된 자기기만 형태로 표현된 것이다. 그러나 그는 양심의 가책이 아닌 양심의 긍정적이고 당당한 측면을 강조한다. 경제적 계약관계와 공동체 의식의 사회화로 인해 발생하는 양심의 가책은 병리적인 것이지만, 당당히 약속을 수행하는 주권자는 자신을 가치판단의 척도로 설정한다. 즉, 당당한 이는 기존의 관습이나 강제성에 의존하지 않는다. 세상에서 윤리적(도덕적)이라고 칭찬을 받거나 숭앙의 대상이 되고 있는 사람은 사실 전통의 규율에 가장 강하게 지배 받는 사람에 지나지 않는다(백승영, 2007).

4) 양심 구현의 어려움

나는 '~이고 싶다'라는 욕망과 '~이어야 한다'라는 당위 사이의 긴장과 갈등을 안고 살아간다. 전자는 인과관계에 의해 움직이고, 후자는 가치 결정 요인에 의해 움직인다. 인과관계, 예컨대 부자가 되고 싶고 명예를 얻고 싶고 지위를 달성하고 싶은 행위들이 당위를 넘보아서는 안 된다. 이를 막아주는 것이 양심이다(이을상, 2012). 그러나 현실 세계에서 우리는 전자를 희망하고 추구하며 쟁취하려 경쟁한다. 우리의 의식 세계이든 무의식 세계이든 이 양자는 서로 긴장하고 대립하며 충돌하기도 한다. 양심은 이상과 현실의 단순한 충동적 경향이 아니라 도덕적 결단을 부르는 힘으로, 양심의 소리를 따를 때 우리는 자긍심을 느끼기도 하고, 양심의 대가로 감내하는 고통 속의 인격체에 찬사를 보낸다.

많은 일상의 사람들은 개인의 욕망을 펼치되 그것들이 공공선을 이루는 그 어딘가의 지점에서 당위와 욕망 사이를 오가고 있으며 양심의 희미한 소리를 듣는다. 하지만 얼마나 많은 이들이 당당하게 양심껏 살아가고 있을까? 일상생활에서 우리는 매우 사소한 일을 가지고도 '양심껏 행동하라, 부끄럽지 않는가'라며 질책한다. 위선과 거짓을 뿌리치고 진실을 보고자 양심에 호소하기도 한다. 그러나 양심의 소리는 점차 무뎌진다. 회색 지대에 사는 우리는 인과적 욕망에 더욱 경도되면서 이를 감시하는 양심의 소리에 귀를 기울이려 하지 않는다. 양심은 우리를 불편하게 만들기도 한다. 일상생활의 회색 지대에 살고 있는 우리의 양심은 단호하지 못하다. 욕망이 앞서기 때문이다. 게다가 양심의 소리가 손해와 고통의 대가를 치르게 할 때, 양심의 결기는 인격의 뒤편으로 사라진다. 도덕의 결단을 내리는 자, 양심 선언자, 내부 고발자가 오히려 핍박을 받고 냉소의 대상이 되는 사회에서는 더욱 그렇다.

에리히 프롬(E. Fromm)은 기술 산업, 대량 생산과 대량 소비, 가학과 자학(사도-마조키즘), 죽은 것을 사랑하는 네크로필리아(Necrophilia, 시체 애호증), 권력과 물질(부, 상품의 소유)을 추구하고, 약자를 억압하고 강자를 숭상하는 현대사회의 인간군(群)에 주목했다(임채광, 2012). 이런 인간들은 '강한 것'과 연관된 전쟁, 힘, 허풍, 최고를 숭배하고 맹목적인 권력지향적 태도를 보인다. 자신들을 강한 것과 일체화하고 약자를 가학하는 사도-마조키즘 증상을 지녔으며 자유로부터 도피하는 대신 독재 권력을 찬양하기도 한다(프롬, 2012). 이러한 양심을 권위주의적 양심이라고 표현하기도 하지만, 엄격히 말해서는 양심이라고 할 수 없다. 양심이 아니라 권위주의적 성격 혹은 신념일 뿐이다. 그러나 많은 현대인은 자신들의 이러한 맹종적 태도(신념)를 양심으로 착각하고, 심지어 아집과 독선에 찬 신념을 양심으로 위장하기도 한다.

만약 개인 혹은 집단이 자신들의 신념과 행위를 양심적이라고 우길 때 우리는 어떤 판단을 내릴 것인가? 양심이 아니라 양심'들', 가치가 아니라 가치'들'이라면 보편적 양심이 과연 존재할까? 양심이 최후의 도덕적 판단을 내리는 '선'과 '의'로 구성된다는 전제를 다시 판단해야 하는 부조리한 상황이 발생한다. 주관적인 양심의 소리들을 어떻게 최후의 도덕적 판단자로 받아들일 것인가? 이러한 문제를 해결하는 하나의 접근이 이른바 '담론적 의사소통'론이다. 대표적 주자인 오토 아펠(O. Apel)은 양심의 유아론적 딜레마를 벗어나기 위해 주체들 간의 상호적 담론과 소통을 강조했다. 인간은 대화 가능한 존재이기 때문이다. 공적 언어를 이용하여 공동으로 확인할 수 있는 인식으로서의 양심은 독자적인 개인의 내면이 아니라, 상호 소통을 통한 담론으로부터 나온다(백춘현, 2012; 김진, 1998).[16] 위르겐 하버마스(J. Harbermas)의 의사소통론과 존 롤스(J. Rawls)의 중첩적 합의를 통한 심의 민주주의론을 상기시키는 대목이다. 그리고 앞서 소개한 정인보의 '양지감통'을 떠올리게 한다. 그러나 현실은 여전히 개인들의 독선을 양심으로 착각한 소리, 심지어 양심으로 위장한 욕망들로 북적이고 있다.

---

[16] 아펠은 해석학과 언어 분석학을 종합한 철학자이다. 하버마스는 그를 '해석학적 정감을 가진 건축가'라 불렀다.

2. 책임

1) 책임 윤리

양심과 책임은 마치 동전의 양면과도 같다. 니체가 말하는 병리적이지 않은 양심이란 주권적 개인에 의해 당당하게 발휘되는 것으로 "책임이라는 이상한 특권에 대한 자랑스러운 인식, 희한한 자유에 대한 의식, 자기 자신과 운명을 지배하는 책임과 자유의 힘에 대한 의식을 말한다"(백승영, 2007). 이는 책임 윤리라 불리는 것에 대한 함축적인 표현이다. 양심과 마찬가지로 책임 의식은 '주체적이고 주권적인 의지'의 표현인 것이다. 책임은 얽매임이 아니다. 자유를 향한 자부심으로서 자기기만을 혐오하는 태도가 책임 의식이다. 책임감 혹은 책임 의식은 마땅히 인격이 해야 할 일을 수행하는 자율성과 자유를 전제로 한다. 책임 묻기는 양심의 가책을 불러일으키는 행위이다. '책임 묻기와 책임 추궁'은 도덕적 인격의 존재를 부정하는 행위인데, 이때 양심은 바로 책임 문책을 당하는 개인으로 하여금 자신의 최후의 보루인 인격성을 환기시키려 한다. 즉, 책임 추궁에 의해 무너지는 인격성을 회복하기 위해 양심은 책임지는 형태로 인격의 품위를 지킨다는 것이다. '책임을 지는 행위'는 양심의 자유에 의해 인격을 회복하는 일이며, 변명과 회피를 시도하는 태도는 결국 자신의 인격을 포기하는 것이다. 책임 의식은 양심과 동행하는 것으로 책임을 지려는 태도는 도덕적 가치를 수행하는 인격의 품위, 즉 자신의 존엄성을 지키려는 의지의 표현이다(이을상, 2012).

이처럼 책임은 단순히 역할 수행의 여부를 떠나 깊은 철학적 의미를 담고 있다는 것을 알 수 있다. 책임 여부는 종종 특정한 직업이나 지위에 결부된 직무 수행을 통해 판단되기도 한다. 흔히 직업윤리라 불리는 것이다. 우리는 어떠한 형태로든 공적 지위를 차지하고, 서로 교감하고 소통하는 인격들이다. 가족의 구성원으로, 시민으로, 그리고 직업인으로 존재하고, 거기에는 '공동체가 기대하는 각각의 역할'이 부여된다. 특히 공적 장에서 수행하는 직업과 지위에는 '마땅히 해야 할 역할과 책임'이 더욱 무겁게 놓여 있다. 이러한 역할을 내면화한 의식이 책임으로서의 소명 의식이다. 학자에게는 학자로서의, 언론인에게는 언론인으로서의, 종교인에게는 종교인으로서의, 정치인에게는 정치인으로서의, 시민에게는 시민으로서의 책임 윤리가 존재한다.

정치인에게는 어떤 책임 윤리가 존재하는가? 1차 세계대전 패배 이후 절망과 좌절, 분노에 가득 차 있던 독일 사회에서 활동하던 저명한 사회학자 막스 베버는 서거하기 한 해 전, 뮌헨 대학의 진보 단체인 자유학생연합의 초청을 받고 '정치인의 소명'이라는 기념비적인 강연을 한다(보통 '직업으로서의 정치'로 번역된다). 그는 정치란 악마의 힘들과 관계를 맺는 것이라 비유하면서, 합법적으로 폭력을 독점한 국가와 목적이 무엇이든 간에 폭력이라는 특수한 수단과 손을 잡는 자가 정치인이라고 말한다.[17] 그렇다면 역사의 수레바퀴가 옳은 방향으로 가기 위해 누가 정치권력을 잡아야 하는가? 정치권력을 누가 잡는가, 즉 '누가' 악마의 힘들과 결연한 관계를 맺는가에 따라 독일은 물론 인류 사회의 미래가 결정되기 때문에 이는 매우 중차대한 일이 아닐 수 없다.

---

[17] 비슷한 시기 정치적인 것을 '적과 동지의 이분법'적 논리로 제시한 카테콘적 신학자, 칼 슈미트(C. Schumitt)와 비교된다. 카테콘이란 마땅한 것이라는 스토아 철학의 용어로, 카테콘적 신학은 권위주의적이고 율법 중심주의적인 기독교주의를 지칭한다.

현대 민주주의 사회에서 우리는 모두 피선거권을 가진 인격체이다. 누구나 정치를 할 수 있지만 그렇다고 아무나 하는 것이 아니다. 정치의 자질과 소명 의식을 가진 자들만이 정치를 해야 한다. 베버가 제시한 정치가의 자질은 무엇일까? 첫째는 열정이다. 열정은 단순한 주관적 정념이 아니라 서구의 철학에서 디몬(Demon)이라 묘사했던 초월자, 즉 신에게 충직하게 헌신하듯 조국과 민족의 앞날에 대해 혼을 불사르는 정념을 말한다. 둘째는 균형 감각으로서 현실을 관조하는 능력, 자신과 타자에 대해 거리 두기를 할 수 있는 냉정한 태도이다. 이 거리 두기를 통해 자신이 펼치는 여러 정치 행위나 정책에 대해 객관적 판단을 내린다. 셋째가 바로 책임 의식, 즉 책임 윤리라 불리는 것이다. 합법적 폭력을 행사하는 정치인은 그 결과에 대해 책임을 져야 한다. 자기도취적 권력을 행사하는 자, 오로지 권력의 도취 행위를 목표로 하는 자, 그리고 결과에 무책임한 자는 치명적인 죄악을 저지르는 정치인이다. 정치적 개성이 강하다는 것은 무엇보다도 열정, 균형 감각, 책임 의식이라는 자질을 소유하고 있음을 뜻한다(베버, 2011; 107).

이러한 자질을 가져야 하는 정치인의 책임 윤리는 종교인이나 기타 사람들이 갖는 신념 윤리와 다르다. 종교인은 신의 존재와 구원에 대한 절대적 신념에 기초하여 교리를 준수하고 헌신을 다하는 것으로 그칠 수 있다(구원을 책임지는 것은 신의 몫이다). 정치가는 신념 윤리도 필요하지만 국가 폭력을 사용하는 자들이기 때문에 신념 윤리만으로는 충분치 않으며 책임 윤리를 가져야 한다. 산상수훈(山上垂訓)의 계율을 받드는 성직자는 한쪽 뺨을 맞으면 다른 뺨을 내주어야 한다. 성직자가 뺨을 내주는 행위는 성직자의 윤리를 지키는 것이고 인격의 존엄성을 구현하는 것이기 때문이다. 성직자는 폭력에 대해 폭력으로 대해서는 안 된다. 그러나 정치가는 다르다. 정치가는 악에 대해 폭력으로 저항해야 한다. 그렇지 않다면 악의 만연에 대해

책임을 져야 한다(베버, 2011a: 119).[18]

정치란 열정과 균형 감각 둘 다를 가지고 단단한 널빤지를 강하게 그리고 서서히 뚫는 작업입니다. … 그러나 지도자이며 또한 영웅인 자만이 이렇게 불가능한 것을 시도할 수 있습니다. 그리고 지도자도 영웅도 아닌 사람이라 할지라도 모든 희망의 좌절조차 견뎌낼 수 있을 만큼 단단한 의지를 갖추어야 합니다. … 자신이 제공하려는 것에 비해 세상이 너무나 어리석고, 비열하게 보일 수도 있을 것입니다. 그러나 이에 좌절하지 않을 자신이 있는 사람, 그리고 어떤 상황에도 '그럼에도 불구하고'라고 말할 능력이 있는 사람, 이런 사람만이 정치에 대한 '소명'을 가지고 있습니다(베버, 2011b: 141~142).

베버는 또한 과학의 윤리에 대해서도 말한 바 있다. 과학은 무엇이 존재하는가(존재(Sein)의 문제를 파악하는 것이지, 무엇을 해야 할 것인가(당위(Sollen)의 문제를 다루는 것이 아니다. 주제를 택하는 과정에서는 자신의 가치가 개입(value relevance)될 수 있지만, 과학자는 종교적 교리나 정치적 견해와 같은 가치로부터 해방(value-free)되어야 하고, 가치중립(value neutral)의 입장에서 연구를 진행해야 한다. 베버의 사실판단과 가치판단의 이분화, 즉 가치중립 테제는 사회과학계에서 많은 논쟁을 불러왔다. 인문사회과학에서조차 가치중립을 내세워 현실의 모순이나 사회문제에 침묵하거나, 오히려 기존 지배 체제를 옹호하는 도구적 기술 지식을 생산하는 직업

---

[18] 1960년대 테오도르 아도르노(T. Adorno)를 비롯해 막스 호르크하이머(M. Horkheimer), 하버마스 등이 포함된 프랑크푸르트 학파와 칼 포퍼(K. Popper)를 중심으로 한 과학철학자들 간의 논쟁을 참고하라.

으로 변질되었다는 것이 베버에 대한 비판 이론가들의 요지이다. 하지만 내가 보기에 이러한 비판들은 베버의 가치중립에 대한 오해에서 비롯된 것이 아닐까 싶다. 여하튼 간단히 말하자면 과학자는 과학자만의 열정, 즉 "학문에 문외한인 모든 사람들로부터 조롱을 당하는 기이한 도취, 그 열정"을 소유한 사람(베버, 2011a: 33), 과학을 단순히 직업이 아닌 천직으로 수행하고자 하는 열정을 가진 사람이어야 한다는 것이 베버의 주장이다.

2) 정명론(正名論)

책임 윤리는 자신이 맡고 있는 역할에 대한 양심선언과도 같아 '~다움'이라는 평가에 부합된 행동을 해야 한다는 의미이다. 유학에서 이러한 책임 윤리는 정명론으로 귀결된다. 『논어』의 「안연」편에는 '부부자자 군군신신(父父子子君君臣臣)'이라는 대목이 나온다. 부모는 부모답고, 자식은 자식다우며, 군주는 군주답고 신하는 신하다워야 한다는 말이다. 각자에게 자신의 행위규범과 그에 기대되는 역할 반경이 있고, 각자가 주어진 역할을 제대로 수행할 때 비로소 조화로운 사회가 된다는 점을 표방한 문장이기도 하다. 아울러 각자의 규범 역할을 제대로 수행하지 못했을 때 책임을 질 줄 아는 태도가 필요하고, 그리고 마땅히 비난과 비판의 대상이 되어야 한다는 의미를 담고 있기도 하다.

정명론은 개인의 행위가 명분과 일치하는가를 묻는다. 군주라면 군주답게 올바른 법으로 세상을 교화해야 한다. 불합리한 세상의 형편을 바로잡아야 하는 정치 행위의 명분은 인의(仁義)이고, 인의를 실현하는 정치가 바로 왕도(王道)이다. 그러나 군주가 법이나 위력을 이용하여 백성을 괴롭힌다면 이는 패도(覇道)의 정치이다. 맹자는 이러한 패도의 군주를 폐위할 수 있다는 역성혁명론을 내비치기도 했다. 군주가 군주답지 않기 때문이다. 유학의 경전 대부분이 정치가의 덕목에 관한 것이라고 해도 과언이 아닐 정도로 정치가의 마음가짐, 정책, 정략, 인재 등용과 제도 운영 등 수없이 많은 요구들이 들어 있다. 그리고 정치의 출발은 '덕(德)'에 있다는 점을 누차 강조한다. 『근사록』19)에 의하면 정치의 근본은 개인의 도덕성과 가정의 화목에서 비롯된다. 도(道)를 실천할 수 있을 때만 관직에 나아가고, 군주의 잘못에 대해서는 직언하고 고쳐주어야 하며, 법률의 불충분성을 인식하고, 법치보다는 도치가 바람직하다(근사록, 2004: 339, 377, 398).

그러나 무엇보다도 유가에서 정치가의 덕목과 윤리는 정치가의 필독서인 『대학(大學)』에 잘 나타나 있다. 『대학』은 이상적인 지도자가 되기 위한 세 가지 목표와 여덟 단계의 과정을 기록하고 있다. 이를 삼강령(三綱領) 팔조목(八條目)이라 부른다. 첫 번째 강령은 명명덕(明明德)이다. 인간은 애초부터 도덕적 요인[性, 理]을 갖고 태어났는데 이를 명덕(明德)이라 부르며, 명덕을 밝혀내어 도덕적으로 실천하는 것을 명명덕이라 한다. 정치가는 자기성찰과 고뇌, 그리고 자기교육을 통해 정치가의 자질을 함양해야 한다. 이 과정은 스스로 수양함이라는 의미의 수기(修己) 절차로써, 수기는 격물(格物, 사물의 이치를 연구함), 치지(致知, 사물의 이치를 깨닫는 경지에 이름), 성의(誠意, 스스로를 속이지 않음), 정심(正心, 마음을 올바르게 가짐), 수신(修身, 모든 언행이나 행위를 올바르게 함)의 다섯 과정에 이른다.

두 번째 강령은 신민(新民)이다. 일반 백성도 도덕성을 지닌 새로운 인간

---

19) 『근사록』은 송나라 유학자인 주희(朱熹)와 여조겸(呂祖謙)이 주돈이(周敦頤)의 『태극도설(太極圖說)』과 장재(張載)의 『서명(西銘)』, 『정몽(正蒙)』 등에서 긴요한 장구만을 골라 편찬한 일종의 성리학 해설서이다.

형으로 거듭나게 하는 덕목으로서, 이를 실현하는 길은 '자신의 마음을 미루어 남의 마음을 헤아리는' 혈구지도의 정치이다.[20] 그리고 이 과정은 8조목 중 치인(治人), 즉 제가(齊家, 집안을 바로 다스림), 치국(治國, 나라를 다스림), 평천하(平天下, 천하를 평정함)를 포함한다. 세 번째 강령은 지어지선(止於至善, 지극히 선한 단계에 머무름)의 단계로, 명명덕과 신민이 이루어진 상태(최고선이 실현된 공동체)를 유지한다는 뜻을 담고 있다. 수기치인(修己治人)이 실현되고 유지되는 단계인 것이다(안외순, 2009: 347).

정치가는 단지 정치를 하는 사람이 아니라 정치를 업으로 삼은 사람, 그러니까 정치에 필요한 덕목과 자질을 갖춘 사람을 의미한다. 이러한 이념형을 유학의 『대학』으로 보든, 베버의 소명 의식으로 보든 권력만을 획책하는 이들과 권력에 도취된 이들을 분리시키는 것이 양심이고 책임 윤리이다. 물론 '현실과 이상'의 차이는 엄연히 존재한다. 현실의 정치는 특히 구성원의 안녕과 복지를 글자 그대로 '현실적'으로 추구하는 행위이다. 그러나 현실이 이상과 어긋난다고 해서 정치의 이상이 요구하는 윤리, 특히 양심과 책임을 팽개치는 행위가 정당화되는 것은 아니다. 정명론은 비단 정치가에게만 요구되는 것이 아니다. 우리는 각자의 역할을 맡고 있는 사회 구성원들로서 과연 양심과 책임 윤리로 대변되는 '~다움'의 존재인가? 우리는 과연 학자로서, 직업인으로서, 그리고 민주공화국의 시민으로서 '~다움'을 실천하고 있는가?

---

[20] 『대학』에서 나오는 혈구지도는 앞 장에서 논의한 『논어』의 서(恕)와 유사하다.

3) 동기와 결과의 책임 판단

우리는 어떤 행위에 대해 동기, 절차, 결과 등 다양한 측면에서 평가하고 판단한다. 그런데 행위에 대한 종합적 판단은 종종 딜레마에 빠진다. 나쁜 의도의 동기를 가졌던 행위가 좋은 결과를 얻었을 때 그 행위를 어떻게 평가할 것인가? 예컨대 물건을 훔치려고 몰래 집으로 들어간 도둑이 가스가 새는 줄도 모르고 자고 있는 주인을 깨워 그의 목숨을 구했다면, 즉 결과적으로 선한 행위가 되었다면 그 도둑의 행위를 어떻게 평가할 것인가? 기능주의 목적론에 입각한 설명은 부적절할 때가 많다. 목적이 동기를 설명하기 때문이다. 결과를 두둔하는 목적론에 따르면 도둑이 집주인의 목숨을 구하기 위해 침입했다는 설명이 가능할 뿐 아니라, 나아가 그 행위를 칭찬하기도 한다. 동기와 상관없이 결과가 좋게 나왔다고 해서 어떤 개인의 행위를 좋았다 혹은 옳았다라고 말할 수 있을까? 정치에서는 이러한 평가가 비일비재하다. 우리 대부분은 삶의 질을 위한 동기보다는 좋은 결과를 원하기 때문이다. 불법적으로 권력을 찬탈한 군사독재 정권이 산업화의 공적을 이루어 가난한 대중을 구해냈다면 비록 동기는 정의롭지 못했지만 결과는 좋은 것, 심지어 정의로운 것으로 평가 받기도 한다. 누군가는 전체적인 평가가 필요하다고 주장할 수 있고, 동기에 대한 평가와 판단은 결과에 대한 것과 다를 수 있다고 주장할 수도 있다. 도덕적으로 비판을 받을 만한 투기 행위를 통해 막대한 돈을 번 사람이 가난한 사람을 위해 기부를 했다면, 그래서 많은 사람들에게 결과적으로 좋은 결과를 낳았다면 그의 도덕성은 어떻게 평가 받을 것인가?

칸트의 의무론과 벤담의 공리론, 유학의 인의론뿐만 아니라, 개인들의 이유(reason)나 구조를 행위 인과적 요인으로 파악하려는 과학철학 사이에 많은 논쟁을 불러일으키는 사안이기도 하다. 다만 나는 여기서 기든스(A. Giddens, 1979)가 말한 대로, 사회의 구조는 많은 부분 '의도하지 않은 결과 (unintended consequence)'로 생겨난다는 점과, 결과나 동기에 대한 가치판단은 과학의 영역을 넘어서거나 매우 복잡하다는 점을 지적하는 것으로 일단락 짓고자 한다.

그러나 동기는 행위 판단에 매우 중요하다. 결과가 좋았더라도 동기가 불순하다면 그 행위를 도덕적이라 볼 수 없고, 비록 결과는 나빴으나 동기가 좋았다면 도덕적으로 옳은 평가를 받을 수 있다. 예를 들어 어린아이가 어머니의 설거지를 돕기 위해 그릇을 닦다가 그만 그릇을 깬 것과 같은 상황이다. 우리는 이에 대해 어떻게 종합적 판단을 내릴 것인가? 법에서는 미성년자 여부, 행위의 의도성 여부, 그리고 결과의 정도에 따라 판단할 것이다. 사회심리학의 장(場)의 이론에 의하면 행위는 그것이 발생한 전체적인 '맥락' 속에서 파악되고 평가된다. 그러나 정치인에 대한 판단은 다를 수 있다. 우리는 적어도 정치의 영역에 관한 한 행위 동기보다는 결과의 판단에 치중하는 경향이 있다. 정치인은 반드시 결과로서 책임을 져야 하기 때문이고 그만큼 정치에서는 결과에 대한 책임 윤리가 강조되기 때문이다.

4) 미래 세대에 대한 책임

다소 형이상학적이고 사변적인 한스 요나스(H. Jonas)의 책임 철학은 많은 시사점을 던져준다. 요나스는 기존의 윤리학이 배려와 존중의 감정을 제대로 다루지 못한다고 비판한다.[21] 책임에 대한 합리적 근거나 당위를 정당화하는 원칙을 세우는 윤리학은 이성을 강조하는 객관적 관점과, 감정을 강조하는 주관적 관점으로 나뉠 수 있다. 그런데 객관적 명증성이 아무리 뛰어나고 타당하다 하더라도, 그것을 수용할 수 있는 능력인 감정이 주어져 있지 않다면, 즉 그것을 경청하고 실행에 옮길 사람이 아무도 없다면 무슨 의미가 있겠는가 하는 것이 그의 질문이었다. 도덕적 본성은 책임의 감정이다(요나스, 1994: 158). "그 책임의 대상은 덧없음과 결핍, 불안정 속에서 그 순수한 실존으로 말미암아 (어떤 소유욕과 관계없이) 나를 움직일 수 있는 '타자'로 등장하는 주체들이다. 나를 구속하는 힘은 어떤 대상의 요청으로부터 나오며 나의 구속은 이 대상에 묶여 있다"(요나스, 1994: 161).

칸트가 말한 도덕법칙의 이념은 당위에 대한 경외의 감정과 책임의 감정이 수반될 때 비로소 실천으로 옮겨진다. 요나스는 "실존에 대한 대상의 요청을 받아들이고 행위를 통해 대상을 지원할 수 있도록 하는 것은 다름 아닌 감정"이라고 주장한다. 그리고 이 책임의 감정은 자연뿐 아니라 후세대에 대한 배려로 이어진다. 후세대에 대한 염려는 도덕이나 법에 호소하지 않고도 생겨나는 자발적인 것이다(요나스, 1994: 167).

현세대를 살아가는 인류는 또한 미래 세대에 대한 책임의 윤리를 질 필요가 있다. 앞서 말한 바와 같이 기존 윤리학은 미래에 대한 책임 윤리를 간과하고 있다. 책임은 동시대를 살아가는 이웃이나 자연환경과 같은 직접적 대상뿐 아니라, 시공간적으로 멀리 떨어져 있는 미래 세대에 대한 책임까지도 포함한다. 전통 윤리학은 요나스가 말한 대로 '지금/여기'의 인간 사회(미래가 없고, 인간 중심주의적인)에서 인간들이 저지르는 잘못된 행위에 대

---

21) 신에 대한 경외, 플라톤의 에로스, 아리스토텔레스의 행복, 스피노자의 신에 대한 지성적 사랑, 칸트의 도덕감정(존엄과 존중), 키에르케고르의 관심, 니체의 의지의 쾌락 등 서양 철학의 전통이 윤리의 감정적 요소를 강조하긴 했지만 '책임의 감정'에 대한 논의는 없거나 희박하다고 요나스는 비판한다. 요나스(1994)를 참고하라.

한 원인과 결과의 인과적 책임에만 관심을 둔다. 그러나 전통 윤리학이 인간의 자유에 기반한다면 새로운 윤리학의 토대는 미래 세대에까지 삶의 정초가 되는 자연이다. 따라서 새로운 윤리학은 자연과 인간을 포괄하는, 즉 인간 대 인간으로부터 현세의 인간 대 미래의 인간, 인간 대 동식물 등을 모두 포괄하는 총체적 관계망으로서의 유기체에 관심을 두어야 한다.22)

요나스가 제시하는 미래의 불확실성에 대한 책임의 전략은 바로 '공포의 발견술'이다. 이는 홉스가 말하는 정치권력의 공포와는 다른 차원의 두려움과 걱정, 즉 지구온난화, 북극 빙하의 해빙, 생물의 멸종 전염병 증대 등에 대한 두려움이다(요나스, 1994: 69; 양해림, 2017). 그는 인간이 과학기술의 발달과 그 결과들로 인해 나타난 불확실한 미래를 종말론적으로 예상해보고, 미래를 위한 책임 윤리를 제시할 것을 주장한다. 우리의 행위 결과에 대해 '합리적인 공포'를 갖도록 해야 하며 이를 통해 미래의 불투명한 불확실성에 대비해야 한다는 것이다. 자연에 대한 총체론적 사유와 공포술의 발견, 그리고 미래 세대에 대한 책임을 강조하고 있는 요나스의 사상은 오늘날 지구법학의 윤리 철학의 근거에 힘을 보태고 있다(김왕배 엮음, 2023: 36~40에서 인용).23)

---

22) 현상학의 '의식의 지향성' 개념에 기대어 그는 의식의 지향성은 단순한 시선이 아니라 대상에 대한 관심과 배려, 사랑이라고 본다. 요나스가 제시한 염려라는 개념은 마르틴 하이데거(M. Heidegger)와 거의 유사하다. 의식은 대상에 다가서려는 합목적적인 활동으로서 '~하기 위하여'라는 목적을 서술한다. 요나스는 에그문트 후설의 의식의 지향성을 충동, 본능, 성애의 영역으로 확장하는데 그것을 통해 자연 중심의 생태학적 사유가 가능하다고 말한다(양해림, 2017: 40).
23) 지구법학은 각각의 지구 생명들의 고유한 가치가 실현되도록 그 권리를 인정해야 한다는 새로운 법학 체계이다.

3. 사유와 판단

1) 시민적 덕성과 책임

동서양을 막론하고 통치자의 덕목에 대한 논의는 매우 다양하다. 마키아벨리는 군주가 '사자의 힘과 여우의 간사스러운 지혜를 겸비'해야 하며, 신민들에게 두려움과 사랑의 존재가 되어야 하는데 그들은 매우 변덕스럽기 때문에 기본적으로는 두려움을 통해 통치해야 한다고 말한다.[24] 토머스 홉스 역시 그의 저서 『리바이던』에서 두려움과 공포로부터 자연권과 자연법 등이 어떻게 출현하는지를 설명한다. 자연 상태의 시민들은 만인의 만인에 대한 투쟁 상태, 즉 나의 권리를 위해 타자를 살해할 수 있고 반대로 타자가 나를 살해할 수 있는 막연한 공포 속에 떤다. 그들이 위임한 통치자가 갑옷을 입고 그들을 두려움에 떨게 하는 '리바이어던'의 존재가 된다 하더라도 그들은 막연한 두려움보다는 리바이어던의 확실한 두려움을 선택한다(홉스, 2018).[25]

한비자(韓非子)는 유가의 덕의 정치, 즉 인치(仁治)를 신랄히 비판했다. 심

---

[24] 군주는 짐승을 어떻게 사용해야 하는지 잘 알아야 할 필요가 있으므로, 그는 그중에서도 여우와 사자를 택해야 한다. 왜냐하면 사자는 올가미로부터 스스로를 방어하지 못하고, 여우는 늑대로부터 스스로를 방어하지 못하기 때문이다. 그러므로 올가미를 알아차리기 위해서는 여우가 될 필요가 있고, 늑대에게 겁을 주기 위해서는 사자가 될 필요가 있다(마키아벨리, 2015: 221).

[25] 홉스는 인간의 상태는 모든 사람에 대한 모든 사람의 전쟁 상태이기 때문에 누구나 오직 이성에 의해 지배 당할 뿐이며 자기의 생명을 지키기 위해 서로의 몸에 대한 권리도 갖는다고 말한다. 그래서 제2의 자연법, 즉 평화를 향한 권리의 제한 혹은 포기가 필요하다는 것이다(홉스, 2018: 136).

지어 인치는 위선이라는 것이다. 인간은 철저하게 자신의 이익을 추구하는 간교한 본성을 가지고 있기 때문에 법을 통해 엄격한 강제력을 부가해야 한다고 주장한다. 그리고 군주만의 통치술[術]인 관직 배분이나 생사여탈권, 책임 부여 등을 강조하고, 군주의 권력[勢]을 높이 세워야 한다고 요구한다. 즉, 법, 술, 세(勢)야말로 군주가 갖추어야 할 덕목인 것이다(한비자, 2012).

그러면 시민들은 단순히 수동적으로 통치자의 지배를 좇는 '졸개들'인가? 단순히 국가의 장치 속에 동원되는 톱니바퀴 같은 존재인가? 오늘날 자유, 평등, 박애의 가치를 부여 받은 시민들은 스스로 통치자를 선출하고, 정치인에게 책임을 묻는다. 시민들은 단순히 정책의 결과뿐 아니라 동기에 대해서도 질문하며, 책임 묻기를 통해 그들의 인격성을 소멸시키려 하고, 이 소멸로부터 자신을 지키려는 양심을 기대하기도 한다. 주권이란 바로 시민들 전체의지의 표현이지, 통치자 개인의 것이 아니기 때문이다. 그렇다면 시민들도 당연히 시민으로서의 책임 윤리를 가져야 하고, 또 스스로의 인격성이 무너지지 않도록 당당한 양심을 가져야 하며, 시민 덕성(civic virtue)을 존중해야 한다. 시민 덕성이란 다름 아닌 타자성찰, 즉 공감과 상상력을 동원해 타자의 입장에서 자신을 내다보는 도덕감정을 필수적으로 호명하는 덕목이다. 시민 덕성이란 자신의 욕망을 적정선에서 제어하면서 공론장에서 공인으로 행위할 수 있는 성찰적 태도로서 맹종이나 자신의 독선적인 신념이 아니라 개방적 태도와 소통을 통해 비판적으로 사유할 수 있는 덕목이다. 유교에서 말하는 예(禮)의 덕목일 것이고, 공화주의 협동체, 신뢰와 연대를 도모하는 참여 정신이기도 하다.[26]

---

[26] 시민 덕성은 공화주의의 한 덕목에 포함된다. 공화주의의 덕목에는 비지배(non dominance)를 비롯해, 공동체성, 참여와 포섭 그리고 적절한 시민 경제가 포함된다(김왕배,

그러나 오늘날 시민들은 대체로 양심과 책임에 무관심하다. 시민들은 세상의 문제들을 모두 남 탓, 그것도 정치인의 탓으로 돌리는 경우가 많다. 특히 과잉 정치화되어 있는 한국 사회에서 경제, 교육, 문화, 범죄, 기후, 인권 등 모든 문제들의 책임을 정치의 영역으로 돌린다. 오늘날 정치와 분리될 수 있는 문제는 거의 없다. 그런데 이 정치의 주체가 시민 아닌가? 오늘날의 민주주의 정치는 군주의 정치가 아니다. 정치가들은 여전히 시민들로부터 벗어나 자신들만의 권력을 순환시키려 하지만, 그리고 시민들의 실질적 참여를 차단하려 하기도 하지만, 그들 역시 시민들의 '선거' 행위를 통한 투표에 의존하지 않을 수 없다. 그들은 이론적으로는 '제한된 자율성을 지닌' 시민들의 대리인이며 대표일 뿐이다.[27] 시민들 역시 오늘날 우리가 당면한 많은 사회적 문제들, 갈등과 적대의 정치, 혼란의 책임으로부터 자유로울 수 없다.

시민들이 대리인으로서 대표를 선출하는 방식이 투표이고, 그 투표는 일회적이다. 다수결의 결과는 최후의 수단임에도 불구하고 현실 정치에서는 맨 앞에 등장한다. 공론을 통한 협의와 합의의 과정이 소외되어 있기 때문이다. 시민사회의 '공론장'을 통해 우리는 다양한 의견을 수렴하고, 입법의 과정을 통해 실현하고자 한다. 하버마스가 말한 의사소통의 장, 롤스가 말한 중첩적 합의와 심의 민주주의론이다. 이를 위해서는 시민들의 양심과 책임 그리고 참여가 필수적이고, 미디어와 언론은 이러한 심의 민주주의의

2019: 476). 김경희(2009); 심승우(2015)를 참고하라.
[27] 오늘날 다양하게 분화된 사회에서는 일반의지를 구현하기가 더욱 어렵다. 너무나 다양한 소수 의지가 놓여 있기 때문이다. 그럼에도 불구하고 대표는 나름의 '자율성'을 지니고, 시민사회의 다양한 욕구와 흐름을 '해석'하면서 반응한다(비에이라·런시만, 2020).

이념을 수행하는 첨병 역할을 해야 한다. 그 공론장의 통로를 막는 것이 독재이고, 독재자의 일방적인 '명령 하달'에 순종하면서 환호를 보내는 시민들이 바로 위험한 '우중(愚衆)'이다. 대중의 일차원적 욕망을 자극하는 포퓰리즘(populism)은 독재자와 대중이 서로를 유혹할 때 발생한다. 19세기 유럽인들에게 신세계로 알려진 아메리카를 방문했던 알렉시 드 토크빌(A. Tocqueville)은 미국에 양가적 감정을 가졌다. 하나는 유럽의 귀족 세습 체계와 달리 시민들(물론 당시에는 백인 남성 중산층에 국한되었다)이 투표로 통치자(대통령)를 선출한다는 것과, 그렇기 때문에 우중에 의한 '연성 독재'가 발생할 것이라는 점이다(토크빌, 2011). 전체주의적 파시즘이나 병영적 통제국가 등 강성 독재만이 아니라 민주주의를 가장한 독재가 자유민주주의 진영의 정치에서 발견된다는 점에서 당시 그의 진단은 오늘날 우리의 정치 현실에 큰 시사점을 던져준다.

프랑스 혁명을 거쳐 선언된 '인권'은 시민적 덕성의 표현이기도 했다. 자유, 평등, 박애라는 공동체 정신이자 가치를 바탕으로 겸양, 존중, 교양, 참여, 그리고 나아가 시민 자산 권리 등이 시민적 덕성에 포함된다. 언어수행 역시 시민적 덕성의 하나이고, 익명의 대중 사이에서 교환되는 '예의 바른 무관심' 역시 시민적 덕성의 하나이다. 시민들은 정의롭지 못한 것에 대해 불복종과 저항을 할 권리의 주체이면서 동시에 그 결과를 책임져야 할 주체이기도 하다. 우리는 과연 역사의 불의에 대한 책임으로부터 자유로운가? 미래 세대에 대해 얼마나 많은 책임을 지려 하고 있는가?

2) 사유의 불능

그런데 양심과 책임 자체를 인지조차 하지 못하는 인간들이 존재한다.

유대인 수백만 명을 살육한 아돌프 아이히만의 경우가 대표적이다. 그는 2차 세계대전이 끝날 즈음 패망한 독일을 탈출해 아르헨티나로 도피하여 15년을 무사히 살았다. 하지만 이스라엘 정보기관의 끈질긴 추적 끝에 결국 예루살렘의 법정에 선다. 역사적인 심판이 진행된 것이다. 그러나 그의 태도는 너무나 태연했고, 자신의 행위에 대해 어떤 죄의식이나 책임을 지려는 태도도 없었다. 그는 법대로 행했을 뿐이며, 오히려 히틀러의 명령을 수행하지 않았다면 '양심의 가책'을 느꼈을 것이라고 담담하게 말했다. 그는 어이없게도 '내 의지의 원칙이 보편적인 법의 원칙이 되게 하라'는 칸트의 정언명령을 왜곡하면서 총통 히틀러의 의지가 바로 정언명령이고 자신은 이를 수행했다고 주장했다(아렌트, 2010: 210). 아이히만은 국가에 의해 합법화된 범죄의 동기, 과정, 결과를 전혀 인지하거나 반성하지 않으려 했다.

정치철학자 한나 아렌트(H. Arendt)는 아이히만을 보고 '악의 평범성(banality)'을 발견한다.[28] 악은 '사유하지 않음(no-thinking)'의 산물이다. 특별할 것도 없고, 악마나 괴물처럼 보이지도 않는 아이히만에게서 아렌트가 발견한 것은 바로 '사유의 불능성'이었다. 그는 어떻게 수백만 명을 죽음으로 몰아넣은 가스실을 설계하고 살해를 실행했음에도 아무렇지 않게, 단 일말의 양심의 가책도 없이, 자기의 행위가 왜 죄가 되는지를 의아해 하며 고개를 갸우뚱할 수 있었을까? 아이히만은 자기가 법의 명령을 따라 행했던 의무가 범죄임을 인정할 수 없었다. 사유의 불능으로 인해 판단을 내릴 수 없었기 때문이다. 사유의 부재는 곧 인간 실존의 부재이다. 아이히만은 '사유와 의지와 판단'이 결여되어 있었기 때문에 타자를 성찰할 수도 없었고, 도덕

---

28) 아렌트는 전쟁 기간 동안 수많은 유대인들을 도와주었던 한 군의관이 법정에서 진정으로 회개하는 모습을 보인 것과 아이히만의 태도를 대조시킨다.

적 판단과 행위를 내릴 수도 없었다.

아렌트의 논의를 좀 더 이어가보자. 그녀는 현대사회의 정치적 위기를 자유주의 수호 체제가 우리를 배신하는 도덕의 붕괴라는 관점에서 바라보았다. 도덕의 붕괴로 인해 '살인하지 말라'는 계명이 나치주의 아래에서는 '살인하라'는 법으로 뒤바뀌어 나타났던 것이다. 사유 불능의 독일인들은 나치즘의 명령에 옳고 그름을 판단하기는커녕 광기로 응답했다. 도덕과 양심이 얼마나 초라하고 쉽게 무너지는가? 인간이 느끼는 통증의 극한을 알아보기 위해 마취도 하지 않고 수술 시험을 한 나치의 의사들, 세균전을 준비하기 위해 포로들에게 병원균을 주입하고 면역반응을 실험한 일본 731부대, 이런 끔직한 상황에서 생명은 '비활동적 물질'에 불과했다. 도대체 이 극한 악은 어디에서 오는가?

이 모든 악의 근본에는 사유의 부재와 판단의 불능이 놓여 있다. 사유는 자기 성찰이며, 행위는 다른 사람들과 행동할 때 가능하다고 본다. 근본주의자들이나 국가주의자들은 그들 나름의 정언명령(신념)을 가지고 있기 때문에 이데올로기와 신념, 사유의 부재를 일체화한다. 이러한 일체화를 통해 타자를 배척하고 제거하는 데 주저하지 않으며, 오히려 자신이 정의를 위해 희생하는 혁명의 전사라고까지 주장한다. 아렌트는 모든 정신적 활동은 활동 자체에 대해 회고적으로 반추하는 속성이 있다고 말한다. 판단은 사유나 의지와 달리 그에 조응하는 감각, 즉 취향과 긴밀히 연결되어 있다. 판단은 우리의 감각 중 가장 주관적인 성격의 취향을 세계의 사람들에게 필요한 '공통 감각'으로 변형시키는 역할을 한다. 결국 판단은 일종의 균형을 잡는 활동, 즉 세계의 안정성을 가늠하는 정의의 저울 한 눈금에 현상을 고정시키는 활동이다(아렌트, 2022: 48). 사유는 판단의 전제 조건인데 사유 불능과 판단할 수 없음의 무능력이 악을 세계 속으로 불러들이고 세계를 오염시킨다(아렌트, 2022: 49).

판단은 특수한 상황 속에서 특수하게 사유하는 것이다. 사유 불능에 빠진 인간은 결국 사건에 대한 판단을 내릴 줄도 모르고 책임을 지려 하지도 않는다. 아니, 모른다. 자기의 욕망, 예컨대 정치권력이나 부, 자기만족에 매몰된 사람들에게 이를 기대할 수 없다. 생각 없는 개인이 행한 악의 본질이 곧 악의 평범성이고 이는 우리 모두의 마음 한편에 숨어들어 있다. 악에 대한 기존의 생각은 악을 뉘우치고, 용서를 구하는 것이다. 참회(懺悔)란 과거의 잘못을 깨닫고 뉘우치며 고백하고 용서를 비는 행위이다. 그러나 악을 부인하는 자들은 자신들의 행위를 어쩔 수 없는 것이었다거나, 역사가 판단할 것이라거나, 심지어 나라를 구하기 위한 대의(大義)였다고 한다. 애초에 사유와 판단의 불능에 빠져 있기 때문이다. 우리에게는 지적 능력보다 오히려 사유와 판단의 능력이 필요하다. 함석헌이 오래전 우리에게 "생각하는 백성이라야 산다"고 말했음을 기억하자.

4장

정의

복수의 정념과 어려운 용서

1. 정의의 감정

1) 예리하고 냉정함

정의는 예리하고 냉정하며 긴장감을 불러일으키는 개념이다. 정의에는 옳음, 좋음, 정당함, 바람직함 등의 당위적 가치가 응축되어 있는 반면, 정의롭지 못한 것은 처벌해야 한다는 일종의 강박관념이 작용하기 때문이다. 인간이 구축한 다양한 덕목 가운데 정의의 위상은 매우 높아서 정의의 명분으로 행해진 행동은 그 타당성을 검증하는 절차가 생략되기도 한다. 심지어 '정의의 사도'라는 이름이 부여되면 어떤 개인이나 집단의 일탈도 정당한 것으로 인정 받는다. 그만큼 정의는 인류가 세운 최상위 가치에 속하는 덕목 중 하나이다.

앞서 언급한 바와 같이 도덕감정은 '세상을 지각하고 판단하며 나아가 참여하는 방식'이다. 도덕감정은 개인의 자격을 넘어 공공 시민으로서 공적인 의제들에 대해 '옳고 그름'을 평가하고 판단하며 실천하는 감정이다. 도덕감정은 개인과 세계 등의 타자를 성찰하고 간여하고 개입하는 감정으로서 세계에 대한 정의의 미덕을 포괄하는 감정인 것이다. 많은 사회철학자들은 도덕과 정의, 혹은 도덕감정과 정의감을 별도의 영역으로 구분하기도 한다. 특히 계율이나 관습으로부터 법이 분리되면서 많은 분쟁의 해결을 법의 판단에 의존하는 현대사회에 이르러 정의는 도덕의 영역보다 법적 영역의 사법 정의와 동일시되는 경향이 있다.

연민이나 배려, 환대 역시 정의감의 구성 요소일 수 있지만 정의감은 기본적으로 '부정 감정'에 기초한다. '무엇인가 잘못되어 있음'을 지각하고 긴장하는 느낌으로부터 정의의 질문이 시작되기 때문이다. 예컨대 튀르크 해변에서 시신으로 발견된 세 살박이 난민 '에이란 쿠르디'를 보면 연민과 슬픔을 느낀다. 그러나 난민이 발생하게 된 분쟁 상황이나 학살을 일삼는 정치집단에 대해 지각하게 되면 연민과 슬픔을 넘어 분노와 때로는 혐오의 감정으로 치닫는다. 난민에 대한 측은한 연민의 감정에서 분노라는 정의의 감정으로 변하는 것이다.

도덕감정과 정의감을 뚜렷하게 구분하는 일은 매우 어렵고 현실을 이해하는 데도 별로 도움이 되지 않는 것 같다. 다만 긍정과 부정의 감정 모두를 포괄하는 것, 그래서 정의감을 부분적인 핵심 감정으로 포괄하는 것이 도덕감정이라면, 정의감은 주로 후자에 집중되는, 즉 '옳고 그름'에 대한 예리한 판단과 분노 및 복수 등의 행위에 집중하는 감정이라고 말할 수 있을 것이다. 로버트 솔로몬은 정의감이란 "관여하는 감정(Caring), 즉 자신과 세상에서 우리의 지위에 대해, 사랑하거나 가깝다고 느끼는 이들에 대해, 세상의 방식과 세상 속에 사는 지각 있는 존재들의 운명에 대해 관여하는 감정"에서 출발한다고 말한다. 관여하는 것이 없으면 정의 감각도 없다는 것이다. 그 역시 정의감의 기초는 부정 감정이라고 말한다(Solomon, 2023).

정의감은 기본적으로 부정적이고 고통스러운 감정에 기초한다.[1] 정의감의 밑바닥에는 복수심 같은 격렬한 감정이 깔려 있다. 정의는 시기, 질투, 분개, 화, 원한, 모멸감에 대한 되갚음 의식에서 출발한다. 솔로몬이 말한 대로 "정의감은 정의가 결핍되어 있다는 인지와 함께 정의를 세워야 한다는 도전적 의식이 결합된 감정"인 것이다(Solomon, 2023a: 397). 정의의 문제는 추상적인 원칙이나 이론적인 구축물도 아니고, 세상을 평가하는 어떤 비판적인 가설이나 유토피아적인 상상의 문제가 아니다. 솔로몬은 정의에 대해 엄격한 논리를 세우고자 했던 칸트나 롤스 같은 원칙론자들을 신랄하게 비판한다. 그들은 감정을 철학적 사유에서 홀대했기 때문이다. 정의의 원칙을 이론화하려는 철학자들은 정의가 지속성과 원칙, 보편성을 가져야 하기 때문에 개인적인 주관성이나 감정이 개입되어서는 안 된다고 생각했다.[2] 그러나 정의 감정 없이는 설령 사회가 아무리 공정하다 할지라도, 그리고 정의의 원칙들로 가득 차 있다 하더라도 정의는 존재할 수 없다. 대부분의 사람들은 이론적인 원칙보다는 공공성(publicity)에 대한 감정, 즉 정의에 대한 공유 감정을 통해 옳고 그름을 판단하고 평가한다는 것이다(Kingstone, 2011).

---

1) 나는 이 글에서 종종 정의와 정의감을 혼용해서 쓴다. 이분법적 정의를 따르자면 정의는 '옳음'이라는 객관적 원리가 규준이나 법으로 존재하는 것이고, 정의감은 주관적으로 판단하고 느끼는 감정이다. 그러나 감정은 마음속에 내재화된 외부 객체라는 점에서 이분법적 사유를 극복할 필요가 있다.
2) 이성주의자들은 냉정하고, 합리적이고, 도도한 이성적 법칙을 강조한다. 이성주의자들에 의하면 정의는 사심 없고, 감정에 좌우되지 않는 실천이성의 문제에 속한다. 감정은 너무 가변적이고, 변덕스럽고, 개인적이고, 비합리적이기 때문에 적절치 못하다는 것이다.

솔로몬은 정의감을 흔히 말하는 '긍정 감정'에만 연동시키려는 입장도 비판한다. 정의감을 주장하는 많은 논자들은 정의감이 복수, 박탈감과 같은 부정 감정과는 관련이 없다고 생각한다는 것이다. '정의감은 타자와 비교함으로써 욕망의 결핍, 박탈감 그리고 실제로 빼앗긴 것에 대해 복수하고 처벌하려는 감정에 기반한다. 정의감은 '공정한 분배 규칙'이 아니라, 복수심에 대한 충동을 통해 일어난다(솔로몬, 2023: 516). 나 역시 정의는 원칙의 문제라기보다 감정의 문제라는 데 동의한다. 특히 일상생활을 하는 사람들에게는 더욱 그렇다. 그러나 솔로몬처럼 정의를 주관적 감정의 문제로만 파악하는 것은 다소 무리가 있다고 본다. 정의 감정도 정의에 대해 구체적이지는 않지만 약간의 관념적 형태가 있을 때 생겨난다. 이러한 정의의 표상적 관념은 기존의 많은 정의 담론, 대개는 철학자나 정치가들이 세워놓은 원칙이나 내용으로부터 영향을 받는다. 정의에 대한 기존 이론이나 가설, 원칙, 국가의 이데올로기가 일반인이 정의 감정을 형성하는 데 영향을 주기 때문이다.

2) 탈리오의 원칙: '눈에는 눈, 이에는 이'

정의에 대한 논의는 동서양을 막론하고 장구한 역사를 가지고 있다. 정의는 공동체의 질서와 유지에 필수 덕목이기 때문에 대개 관습화된 계율이나 법의 형태로 표상(representation)되었다. 물론 정의의 내용은 시대 상황에 따라 역사적으로 변해왔고, 종교적 가치나 도덕, 법 등의 영역과 엄밀하게 구분하기도 어렵다. 정의를 평가하는 대상이나 내용에 따라 행위에 대한 강제력이나 처벌의 차이가 있기 때문에 처벌에 대한 보편성을 찾기도 거의 불가능하다. 오늘날 법은 규칙의 위반 행위를 계량화하여 벌금이나 신체 구속형 등의 양형(量刑)을 내리는데, 이 역시도 불안정하다.

정의가 법의 영역과 밀접한 연관을 맺는 것은 애덤 스미스가 말한 대로 정의는 강제적 의무와 바로 연관되기 때문이다. 사회가 분화함에 따라 개인 혹은 집단(또는 민족, 국가) 간의 가치 및 이해관계가 서로 부딪히고 갈등과 분쟁에 빠진다. 이에 이를 해소하고 공동체의 질서와 안녕을 유지하기 위해 강제력을 정당화하는 '집합표상'으로서의 법이 대두되었다. 정의와 법이 밀접한 친화력을 갖게 된 것이다. 법이 모든 정의를 포괄하지는 않지만 오늘날 사회에서 대부분의 정의는 자신을 실현하기 위해 법을 필요로 한다.

잠깐 스미스로 돌아가보자. 그에게 정의의 문제는 어떤 행위에 대한 공로와 과오 혹은 가해자와 피해자에게 사회가 부여하는 보상 및 처벌의 공정성 문제와 복잡하게 연결되어 있다.[3] 대체로 우리는 후원자나 기여자에게는 감사해 하고(공로에 대한 인정), 가해자에게는 분노를(타자에게 손해를 끼친 것에 대한 불인정), 피해자에게는 동정을 느낀다. 그런데 만약 가해자의 행위 동기나 결과를 관찰자가 '어느 정도 수긍'한다면, 예컨대 정당방위라든가, 극심한 가난 때문에 약간의 식량을 훔친 것이라면 가해행위에 대한 반응은 달라진다. 피해자의 고통이나 손해에 대한 분노나 동정이 약해지거나, 가해자에 대한 형량이 면제될 수도 있다. 가해자에 대한 처벌은 그 동기가 도덕적으로 부인될 때이다. 타인에게 호의를 베풀거나 봉사하는 자비행위는 적극적인 덕목인 반면, 정의는 소극적인 덕목이다. 전자에 속하는 우애, 관용, 신중함은 상위의 덕목이라 하더라도 일반 법칙을 만들기 어렵고, 이를 행하지 않는다고 해서 처벌을 하는 것도 아니다. 적어도 상황에

---

[3] 애덤 스미스의 책 『도덕감정론』의 2부 '공로와 과오, 또는 보상과 처벌의 대상' 장에서 이와 같은 문제를 상세히 다룬다.

따라 비난할 수는 있겠지만 적어도 법적 처벌은 내리지 않는다. 그런데 정의는 다르다. 정의는 소극적인 덕목으로 그 일반 원칙은 침해 방지이며, 모든 행동을 정확하게 일반화할 수 있기 때문에 예방 및 처벌을 단행할 수 있다. 스미스에 의하면 정의의 규칙은 곧 '문법의 규칙'이고, 자비는 '문체의 아름다움을 더해주는 수사학적' 원칙이다(스미스, 2016: 230).

정의는 사회 유지를 위한 필수이자 의무 덕목이다. 그래서 정의의 경계를 벗어났을 때 강제적으로 처벌을 가한다. 정의는 옳고 그름에 대한 분노의 감정(분개심)과 행위자 처벌에 대한 공감에 근거한다. 스미스는 정의의 실현은 정확성과 엄격성을 가져야 하므로 정의를 집행하고 불의를 예방할 제3자 집단으로 국가의 존재가 필수라고 보았다. 정의의 준수 여부는 인간의 자유의지보다는 국가의 강요에 달려 있으며, 정의를 위반하게 되면 결국은 국가에 의해 처벌을 받는다. 정의가 국가의 법률과 정책에 의해 정확성과 엄밀성을 가지고 실행되어야 하는 문제, 즉 법과 통치의 문제가 이러한 연유에서 비롯된다(김광수, 2016: 41). 오늘날 많은 부분에서 정의의 처벌 대상과 기준, 실행은 국가의 법에 의존한다. 법이 곧 정의가 되고 있는 셈이다. 물론 현실은 그와 다른 경우가 많다. 법과 정의 역시 친화력을 가짐과 동시에 긴장 관계를 형성하기도 한다. 전체주의나 독재 정권의 국가는 법의 이름으로 비도덕적이고 정의롭지 못한 수많은 일들을 서슴지 않아왔기 때문이다.

정의는 '시비(是非)'를 가리고 따져 이에 상응하는 처벌과 보상 및 배상을 하는 원리이다. 도덕적 비난도 처벌의 한 종류이지만 오늘날 정의는 합법적인 강제력을 동원한다는 점에서 '강제적 처벌'의 속성을 가지고 있다. 그렇기 때문에 스미스도 누차 강조한 것처럼 정의의 규준은 매우 엄격하고 신중해야 한다. 정의는 어떤 개인이나 집단에 대한 위해 행위에 대해 공동체가 개입하여 판단하고 처벌하는 것으로, 그 위해 행위는 대부분 신체에 대한 상해나 자산의 손괴, 명예훼손 등과 관련되어 있다. 따라서 정의는 타인의 신체나 소유에 손해를 입힌 사람에게 신체적 처형이나 구속 그리고 배상의 처벌을 가하는 역할을 했던 것이다.

고대사회에서 정의의 원칙은 이른바 '눈에는 눈, 이에는 이'라는 탈리오 법칙(lex talionis)이었다. 라틴어 탈리오(talio)는 '받은 그대로 되갚아준다'는 뜻이다. 고대국가가 형성되는 시기에 무제한 복수가 허용되는 원시 미개사회에서 피해 입은 만큼 동일하게 복수하는 응보적 정의의 형태였던 것이다[동해보복(同害報復)이라고도 부른다].[4] 한국의 경우 고조선 시대에 시행된 것으로 보이는 8조금법(八條禁法)에서 이와 유사한 형태를 볼 수 있다.[5] 공동체 생활을 위한 법의 내용으로 알려진 구약성경 출애굽기에도 탈리오 법칙이 기록되어 있다. 예컨대 출애굽기에는 "사람을 쳐 죽인 자는 반드시 죽일 것임"에 이어 "생명은 생명으로, 눈은 눈으로, 이는 이로, 손은 손으로, 발은 발로, 덴 것은 덴 것으로, 상하게 한 것은 상함으로, 때린 것은 때림으로 갚을지니라"고 명기되어 있다(출애굽기 21장 23~25절). 『논어』에서도 유순한 표현이기는 하지만 탈리오의 법칙과 유사한 내용이 등장한다. 부정의한 상황을 만드는 자에게 원망이 쌓이는데 피해자가 일방적으로 용서하거나 인

---

4) '눈에는 눈, 이에는 이'라고 널리 알려진 함무라비 법전은 기원전 1750년대 고대 바빌로니아 왕조 6대왕 함무라비왕 시절에 2.25미터 높이의 돌기둥에 새겨놓은 성문법을 말한다. 전문, 후문 그리고 282조항 중 196조와 200조, "만약 자유민이 다른 자유민의 눈을 뽑으면, 전자(前者)의 눈도 뽑혀야 한다", "만약 자유민이 다른 자유민의 이와 뼈를 부러뜨렸으면 전자의 이와 뼈도 부러져야 한다"고 되어 있다.
5) 8조금법의 전문은 전해지지 않고 3개 조만이 『한서지리지』에 남았다고 알려져 있다. 그 3개 조는 사람을 죽인 자는 사형에 처하고, 남에게 상해를 입힌 자는 곡물로 배상하며, 남의 물건을 훔친 자는 데려다 노비로 삼는다는 등, 생명, 신체, 재산에 관한 것이다.

내하는 덕을 요구해서는 안 된다. 원망하는 이에게는 그에 상응하는 것[直]으로 갚고, 덕을 베푼 이에게 덕으로 갚는다. 이것이 인의 적정선이다(안외순, 2021: 151).

현대사회는 고대사회와는 비교가 되지 않을 정도로 인구가 많고 분업화 수준이 다양하며 이에 따라 각종 분쟁들이 생겨난다. 인간들이 벌이는 욕망의 전장이라고나 할까. 가해와 피해 그리고 이에 대응하는 처벌의 양식도 수없이 많다. 사회학자 에밀 뒤르켐은 공동체의 결속 관계 유형을 부족사회의 기계적 연대로부터 산업사회의 유기적 연대 사회로 묘사했는데 법과 형벌 체계의 변화 과정으로 설명하기도 했다(뒤르켐, 2012). 오늘날 우리는 응보적 정의를 넘어 회복적 정의를 말한다. 회복적 정의란 간단히 말해 "피해자의 입장에서 범죄행위를 보되, 가해자의 사과와 상호 화해를 통해 공동체 전체의 가치를 회복하는 것"이다(제어, 2012).

이처럼 정의는 법, 가해와 피해, 처벌과 응보, 공동체 질서의 회복 등 다양한 사회적 사실의 관점에서 설명되어왔다. 그러나 앞서 말한 대로 정의는 '무언가 잘못되었음'에 대한 감정적 반응에 의해 생겨난다. 그리고 그 바탕에는 어떤 개인이나 집단의 행위와 그 결과가 '공정하지 않음, 옳지 않음'이라는 부정적 평가가 놓여 있고, 이에 여러 형태로 개입하여 그 상황을 타개하려는 도전적 감정이 깔려 있다. 정의감이 분노와 밀접한 연관이 있는 이유이기도 하다.

정의감을 구성하고 있는 감정은 시기, 박탈감, 분노, 복수심 등이다. 아무리 우리가 관용, 이해, 화해, 회복적 정의를 외쳐도 원 상태로 회복하기 어려운, 상실한 것에 대한 부정적 평가와 반응이 정의감의 근간을 이룬다. 나의 생명을 보존하는 신체와, 나의 인격의 명예, 내가 소유한 자산은 정의감이 반응하는 가장 중요한 대상이라 해도 과언이 아닐 것이다. 물론 독실한 종교인에게는 종교적 가치의 손상이 정의감의 발로가 될 수도 있을 것이다. 나 혹은 내가 사랑하는 사람들, 이웃, 인류 등의 생명을 뺏고 신체를 훼손시키는 범죄자에 대한 복수의 감정을 통해 우리는 정의를 실현하려 한다. 내가 수고한 대가로 쌓은 부를 누군가가 손괴하고 강탈했다면, 그리고 나의 노력에 대한 대가로서 보상이 공정하지 못하다고 느낀다면 정의에 대한 감각이 생겨날 수밖에 없다. 여전히 정의의 문제는 탈리오 법칙과 복수의 감정으로부터 분리될 수가 없는 것이다.

3) 분배정의의 담론

고대나 현대 할 것 없이 정의에 대한 담론과 법, 제도화는 크게 신체(생명), 재산, 명예 등의 훼손과 관련 있다. 현대사회, 특히 자본주의 사회의 복잡한 이해관계로 인한 갈등은 부의 분배와 밀접한 연관이 있다. 분배정의는 아리스토텔레스나 유교의 균분론(均分論) 사상에도 나타났다. 현대에 이르러 분배정의의 원칙에 대해 매우 다양한 논의들이 전개되어왔다. 자유주의를 적극 옹호하는 대표 학자는 프리드리히 하이예크(F. Hyek)이다. 그는 아예 자신의 책을 『자유 헌정론』이라고 명명하고, 시장은 스스로 자율성(spontaneous)을 지니고 움직이므로 국가가 개입하여 시장을 조절하는 행위나 계획경제 따위는 집어치우라고 말한다(하이예크, 2023). 스미스의 '보이지 않는 손'으로 상징되는 자유방임주의 사상을 이어받은 셈이다. 극단적 자유주의자로 지목되는 로버트 노직(R. Nozick) 역시 그의 유명한 책, 『무정부, 자유주의, 아나키즘』에서 정당하게 취득한 소유물에는 누구도 간섭할 수 없는 양도와 매매의 자유가 있다고 주장했다. 자신의 신체를 스스로 결정하는 것과 같이 자신의 소유에 대한 자유가 주어져야 한다는 것이다. 따라서 외부의 힘, 특히 국가가 개입하여 세금을 거두는 것을 "도둑질에 가까운 행위"라고 주장하기도 했다(노직, 1997).[6] 분배 원칙론에서 가장 많이 회자되는 학자는 자유주의 진영에서도 사회주의자에 가깝다는 평가 받고 있는 정치철학자 존 롤스일 것이다. 그는 공정으로서의 정의론을 제기했다. 그의 논의를 조금 더 상술해보자.

롤스는 자유주의 틀 내에서 평등 문제를 비중 있게 다룬 학자이다. 그는 '최대 다수의 최대 행복'을 주장하면서 효용 극대화를 추구하는 공리주의를 비판했다. 공리주의는 사회 구성원의 효용의 총량을 선(善)으로 보고, 합리적 욕구가 극대화된 상태가 좋음이고 정의라 본다. 공리주의 아래에서 개인 혹은 소수자의 자유와 권리, 불평등은 안중에 없다. 그러나 롤스는 선보다는 의(義)에 초점을 두고 다수의 만족과 효용 증대를 위해 소수가 희생해서는 안 된다는 점을 강조한다. 그는 자신의 이론을 위해 자연 상태의 원초적 인간을 상정한다. 자연 상태의 원초적 인간은 자기의 지위나 계층을 모르며, 천부적 재능이나 체력 등에 대해서도 전혀 아는 바가 없는 '무지의 베일에 쌓인 인간'이다. 이러한 원초적 형태의 인간들로부터 도출된 합의는 공정하다는 가설에서 출발해 롤스는 '공정으로서의 정의' 원칙을 세워나간다. 사회적인 기본재(가치)의 분배 규칙으로서 정의의 원칙은 무엇인가? 제1원칙은 모든 인간이 평등한 권리를 가져야 한다는 것이며, 제2원칙은 사회의 불평등이 다음 두 원칙을 만족시켰을 때 허용될 수 있다는 것이다. 첫

---

[6] 노직의 책 제목에 '무정부', '아나키즘' 등의 용어가 사용된 것은 흥미롭고 다소 의아하기까지 하다. 일반적으로 아나키즘은 상호부조론을 주장한 사회주의 협동주의자 표트르 크로포트킨(P. Kropotkin)이 제창한 것으로 알려져 있기 때문이다. 분배정의론에 대해서는 킴리카(2018); 존스턴(2011)을 참고하라.

째, 불평등이 최소 수혜자에게 최대 이득이 되어야 한다. 둘째, 기회균등의 원칙 아래 모든 사람에게 개방된 직책과 직위가 있어야 한다(롤스, 2003).[7]

그에게는 언제나 그 무엇보다도 자유라는 가치가 최우선순위이다(자유의 우선성). 자유는 오직 자유를 위해서만 규제될 수 있는 최후의 보루이다. 그리고 그는 효율이나 복지보다 정의가 우선되어야 한다고 주장한다(효율에 대한 정의의 우선성). 다시 말해 공정으로서의 정의를 위해서는 그가 제시한 차등의 원칙들이 서열상 공리주의자들이 주장하는 효용의 극대화(총량 증대)보다 우선되어야 한다는 것이다. 그리고 부와 소득, 권력의 차등화는 평등한 시민권, 즉 기회균등이 보장된다는 전제하에 추구되어야 한다. 그가 주장하는 민주주의 평등 체계란 공정한 기회의 원칙과 차등 원칙이 결합되었을 때 가능하다(롤스, 2003; 김왕배, 2001).

롤스를 이어 '차이와 다양성'을 강조하면서 개개인에게 맞춤형 분배와 역량의 증진을 강조하는 아마르티아 센(A. Sen)이나 그의 이론을 더욱 광범위한 차원에서 논의한 마사 누스바움(M. Nussbuam)의 '역량 이론' 모두 분배정의론의 모델이다. 역량 이론은 ① 인간 존엄의 실현을 위해, ② 자원 수단을 기능화하여, ③ 최종 목표를 달성할 수 있는 선택과 기회의 자유를 제공할 것을 주문한다(센, 1998; 임의영, 2011). 삶의 질의 향상과 인간 존엄의 가치를 실현하기 위해서는 단순히 경제적 성장과 물질적 분배를 넘어 윤리, 미학, 예술, 참여, 교육, 건강, 여가 등 다양한 영역의 총체적 역량이 필요하다. 또한 인간 존엄을 실현하기 위해서는 인간 본연의 감정, 즉 슬픔과 기쁨 등 다양한 감정을 표현하고, 애착을 가질 수 있으며, 관용과 나눔의 정서

---

[7] 롤스를 소개하는 글로는 김주성(1995); 장동진(1994)을 참고하라.

를 베풀 수 있어야 한다(Nussbaum, 2007; 김왕배·장경태, 2016).

이처럼 분배정의의 원칙들을 세우려는 논의는 매우 다양하다. 특히 복지국가의 연대 가치와 관련된 '배제와 포섭'의 차원에서도 그렇고, 최근 신자유주의 흐름과 개인주의화 그리고 '공정성'의 문제가 대두되는 상황에서 분배정의에 대한 관심은 더욱 높아지고 있다. 소득과 일자리, 자산을 비롯해 삶의 질을 둘러싼 공정성의 논쟁들, 기회와 조건, 결과의 평등과 관련된 논의들, 불평등의 기능론적 입장과 갈등론적 입장의 충돌 등 분배정의를 둘러싼 갈등은 더욱 날카로워지고 있다(김왕배, 2001).

그러나 분배와 관련된 정의의 원칙 이면에 감정의 문제가 깔려 있다는 점을 주목할 필요가 있다. 더구나 정의의 원칙들은 철학자나 이론가들에 의해 수립되고, 대부분의 일반인들은 감정을 통해 '정의'를 문제시한다. '무언가 잘못되어 있다', 즉 '공정하지 못하다'라는 결핍감 혹은 시기심이 대표적인 감정이다. '선망 테스트(envy test)'라는 용어가 말해주듯 타자의 분배와 나의 분배가 적절하다고 인정되는 한에서만 그 분배는 정의에 가까울 것이다. 즉, "자원이 분배되었을 경우 어떤 사람도 다른 사람의 자원을 자신의 것보다 더 좋아하지 않아야 비로소 평등 분배"라는 것이다(드워킨, 2005).[8]

가치의 분배 결과를 평가함으로써 공정의 여부를 따지고, 공정성으로부터 배제된 자신의 처지를 '빼앗겼다'라고 느끼는 박탈감 그리고 이로 인한 분노와 좌절로부터 정의감이 발생한다. 상대적 박탈감은 자신의 처지를 타자와 비교하는 과정에서 자신이 추구하는 가치가 상대적으로 부족함을 인

---

8) 드워킨(2005)을 참고하라. 드워킨은 자원분배의 평등 기준으로 선망 테스트를 통과할 것을 제시하는데, 그러나 그의 논의도 또 하나의 정의원칙론으로 다루어질 뿐 감정이 본격적으로 다루어진 것은 아니다.

지하고, 그러한 인식을 바탕으로 느끼는 부정적인 감정을 말한다. 상대적 박탈감은 가치에 해당하는 것들의 분배 과정 및 결과의 공정성에 관한 인식과 연결되며, '사회정의'에 대한 개인의 인식을 가늠하는 척도가 되기도 한다(Pedersen et al., 2005).[9] 이를 유발하는 '사건' 중 하나는 상속이다. 상속은 가족 단위의 세대 간 불평등을 야기하는 합법적 제도로서 일찍이 뒤르켐은 상속 제도를 신랄히 비판했다. 그가 보기에 재산을 습득하는 방법에는 유산과 계약 두 가지가 있다. 계약은 상호 권리와 의무를 특정화하는 두 주체 간의 법률적이고 도덕적인 행위이자 결속 관계로서, 뒤르켐은 상호 동의에 의한 계약이 진정한 정의라고 말한다.[10] 다시 말해 '계약'의 당사자들 중 한편이 다른 한편을 착취하는 수단이 아니라면 그 계약은 도덕적이고 정당하다. 그러나 그가 보기에 상속에 의한 재산 습득은 계약의 장애물이며 또한 공정치 못하다(Durkheim, 1962). 시기심과 박탈감을 불러일으키는 제도인 것이다.

유감스럽게도 지면상 분배정의와 연관된 다양한 사상과 대안을 더 이상 다룰 수 없다. 한국 사회에서 개인화의 진행과 더불어 첨예해지고 있는 세대 간 공정성의 문제와 인정투쟁의 문제, 양극화 및 불평등의 문제, 복지 분배와 이로 인한 갈등의 문제는 우리 앞에 닥친, 미래 세대가 곧 맞닥뜨릴 시급한 사안이다. 시장을 요새화하고 있는 자본주의 체제는 막대한 부와 효

---

9) 데이비드 애버리(D. Friend Aberle)와 같은 학자들은 인간이 정당하게 누릴 수 있는 생활 조건과 물질을 포함하는 가치에 대한 기대, 그리고 일상생활에서 현실적으로 개인이 원하는 것을 얻을 수 있는 가치수행능력 사이의 괴리에서 상대적 박탈감이 발생한다고 보았다(Aberle, 1962).
10) 이 양자 간에 전제되어야 할 것은 평등한 권리이다. 그러므로 주인과 노예 간의 관계는 계약이 될 수 없다.

용을 생산해내고 있지만 양극화 및 불평등은 더욱 심화되고 있다. 스미스가 진단한 대로 시장은 개인주의 욕망이 교환을 통해 서로를 만족시키는 '공동선'의 장인가, 아니면 칼 폴라니(K. Polanyi)의 말대로 시장은 모든 것을 교환가치로 녹여내는 '악마의 맷돌'인가? 마르셀 모스가 주장한 대로 모든 사회 구성원들이 연대의 삶을 이어갈 '원탁의 정의'는 가능할까? 시장 교환 외에 다른 형태의 교환은 없을까? 일부 인류학자들은 자본주의 시장 교환과 다른 형태를 찾아보기 위해 트로브리안드 군도 원주민들의 '주고받는' 선물 경제에 주목하기도 했다(김왕배, 2011). 제3섹터 혹은 사회경제(협동조합이나 사회적 기업)의 실험과 확장 모두 그 대안 범주로 관심을 받고 있다. 하지만 비교가 안 될 정도의 시장, 거대하고도 냉혹한 글로벌 금융시장 체제에서 그 같은 대안 범주는 '낭만적인 몽상'이거나, 큰 강줄기에 '작은 낙엽 하나 띄우는 것[一葉片舟]'에 불과할지 모른다.

그러나 역사의 변화는 기존 질서에 문제를 제기하고 어떤 가치를 추구하는 작은 운동으로부터 시작했다. 성경의 말대로 "시작은 미약하나 끝은 창대하리라"(욥기 8장 7절)는 열망을 놓치지 않았을 때 변화가 가능하다. 나는 다른 글에서 분배에 관련된 새로운 유형의 교환을 '호혜 교환'이라 부르고, 도덕감정과 호혜 경제에 대한 몇 편의 시론을 제시한 바 있다(김왕배, 2011; 김왕배·김종우, 2020).[11] 분배, 교환, 살림살이와 공정성 및 정의에 대한 논의는 다른 지면에서 세밀하게 논의해볼 것이다.

---

11) 이에 대해서는 이재혁(2004); 김상준(2011) 등을 참고하라.

4) 정의와 도덕감정

로마 신화에서 정의를 상징하는 여신인 유스티티아는 한쪽 손에는 저울, 다른 손에는 칼을 들고 있고, 눈은 헝겊으로 가려져 있다. 저울은 형평성, 칼은 엄정한 집행을 상징하고, 헝겊으로 가려진 눈은 누구에게나 공정하게 법을 집행할 것이라는 의지를 상징한다. 저스티스(justice)는 도덕을 내포하기도 하지만, 법과 도덕의 영역이 분할되면서 법 영역의 용어로 제한되어 온 경향이 있다. 법의 심판은 신중하고도 엄격해야 한다. 사적인 감정과도 거리를 두어야 함은 물론이고 공과 사는 엄격히 구별되어야 한다. 공정하고 사사로움이 없어야 한다는 공평무사(公平無私)의 원칙을 지켜야 한다.

정의는 행위에 대한 응분의 대가, 즉 보상과 처벌이 이루어질 때 존재 의미를 갖는다. 서구에서 정의는 개인주의의 등장과 함께 더욱 활발히 논의되었다. 개인들 간의 계약과 합의를 전제로 하는 사회계약론이나, 신과 직접 소통하는 개인이라는 마틴 루터(M. Luther)의 '만인사제론(萬人司祭論)'은 개인을 행위 주체로 전면에 등장시켰다. 신이나 초자연적 실체로 설명되던 정치권력의 정당성은 사라지고, 개인의 사적 삶과 도덕적인 공적 질서가 구분되기 시작했다. 이후 자유주의 사상이 개인화를 촉진하고, 국가의 주된 역할은 시민들의 윤리를 증진시키는 것이기보다는 개인들의 권리로서 정의를 보장하는 것이었다. 따라서 서구의 저스티스 개념은 "개별 시민의 자유와 권리가 침해 받지 않도록 보장하는 동시에 공적 재화를 불편부당하고 공정하게 배분함으로써 개인의 자기실현에 이바지할 수 있는 공적인 정치 질서"로 이해된다(이장희, 2008: 302). 법은 이러한 정치 질서를 어지럽히는 일탈 행위나 범죄를 예방하고 처벌하는 장치가 되었다.

그런데 동양 유교에서의 정의는 감정론과 밀접하게 연계되어 있다. 즉,

규범을 지키지 못한 것에 대한 수치심과 부끄러움, 염치를 느끼는 마음으로서의 수오지심이 정의의 단서가 된다. 정치의 대의라고 볼 수 있는 '수신제가치국평천하(修身齊家治國平天下)'를 관통하는 의미는 도덕적인 개인이야말로 공적인 자리에서도 올바름을 행사할 수 있다는 것이다. 유교는 정의를 추구하는 정치를 최우선으로 하고, 이익을 추구하는 정치는 그 아래 단계로 보거나 경계했다. 맹자가 양혜왕을 찾았을 때 주고받은 말은 지금까지도 유교 정치의 핵심으로 인용된다.

> 맹자께서 양혜왕을 만나 뵈니, 양혜왕이 말했다. 천리 먼 길의 노고를 사양치 않고 오셨으니 이는 장차 우리나라에 큰 이익이 되지 않겠습니까? 맹자께서 대답하셨다. 왕이시여, 하필이면 이익을 말씀하십니까? 다만 인의가 있을 뿐입니다(『맹자』, 「양혜왕장구 상」).

맹자는 왕에게 이익을 추구할 것이 아니라 인의를 추구하라고 요구한다. 여기에서 의(義)는 공(公)을 의미하고, 이(利)는 개인의 욕망이 펼쳐진 사(私)의 영역으로 간주된다. 유교에서 공은 단순히 사와 구분되는 사회 공간적 영역으로서가 아니라 인간이 추구해야 할 '도(道)'를 의미하는 가치이기도 했다.[12] 정의(正義)에서 정(正)은 바름이니, 하나(一)가 머무는 것(止)으로, 여기서 하나(一)는 표준 원칙을 의미한다. 즉, 표준의 경지에 머무는 것이 곧

---

[12] 굳이 말한다면 서양의 정의 개념이 개인들 간의 계약과 신뢰에 의한 것인 반면, 동양은 관계론적으로 의존적인 개인들 간의 공동체적 집합을 강조한다는 것이다(박병기, 2014). 유교에서 공에 대한 개념으로는 미조구치 유조(2004); 김석근(2011); 황금중(2014) 등을 참고하라.

옳다는 뜻이다. 의(義)는 나[我]와 무기[戈]가 결합된 문자로 (도축한 것이든 제사용 희생물이든) '양(羊)'을 칼로 골고루 나눈다는 의미, 자기 몫을 챙긴다는 의미로 해석되기도 한다. 무기(창과 칼)는 법이나 제도 등 강제력을 상징하고, 양(고기)은 개인의 재화를 상징한다. 또한 선함이나 아름다움을 상징한다는 의미에서 인간 자신의 선한 본성에서 나온 위엄 있는 행동거지, 정의의 구현으로서 의식과 형벌이라는 의미를 지닌다는 해석도 있다(임현규, 2021: 125). 이처럼 각자의 몫을 확보해주는 것과 이를 위해서 무기라는 강제력을 행사하는 것이 정당하다는 의미에서 의는 알맞음/옳음/공평함/공정함/정당함이라는 의미를 확보했다(안외순, 2021; 김주성, 2021). 의의 어원은 도마 위에 고기를 놓고 세세히 썰어 공평하게 나누는 것에서 유래했다. 이로써 의가 공평성을 위한 의식과 형벌이라는 뜻을 지닌다는 것을 알 수 있다.

유교에서 의는 인(仁)과 함께 등장한다. 의는 법에 따라 처벌과 보상을 내리는, 날카롭고도 엄중한 것이다. 그러나 처벌에만 머문다면 사회는 삭막해질 것이다. 도덕이나 자애보다 법치를 강조한 법가(法家) 사상가들은 유가(儒家) 사상에 기초한 인정(人政)을 탓하면서 법의 엄중함으로 나라를 다스려야 한다고 주장했다. 하지만 맹자가 보기에 법의 그물로서 통치하는 것은 민중에게 두려움과 핍박을 주는 패도 정치에 지나지 않는다. 통치자는 왕도, 즉 인의로서 다스려야 한다. 그런데 굳이 정의를 표하는 의에 인이 따르는 까닭은 무엇일까? 인은 측은지심을 단서로 하는 덕목이다. 공감, 포용, 관용, 용서를 포함한다. 옳음과 그름만을 판단하고, 보상과 처벌만을 한다면 자칫 삭막한 패도 정치에 휩쓸릴 수 있고, 자비와 이해, 공감, 관용이라는 삶의 미덕은 사라진다. 인간의 관계를 옳고 그름만으로 맺어갈 수 있을까? 더구나 옳고 그름이 상대적일 때 그런 맺음이 가능할까?

정의는 개인의 권리를 존중하고 권리침해를 예방하는 방패 역할을 하기도 한다. 물론 초기 유교나 그리스의 철학자들이 오늘날 정의론자들이 말하는 개인의 권리를 논한 것은 아니다. 서구의 경우 개인주의의 등장과 함께, 그리고 2차 세계대전 이후 인권선언과 함께 인격 개념, 시민권과 사회권의 개념이 확장되면서 권리로서의 정의 개념이 발달해왔다. 정의는 다양한 덕목들, 즉 인의예지이든 용기, 절제, 관용, 지혜이든, 이 중에서도 가장 정치화되고 제도화된 것으로 엄정함과 지속성을 요구한다. 정의는 여러 덕목 중 하나이지만 사랑은 아니라고 말한다. 정의가 우리를 서로 사랑하게 하지는 않는다. 정의는 서로 따스한 온정을 가지지 않는 사람들에 의해 수행될 수 있는 정치적이고 제도적인 덕목이다. 마르쿠스 툴리우스 키케로(M. Tullius Cicero)는 정의는 사회 구성원들을 서로 붙잡아주고, 공동선을 추구하는 덕이라 말하면서 자비와 관용으로 보완되어야 한다고 말한다. 자비와 관용 없는 정의가 과연 정의로운가?(Ryan, 1993). 설령 그 사회가 정의롭다 하더라도 행복을 누릴 수 있는가? 정의는 법적인 '옳고 그름'에 그치지 않고 그것을 넘어서는 덕목들을 포함해야 한다.

2. 복수의 정념

1) 복수는 '나의 것'

정의는 개인이나 집단이 입은 생명과 신체의 위해, 물질적인 손해, 정치적 억압 등에 대한 복수의 감정을 바탕에 두고 있다. 정의의 정념에는 공감, 동정, 이해, 돌봄 등의 긍정 감정도 들어 있지만, 복수심이라는 예리하고도 냉정하며, 긴장을 불러일으키는 감정이 깔려 있다. 정의는 상대의 잘못에 대한 처벌을 의미한다는 점에서 역(逆)의 되갚음이다. 복수심은 로버트 솔로몬이 말한 대로 "노기등등한, 올바른 분노와 두려운 감정"인 것이다(솔로몬, 2023: 501). 복수심은 응보적 분노의 방식이고 타자의 굴복을 원하는 욕망의 표현이다. 복수는 때로 의무로 주어진다. 가문(家門)이나 민족의 복수를 위해 자식이나 후손이 원수를 갚아야 한다는 대물림의 의무로 주어질 만큼 질긴 악연의 산물이기도 하다. 복수는 원래 등가의 되갚음을 전제로 했다. '이에는 이, 눈에는 눈', 이른바 탈리오 법칙이라 불리는 대응이다(이 장의 1절 2항을 참고). 복수의 욕망이 없으면 용서와 자비도 있을 수 없다. 용서를 논하기 위해서라도 복수를 성찰하지 않을 수 없는 것이다. 복수는 자신의 존재감(명예나 자존감)이 훼손 당했다고 느꼈을 때, 예를 들어 완력에 의해 무릎을 꿇고 온갖 인격적인 수모를 당한 경험이 있다면, 또는 무뢰한을 만났을 때 저항할 수 없었던 무기력한 자신의 처지가 기억 난다면 강렬해진다. 특히 여러 사람 앞에서 공개적인 망신이나 모멸을 당했을 경우 복수의 심정은 더욱 강렬해진다.

　복수심은 되갚음이 실현되기를 강력히 원한다. 복수는 상상만으로도 '카타르시스'적인 쾌감을 가져다주고 분노를 고양시키기도 한다. 그러나 이런 복수는 시작도 끝도 없는 '고뇌의 윤회'와도 같다. 수많은 비극의 서사들은 복수의 환류(還流)에 관한 것이다. 복수가 순환하다 보면 가해자가 피해자가 되고, 피해자가 가해자가 되는 상황이 발생한다. 사법 체계는 이러한 순환을 막기 위한 제도적 장치로서, 가해자를 국가가 대리 처벌함으로써 복수를 '완료'하는 기능을 담당한다.[13] 공동체는 개인 간 복수의 순환을 원하지 않기 때문이다. 누군가가 복수의 순환을 끊을 때 공동체의 질서가 유지될 수 있는데, 오늘날 그 수행자가 바로 법을 집행하는 국가인 것이다. 그리고 이러한 국가의 합법적 복수가 바로 사법 정의이다.

국가의 복수인 사법적 처벌 행위는 가해자의 인신구속이나 배상 등의 물적 보상을 강제함으로써 피해자를 배려하는 측면도 있지만, 궁극적으로는 공동체 전체의 질서를 위한 것이다. 어떤 특정한 개인에게 범죄를 저질렀다 해도 그 가해자는 이미 금지 사항으로 포고된 공동체의 법을 어긴 것이다. 법의 목적은 범죄를 처벌함으로써 균열이 난 공동체의 질서를 다시 회복하는 것이다. 근대법은 가해자에 대한 처벌 중심의 응보적 정의를 넘어 피해자를 보호하며, 가해자가 잘못을 시정하고 공동체의 화해와 안전의 해결책을 찾는 '회복적 정의'를 지향한다. 즉, 범죄를 개개인의 관계 차원을 넘어 공동체의 도덕적·사회적·경제적·정치적인 전체 맥락에서 다루려 한다(제어, 2012: 207).

현대의 법치국가에서는 설령 피해자라 하더라도 개인에게 복수하는 것은 금지한다. 그러나 기본적으로 '복수는 나의 것'이다. 내가 재물, 자산, 신체, 인격 등에 흠을 입었을 때 그것에 되갚음을 하려는 것은 '나'의 것을 회복하기 위해서이다. 나 자신, 내가 사랑하는 사람, 내가 보유한 신체적·물질적, 권리 등을 침탈 당하는 상황뿐 아니라, 나의 선량한 이웃이 억압 당하고, 빼앗기고 상실하는 상황에서 복수심은 발생한다. 다만 그 복수의 실행을 내가 위임한 국가가 대리하는 것뿐이다. 그러나 사법 체계가 '나의 것'인 복수를 제대로 수행하지 못했을 때, 예를 들어 선고된 양형이 적절하지 못하거나 한계를 보일 때, 복수심은 여전히 나의 가슴에 남아 끓는다. 사랑하는 이의 목숨을 앗아간 살인자가 정치적 사면을 받는다든가, 감형을 받는

---

13) 근대법은 인권 개념의 성장과 함께 사형이나 태형 등의 형벌로부터 범죄의 내용을 계량화하여 신체의 자유를 구속하는 형벌 체계로 변해왔다.

다든가, 단기형을 선고 받는다고 생각해보라. 때로 피해자가 오히려 범죄인 취급을 받고, 가해자가 정의로운 자로 둔갑하는 경우 우리는 대리 행위자인 국가에게는 분노를, 가해자에게는 더 큰 복수심을 갖게 된다.[14] 국가가 정의의 이름으로 합법적 복수를 대행했더라도 피해자뿐 아니라 제3의 관찰자들이 분노하는 경우도 많다. 시효 만료나 정치적 이유로 국가가 대리 복수를 포기했을 때 피해자는 공동체의 이익을 위해 복수심을 접고 수긍해야 하는가? 우리는 국가의 공권력이나 법이 방기한 범죄자를 추적하고 보복하는 영화나 소설을 보면서 희열을 느끼고, 그 주인공들에게 응원을 보낸다. 그들은 법을 어기지만 정의를 수행하는 자, 정의의 사도로 추앙을 받는다.

　복수는 '인과응보'의 균형을 찾아주는 것이라고도 한다. 복수는 자신이 받은 위해에 처벌이 가해지는 정도로는 충족되지 않으며, 진정한 처벌은 상대 역시 내가 받은 만큼 신체적·심리적·물질적 고통을 받는 것이다. 그러나 복수를 실현하기에는 권력의 비대칭성이라는 현실적인 장애가 존재한다. 힘없는 자들은 복수를 위해 신의 심판이나 불교의 지옥도를 상상할 뿐이다. 그리고 깊은 원한을 간직한 채 언젠가 복수가 실현되기를 기억하고 기다릴 뿐이다.

---

14) 우리는 국가를 대신하여 사적 보복을 수행한 자를 오히려 정의롭다고 응원한다. 특히 국가가 부패한 집단에 장악되었을 경우 더욱 그렇다. 영화 〈비밀의 눈(Secret Eye)〉을 추천한다. 어느 피해자가 '내가 용서하지 않았는데 왜 법원이 그를 용서하는가'라며 억울함을 표로하고, '내 아이가 죽었는데 왜 그는 겨우 몇 년의 감옥살이밖에 하지 않는가'라고 한탄하는 것도 우리의 공분과 복수심을 유발한다. 다음 기사를 참고하라. "법원이 대신 용서하나"(https://imnews.imbc.com/news/2024/society/article/6575662_36438.html).

2) 국가범죄와 이행기 정의

그런데 더욱 심각한 문제가 놓여 있다. 국가가 개인의 복수를 합법적으로 대행하기는커녕 범죄행위를 저질렀다면 어떻게 할 것인가? 국가가 폭력을 동원하여 개인이나 집단에게 신체상·재산상 손해를 끼치고 개인이나 집단의 명예를 짓밟았다면, 즉 국가가 가해자라면 누가, 무엇을 근거로 어떻게 복수할 것인가? 그리고 그 피해는 어떤 식으로 회복할 것이며, 그 회복의 결과를 통해 무엇을 기대할 수 있는가? 이른바 '국가범죄'의 가장 대표적인 사례는 히틀러의 나치 정권이 벌인 유대인 학살이다. 침략 전쟁과 학살 등은 국가범죄의 전형적인 행태이다. 남아프리카공화국에서 벌어졌던 최악의 인종차별 정책인 '아파르트헤이트(apartheid)'도 국가범죄이다. 제국주의의 폭력적 지배, 야만적 학살, 가자 지구에 대한 이스라엘의 무자비한 폭격도 국가범죄에 해당한다. 일부 연구자들은 전두환 군사정권이 자행한 5·18 항쟁에 대한 폭력적 억압도 국가범죄에 포함시킬 것을 주장하고 있다.

국가범죄란 국가권력이 개인의 인권을 중대하게 침해한 폭력 행위를 말한다. 국가 간 전쟁, 안보 위기 등, 이른바 '비상사태'라 하더라도 개인의 생명은 보장되어야 하고 존중 받아야 한다. 국가범죄란 이런 대의 명제를 의도적으로 훼손한 행위이다. 개인 인권에 대한 국가의 비이성적이고 불법적인 폭력 행위는 '국익'의 명분으로도 정당화될 수 없다. 특히 전쟁 같은 비상사태라 하더라도 살상, 강간, 학살, 고문 등은 어떤 이유에서든 정당화될 수 없다.[15] 국가범죄에는 비단 국가 간 벌어진 전쟁 외에도 내전에 준하는

---

[15] 비상사태에서도 생명권만큼은 훼손될 수 없다는 생명의 절대적 권리 보호는 국제 규약 제4조에 명시되어 있다.

사태(예컨대 스페인 내전, 캄보디아 내전, 르완다 내전)나, 민주화 투쟁을 철저하게 억압하는 파시즘적 군사정권(예컨대 칠레의 피노체트 정권하에서 벌어진 납치, 살상)이 자행한 각종 불법적이고 비이성적인 행위도 포함된다. '정치적·인종적·종교적·민족적 이유로 일어난 집단 살상, 살인, 강제 전향, 의문사, 강제 실종, 고문, 구금, 강제 불임, 강간, 강제 임신, 강제 수용, 강제 입양, 강제 격리, 해직, 숙청, 강제 이주, 재산 강탈, 강제 합병, 문화재 약탈 및 인간 사냥 등 모두가 국가범죄에 해당할 수 있는 것이다'(이재승, 2010: 23).

국가범죄에 대한 정의를 실현하기 위해서는 진상을 규명하고, 책임을 물어 미래 세대에게 복수의 원한을 남기지 않는 과정, 즉 회복적 정의를 지향하는 '진실과 화해'의 과정이 필요하다. 그러나 이 과정은 결코 순탄하지 않다. 이미 저질러진 국가범죄를 규명하려면 과거사를 재조명하고 청산하는 과정이 필요하다. 과거사를 청산함으로써 현재와 미래에서 발생할 수 있는 국가범죄를 예방하고, 인권을 보호하며 강화하고자 하는 목적이 있기 때문이다. 이러한 과정에서 구현되는 정의를 '이행기 정의'라고 부른다. 과거 파시즘과 제국주의에 의해 저질러진 잔혹한 사건들은 물론, 법의 이름으로 자행된 것까지 포함하는 국가범죄는 국가권력에 의해 은폐되거나 왜곡되기 쉽고, '국익'의 이름으로 합리화되기도 하며, 특정 세력에 의해 정당화되기도 한다. 특히 국가범죄를 통해 권력을 찬탈한 수행 집단들의 부인과 변명, 정당화로 일관하는 '부인의 정치'로 인해 과거의 진상 규명과 진실 화해로 가는 길은 매우 험난하다. 시대 상황에 대한 변명이나 공소시효, 국익을 위해서였다는 합리화, 피해자가 폭력의 동기를 유발했다는 식의 원인 귀속 등 부인의 방식은 매우 다양하다.16) 스탠리 코언(S. Cohen)은 부인을 세 가지로 요약한다. 문자적 부인, 즉 사실은 일어나지 않았다라거나 진실이 아니라고 주장하는 부인이다. 다른 하나는 해석적 부인, 즉 어떤 일이 일어났다는 사실 자체는 부정하지 않지만 그 사건을 전혀 다른 방식으로 해석하려는 입장이다. 마지막으로 함축적 부인은 어떤 사건에 따라오는 심리적·정치적·도덕적 함의를 부정하거나 축소하는 경우로서, 진부한 말을 되뇌이거나 뻔뻔스럽게 '내 문제가 아니라는 식의 무관심 혹은 자기중심적인 태도'를 보이는 행태이다(코언, 2009).

그러나 앞서 말한 대로 과거에 일어난 국가범죄에 대해 진상 규명과 책임자 처벌이라고 하는 청산 과정을 밟는 이유는 그것이 '진실과 화해'로 나아가기 위한 필연적 단계이기 때문이다. 화해는 두루뭉술한 타협이 아니다. 이행 과정은 진실 규명, 책임자 처벌, 피해 배상, 피해자의 명예 회복, 제도 개혁, 문화적 가치의 구축이라는 여러 단계를 거친다. 화해의 조건은 과거사 진상 규명을 통해 사건의 진실을 규명하고 책임자를 처벌하며, 희생자의 명예 및 물질에 보상하고 법적·정치적 제도와 사회문화적 의식의 변환을 꾀하는 것이다. 무엇보다 국가범죄로 희생된 피해자들의 억울함을 규명하고 그에 대한 책임이 전제되어야 한다.

식민 시절과 남북 분단 그리고 한국전쟁의 비극을 거친 한국 사회의 현대사에서도 '국가범죄'의 유산이 제대로 청산되지 않은 채 수십 년째 이어져 내려오고 있다. 과거사 청산은 오랫동안 제대로 시행되지 않았고, 또 시행하려는 의지도 없었다. 해방 후 식민지 부역자 청산도 유야무야(有耶無耶)되어 친일파가 재집권에 성공하고, 부역 지식인들이 해방 이후 국가의 지

---

16) '사과의 정치' 대신 '부인의 정치'로 일관하는 대표적인 국가가 일본이다. 일본은 2차 세계대전의 주범국임에도 불구하고, 오히려 원자폭탄의 희생자 이미지를 강조할 뿐만 아니라, 침묵과 변명으로 일관하고, 우익 정권의 정치인들은 전범들의 유골이 유치된 야스쿠니 신사를 참배한다. 한석정(2004)과 한국의 사례에 대해서는 김명희(2016)를 참고하라.

도자들로 활동하면서 온갖 영화를 누렸다. 또한 제주 4·3 사건, 한국전쟁 기간 동안 벌어진 주민 학살 등에 대한 진실 규명과 책임 소재의 확인도 제대로 이루어지지 않았다. 그뿐 아니라 독재 정권 기간에 벌어진 간첩 조작 사건, 고문, 의문사 등에 대한 진상 규명도 만족할 만한 수준이 아니다. 반세기가 지나 과거사 청산과 진실 화해 위원회 등이 발족되어 과거 정권에서 자행되었던 다양한 국가범죄적 '사건'에 대한 규명과 희생자 및 피해자에 대한 명예 및 피해 보상이 부분적으로 이루어지긴 했다. 하지만 시민들의 무관심과 우파 세력의 저항 및 방해로 한계에 부딪혔다.[17]

3) 원한과 분노

정의는 관용과 용서를 통해 복수심을 초월하는 '우월한 감각'이라고 생각하는 경향이 있다. 혹자는 정의가 약자를 옹호할 뿐 아니라, 스스로를 함양시키는 덕목이라는 점을 강조하기도 한다. '죄는 미워하되 죄인은 미워하지 말라'는 계율을 실행하는 것이 곧 정의의 행동으로 비추어지기도 한다. 그런데 도덕, 정의, 양심 등으로 불리는 미덕들에 대해 '뒤집기' 사유를 감행하면서 당대의 현실을 격렬하게 비판했던 프리드리히 니체는 정의감이나 도덕감정을 원한 감정의 유순한 표현으로 본다. 니체에게 합리적인 듯 보이는 것, 순수한 이상(理想)으로 보이는 것은 따지고 보면 원한을 가진 자, 즉 노예의 자기기만에 불과하다. 원한의 자기기만적 숭고한 표현이 곧 도덕이고 정의라는 것이다(니체, 2016: 379).

---

17) 이에 대한 사례와 과제에 대해서는 박명림(2019)을 참고할 것.

원한은 스스로를 투사하려는 욕구를 갖는다. 니체는 원한이 현 상황을 파괴하기 위해 거침없이 표현될 때 창조적이 되고, 새로운 가치를 창조하려 할 때 노예, 즉 억압 받는 자들의 도덕적 반란이 시작된다고 말한다(니체, 2016: 367). 원한은 모든 박탈, 경멸, 권력에 대한 결핍의 감정이면서 자신의 불행 의식이기도 하고, 불의에 대한 감각이며, 증오나 분노와 어우러진 그리고 강박적인 감정이다. 원한은 '앙심(怏心)'으로 퇴보하기도 하지만, 보복의 상상력을 가지며, 어떤 대가를 취하더라도 자신을 보존하려는 감정이다. 원한은 불의에 대한 수동적 반응이 아니라 불의와 부당한 대우에 반항하고 복수하기 위한 능동적 반응이다.

> 원한은 철학적 감정으로서 세계에 대한 시각을 갖게 한다. 원한은 상황이 어떤지 뿐만 아니라, 상황이 어떨 수 있는지, 상황이 어떠해야 하는지에 대해서도 의식하도록 한다. 원한은 억압의 감각이고, 억압에 대한 적법한 인식으로서 거부된 정의의 정념이다. 동병상련의 감정이기도 하다. 원한은 사물이 변하기를 원한다. 단순한 대중심리가 아니다. 원한은 불의에 대한 단순한 반응이 아니라 불의를 예리하게 파헤치는 권력의지이고 정의감의 토대가 된다. 원한은 굴욕의 쓰라린 감정으로서 자신의 무능함을 외부로 투사하려는 경향이 있다. 부당한 대우에 대한 뒤따르는 복수심!(솔로몬, 2023: 517).

원한은 억울하고 원통한 감정으로서의 한(恨)과도 유사하다. 물적 풍요의 시대이자 디지털 시대를 사는 현대 한국인에게서는 찾아보기 힘든 감정일지 모르지만, 식민지 통치와 남북 분단, 한국전쟁, 가부장적 억압, 빈곤을 거친 세대에게는 일종의 '감정 아비투스'로 작동하는 응어리진 감정이 곧 한이다. 한은 분노, 억울함, 좌절, 원통함, 복수심 등 여러 감정들이 복합적으로 어우러진 것으로, 밖으로 표출되지 못한 채 자기 내부에 집적된 감정이다. 이러한 한의 주체는 '못살고, 못 배운' 민중, 오늘날 '사회적 약자'라 불리는 사람들이다. 한이 분출되지 못하면, 다르게 말해 울혈(鬱血)이 쌓이면 한국인 특유의 질병인 '화병(Hwabyung)'으로 진행한다. 한국인의 우울증이라고도 할 수 있을 것이다. 한은 내부에 집적되어 있다가 외부로 분출하려는 강렬한 에너지를 가지고 있다. 민중의 한이 폭발하면 기득 세력이나 기존 질서에 저항하는, 혁명에 준하는, 강렬한 힘이 되기도 한다. 니체가 말한 원한의 반란적 폭발이다. 니체는 위대한 비평가, 혁명가 모두가 원한의 감정을 가진 사람들이라고 말한다. 원한은 '억압의 감각, 민주주의 핵심, 억압에 대한 적법한 인식'을 말한다. 원한의 감정은 곧 불의에 대한 인식이고, 불의에 저항하려는 강력한 힘이며, 불의에 복수하고자 열망하는 정의의 정념이다.

정의는 우리가 추구하는 미덕이고 도덕감정은 바로 이 정의와 밀착되어 있다. 그러나 정의감의 미덕은 유약하고 순한 것이 아니다. 앞서 말한 대로 애덤 스미스는 정의를 매우 엄격한 규준으로 보았다. 자비는 적극적 미덕으로 최소한의 규정이 없다. 자비를 베푼 사람에게 찬양과 감사를 표시할 수 있고, 자비를 베풀지 않은 사람에게는 불만과 불평을 드러낼 수 있다. 그렇다고 자비를 베풀지 않은 사람을 처벌할 수는 없다. 이에 반해 정의는 소극적 미덕으로 규율을 위반하거나, 타자에게 위해를 가할 시 반드시 그 사람의 행위를 엄정하게 다루어 책임을 묻고 처벌하고자 한다.[18] 정의는

---

18) "우리는 우정, 자비, 관용에 의거하여 유쾌하게 행동하는 경우와 비교할 때 정의에 의거하여 행동하는 경우에 한층 더 엄격한 의무감을 느낀다. 전자의 덕목은 우리의 선택에 달려 있지만 후자의 경우 어떻게든지 우리는 어떤 특유의 방식으로 정의의 준수에 얽매이고 강

분노의 감정과 직접 연결되어 있다. 우리는 신체, 자산, 명예 등을 침해 당한 피해자에게는 동정을 느끼고, 그것을 침해한 가해자에게는 분노를 느낀다. 물론 그 타자가 나 자신이거나 가족, 친지, 이웃이라면 분노가 격해지지만, 먼 곳의 이방인이라면 분노하기는커녕 무관심하게 지나치기도 한다. 스미스는 이것이 인간의 본성이라고 했다. 그러나 우리가 정의감이 있다면, 인류 사회의 가치를 무너뜨린 사건이나 행위(자)에 분노하게 된다. 사람들은 불의에 당한 침해를 보복하기 위해 폭력을 사용하는 것도 승인한다.

분노와 동행하지 않는 복수심이 있을까? 분노의 감정은 역사적인 사건이나 개인의 경험을 기억할 때 재생되기도 한다. 일부 연구가들은 억압, 차별, 그리고 수치와 분노의 기억은 폭력적 행위로 쉽게 이어진다고 주장한다. 예컨대 백인들이 원주민에게 가한 폭력과 억압의 기억 및 분노 감정은 시대가 흘러도 사라지지 않고 하나의 성향(아비투스)으로 작동하며, 이러한 성향이 종종 폭력이나 강도 같은 원주민의 일탈 행위로 이어진다는 것이다 (Day et al., 2008).

분노는 다양한 차원에서 다양한 이유로 다양하게 표출되고 원한과 폭력, 적대와 증오 등으로 변화하여 자신과 타자를 파괴하는 결과를 낳기도 한다. 반면 분노는 사회변동의 원동력이 되는 감정으로서 역사를 형성하고 움직이는 에너지로 작동하기도 한다. 분노는 지도자들이 사람들을 모으는 전략 자산이기도 하고, 사람들이 스스로 모이는 자율적 동기가 되기도 한다. 분노는 사회를 움직이고 변화시키는 집합행동의 가장 큰 원동력으로서 분노가 쌓여 집합체가 될 때 혁명이나 사건이 발생한다. 민중의 분노가 거

제되며 의무감을 느낀다"(스미스, 2016: 226).

대한 '창고'에 집적되었다가 이를 분출시키는 적절한 리더와 조직을 만나면 사회를 변혁하는 힘으로 작동하는 것이다. 이 분노가 집합적으로 모일 때 (상황에 대한 인지 공유 현상, 그리고 유사 감정의 공유 확산) 공분(公憤)이 되고, 공분은 정의를 구현하는 저항의 힘이 된다(김왕배, 2019b).

불공정하거나 정당하지 못한 것에 대해 인지하고 판단이 설 때 분노는 "의당 어떤 일을 해야 한다"는 자각 및 책임, 실천 동기를 불러일으키기도 한다(Averill, 1983; Shaver et al., 1987; Frijda, 1986). 따라서 분노는 옳고 그름의 판단과 실천의 역량이라는 점에서 도덕감정을 구성하는 중요한 요소이며, 이들 개개인의 분노가 집단화될 때 사회운동의 힘으로 작용한다(박형신, 2018).[19] 공분이란 개개인의 분노가 공유되고 집적되어 집단화된 것이다. 공분 없이는 사회를 변화시키는 저항이 있을 수 없다. 역사상 수많은 반란과 봉기, 혁명, 불복종운동과 저항은 이 공분의 힘이었다. 제도화된 사회운동의 저변에도 기본적으로는 목표를 방해하는 대상에 대한 공분이 깔려 있다. 그런데 이러한 공분이 사회변혁의 힘으로 분출되기 위해서는 개인들의 분노를 부추기고, 모으고, 집약시켜 분출하게 만드는 지도자가 필요하다. 역대의 모든 혁명과 저항의 앞에는 분노를 지휘하는 지도자의 다양한 전략적 행위들, 즉 선동적인 웅변, 몸짓, 설득, 협상 등이 있었다.[20] 오늘날 그들은 누구인가?

복수, 원한, 분노, 정의의 실현은 고통의 고리로 연결되어 있다. 그 '고통'은 누가 지는 걸까? 정의를 위해 저항하는 이들에게 가해지는 폭력, 단순히

---

19) 감정과 사회운동에 대해서는 김왕배(2019b)에 있는 8장 '언어, 감정 집합행동'을 참고할 것.
20) 슬로터다이크(2017)는 개개인의 분노가 집적될 수 있는 분노의 은행이 필요하다고 주장한다.

물리적이고 신체적인 폭력만이 아니라 그들을 범죄자라 낙인찍는 언어폭력과 사회적 죽음을 안기는 폭력을 감내해야 하는 사람들은 누구일까? 폭력의 가해자는 오간 데 없는데 피해자의 신음만 남아 있다면, 그리고 시간이 흘러 그 신음마저 희미해진다면 우리는 어디에서 정의를 찾을 것인가? 정의를 위해 싸운 자들을 오히려 폭도라 규정하는 '잔인한 국가, 외면하는 대중'[21])에 대한 복수는 과연 가능한 것일까?

복수의 윤회는 끝이 없다. 만족할 만한 복수는 애당초 존재하지 않는다는 뜻이기도 하다. 솔로몬의 표현에 의하면 복수는 애초에 손에 넣을 수 없다. 복수는 질서를 파괴하기도 하고, 오히려 더한 폭력을 불러오기도 하며, 좌절을 일으키기도 한다. 오히려 복수를 하느라 자신이 파멸되는 역설적 상황도 발생한다. 그러나 처벌이 복수의 욕구를 충족시키지 못할 때, 처벌이 오히려 합법의 이름으로 범죄 피해자의 권리 및 감정적 욕구를 무시하거나 복수가 제대로 수행되지 않을 때, 끊임없는 증오와 적대가 순환된다. 심지어 솔로몬이 말한 대로 "피해자에게는 심리적 재앙"이 올 수도 있다.

법적 시효 때문에 시행해보지도 못한 복수가 정지되어야 하는가? 시효가 만료되었다는 이유로 살인자가 자유의 몸이 되어 거리를 활보한다면 과연 정의롭다 할 수 있겠는가? 또한 복수의 대상을 가해자 개인들이 아닌 시대적 구조 상황으로 규정한다면 이를 과연 복수라 할 수 있을까? 예를 들어 가해자들이 '호의호식(好衣好食)'하고, 그의 후손들이 부와 권력을 상속 받았을 때 시효 만료를 이유로 아무런 조치가 취해지지 않는다면, 그리고 자유

---

21) 스탠리 코언 *States of Denial: Knowing about Atrocities and Suffering*(2001)의 한국어판은 조효제 교수가 옮긴 『잔인한 국가, 외면하는 대중』(2009)이다. 여기서는 이 책의 제목을 빌렸다.

민주주의의 헌법적 가치라는 이유로 그 후손들의 소유를 인정한다면, '기껏해야' 피해자들과 그 후손들에게 명예 회복이나 약간의 물적 보상만 이루어진다면 그것을 과연 복수라고 볼 수 있을까?

복수의 과정인 처벌의 대응이 문제가 될 때도 많다. 장발장처럼 배가 고파서 빵 한 조각을 훔친 자를 가혹하게 다루는 법은 야만적이다. 정치적 목적을 위해 죄를 긁어모아 법적 처벌을 가하는 표적 수사도 그렇고, 없는 죄를 만들어 처벌하는 것은 더할 나위 없다. 극악무도한 살인범을 단순 징역형에 처하는 것이 정의로운 일일까? 가장 존엄한 인간의 생명을 빼앗았다면 그에게 어떤 형벌을 내려야 합당할까? 사형 제도는 인격의 존엄성과 그 인격을 말살시킨 범죄에 대한 종교적·철학적 논쟁을 야기한다. 나는 이 자리에서 찬반의 입장을 피력하지는 않을 것이다. 다만 현실감 없는 이야기일지 모르지만 사법기관은 '죽어가는 피해자의 목소리, 그가 무엇을 원할지 들어보라'고 말하고 싶다.

솔로몬 덕분에 나는 그동안 『감정과 사회』에서 짧게 다루었던 '복수'의 논의를 좀 더 길고 심도 깊게 다룰 수 있었다. 그는 복수가 사법적인 냉정한 권위에 희생되어서는 안 된다고 말한다. 정의가 '비인격적이고 통계적'이 되어가는 법의 세상에서(법의 세상만이 아니다. 우리의 삶 전체가 그렇다) 개인적인 복수의 의미를 새겨볼 필요가 있다고 본다.

복수를 옹호한다기보다는 복수가 정의 이론에서 중심적인 지위를 차지할 자격이 있다는 것이다. 처벌에 대해 우리가 무엇을 말하건, 복수의 욕망은 동정, 보살핌, 사랑 같은 감정과 함께 들어와야 한다. 그런 감정을 고려하지 않는 법 시스템은 정의의 시스템이 아니다. 그러나 어쨌든 복수가 위험하다는 것을 부인하지는 않는다. 복수를 하려면 무덤을 두 개 파라. 그러나 복수의 위험성과 파괴성은 너무 과장되고, 개인의 자기존중과 진실성은 간과되었다. … 복수는 복수를 유발한다. 그러나 복수는 피의 복수와 같지 않고, 반목은 복수와 같지 않다. 복수가 유발한 세상의 격정적인 정의는 부차적일 뿐이다(솔로몬, 2023: 560).

많은 이들은 복수는 비합리적이고 정당하지 않으며, 종말도 없고, 언제나 폭력적이며, 공동체의 질서를 파괴한다고 비판한다. 그러나 복수 자체는 용서와 자비를 포함하지 않으며, 자기의 원한을 초월할 필요도 없고, 성스러울 필요도 없다. 자칫 극악무도한 살인자를 옹호하게 되는 감성적 포용, '죄는 미워하되 죄지은 자를 미워하지 말라'는 식의 무한 사랑의 원리는 여전히 논쟁 거리이다. 더구나 공동체의 질서를 유지한다는 명분으로 범죄 피해자를 한낱 방관자로 '축소'시켜서는 안 될 일이다. 그런데 문제는 여기에서 끝나지 않는다. 복수의 수행이 곧 정의의 출발이 될 수는 있어도 종결은 아니다. 정의의 바탕에는 복수의 정념이 흐르고 있지만 과연 복수하는 행위 자체로 정의를 실현할 수 있을 것인가?

나는 복수를 금해야 한다는 의미가 아니라 '복수를 넘어선 그 무엇'을 조심스럽게 정의론에서 타진해보고자 한다. 초월성이라고 부르든 극복이라고 부르든 '그 무엇'은 개인 차원이나 국가나 인류 사회의 차원에서도 필요하다. 복수는 적대적인 갈망을 해소시킬 수 있으나 결코 만족되지 않으며 일시적이고 자신을 괴롭히는 또 하나의 복수심으로 밀려온다.[22] 또한 현실에서 지나가버린 과거에 대한 복수는 거의 불가능하다. 복수의 정념이 끓는 곳에서는 미래가 잘 보이지 않는다. 나는 이제 복수가 가장 꺼려하고 심

---

[22] 범죄 피해자들의 심리에 대한 질적 연구로 Field et al.(2013); Berry et al.(2005)를 참고하라.

지어 적대적으로 대할 '용서'에 대해 조심스럽게 논의해보고자 한다. '용서의 철학'을 논하기는 쉽지 않다. 더구나 피해의 직접 당사자가 아닌 이상 제3의 방관자로서 함부로 용서를 논할 일은 아니다. 불의의 사건과 가해자들을 쉽게 용서해서도 안 되고, 용서할 것도 아니지만 혹여 복수의 정념이 주는 고통의 연쇄 고리를 끊어낼 수 있는 힘이 있다면 그것이야말로 '용서'가 아닐까? 다음 절에서는 5·18 광주 항쟁의 시간 기억을 따라 올라가 어려운 용서에 대해 조심스럽게 논의해보고자 한다.

3. 분노의 분노를 넘어, 어려운 용서에 대하여[23]

> 그래, 결코 지난 날들을 잊어서는 안 돼, 망각하는 자에게 미래는 존재하지 않아. 기억해. 기억해야만 해. … 하지만 그 기억 때문에 부디 네 영혼을 피 흘리게 하지는 마. ―임철우, 『봄날』

1) 죄책감의 힘

이 글을 쓰기 전 간단한 고백을 하고자 한다. 순탄치 않았던 시대에 나름 '요령 있게 살아온 자'로서 5·18 항쟁의 의미, 죽은 영령, 살아 있는 자들의 삶을 논한다는 것이 몹시 곤혹스럽고 부끄럽다. 내가 과연 '말할 자격'이 있는가? 5·18 항쟁을 생각하면 아직도 어깨를 누르는 듯한 압박감, 자괴감으

---

[23] 이 글은 2021년 《감성과 문화》에 발표했던 「분노의 분노를 넘어: 5·18 항쟁의 시간과 기억」의 일부를 수정·보완한 것이다.

로부터 자유롭지 못하다. 가장 가슴 아프게 와닿는 사진의 한 장면은 길거리에 버려진 고등학생들의 주검이다. 교련복과 운동복을 입고 총에 맞아 죽어 있는 모습, 어리고 어린 그들, 도청에서의 밤은 얼마나 고통스럽고 두려웠을까? 세계로부터 완전하게 고립된 그곳, 곧 죽음을 맞이해야 하는 그 절대적 공포와 고독의 순간을 그 어린 소년들은 어떻게 견딜 수 있었을까? 수치심은 인격적 존재의 가치가 부정되는 상황에서 발생한다. 5·18 항쟁기의 광주 시민들은 복합적인 수치심에 시달려야 했다. 황석영이 '인간 사냥'으로 묘사했던 상황 속에서 공포와 두려움으로 속절없이 당해야 하는 무기력, 반나체로 무릎을 꿇리는 수모, 처절한 '고문' 등 최소의 존엄조차 부정당하는 경험을 해야 했다(황석영 외, 2017). 그것은 공포와 두려움, 분노를 표출하지 못하는 굴종의 경험이었다. 그러나 마침내 이 수치와 모멸감은 분노의 저항으로 바뀌었고, 공포와 두려움을 떨군 분노의 힘은 저항 시민을 '절대 공동체'의 일원으로 만드는 동력이 되었다.

참혹한 현장을 벗어나 살아남은 자들의 마음속에는 부끄러움과 죄책감이 침전되었다. 함께하지 못했다는 무기력한 방관자의 감정, 트라우마로 남은 부끄러움은 좀처럼 쉽게 해소되지 않는다. '용서되지 않는 자신이 존재'하기 때문이다. 한 소설가의 고백이다.

> 고백컨대 그 열흘 동안 나는 아무 일도 하지 못했다. 몇 개의 돌멩이를 던졌을 뿐, 개처럼 쫓겨 다니거나 겁에 질려 도시를 빠져나가려고 했거나 마지막엔 이불을 뒤집어쓰고 떨기만 했을 뿐이다. 그 때문에 나는 5월을 생각할 때마다 내내 부끄러움과 죄책감에 짓눌러야 했고, 무엇보다도 내 자신에게 화해도 용서도 해줄 수가 없었다(임철우, 『봄날』 중 「작가의 말」).

죄책감은 사회적으로 기대되는 규범이나 의무, 가치를 제대로 수행하지 못했을 때 발생하는 감정이다. 보통 부모에 대한 효도, 친구에 대한 의리 등 전통적으로 '인륜'이라 불리는 도덕적 규범은 물론이고 사회적 약자에 대한 배려 등을 제대로 수행하지 못했을 때 생겨나는 양심의 가책을 지칭한다. 공감과 타자성찰을 주재하는 도덕감정의 심연에는 책임과 의무를 다하지 못한 죄책감이 도사려 있다.

모든 감정이 그렇듯 대상에 대한 직간접적인 관계나 관심 등에 의해 죄책감의 강도도 규정된다. 자신이 정당하지 못한 사건의 원인 제공자가 되었다면 죄책감의 강도는 커질 것이고, 직접적인 원인 제공자는 아니지만 공통의 책임, 혹은 일말의 공동체적 책임감을 느낄 때, 때로 방관자로 남아 있을 때조차 죄책감은 존재한다. 자신으로 인해 누군가, 예컨대 자식이나 부모, 친구, 이웃, 때로 익명적 시민이 피해를 입었다면 죄책감은 더욱 강렬할 수밖에 없다. 죄책감은 불안이나 우울을 수반하고, 나아가 자신의 책임을 스스로에게 묻는 자책의 과정이 깊어질 때 수치심으로 이어지기도 한다. 죄책감은 곧 책임을 묻고, 책임 이행을 요청하는 감정으로서 책임을 지우고, 책임을 이행함으로써 변제될 수 있는 감정이다. 이러한 책임 수행에는 다양한 형태의 처벌과 곤경을 감내하는 고통스러움이 수반되며 궁극적으로는 새로운 가치와 제도적 환경을 만들어내는 다짐과 행위가 포함되기도 한다(이 책의 2장 참고).

시공간을 달리하는 역사적 사건에 대한 죄책감은 어떨까? '그때/거기'에 부재했다고 해서, 방관자일 수밖에 없었다고 해서, '나'는 과연 한 공동체의 '우리'가 저지른 사건의 책임으로부터 자유로울 수 있을까? 나아가 우리 후손들은 오래전 조상들이 저지른 죄에 대신 책임을 져야 할까? 예컨대 세계대전을 일으킨 전범국 독일의 시민들은 얼마만큼 죄책감을 느껴야 하며 죄의 대가를 치러야 할까? 수천 만 명의 목숨을 앗아가고 상상을 초월하는 잔인한 학살을 자행한 나치 독일의 통치자들은 당연히 그렇다 하더라도 순순히 명령에 따랐거나 상황 판단이 어려웠던 일반 시민들, 어린이들, 오늘날의 후손들은 어디까지 죄책의 무게와 책임을 져야 할까? 시효 만료가 되어버린 형법상 죄는 어떻게 해야 할까? 카를 야스퍼스(K. Jaspers)의 '죄'론은 인류 역사에서 벌어진 수많은 비극들에 대해 죄와 책임의 문제를 성찰하게 한다. 그의 논의를 잠깐 정리해보자.

야스퍼스는 죄를 형사 범죄, 정치적 죄, 도덕적 죄, 형이상학적 죄라는 네 가지로 구분한다. 형사 범죄는 법률 위반에 대한 명확하고도 객관적으로 증명 가능한 행위를 형식적 절차와 법률에 의해 유무죄와 양형으로 판단 받는다. 정치적 죄는 정치인의 행위와 국민의 지위로부터 유래한다. 즉, 내가 국가의 한 구성원인 국민이라는 이유만으로도 국가 행위의 결과에 대해 일정한 책임을 져야 한다. 야스퍼스는 이 경우 죄라기보다 정치적 책임이라 말하는 것이 더 타당하며, 현실적으로 국내/국제 정치적 상황에 따라 죄로 낙인되기 때문에 죄의 판단 여부는 권력 집단의 의도에 달려 있다고 말한다. 도덕적인 죄와 형이상학적 죄는 무엇인가? 야스퍼스는 도덕적 죄의 심급은 양심이라고 말한다. 인간은 양심을 통해 친구, 이웃 등과 소통하고 그 결과에 책임을 지기도 한다. 명령에 따른 범죄행위를 포함하여 모든 개인적 행위가 어떠한 책임을 야기한다면 도덕적 죄로부터 자유로울 수 없다. 물론 도덕적 죄는 양심을 통해 자신의 행위를 참회한 사람에게만 주어진다. 권력의 공포에 복종했거나 자신의 이득을 위해 봉사했거나 선한 것을 행하지 못한 것에 대한 양심의 가책을 느끼는 자에게 주어진다. 또한 지도자가 지은 죄에 국민이 정치적으로 복종했다면 개인 차원을 넘어 집단적 죄가 형성된다.

형이상학적 죄는 인간 연대의 절대적인 결핍에서 유래한다. 야스퍼스는 말한다. "내가 있는 곳에서 불법과 범죄가 자행되고, 다른 사람들이 죽어 나가는 데 나는 살아남았다. 내 안에서 하나의 소리가 들리고, 이를 통해 나는 안다. 살아남았다는 사실이 나의 죄이다"(야스퍼스, 2014: 145). 인간 상호 간에는 '인간'으로서 연대가 존재하는데, 세계의 모든 불법과 불의에 대해 공동 책임을 인정한다면 형이상학적 죄를 벗어나기 어렵다. 내가 범죄를 방지하기 위해 할 수 있는 바를 행하지 않았을 때도 공동 책임을 지는 것이다. 또한 당시에는 몰랐다 하더라도 후에 알았다면 공동 책임을 져야 한다. 하물며 타인이 살해를 당하고 있는데도 그것을 막기 위해 노력하기는커녕 수수방관했다면, 즉 범죄가 자행되었는데도 나는 살아남았다면, 그 사실만으로도 죄가 되어 돌아온다는 것이다.

'나는 당대의 사람이 아니었고, 그때/그곳에 있지 않았다'고 해서, 즉 방관자일 수밖에 없었다고 해서(혹은 몰랐다고 해서) 죄와 책임의 문제로부터 자유로울 수 있을까? 나는 국가범죄형 역사적 사건에 대해 진중한 성찰의 자세와 비극에 대한 우울 의식으로서 죄책감을 가지라고 주문한다. 그것은 야스퍼스가 말한 도덕적 죄의식, 나아가 형이상학적 죄의식으로 표방될 것이다. 최소한 범법자는 아니기에 형사상 죄는 면제될 것이고, 그 직접적 책임으로부터 면제될 수 있겠지만 '아무것도 하지 않은 죄', 즉 부작위(不作爲)의 도덕적 죄를 피하긴 어렵다. 적극적 행동의 여지를 포기하는 것도, 타인의 재난에 대해 무지한 것도, 불행을 목격하고도 냉담한 것도, 모두 도덕적 죄이다. 이러한 도덕적 죄는 인간이자 인류로서 책임을 방기하고 살아남은 자로서 갖게 되는 형이상학적 죄와 연동되지 않을 수 없다.

소설가 임철우가 느꼈을 죄의식은 바로 살아남은 자로서 자기 모습에 대한 도덕적이고 형이상학적 죄의 모습이었다. 친구와 이웃의 죽음을 직접

목도해야 했던 그는 운명적으로 이러한 죄의식에 시달렸다. 그는 마침 '그때/그곳(지금/여기)'의 시공간에 현존하던 자로서, 군인들의 무자비한 폭력 앞에 공포와 무기력으로 좌절했던 자신, 더구나 친한 친구와 갈라져 혼자만 집으로 돌아와 살길을 찾았던 자신에 대해 부끄러움을 지울 수 없었다. 죄책감은 수치심으로도 이어진다. 그는 자신을 용서할 수 없다는 심한 자책감, 자신의 존재에 대한 수치심에 시달렸다.

고통에 신음하는 이웃을 보고도 직접 현장에 참여하여 그들과 함께하지 못했거나 여러 이유로 피신한 사람들은 죄책감과 부채감에 시달려야 했다. 그러나 이들을 단순히 방관자라 할 수 있을까? 아예 현장에 다가서지 못했던 방관자들은 수없이 많다. 이들의 부채감과 죄책감은 차라리 '도덕적 열등감'이라 표현해야 옳을 것이다(정문영, 2019: 126). 그러나 오늘날 이들의 부끄러움, 죄책감, 수치심, 도덕적 열등감은 5·18 항쟁의 역사적 의미를 캐내고 확산하는 동력이 되어오고 있다. 그들은 방관자로서의 부채의식을 가지고 항쟁을 반추하고 진실을 규명하며, 의미를 찾기 위해 부단히 노력하는 자들이었다. 그들은 항쟁의 역사적 의미를 지속적으로 조명하고 여전히 새로운 증언과 못다 한 말들을 찾고 있다. 5·18 항쟁 이후 40년이 지난 오늘날까지 행방불명자들을 기다리는 가족들, 고문 후유증으로 고생하는 사람들, 온갖 고통 속에 정신 질환이나 자살로 생을 마감한 사람들과 그 가족들의 한스러운 이야기들이 부끄러워하는 자들의 노력에 의해 세상에 알려진다(김명희 외, 2022).[24] 항쟁의 기록을 남긴 사람들, 여전히 증언을 받아내고

---

24) 광주 항쟁 이후 진실을 알리고자 스스로 목숨을 던져 투쟁했던 사람들의 기록을 보라. 또한 전남대학교병원 5·18 민주화운동 의료활동집(2017); 5·18 광주 항쟁을 경험했던 고등학교 학생들의 증언(2019) 등을 통해 기억은 지속된다. 5·18민주유공자유족회(2007); 김

진상을 규명하기 위해 헌신의 노력을 하는 여러 연구자들과 실천가들, 다양한 작품을 통해 기억을 불러오고 망각으로부터 벗어나게 하는 소설가들과 영화인들과 연극인들, 그리고 일상의 시민들 모두의 지난한 노력이 있었다.25) 그들은 고통스러운 상황에서도 항쟁을 기록했고 증언했으며 진실을 캐내고 알리며 계승하는 데 혼신의 힘을 쏟았다. 그들은 진정 부끄러운 방관자가 아니었다. 때로 그들의 '절제된 분노'는 항쟁의 시간을 지속시키고, 그 기억을 인류 역사의 '뜻'으로 남겨두고자 하는 힘이 된다. 이런 힘을 '죄책감의 힘'이라 부를 수 있지 않을까?

내가 이 글을 열어가는 첫 지점은 바로 이 죄책감의 힘이다. 죄책감은 항쟁의 기억을 불러일으키고 그 의미를 확장하는 힘이다. 그러나 다음 항에서 논의하겠지만 이런 과정을 방해하는 장벽들이 여전히 존재한다. 항쟁의 의미는 광주 지역과 희생자 집단으로 국지화되고, 국가 의례로 형식화되고 있으며, 심지어 희생자 묘역은 정치 세력들의 전략적 탐방 공간으로 이용된다. 우파 지식인들이나 정치인들은 여전히 광주 항쟁을 폄훼하고 심지어 왜곡하려 든다. 북한군 개입설, '유가족 괴물화' 등 반공과 좌파 프레임을 씌우고 교묘하게 지역감정을 부추기는 행위를 지속한다. '사과의 정치'는커녕 '부인의 정치'가 버젓이 자행되는 것이다. 그러나 무엇보다도 5·18 항쟁이 일반 시민과 후세대의 무관심 속에 역사의 한 사건으로 묻혀가고 있다.

철원(2017); 김상윤 외(2019) 등을 참고하라.
25) 영화와 소설 등의 분석에 대해서는 한순미(2019); 김종헌(2003) 등을 참고하라. 항쟁의 트라우마와 자살에 대한 연구로는 오수성 외(2006); 오수성(2013); 김명희(2020)를 참고하라. 인문사회과학의 작업으로는 최정운(2012); 나간채(2012); 정해구 외(1990); 김상봉(2015); 최정기(2006)를 참고하라. 그리고 여성에 대한 연구로는 강현아(2004); 정경운(2020)을 참고하라.

아직도 갈 길이 멀다!

우리는 이 장벽들을 벗어나 항쟁의 의미를 어떻게 기억할 것인가? 죄책감이 기억의 힘으로 작동한다면 그 기억은 무엇을 지향해야 하는가? 나는 죄책감의 힘으로 작동하는 기억이 단순히 과거 사건의 재생이 아니라, '지금/여기'의 성찰과 함께 '부재하면서 현전(現前)'하는 미래로의 도약이라는 점을 강조할 것이다. 그리고 그 도약을 위한 기억 과정의 어딘가에 용서의 지점이 있음을 말하고 싶다. 용서는 단순히 피해-가해의 이분법적 구도 속에 과거 재생을 통한 화해를 의미하는 것이 아니다. 용서는 폴 리쾨르(P. Ricoeur)의 말대로 가해자와 사건과의 만남이 아니라 '잃어버린 사랑'에 대한 마주침이다. 용서는 때로 단호한 처벌과 비난, 그리고 양심의 가책을 감내하는 과정을 포함한다. 그러나 이 과정은 매우 어렵고 곤혹스럽다. 나는 이 글에서 기억을 통한 '어려운 용서'가 5·18 항쟁의 의미를 미래로 확장하는 연행이 될 수 있음을 조심스럽게 타진해볼 것이다.

2) 시간과 기억

방관자와 목격자의 죄책감 그리고 희생자의 분노로부터 우러나온 수많은 기억과 재생의 노력에도 불구하고, 5·18 항쟁의 의미가 '그때/그곳'의 사건으로 국지화되고, 심지어 정치적 셈법의 대상으로 전락하는가 하면, 시민사회의 관심으로부터 점차 멀어지면서 그 보편적 항쟁의 의미가 점차 희박해지고 있다. 여전히 기억의 시간을 요청하지 않을 수 없다.

기억이란 무엇인가? 기억은 사건의 이미지이며 표상이다. 기억은 두뇌든 신체든 정신의 작용이든 사건의 이미지를 저장하고 재생하는 것이다. 기억은 반복적인 학습이나 암기 등에 의해 습관화된 것으로 남아 있기도 하고

(기억-습관), 회상의 작동을 통해 과거에 입력된 사건을 회복하거나 재생하는 능동적 행위로 나타나기도 한다(기억-회상).[26] 특히 능동적 회상을 통해 사건을 불러일으키는 것을 상기(想起)라 부르는데 기억을 재현하는 상기는 정신적인 집중과 주목을 요구한다. 기억은 단순히 사건에 의해 입력되는 것이 아니라 사건을 다시 재생시키는 과정에서 발생하기도 하는데, 특히 재생을 통해 나타난 표상이 반드시 '원본'이어야 한다는 보장은 없다. 더구나 오랜 시간이 지났다면, 그리고 기억 주체가 어떤 상황에 있었고 지금 어느 상황에 있느냐에 따라 그 내용은 다소 변형될 수 있다. 기억된 대상과 기억하는 이미지 사이의 거리도 존재하고 아울러 겨우 남아 있는 흔적에 의해 기억이 촉발될 수도 있으며 기억의 순환을 통해 그 전체가 완성되기도 한다. 따라서 우리는 기억의 신뢰성과 정당성, 파편성, 부분성, 전체성을 문제시하기도 한다. 하지만 기억은 허구의 상상력이 아니다. 즉, 기억은 대상이 없는 순수 상상의 표상이 될 수 없다. 기억은 상상의 이미지를 구성하는 작업이지만, 그렇다고 기억 상상력이 인상의 대상 없이 대상과 무관하게 이루어지는 것은 아니다.[27]

기억은 시간을 타고 있다. '그때/그곳'의 시공간의 체험을 '지금/여기'의 시공간과 함께 상기한 것이 기억이다. 그렇기 때문에 기억은 단순히 시계-시간에 의한 연대기적·비가역적 과거의 시간에 따라 진행하는 것이 아니다. 기억은 과거의 시간으로 회귀하는 작업이지만 그렇다고 과거의 그 시

---

26) 물질과 기억의 개념은 앙리 베르그송(H. Bergson)으로부터 빌려온 것이다. 최미숙(2007)을 참고하라.
27) 또한 집단 기억 속에서 개개인의 편차는 있지만, 집단의 공통적인 기억 인상을 끌어낼 수 있다.

간이 기억의 '종착지'는 아니다. 즉, '지금/여기'라고 하는 현재의 시공간 속에 과거 '그때의 지금/여기'가 현존한다. 오늘의 시간 속에는 과거가 파지(把持, retention)되어 있고, 그리고 이미 다가올 미래가 당겨 와 있다. '지금/여기'의 현재라고 하는 시공간 속에는 지난 '그때의 지금/여기'가 그리고 '다가올 지금/여기'가 중첩되어 있는 것이다(후설, 2011).[28]

기억은 삶과 역사에 대한 반성과 성찰의 해석 과정이다. 그러나 우리는 이미 습관화된 편견, 이해 이전의 이해[前理解], 사회화된 지식, 세계관을 가지고 기억에 접근한다.[29] 설령 그것이 편견이라 할지라도 그 가능성을 인정하고, 개방적 태도를 취하는 것이 중요하다. 즉, 기억은 과거와 현재, 다가올 미래의 지평을 서로 만나게 하는 것이다. 사건에 대한 편견, 자신의 오류 가능성(falsiability)을 인정하고 과거, 현재, 미래 등 세 겹의 시간 지평 속으로 들어가는 해석의 과정은 사태에 대한 무관심으로부터 관심으로, 외피적 앎으로부터 보다 깊은 앎으로 들어가는 과정이다. 이 과정의 방편이 감정이입과 공감이다.

역사의 사건을 해석 대상으로서의 텍스트로 가정해보자. 과거 사건의 텍스트 해석은 그 배후로 돌아가 저자의 의도를 캐내는 것이 아니라 텍스트 앞에 서서 현재와 미래의 의미를 '캐내는 일'이다. '캐냄'이란 단순히 '기존

---

28) 그것은 순수 시간 의식 속에서 의식의 통일성이 작용하기 때문이다. 에그문트 후설은 과거-현재-미래의 시간이 중첩된 '지금/여기'를 혜성의 꼬리라고 말한다. 혜성을 현재라고 하면, 그 현재의 뒤편에 함께 움직이고 있는 뒤꼬리에는 과거의 시간이 현재 속에 탑재해 있다. 혜성의 꼬리에 탑승하지 못한 과거는 회상을 통해 다시 현재화할 수 있고, 그것은 이차적 기억을 통해 가능하다. 혜성의 현재적 시공간의 체험을 재생하는 것이 일차적 기억이라 한다면 이차적 기억은 그 시간의 거리를 더욱 확장시킨 것이다(후설, 2011).
29) 한스게오르크 가다머(H. Gadamer)는 이를 역사의 영향사(影響史)로 묘사한다. 이해는 이해 이전의 이해를 전제로 한다. 가다머(2012)를 참고하라.

의 의미'를 끄집어내는 것이 아니라 재해석하여 덧붙이는 것이다. 그 재해석에는 의미 구성, 의미 부여, 의미 창출 등 일련의 복합적 작업이 포함된다. 리쾨르(2002)는 해석의 작업은 텍스트의 후방이 아니라, 즉 저자의 의도가 아니라 텍스트의 앞에서 의미를 캐내는 일이라고 주장한다. 해석은 저자의 의도(행위자의 의도)를 포착하는 것(만)이 아니라, 해석하는 이들이 저자의 의도나 기존의 의미에 의미를 중첩시키는 일이라는 것이다. 그렇다고 해석자들이 임의적으로 새로운 의미를 짜깁기하는 것은 아니다. 해석자는 성찰과 반성의 '거리 두기'를 필요로 한다. 저자의 손을 떠난 텍스트는 그 의도와 상관없이 독자들이 해석한 의미를 기다린다. 독자도 '거리 두기의 해석 주체'가 되는 것이다. 이 거리 두기를 통해서 고정불변을 주장하는 이데올로기나 과거의 의미에 속박되지 않을 수 있다. 기억은 종종 기존의 관습에 의해 물화될 수도 있고, 권력 집단에 의해 조작되거나 오염될 수도 있기 때문에 거리 두기의 해석은 권력에 의한 이데올로기를 '까발릴 수' 있다. 거리 두기의 해석은 오히려 역사 비극의 주인공들의 원성과 못다 한 말들을 더 크고 깊게 들을 수 있게 한다. 비극을 직접 경험하지 못한 세대나 집단들이 비극을 경험한 집단들의 경험과 의미, 그 비극의 목소리에 귀를 기울일 수 있도록 한다는 것이다.

'박제화된 의미 틀'에 의해 과거에 얽매이게 하는 기억은 미래로의 발걸음을 가로막는다. 심지어 과거는 미래로부터 소급되기도 한다. "억압된 과거의 흔적은 미래로부터 회귀한다. 증상은 무의미한 흔적들, 과거의 숨겨진 깊이가 아니라 소급적으로 구성되는 것이다. 흔적들의 의미는 계속 변화한다. 모든 역사적 단절, 새로운 주인 기표의 출현은 언제나 모든 전통적 의미를 소급적으로 바꾸고, 과거의 내레이션을 재구축하며 다른 방식으로 새롭게 읽히게 만든다"는 슬라보예 지젝(S. Zizek)의 말을 되새겨봄 직하다.

과거를 소급하는 것은 현재로부터 미래로 진행하는 시간 작업의 일환, 즉 미래의 일이다. 미래의 시간 속에서 과거를 불러온다!

기억을 기억하게 하는 것, 끝없는 해석과 다양한 주체들이 해석의 의미를 더하게 하는 것, 그리고 이를 통해 고통 받는 자의 힘을 솟게 하는 것이 '기억의 정치'이다.30) 리꾀르는 새로운 해석을 통해 지배 이념을 극복하고 고통 받는 자의 목소리가 새로운 이념의 토대가 되도록 하는 것이 오늘날 정치철학의 중요한 과제라고 말한다. 가장 원초적인 삶의 경험을 직통하는 정치, 즉 과학적 틀이나 이론, 공식으로 접근되지 않는 원초적 생활 세계의 경험을 정치화하는 것이다. 기억의 정치는 고통 받은 자들의 슬픔과 원망, 그들의 삶을 반영할 수 있어야 한다. 과거는 해석을 통해, 현재의 삶 속에서 새롭게 상상되고 구성될 때 새롭게 살아 있는 과거가 된다. 과거를 반복적으로 되새기는 것이 아니라 과거를 넘어서 현재의 문제로 부각시키는 것이 기억의 정치이다(리꾀르, 2004; 이양수, 2016).

우리는 또한 어쩔 수 없이 시대의 자손이고 공동체의 후손이다. 내가 태어나서 살고 죽는 공동체는 태어나기 이전부터 그 자신의 전통을 갖고 있고, 이 전통은 각 세대의 주체들, 다시 말해 가장 가까운 선조들, 또 가장 먼 선조들과 연결되어 있다. 그리고 이들은 나에게 영향을 미쳐왔다. "나는 계승자로서의 나인 것이다"(갤러거·자하비, 2013: 157). 우리는 '시대의 자식이고 역사의 후손'이며 역사를 넘어 역사를 초월한 존재자일 수 없다. 역사 속에 포획된 존재, 즉 타자의 관계에 얽히고, 얽힐 수밖에 없는 존재이다. 우리가 오늘을 살면서 현재화된 과거와 미래의 시간에 고개를 돌리지 않을

---

30) 비극의 피해자들의 '다 말하지 못한 말'들에 주목해야 한다. 다만 과거를 그대로 재현하는 것이 아니라 현재의 새로움으로 태어나게 하기 위한 기억이다.

수 없는 이유이다. 따라서 우리는 '집합 기억'의 유산을 안고 있다. 개개인의 기억이 사라지고, 소멸되더라도 집합 기억은 끊임없이 재생된다(김영범, 1998; 김영찬, 2005).

그러나 기억의 다툼을 통한 기억의 정치는 '누가, 무엇을, 왜 기억하는가'라는 질문과 함께 권력과 통치성의 문제를 제기한다. 정치가 권력의 지점에서 행해진다면, 세 항의 질문(누가, 무엇을, 왜)은 권력 집단에 의해 얼마든지 왜곡 혹은 변양(變樣)될 수 있다. 국가에 의해 집합 기억이 공인되고 의례적인 애도를 통해 재생산되는 것이라면 우리는 그 이데올로기로부터 완전히 자유로울 수 없다. 국민국가의 정통성과 정당성을 유지하기 위해 미사 어구로 치장되거나 위장된 집합 기억들, 예컨대 전쟁과 승리, 혹은 패배와 모멸의 상기, 참전, 베테랑, 위대한 제국, 조국 수호의 영령 등은 수없이 많다. 그러나 승자의 기억이 아니라, 피 흘린 자들, 원한 속의 슬픔과 비극에 사라진 이들, 기억되지 않는 이들에 대해 기억해보라. 미완성의 기억에 대한 기억 … 그래서 기억의 정치는 오늘날 정치 윤리의 문제로 되돌아가지 않을 수 없다. 집합 기억의 이유와 애도의 의미, 그리고 공식 의례는 인류의 삶의 의미, 평화와 인권, 안녕 등에 대한 것이어야 하기 때문이다.

기억의 대척점에는 망각이 존재한다. 역사적 비극에 대해 가장 큰 징벌은 망각이라고 말한다. 그러나 망각 역시 인간에게 주어진 신의 축복이라고 회자될 만큼 망각하지 못하는 것도 괴로운 일이다. 모멸, 분노, 억울함의 기억을 모두 안고 살아간다면 그 고통으로 인해 오늘과 내일의 삶을 영위하지 못할 수도 있고, 자살과 같은 불행으로 이어질 수도 있기 때문이다. 그러나 '잊음'도 기억과 화해와 용서의 과정을 통해 실현된다. 그것은 역사에서 사라지는 망각이 아니라 언제든 소명되는 기억의 흔적으로 남는다. 역설적으로 잊기 위해서라도 우리는 기억을 해야 한다. 기억의 소멸, 기억의 왜곡, 기억의 상실 등 인위적인 망각의 계열체들은 삶과 역사를 빈약하게 만들 뿐이다. 우리는 역사적 사건에 대한 사실 왜곡, 조작, 회유, 본질 회피와 주의 전환, 분리/분열 등 다양한 망각의 기제가 작동해왔음을 목도하고 있다.[31] 청산(淸算)이 청산되지 않고 여전히 지난한 과제로 남는 이유에 대해서도 알고 있다. 그렇다면 무엇을 남기고 무엇을 잊어야 하는가? 기억과 동시에 병행되어야 할 것은 무엇이며, 기억 이후 우리는 무엇을 해야 하는가?

3) '어려운 용서'의 타진

기억을 도모하는 힘은 무엇일까? 무엇이 기억의 해석과 기억의 정치를 가능하게 할까? 앞서 말한 대로 그 힘은 죄책감이며, 더 나아가 죄책감이 분노로 이어질 때 기억의 정치를 가능하게 한다. 분노는 자신의 존재 가치, 인정에 대한 요구와 욕망이 '이유 불문'으로 거절되거나, 타자로부터 부당한 대우를 받았을 때 혹은 타자의 부당함을 인지했을 때 발생한다. 개개인의 분노가 집합 감정으로 이어진 감정을 공분이라 부르고, 이 집합 감정은 기억의 정치와 사회변혁의 에너지로 작동한다. 타자에 대한 공감과 공분이 상호 순환의 관계에 있는 이유도 이 때문이다. 역사적 사건을 청산하고 정의를 회복시키기 위한 '이행기 정의'의 문법을 수행하는 힘 역시 공감과 공분이다. 부채를 갚지 못한 죄의식이 우리의 양심을 괴롭히듯, 복수의 증후

---

[31] 나는 한 사례로 세월호 참사의 망각을 위한 다양한 정치, 언론 세력들의 행위를 주목한 바 있다. 예를 들어 사실 왜곡, 조작, 회유, (본질 회피를 위한) 관심 전환, 기억 세력들의 분리 등이다. 김왕배(2019b)를 참고하라.

인 분노의 기억과 공분은 국가 폭력이 지은 부채를 국가에 되갚을 수 있는 도구이기도 하다.

그러나 복수는 복수의 대가를 치른다. 최정운(2012)이 말한 대로 '원한을 품는 것'과 '원한을 푸는 것'은 극과 극의 차이이다. 어디에선가 그 순환이 멈춰야 하는 지점이 있다. 어디서 멈출 것인가? 혹시 이 지점이 용서는 아닐까? 리꾀르는 새롭게 시작한다는 것은 그 이전 기억의 의미를 지우는 일이라고 말하면서, 과감하게도 그 과정의 첫걸음이 용서라고 주장한다. 용서는 과거를 망각하는 일이 아니다. 용서는 기억과 함께 나란히 걷는 청산의 과정이며, 다만 거기에서 끝나는 것이 아니다. 넓게 말하면 역사의 비극에 대한 사법적 판결 역시 일종의 용서 행위이다. 사법행위는 개인들 간의 복수의 악순환과 그로부터 비롯될 사회의 갈등, 붕괴, 균열을 막기 위한 것이다. 범죄인에게 죄를 묻고 그 대가를 치르게 하는 사법적 행위는 엄밀히 말하면 단순히 피해자 개개인의 원한을 갚아주려는 것도 아니고, 부정적인 호혜적 관계를 정상적인 것으로 되돌리려는 것도 아니다. 사법적 판단은 일회적인 처벌을 통해 복수의 순환을 막고, 사회를 유지하기 위한 집단적 정의와 법질서를 회복하려는 목적을 가지고 있을 뿐이다.

용서의 주체, 내용, 방법의 스펙트럼은 매우 길다. 타자에 대한 관용을 넘어 환대를 말하는 타자 철학자들은 가해자-피해자의 도식과 법적 정치적 책임 묻기를 넘어 타자 존중이라는 측면에서의 용서를 주문하기도 한다. 그렇다면 과연 용서란 무엇인가? 사전적 의미에서 용서(容恕, forgiveness) 란 피해자가 가해자에 대한 이해와 관용을 통해 복수, 분노, 모멸, 수치, 증오 등의 다양한 부정적 감정과 태도를 극복하는 과정이다. 용서는 곧 화해로 나아가는 전초이고, '앞으로 이런 일이 일어나서는 안 된다'라는 상호 약속이며 신뢰를 설정하는 일이다. 그렇지만 피해자의 고통이 트라우마 수준으로 남아 있을 때 용서는 어렵다. 개인 간의 범죄나 폭력 행위라 하더라도 주위 집단의 사회적 지지가 없는 용서와 화해는 매우 불안정할 뿐이다. 가해자에 대한 처벌, 피해자의 명예 회복은 물론 배상과 보상, 그리고 사회적 관계의 복원 및 제도적 장치를 구비하는 일련의 과정 역시 용서와 화해의 과정에 포함된다.

역사적 사건을 해결하는 이 과정은 진실과 화해의 과정이며[32] 이 과정에서 구축되는 정의를 '이행기 정의'라 부르기도 한다. '눈에는 눈, 이에는 이'의 보복적 정의와 공동체 질서의 회복이라는 회복적 정의와 달리 이행기 정의는 용서와 화해에 이르는 과정 속에서 발현되는 정의이다. 용서란 단순히 서로를 공감하고 껴안는 공감적 감정의 교류가 아니라, 죄와 책임을 변제하되, 이행기 정의를 거쳐 회복적 정의를 약속하는 일이기도 하며, 향후 비극이 재발하지 않도록 제도적 장치를 확립하는 실천이기도 하다. 즉, 용서는 단순히 피해자가 입은 감정의 상처를 극복하는 과정이 아니라, 용서의 의미가 사회적으로 제도화되는 과정을 포괄하는 행위인 것이다.

그러나 용서가 쉬운 일인가? 현실 세계를 마주하는 용서의 윤리학은 그리 간단하지 않다. 더구나 가해자가 스스로 죄를 고백하거나 인정하지 않고 책임을 회피하며 가해를 부인할 때, 용서는 더욱 어렵고 과연 필요한 것인지 의문을 불러일으킨다. 예를 들어 당신은 사랑스러운 자녀를 무참히

---

[32] 남아프리카 공화국의 '진실과 화해 위원회(the Truth and Reconciliation Commision: TRC)'가 대표적이다. 이 기구는 악명 높은 인종차별 정책인 아파르트헤이트의 시대를 종식시키고 흑백 민족 간의 용서와 화합을 통해 새로운 시대를 열고자 하는 열망으로 건립되었다. 그러나 증거인멸, 허위 진술, 백인 중심의 사법부 활동, 그리고 좀처럼 나아지지 않는 흑인들의 경제 상황 등으로 많은 어려움을 겪고 있다. 윤형철(2017); 김형수(2014) 등을 참고하라.

살해한 범죄자를 용서할 수 있겠는가? 가해자가 죄를 참회하지 않는다면 그것은 거의 불가능하다. 참회는 용서의 전제이다. 참(懺)은 과거 잘못에 대한 고해성사를 통해 자기 죄를 철저히 누르는 것이고, 회(悔)는 뉘우쳐 미래에 그런 일이 없도록 약속하는 것이다. 이러한 참회가 없는데 어떻게 용서가 있을 수 있겠는가? 용서란 처절한 몸부림이며, 깊은 고뇌와 번민을 수반하는 것으로, 오히려 피해자를 '두 번 죽이는 일'일 수도 있다.[33] 더구나 용서할 일을 당하지 않은 사람들이 함부로 용서란 아름다운 것이라고 말할 자격도 없다. 설령 용서를 한다 해도 '용서란 가해자를 죽이고 싶은 분노, 즉 복수로부터 시작한다'.[34] 이 복수심을 마음속에서 과연 지워낼 수 있을까? 용서는 남들로부터 존중 받기 위한 자화자찬의 자기기만에 지나지 않는다는 니체의 말을 차치하더라도, 쉬운 용서는 '잘못'을 은폐할 뿐 아니라 더 큰 화(禍)를 불러온다.[35] 용서 불가론자 혹은 용서 무용론자는 용서할 수도, 용서해서도 안 된다는 입장을 견지한다. 보상을 위한 이기적인 동기에서 비롯된 용서나 가해자와 결탁한 용서, 자포자기하는 용서, 종교나 국가권력에 의해 강요된 용시, 자기기만의 용서는 용서하시 않으니만도 못하다는 것이다(신응철, 2018). 차라리 피해자가 증오와 복수의 분노를 지우지 않고 있을 때 그나마 손상된 자존심을 일부라도 보존할 수 있다는 주장도

---

[33] 근거 이론에 기초하여 피해자 심리를 연구한 Field et al.(2013); Berry et al.(2005)을 참고하라.
[34] 칸타쿠지노(2018)에 실린 다양한 체험 글을 참고하라.
[35] 이정향 감독의 영화 〈오늘〉을 참고해보라. 철없이 범죄를 저지른 자식을 용서한 결과 훗날 그가 타인을 살해하는 범죄를 일으키는 것처럼, 쉬운 용서의 병폐를 생각해볼 필요가 있다. 또한 피해자의 동의 없이 스스로 용서를 한 범죄자의 모습을 보고 고통스러워하는 피해자를 그린 이창동 감독의 영화 〈밀양〉도 참고하라.

제기되고 있다(Murphy, 1988).

그러나 누군가는, 용서가 불가능한 단어가 되어버린 사람들에게 가장 필요한 것이 역설적이게도 용서라고 말한다. 용서는 우리 안의 열정을 죽이는 열정으로서 분노, 복수, 비통, 원한을 넘어 앞으로 나아가려는 더 나은 삶의 방법을 찾기 위한 고뇌스러운 결단이다. 용서란 오히려 우리를 다치게 한 자들에 의해 자신의 삶이 속박 당하지 않도록 하기 위한 것이며, 상처와 피해의식에 짓눌리고 꺾이지 않도록 하려는 열정을 말한다.

> 용서한다는 것은 도덕적이면서도 개인적인 어려운 도전과 마주하는 일로서 내 옆구리에 깊숙이 박힌 창을 내 손으로 뽑아내는 일이다. 내 도덕적 감수성, 내 자존감, 내 원칙, 내 희망인 내 속의 창자들을 절대로 다치지 않게 하면서 정말로 조심스럽게 빼내야 하는 일이다(체리, 2013: 22).

용서의 궁극적 이유와 목표는 '피해자'의 고통을 더는 것이다. 법적 시효가 지나간 사건이라 하더라도 회복적 정의를 구현하고, 미래 세대에게 사회정의의 약속을 전해주기 위해서 용서가 필요하다. 용서 없는 복수의 감정은 끊임없는 분노와 좌절, 혐오와 증오만을 반복할 뿐이다. 물론 용서했다고 해서 복수와 증오의 감정이 모두 사라지는 것도 아니고, 보복을 했다고 해서 그 감정이 사라지는 것도 아니며, 배상을 받는다고 해서 피해가 온전히 회복되는 것도 아니다. 그러나 용서가 되지 않는다면 오히려 피해자와 사회는 증오의 고통에 휘말릴 뿐이다. 증오는 견디기 힘든 막중한 짐으로 증오하는 대상보다 증오심을 품고 있는 사람이 더 많은 상처를 입는다.

용서의 궁극적 목표는 빼앗긴 자신의 존중을 되찾는 것이다. 한 사상가는 용서는 사실상 불가능한 것이며, 용서란 순간적으로 행해지는 기적적인 선물로서 차라리 '광기의 용서'가 진정한 용서라고 말한다.36) 조건적 용서는 가해자가 자신의 잘못을 시인하고, 그에 대한 책임을 지겠다는 각오, 그리고 향후 그러한 잘못이 일어나지 않을 것이라는 약속을 해야 한다. 그런데 가해자가 용서를 빌지 않으려 할 때, 혹은 가해자의 참회나 반성, 회개가 없을 때는 어떻게 할 것인가? 그래도 용서를 해야 하는가? 자크 데리다(J. Derrida)는 무조건적 용서가 조건적이 되어야 한다는 다소 역설적인 입장을 제시한다. "용서는 용서할 수 없는 자를 용서하는 것이다. 용서할 수 없는 자가 있는 곳에 용서가 있을 뿐, 무조건적 용서의 불가능을 행하는 곳에 용서의 가능성이 있을 뿐"이라고 말한다(김현수, 2011: 281). 용서할 수 없는 자를 용서하는 아포리아(aporia)적 상황이다.37)

결국 데리다에 의하면 용서는 어떤 조건에도 의존하지 않는다. 즉, 무조건적 용서는 가해자의 고백과 뉘우침을 전제로 하지 않는다. 한나 아렌트 역시 다소 역설적인 주장을 펼친다. 인간은 "처벌할 수 없는 것을 용서할 수 없고 용서할 수 없는 것은 처벌할 수 없기 때문에 처벌을 위해서라도 용서를 해야 한다"는 것이다(아렌트, 2017: 338). 혹자는 일단 용서하기로 했으면 죄지은 자를 잘못된 그 행위에 귀속시킬 것이 아니라 죄와 죄지은 자를 구분하여 그를 존중하는 것이 곧 용서의 무기라고 말한다. 설령 죄지은 자가 사과나 후회, 참회가 없더라도 그를 하나의 사람(person)으로 대하는 것, 도덕적인 변화의 가능성을 지닌 존재로 보는 것이 용서이다.38)

---

36) 블라디미르 얀켈레비치(V. Jankelerich)의 말이다(김현수, 2011: 275에서 재인용). 그는 용서는 이미 독일 강제 수용소에서 죽었다고 말한다. 인간의 본질을 훼손한 형이상학적 범죄는 결코 용서할 수 없다는 것이다.
37) 데리다는 아포리아한 상황을 그대로 놓아두자고 말한다. 환대도 마찬가지이다. 이방인에 대한 절대적 환대는 그러나 이방인의 신원을 묻는 조건적 환대와 곤궁한 상황을 맞이한다.

조건적 용서와 무조건적 용서 사이의 아포리아한 상황을 '기억과 망각'의 관점으로 접근한 사상가는 리꾀르이다. 그러나 그는 용서 받는 자와 용서하는 자가 서로 다가서는 쌍방적 의무자라는 입장을 전제로 한다. 용서의 무대로 초대 받은 자는 스스로 과실과 잘못을 인정하는 의무가, 그리고 용서하는 자는 무조건적인 용서의 광기를 발휘해야 한다는 것이다. 스스로 잘못을 인정한 사람을 무조건적으로 용서할 수 있는 것은 쌍방 간의 호혜적 교환 논리가 아닌 잉여 논리, 즉 하나님으로부터 넘치는 사랑을 받았다는 점 때문에 가능하다. 당신도 하나님으로부터 용서(죄사함) 받았기 때문에 타인의 죄를 용서하며, 이러한 잉여의 사랑 속에서는 누군가로부터 받기 위해 주는 것이 아니라, 이미 누군가로부터 받았기 때문에 준다는 의무가 내포되어 있다. 용서의 선물은 돌려주지 않아도 되는 선물이지만 용서를 구하는 사람은 회개와 고백을 통해 용서의 선물을 받아들이려 한다(김현수, 2011).

그렇다면 왜 기억이고 망각인가? 리꾀르에 의하면 과거의 상처를 호명하는 적극적인 기억은 회한과 비탄을 불러일으키는데, 이 과정이 곧 화해의 과정이다. 화해의 궁극적 만남은 가해자나 가해행위에 대해서가 아니라, 잃어버린 자신의 것, 사랑하는 대상과의 마주함이다. 이 기억의 과정은 고통을 수반하지만 미래를 지향하는 의무이며, 희생자에 대한 망각은 잃어버린 대상을 삭제하는 것이 아니라 보전 속의 망각이다(Ricoeur, 2004; 김현수,

---

38) 무조건적인 용서는 범법자가 고통을 받든 안 받든, 후회를 하든 안 하든, 희생자의 자존감을 높일 때 가능하다. 인간은 도덕적 자율성을 가진 존재로서 용서를 하나의 지고한 덕목으로 승화시킬 수 있다(Holmgren, 1993). 이 밖에 용서에 대한 것으로 Ware(2014); Allais(2008); Bell(2012); Govier(1999); Roberts(1995) 등을 참고하라.

2011).39) 사랑하는 대상을 잃었다고 해서 언제나 고통스럽게 모멸과 굴욕을 안고 살아갈 수는 없다. 용서는 망각이 아니라, 기억에서 출발하고 증오가 낳은 분열을 적극적으로 치유하는 인간관계의 갱신을 목표로 한다. 리쾨르는 보존의 망각이 사라지는 망각과 달리 행복의 기적으로 소생하는 생명의 선물인 것처럼, 용서를 역사와 목적론적 화해가 아니라 희망의 종말론으로 바라본다(장경, 2017: 40).

용서의 힘은 풀고 맺음의 약속이며, 자유로운 행동 주체의 선언이다. 그러나 여전히 용서를 구하는 것과 용서를 하는 것, 두 행위의 마주침은 쉽지 않고 온전히 가능하지도 않다.40) 사과를 받아들인다고 분노가 사라지는 것은 아니지만 세상과 사물을 달리 볼 수 있는 의지를 통해 용서를 한다면 분명 다른 세계의 장이 열린다는 희망이 제시되기도 한다. 연민과 자비, 공감과 상상 등을 통해 상호 마주침이 가능하다는 것이다(Novitz, 1998). 그런데 용서를 논하는 이유 중 하나에는 피해자-가해자(여기에 방관자를 넣어도 마찬가지이다)라는 이분법적 도식의 한계를 극복하려는 의도가 담겨 있다. 피해자의 원통함과 억울함은 피해지 당사자가 아니면 온전하게 느낄 수도, 치유될 수도 없다. 피해자의 고통과 요구에 귀 기울이는 피해자 중심의 피해자 구제 원칙이 문제 해결의 핵심인 것은 부인할 수 없다. 그러나 문제 해결의 모든 것은 아니다. 가해자-피해자 등 행위자 중심으로(만) 문제를 인지할 경우 역사적 사건과 그 의의가 매우 축소될 위험도 있다. 도식적 접근은

---

39) 일반적으로 용서란 곧 망각이며, '적'이 저지른 범죄에 대해 우선적인 관심을 버리라고 말하지만 용서는 기억한 후에야 가능하다(슈라이버, 2001).
40) 얼마 전 5·18 항쟁기에 한 시민을 살해했던 계엄군이 유가족을 찾아와 용서를 구했고, 서로는 부둥켜안고 눈물을 흘렸다(오마이뉴스, 2021.3.18).

자칫 책임을 가해자(집단)에게만 집중시키고, 피해자의 명예 회복, 배상, 보상 등에만 치중하는 결과를 낳을 수 있으며, 그 과정(가해자에게는 처벌, 피해자에게는 다양한 구제)이 청산되고 나면 사건은 종료되는 것으로 간주된다. 가해자-피해자라는 이분법적인 범주화 접근에 몰두하다 보면 사건을 낳은 역사적 맥락이나 구조적 상황이 간과되는 경향도 있고, 숙명적 공동체를 구성하고 있는 다른 구성원들의 관심과 참여 그리고 그 의미의 보편적 확산이 제한되기도 한다.[41]

용서의 선언은 사건의 축소와 왜곡, 망각에 의한 의미의 박제화를 막기 위함이기도 하다. 그렇다고 용서 받지 않으려 버티는 사람들, 이미 사법적 대가를 치렀다며 정치적 권력의 희생자라고 스스로를 변호하는 사람들을 굳이 용서의 마당에 초대할 필요가 있을까? 리꾀르가 말한 대로 용서란 용서를 구하는 사람이 그 초대에 응해야 하는 쌍방의 마주침이다. 만약 그들이 용서의 초청에 응하지 않는다면 그들은 용서의 연행으로부터 말소의 대상으로 남겨둘 수밖에 없다. 그러나 리꾀르가 말한 대로 용서가 가해행위나 가해자를 마주하는 것이 아니라 잃어버린 자신과 사랑하는 대상을 마주하는 것이라면 용서의 초대에 그들이 응하든 응하지 않든 용서의 연행(演行)은 시작될 필요가 있다. 궐석재판이 진행되듯, 피고는 법정에 서지 않았지만 재판은 진행된다. 또한 용서를 구할 사람들은 비단 신군부와 동원된 군인들, 그들의 지지 세력만이 아니다. 방관했거나 침묵한, 현재 침묵하고 있는 대부분의 우리 역시 용서를 구해야 할 사람들이다. 야스퍼스가 말한

---

41) 텍스트 해석학이 제시하는 것처럼, 저자에 의한 텍스트는 저자만의 것이 아니다. 일단 저자의 손을 떠나면 그것은 다양한 독자들에 의해 다양하게 읽히고 해석되며 전유된다. 역사적 사건도 마찬가지이다.

대로 우리는 최소한 도덕적인 죄와 형이상학적 죄의 책임을 져야 하는 공동체의 일원이기 때문이다.

4) 미래를 향한 '미완'

시간과 기억, 그리고 용서는 이러한 '곤궁'을 넘어서려는 몸짓이다. 역설적이게도 분노 없는 용서는 동력을 상실하지만 용서는 '분노의 분노' 너머에 있다. 용서에는 '때'가 있는 법이고, 쉬운 용서는 오히려 화를 부른다. 참회할 줄도 모르고, 참회하려 하지 않는 이들을 굳이 용서와 화해의 장으로 불러와 타자의 지위를 부여할 필요가 있을까? 그러나 5·18 항쟁이 그들을 단죄하고 피해자들을 보상으로 수습하는 차원, 그것도 정치집단의 셈법에 의해 좌우되는 수준에서 회자될 때 시민들은 권태와 피로에 젖기도 한다. 5·18 항쟁의 정신이 다양한 경로를 밟을 수 있도록 좀 더 개방적인 구상이 필요하다. 항쟁의 의미를 헌법 전문에 명시하는 일,「님을 위한 행진곡」을 자연스럽게 부르는 일[42], 거대 서사로부터 작고 가벼운 담론으로 일상에 녹아들게 하는 일 등을 벌이는 것이다. 또한 과거의 그때를 지향하는 무거운 짐이 아니라 앞으로의 세대를 위한 용서, 우리 자신을 포함하는 용서, 완성될 수 없는 용서를 진행하는 것이다. 용서가 애초부터 모호한 행위임을 인정한다면 '상대의 신원을 확인하고 배제하면서 다른 한편 무조건적으로 화해하는 곤혹스럽고 딜레마적인, 아포리아한 용서'도 가능하지 않을까?

우리는 5·18 항쟁의 정신을 좀 더 다양한 경로와 장에서 펼칠 수 있어야

---

[42] 5·18 항쟁 이후 그리고 오늘날까지 노래를 통한 재현에 대해 매우 흥미로운 글로는 최유준(2021)을 참고하라.

한다. 5·18 항쟁의 기억을 슬픔과 분노, 엄숙한 계몽의 부활에 그치게 하는 것이 아니라 개개인의 삶의 성찰, 인권과 평화의 문턱으로 초대하는 것이다. 침묵해서는 안 되는 것, 기억을 통해 재생해야 하는 것, 그러나 과거의 '그때/거기'에만 머무르지 않는 것, 특정 공간에 죄어들지 않게 하는 것, 특정 집단의 전유물이 되지 않게 하는 것, 무관심의 고리를 끊어내는 것, 항쟁의 정신과 실천 마당을 확장하는 것 등을 위해 매우 '곤혹스럽고 어려운 용서'의 연행은 미래를 향한 하나의 경로가 될 것이다.

2부

도덕감정과 적(敵)의 장벽

혐오, 생명통치, 이데올로기

―

5장 혐오의 정치와 반지성주의
6장 법, 생명통치, 이데올로기

5장

혐오의 정치와 반지성주의

1. 혐오사회의 정치

1) 혐오의 양가성[1]

혐오는 '이질적인 것'에 대한 거부감의 표현이다. 혐오는 어떤 이질적인 것이 자신의 건강이나 안녕과 존립에 위해를 가할 것이라는 두려움에 기인한다. 즉, 혐오는 이질적인 대상이 나와 자신이 속한 집단을 오염시키고 마침내 파멸시킬지도 모른다는 두려움의 감정으로서, 그 대상이 '악(惡)'이라는 가치판단을 내포하고 있다. 혐오는 어떤 대상을 단순히 싫어하거나 거부하는 수동적 감정이 아니라 '나쁘기 때문에 싫어하는 것'이고 따라서 어떤 형태로든 이들로부터 멀어지거나 이를 제거하고자 하는 행위를 수반하

---

[1] 이 항의 내용 중 일부는 김왕배, 『감정과 사회』(2019)의 '혐오' 장에서 따왔다.

는 적극적인 감정이다. 혐오 용어의 뿌리는 찰스 다윈(C. Darwin)이 관찰한 '맛에 대한 불쾌감'에서 찾아볼 수 있다(다윈, 2014). 진화 생물학적 입장에서 본다면 혐오는 역겨움이나 구토의 반응 등을 통해 자신의 신체를 보호하려는 생체 조직으로부터 진화해온 감정이다. 신체의 거부반응은 특정한 관습이 되기도 한다. 대부분의 사람들은 동물의 배설물, 찌꺼기, 소변이나 피 등을 혐오하고, 소화나 배설 기능을 담당하는 신체 기관이나 살아 있는 동물들을 먹으려 하지 않는다. 문화권에 따라 선호의 차이가 있긴 하지만, 그럼에도 불구하고 전 인류가 대체로 공유하는 비(非)호감의 대상들이 존재한다. 예를 들어 쓰레기나 배설물 등에 기생하면서 병균을 옮기는 파리나 쥐, 부패된 시신과 같은 것들이다. 특히 부패된 시신은 인간이 가장 싫어하는 혐오와 메스꺼움의 대상인데 시체는 죽음에 대한 공포를 불러일으키기 때문에 더욱 그렇다는 것이다(Haidt et al., 1993).

혐오 감정의 이웃 감정은 두려움과 공포이다. 두려움과 혐오 모두 대상을 '싫어함(aversion)'의 감정인데 행위 결과의 차이가 있다면 두려움은 그 대상으로부터 '벗어나버림(flight)'이고, 혐오는 그 대상을 치워 없애버리려 한다는 것이다. 혐오는 단순히 대상을 무서워하거나 싫어하는 것이 아니라 그 대상을 소거시켜 자신들의 청결함, 혹은 순수함을 유지해야 한다는 심적 부담감을 갖는 감정이다(Miller, 1997: 26). 경멸이나 모멸 역시 혐오와 아웃사촌의 관계를 맺고 있는 감정이다. 두 감정 모두 대상에 대한 우월성(superiority)을 전제로 하면서도 혐오가 대상을 불쾌하게 여기는 감정이라면 경멸은 그 대상을 재미 혹은 농락의 대상으로 간주하는 것이다. 경멸은 때로 대상에 대해 예의 바름, 측은함을 보이기도 하고, 애완동물처럼 귀여워하는 친밀성을 표현하기도 하지만 혐오는 이런 것과는 거리가 멀다. 경멸은 가끔 아이러니한 형태를 취하는데 그 대상에 대해 가학적인 웃음, 냉소, 짜증을 내기도 하며, 상대를 비(非)가시적인 것으로 여기는 무관심한 태도를 보이기도 한다(Miller, 1997: 33).[2]

혐오 역시 다른 감정들처럼 강도와 반응 양식에서 다양한 편차를 가지고 있다. 혹자는 일상에 대한 권태감 역시 자신에 대한 약한 혐오라고 말한다(세넷, 2002). 서로 접촉하면서도 거리를 분명히 하는 주인-노예 관계에서도 혐오는 발생한다. 예의나 규칙의 선(線)을 넘으려는 하급자에 대한 불쾌감도 혐오의 일종이다. '선을 넘지 말라'는 말이 함축하고 있는 것처럼 계급이나 지위, 인종의 차별에 의해 발생하는 구조적 혐오이다. 표면적으로 드러나는 것 같지 않으면서도 일상생활에서 은밀한 거리 두기, 특별한 의례나 회합에서 편 가르기 등은 바로 구조화된 혐오 감정의 표현이다. 아울러 적대적인 인종차별 감정뿐 아니라 '예의 바른 인종 우월 의식' 역시 혐오의 한 형태이다.

혐오는 원한, 증오, 적대감, 분노 등 부정의 감정과 결합된 경우가 많다. 전쟁, 침략, 학살을 경험한 피해자 집단에게는 가해자에 대한 극심한 복수와 분노의 감정이 혐오로 표출되기도 한다. 가난, 상대적 박탈감, 자신도 파악할 수 없는 '사회구조'에 대한 원한의 감정은 냉소를 넘어 극도의 혐오로 나타나기도 한다. 사회가 너무 불합리하고 자신의 삶이 절망적이라고 생각하는 피해의식이나 희생자 의식에 빠져 있는 사람들에게서 나타나는 경우가 많다. 무언가에 강박적으로 집착하는 사람들 역시 혐오 감정을 표출하는 경우가 많은데, 혐오와 뒤섞인 원한과 증오는 세상에 대한 '고착된 망상'으로 나타나 현실을 왜곡하는 '피해망상적 편집증'을 보이기도 한다.

---

2) 혐오 역시 상대를 보이지 않는 투명인간으로 차별하는 감정과 밀접한 관계를 맺고 있다(엠케, 2017).

누군가를 극렬하게 증오하고, 이데올로기나 지도자를 맹신하는 사람들이 보이는 혐오이다.3)

혐오는 경멸, 모멸, 수치, 증오, 분노, 두려움 등의 감정과 밀접한 연관성을 갖고 있지만 그 핵심은 대상이 위해하다고 판단하며, 그에 따른 행위를 유발하는 감정이라는 것이다. 앞서 말한 대로 혐오는 어느 대상을 단순히 '싫어함'을 넘어 자신에게 위해, 위험, 공포를 주는 나쁜 대상으로 간주된다(Navarrete and Fessler, 2006). 그리고 그 대상은 음식물이나 물질적인 것뿐 아니라 '인간'에게도 확장된다. 신체적 질병이나, 특정한 정치적 태도, 종교관, 이념, 생활 방식을 가진 집단들이 혐오의 대상이 되는 것이다. 혐오는 질병이나 오염으로부터 자신의 신체를 방어하기 위한 기제일 뿐 아니라, 사회적 질서나 규범, 자신의 안녕을 유지하려는 반응이기도 하다. 혐오는 특정한 음식이나 동식물 가공품뿐 아니라 성, 죽음, 위생과 관련된 것에 대한 회피 반응, 이질적인 이방인에 대한 직간접적인 접촉에 대한 거부 반응, 특정한 도덕적 위반자에 대한 처벌 반응 등으로 다양하게 나타난다(Faulkner et al., 2004). 혐오 대상에 행동반응의 강도 역시 다양하다. 소극적으로는 혐오스러운 것을 피하려 하지만, 적극적으로는 그 대상을 '제거'하려 한다.4) 특정한 가치관과 규범적 코드를 맹신하는 사람들, 특히 특정한

---

3) 맹신자들은 자신이 망가졌다는 자각에서 벗어나고 싶어 하는데, 그들의 가장 큰 욕망은 현재 망가진 자신으로부터 달아나는 것으로 현실 비하, 몽상, 습관적 증오심, 불가능한 것을 시도하는 것이다. 증오는 자기 자신을 대신하고 싶은 것, 예컨대 국가, 종교, 민족, 이데올로기 등에 대한 열렬한 충성이나 애착으로 나타나고 이러한 열망에 매달린 사람들이 근본주의에 빠지거나 테러 행위자가 된다(호퍼, 2011: 102).
4) 이질성이 반드시 혐오 반응을 불러일으키는 것은 아니다. 이질성은 때로 기이함에 대한 호기심, 경외심 등을 불러오기도 한다.

정치 이데올로기에 세뇌되어 있거나 종교적 도그마에 빠져 있는 근본주의자들은 그들이 혐오하는 집단을 정의롭지 못한 존재, 위험스러운 집단으로 간주하고 이를 철저히 배제하려 한다. 이 배제의 전략은 거리 두기로부터 격리, 소멸 등 다양한 형태로 나타난다.

혐오 대상자들은 특정한 사회 물리적 공간으로 격리되기도 한다. 세균에 감염된 병자나 나환자, 범죄자, 난민, 걸인 등은 특별 병동이나 교도소, 난민촌, 보호소 등으로 수용되어 철저한 감시와 통제, 훈육과 규율을 받는다(정근식, 2007; 김현경, 2007). 격리 수준 이상의 배제는 '소멸'인데, 소멸은 혐오 대상이 자신의 안전과 생존을 위협할 수 있는 공포스러운 대상으로 인지될 때 발생한다. 설령 혐오 대상이 현재는 소수여서 세력이 없다 하더라도, 방치할 경우 점점 그 세력이 확장되어 언젠가 자신들의 지위나 제도와 질서를 위협할 것이라 인식한다. 소멸은 아예 이들을 '살해'해버리는 것이다. 나치즘 아래 유대인 학살이 대표적이다. 이처럼 혐오 감정은 대상을 제거하려는 폭력적 행위와 강한 친화력을 가지고 있다. 그렇기 때문에 역사적으로 혐오의 문제는 권력과 억압의 문제이기도 하다. 혐오는 대상에 대한 비호감(非好感)을 넘어 거리 두기로부터 박멸에 이르기까지 다양한 유형의 배제 행위를 유발하기 때문에 비대칭적 권력관계에 의해 발생하고, 또한 이 권력관계가 혐오를 통해 재생산되기도 한다. 따라서 혐오의 대상과 감정은 정치적인 권력에 의해 '구성'되는 성격이 매우 강하다.[5] 상대를 배척하고 소멸시키려는 감정으로서의 혐오는 인종차별이나 성차별 등과 같은 증오 감정으로 발전하여 타자에 대한 폭력으로 진행되기도 한다(호퍼,

---

5) 감정의 생물학적·사회적 속성 등 다양한 입장에 대해서는 박형신·정수남(2015); Lewis and Babarett(2008); Stets and Turner(2007); Turner and Stets(2005) 등을 참고하라.

2011; 마르크스, 2009; 게일린, 2009).

혐오는 대부분 혐오하는 사람이 그 대상에 낙인찍은 신체적 특성과 밀접한 연관을 맺는 경향이 있다. 기존의 신체적 특징, 예컨대 피부색, 눈의 모양 등에 따라 습관화된 편견뿐 아니라 새로운 혐오의 '기호'를 지속적으로 신체에 각인하는 것이다.[6] 예를 들어 9·11 테러 이후 미국인들은 중동인들을 테러리스트로 낙인찍고 잠재적인 위험군(群)으로 간주했다. 즉, 중동인의 신체에 테러리스트의 기호가 부착되면서 그들의 '유동성'(공간 이동)은 저지되거나(감시의 강화), 접촉 기피의 대상이 되었던 것이다(Ahmed, 2014). '혐오스럽다'라고 호명하는 것은 '역하고 나쁘고 야만스럽다'는 기호를 어떤 대상에 부착하는 수행적 효과를 갖는다. 예컨대 중동인에 대한 혐오적 언어 행위는 모든 중동인이 테러리스트일지도 모른다는, 혹은 테러리즘과 관련된 대상일지도 모른다는 경각심을 갖게 한다. 한국을 예로 들면 진보적 사람들에게 '종북좌파'라는 낙인을 찍음으로써 많은 사람들의 긴장과 경계심을 불러일으키는 것과 같다.[7] 코로나19 사태 이후 중국인을 비롯한 아시아인들에 대한 혐오 감정 역시 마찬가지이다. 이를 인지의 경제(economy of recognition)라 부르기도 한다(Ahmed, 2014: 98). 인지의 경제는 대상의 다양한 속성을 단순히 하나로 환원시킴으로써[이를 '프레임(frame)'이라고 말할 수도 있다] 인지에 필요한 두뇌의 에너지나 시간, 상대에 대한 신뢰 등 행위 반응

---

[6] 사라 아흐메트(S. Ahmed)는 혐오가 몸과 권력의 문제와 불가분의 연관을 맺고 있다면서, 혐오는 "한 대상의 신체에 대해 특정한 기호(sign)가 끈적끈적하게 접착된" 상황이라고 말한다. 그 기호가 부착되어 있는 신체는 이곳저곳을 흘러 다니는 위험한 존재로서 '아직' 그러한 속성이 나타나지 않고 있더라도 언젠가 곧 나타날 것이라는 암시 효과를 준다는 것이다. 참고로 어빙 고프만의 '오점 찍기(stigma)' 개념도 유용할 것이다(고프만, 2009).

[7] 참고로 혐오 표현의 자유와 한계에 대해서는 홍성수(2018)를 보라.

의 효율성을 추구하려는 의식적 활동이다(김왕배, 2019b).

다른 한편 혐오는 문명의 발달에 기여하기도 하고 '나쁜 것'들, 예컨대 잔악함, 강간, 살인 등의 악덕에 대한 배제의 감정을 통해 도덕감정의 구성 인자가 되기도 한다(Miller, 1997; 크리스테바, 2001).[8] 혐오의 '묘하고도 양가적인 측면'인 것이다. 노버트 엘리아스(N. Elias)는 혐오를 통해 문명이 발달해왔다고 본다. 엘리아스는 역설적으로 보다 많은 것을 혐오스럽다고 인지하는 사회가 보다 문명화된 사회라고 주장한다. 엘리아스는 중세 이래 유럽의 궁정과 일상생활에서 다양한 '매너(manner, 예의질서)'가 어떻게 발전해 왔는지를, 특히 음식 예절의 발달 과정에서 찾고 있다(엘리아스, 1995). 예컨대 식사 예절은 코 풀기, 방귀 뀌기, 침 튀기기, 떠들기, 손으로 집어먹기 등의 행동을 혐오하면서 발달해왔다. 또한 줄리아 크리스테바(J. Kristeva)가 말한 대로 '썩은 시체에 대한 혐오를 통해 삶의 의미를 응시'하고, '도덕을 어긴 자신을 혐오할 때 나의 지극한 양심을 확인할 수 있듯', 그리고 나치 같은 극우 세력에 대한 혐오와 역겨움을 통해 인간 생명의 존엄과 인권을 체감하듯, 혐오는 역설적으로 자신의 존재를 성찰하게 만들기도 한다는 것이다.

2) 혐오와 희생제의

오늘날 특정 인종, 종교, 이념, 민족 집단에 대한 혐오의 감정이 평화와 공존이라는 희망을 무참히 깨트리고 있다. 혐오 범죄는 그칠 날이 없다. '미

---

8) 노버트 엘리아스가 주목한 것은 음식, 예의범절 등의 문명화였다(Elias, 1995).

국 제일주의(America First)'를 외친 도널드 트럼프가 대통령이 된 이후 잠시 주춤했던 인종차별주의자들이 다시 득세하더니, 급기야 민주주의의 상징인 국회의사당을 점거하는 사태까지 벌어졌다. 이탈리아에서는 무솔리니당의 후예가 총리에 등극했고, 유럽 사회에서는 극우주의를 표방하는 신나치(파시즘) 세력이 극성이고, 일본에서는 극우 세력이 '혐(嫌)한류' 시위를 주도하고 있다. 지구촌 전반적으로 난민과 이주 노동자에 대한 추방과 불관용의 원칙 등 이방인에 대한 냉담한 기류가 높아지고 있고, 보수라 보기 어려운 우파의 정치적 입김이 거세지고 있다. 혐오, 증오와 선동, 위협과 배제의 정치가 전 지구 곳곳으로 확산되고 있는 것이다.

한국 역시 예외는 아니다. 한국 사회에서도 '여혐(女嫌)' 논쟁이 벌어지고 있고, 장애자나 성소수자, 노인에 대한 비하와 조롱은 물론 특정 집단을 '악마화'하고 적대시하는 현상이 여러 곳에서 나타나고 있다. 한국의 우파 보수주의자들은 진보 세력을 위험한 집단으로 간주하면서 박멸해야 할 혐오의 대상으로 '구성'하는가 하면, 그런 우파 역시 진보 세력에게 혐오의 대상이 되고 있다. "거룩한 혐오"(한채윤, 2017: 165)라고 표현할 정도로 성소수자를 인정하지 않으려는 한국의 기독교계는 '포괄적 차별 금지법'에 거세게 반발하고 있다. 이들은 또한 이슬람교도에 대해 지극히 원색적이고 선동적이며 위협적인 언사와 행동을 여과 없이 드러내고 있고, 이슬람교도가 금기시하는 관습을 무시함으로써 그들에게 극도의 굴욕감을 주고 있다.

미국이나 유럽 사회에서 혐오의 주 대상이 인종, 민족, 종교(이슬람과 기독교)라면 한국에서는 성, 세대, 이념 등이다.[9] 한국에서 이들에 대한 혐오 증

---

[9] 일부 연구가들은 그러나 한국에서도 외국인 노동자, 국제 결혼자, 디아스포라 집단에 대한 혐오 증상이 발견된다고 경고의 목소리를 내고 있다. 강 건너 불구경할 상황이 아니라

상은 정치 영역에서 더욱 뚜렷하게 나타난다.10) 혐오로 인한 갈등이 '정치 권력'에 의해 조정되고 통제되는 것이 아니라 오히려 특정한 정치 세력에 의해 조장되거나 증폭되고 있는 것이다. 그들의 권력욕과 통치술, 그리고 그들을 지지하는 대중이 특정 대상에 대한 '혐오'를 통해 교합(交合)하는 형국이다. 특정 집단에 대한 혐오를 통해 내집단의 정체성을 강화하고, 이를 바탕으로 정치권력을 도모하려는 현상을 '혐오 접착의 정치화'라고 부르자.

미국의 트럼프 대통령이나 서유럽의 극우 세력이 혐오의 대상으로 '구성' 한 것은 이질적인 외래종(種)으로서의 인간, 즉 (불법) 이민자들이나 난민들이다. 불법 이민자들 또는 국경을 넘어서려는 이주민들은 백인들 조상의 땀과 피로 건국한, 기독교 하느님의 은총을 받은 거룩한 미합중국을 위협하는 세력으로 비하된다. 그런데 '불법 이민자들'의 기호는 파생된다. 확장된 기호의 범주에는 흑인, 유색인, 중남미인, 진보 인사, 민주당원, 그리고 트럼프 진영과 각을 세우는 중국·러시아·북한·이란 등 소위 '적'들이 포함된다. 미국은 백인의 나라, 또는 최소한 백인에게 충성하는 흑인이나 유색인으로 구성된(구성되어야 할) 나라이다(나라여야 한다). 트럼프가 대놓고 외치는 '미국 제일주의'라는 슬로건 아래 많은 백인들과 그 추종 세력이 모여들고, 트럼프를 지지하는 유권자들에게 그의 사생활이나 막말, 여성 비하적 태도 등은 사소할 뿐이다. 특히 중국의 국력 때문에 미국의 정치적·경제적 헤게모니뿐 아니라 자존심이 위협 받고 있다는 위기의식이 그에 대한 지지에 한몫하고 있다.11) 일자리를 위협 받고 있는 블루칼라 백인들은 아

는 것이다. "우리 안에 고개 드는 '트럼프', 반이민 정서 막을 지혜 모아야", 동아일보, 2016.6.15.
10) 한국 사회의 혐오에 대한 실증적인 연구로는 강정한·권은낭(2021)을 참고하라.

메리카를 건국하고 부흥시킨 주역으로서 자신들이 대접 받아야 한다고 생각한다(롬바르도, 2022).

트럼프 진영에 반대하는 사람들은 '나머지(the Rest)'로 기호화되고, 이들은 혐오의 대상으로 낙인찍힌다[그 역(役)도 성립한다]. 이러한 분할통치는 칼 슈미트가 말한 '적과 동지'라는 정치적인 것의 원리에 기반을 두기도 하고, 마키아벨리의 두려움의 통치에 기반하기도 한다. 마키아벨리는 변덕스럽고 유아기적인 민중이 군주를 사랑하게 하기보다 두려워하게 만들라고 말한다(마키아벨리, 2017). 한편 분할통치를 효율화하기 위한 전략 중 하나는 희생물을 만들어 폭력을 가하는 것이다.[12] 희생제의의 역사를 연구한 르네 지라르(R. Girard)에 따르면 희생제의의 폭력은 공동체를 통합시키고 내부 정체성을 강화하며 구성원들을 '사회적으로 일치'시키려는 목적을 가지고 있다(Girard, 2000: 19~20).

그렇다면 누가 희생물이 되는가? 희생물의 종류는 다양하지만 공통적인 특징은 그 희생물이 '폭력을 가할 수 있는 아무런 명분이나 힘이 없는 대상'이라는 것이다. 희생제의는 폭력에 대한 치유보다는 예방책, 내부 폭력의 배출구로서 기능을 담당하는데 희생물은 사회를 공격할 수 없는 것들, 즉 무기력한 것이야 한다. 그러나 희생물의 힘은 혐오를 유발하기 위해 과장된다. 미국의 불법 이민자가 얼마나 힘이 있을까? 그러나 그들을 방치하면 증식하고 번창해서 미국이 곧 '그들'의 나라가 될지도 모른다는 과잉 두려

---

[11] 미국의 공업 지대인 디트로이트 지역에 중국인들의 투자가 활발해지고 있다. 회사를 매입한 중국인이 경영주가 되면서 임금은 삭감되고 조합의 권리를 상실한 미국 노동자들이 굴욕감을 느끼고 있다. 이에 대한 다큐 〈아메리칸 팩토리〉를 보라.
[12] '트럼피즘(Trumpism)'이라는 신조어가 등장했다. 트럼프의 이러한 감정 정치에 대해서는 강진옥(2020); 박지영(2018); 손병권·김인혁(2017)을 참고하라.

움을 통해 혐오를 조장하고, 그 혐오 대상을 폭력적으로 파괴함으로써 '화끈한 카리스마적 리더십'을 자랑한다. 트럼프를 추종하는 우파 세력은 자신들이 악을 물리치는 '정의의 전사'라는 자긍심을 한껏 뽐낸다.

희생물은 대개 특정한 소수집단이다. 희생 제의의 정치는 특정한 소수집단에게 '악마'의 오점을 찍고, 낙인 과정을 통해 그 집단의 위협을 과장한 후 폭력을 가하여 소멸시키려 한다. 그러나 이러한 폭력은 '성스러움으로 위장'되거나 '국익'의 이름으로 정당성을 획득한다. 이 전형의 예가 나치의 유대인 학살이었다. 1차 세계대전에서 패배한 이후 분노와 좌절, 불만에 가득 차 있던 독일인들은 '감정'의 배출구가 필요했다. 당시 독일인들에게 유대인들은 독일인의 순수 정신을 오염시키는 벌레와도 같았고, 혐오스럽고 메스꺼운 존재로서 박멸의 대상이었다. 방치할 경우 자신들의 안녕을 해치거나 아리안의 순수 혈통을 오염시킬 것이다. 대중은 만장일치로 그 희생물의 죽임을 찬성하고, 그들에 대한 폭력은 정당성을 얻었으며, 나아가 독일제국을 위한 성스러운 행위로 승화되었다(김왕배, 2019: 199).[13]

통치성은 '정치적인 것'의 핵심이다. '정치적인 것'이란 무엇인가? 슈미트는 정치적인 것을 적과 동지의 이분법적 논리에서 찾는다. 즉, 도덕적인 것의 기준이 '선과 악', 예술적인 것이 '아름다움과 추함', 경제적인 것이 '이윤과 손해'라면 정치적인 것의 기준은 오로지 '적과 동지'의 이분법적 원리이다(슈미트, 2012). 법은 통치의 주권을 상징함으로써 통치권자 역시 법 아래서 법의 지배를 받는다. 하지만 전쟁과 같은 예외 상황에서 통치권자는 법의 바깥에 올라서 법을 '호령'한다. 통치자는 이때 결단의 순간을 맞이하게

---

[13] 당시 평범했던 독일 국민의 열광적 태도에 대해서는 Marks(2009)를 참고하라.

된다. 조르조 아감벤(G. Agamben)은 슈미트가 말한 예외적 상황의 주권에 주목한다. 즉, '법질서의 내부에 있으면서 동시에 외부에 존재하는' 주권자, 법질서 안에 있으면서 법질서의 예외 상태를 선포하고 어떤 형태로든 법의 효력을 정지시킬 수 있는 권한이 있는 주권자는 국내외 상황이 정상적인지 예외적인지 결정하는 권한을 가지고 있다. 예외 상황, 예컨대 전쟁이나 내전 시에 주권자는 법을 초월할 수 있다. 또한 주권자는 '삶의 형태를 식별하는 권리'를 가지고 있다. 통치자는 가치 있는 삶과 그렇지 않은 삶을 구분하는 권리를 갖는다. 아감벤은 후자의 생명을 '예외 상황에서 물질화된 존재로서의 벌거벗은 생명', '모든 사람이 처벌받지 않고 죽일 수 있는 자', 즉 '호모 사케르'라고 말한다(아감벤, 2008: 156). 아감벤은 슈미트와 달리 오늘날 생명 권력이 실행되는 지점은 적과 동지처럼 확연히 구별되는 영역이 아니라 애매모호하게 경계 지어진, 비(非)식별 영역이라고 본다. 즉, 적과 동지의 범주가 확연히 구별되어 현시화되는 것이 아니라 양자가 '절대적인 비식별 지대'로 중첩되어 나타나고, 그 경계가 불투명해짐으로써 사회 구성원 모두가 '적'의 범주에 포획될 수 있는 가능성을 갖게 된다는 것이다. 이렇게 되면 오늘날 사회 구성원 모두는 주권자에 의해 적으로 내몰릴 수 있는 잠재적 호모 사케르가 되는 것이다.

아감벤이 묘사한 벌거벗은 생명인 호모 사케르는 망명자, 난민, 뇌사자 같은 '사례들', 즉 법적 보호를 받지 못하는 생명들, 단지 살아 있는 물질(biomass)로 축소된 사람들, 남아돌고 쓸데없는 자들로서, 예외적 규칙이 일반적 규칙으로 적용되는 수용소에 갇혀 있는 생명 범주들이다. 그러나 오늘날 수용소는 특정한 장소를 가리키는 것이 아니며, 난민이나 망명 신청자처럼 법적 보호를 받지 못하는 사람들로 한정할 수 없고, 사회적 배제 과정에 놓여 있는 모든 사람들을 포함하는 경향이 있다. 오늘날 경제 위기와 함께 실업에 빠진 '선진국의 빈곤층'도 여기에 포함된다. 그러나 자신을 옹호하고 지지하는 층을 제외하면 통치권자의 권력에 도전하거나 정책을 반대하는 시민 모두 호모 사케르가 될 수 있다.14)

이전의 사회에서는 희생제의에 필요한 희생물이 소수자로서 힘이 없어야 했지만, 민주주의의 선거제도가 시행되고 있는 현대사회에서는, 더구나 거대 양당 체제와 승자 독식의 선거제도 아래에서는 희생물이 반드시 소수일 필요도 없다. 트럼프에게는 자신을 지지하지 않는 거의 절반의 선거권자들이 바로 호모 사케르가 될 수도 있다. 다수결 양당 제도에서는 단 한 명의 표라도 더 얻으면 국가권력을 쟁취하고 합법적 폭력을 행사할 수 있기 때문에, 혐오를 통해 절반의 지지자들을 모을 수만 있다면 유권자의 나머지 절반을 포기해도 상관이 없다.

한국의 통치 집단이 희생제의를 치루기 위해 희생물을 선정하는 과정은 다른 나라들에 비해 수월했다. 바로 분단이라는 현실 때문이고, 전쟁의 유산이 남아 있기 때문이며, 북한이라는 매우 '위험한 존재'가 있기 때문이다. 한국인들에게 북한은 항상 우리의 존재를 위협하는 악마이며 적이고, 때로 동포애를 자극하긴 하지만, 가장 미워하는 혐오의 대상이다. 한국전쟁 이후 그어진 분단의 선(線)은 전쟁이 종식된 국경이 아니라 언제든 전쟁이 발발할 수 있는 휴전선이다. 우파 보수 정치인들은 우리가 항상 전쟁의 긴장 속에 살아야 한다고 채근한다. 미리 준비하면 우환이 없다는 유비무환(有備無患)의 태세를 갖추어야 하고, 그러기 위해서는 통치자를 중심으로 한 치

---

14) 벌거벗은 생명은 모든 살아 있는 생물학적 신체에 깃들어 있다는 아감벤의 주장에 대해 렘케는 생명의 차이화(differentiation) 메커니즘을 해명하지 않은 채 모든 사람을 벌거벗은 생명의 지위로 환원할 수 없다고 비판한다(렘케, 2015: 100).

의 흔들림 없이 대오를 맞추어야 한다. '북한'은 우파 보수 통치자들이 언제든 국내 통치에 이용할 수 있는 혐오 대상이다.

북한의 통치자들 역시 미국과 남한은 자기들을 위협하는 혐오의 대상이다. 남한과 북한은 혐오정치의 '짝패'가 되고 있는 것이다. 그러나 남한은 엄연히 시민들의 선거에 의해 주기적으로 통치 세력을 선출하는 민주주의 국가이다. 민주주의 국가는 다양성을 인정하기 때문에 적과 동지라는 이분법이나 비식별 영역으로 적을 만들기는 어렵다. 좀 더 세련된 '적과 동지'의 범주화, 즉 내부의 적들이 필요한데, 우파 보수 세력에게는 북한과 약간의 상관성만 있어도 혹은 '북한'이라는 기호와 연계되기만 하면 충분했다. 오랫동안 간첩과 '빨갱이'라는 기호가 그 역할을 담당한 것이다. 그러나 민주주의 의식이 성장하면서 전쟁을 경험했거나 극도의 반공 교육을 받고 자라난 노인 세대를 제외하면 이제 전 세대를 아우르기에는 그 '약효'가 많이 사라졌다. 그래도 북한에 우호적인 태도를 보이거나, 북한이 사용하는 것과 비슷한 용어를 사용하거나, 주체사상을 신봉하는 듯한 이미지를 준다면 그것으로 족하다. '종북좌파'라는 아주 요긴한 범주가 있기 때문이다.

북한의 파생 기호는 매우 길게 이어진다. 남북 교류, 공산주의, 사회주의, 사회민주주의, 반미 세력, 공동체, 공유지, 커먼스, 무상 급식, 사회복지, 무신론, 자유주의(에 대한) 회의주의자, 아나키스트, 노동조합, 민주노총, 전교조, 야당, 진보 인사, 진보당, 운동권, 저항, 혁명 등이 그것이다. 보수 우파 정권이나 이를 지지하는 대중에게 이들 기호는 매우 위험하고 체제를 부정하려는 세력이다. 이들 기호 집단은 적대감을 불러일으키는 혐오의 대상이 되거나 잠재성을 갖는 집단으로 '구성'된다. 그러나 이들은 결코 소수가 아니며, 오늘날 최소 인구의 절반을 차지한다. 더 이상 희생제의의 대상이 소수가 아니다. 더구나 그들을 혐오하는 보수 우파 세력 역시 역으로 혐오의 대상이 된다. 소위 진보 세력에게 보수 우파 집단은 외세에 의존하고, 친일파와 독재를 옹호하며, 북한을 주적으로 삼아 전쟁 위기를 고조시킴으로써 두려움의 통치를 수행하려는 반(反)민주주의 세력이다. 인구의 절반이 서로 혐오하는 세력으로 양극화되고, 사회는 대립과 갈등, 적대와 혐오의 열기로 가득 차게 된다.

3) 혐오정치의 배경

그렇다면 한국 사회에서 두드러지는 혐오정치의 사회문화적 조건, 즉 혐오 감정의 역사적 배경은 무엇인가? 이 역사적 조건은 오늘날 한국 사회에 표출되어 있는 혐오 현상에 직간접적인 '구조적 효과성(structural effectivity)'을 발휘한다. 다양한 요인들이 얽히고설켜 서로를 규정하거나 상쇄하기도 하고, 다양한 매개 변수들이 개입되어 혐오를 유발한다. 인과론적인 설명을 하기에는 너무 복잡하고 다양한 경험적 자료와 해석이 필요하다. 이 글에서는 '배경적 조건'에 대해 약술하는 것으로 넘어가기로 한다.[15] 우선 정치권력의 정당성 결여이다. 우리는 해방 이후에도 오랫동안 독재와 준(準)군사정권을 거치면서 실질적으로 민주주의를 경험하고 일상화하는 기회를 가져보지 못했다. 게다가 정치인들은 권력욕에 사로잡혀 특혜를 받으려 할 뿐, 최소한의 정치윤리도 갖고 있지 않았다. 또한 압축 성장 기간 동안 목

---

15) 현상의 근저에 깔려 있는 구조적 영향을 인과력으로 볼 수도 있지만 이것이 반드시 현상과 인과론적인 관계를 갖는 것은 아니다. 구조적 조건들이 특정한 현상으로 발현되거나 발현되지 않는 것, 혹은 경험되거나 경험되지 않는 것은 다양한 매개 요인들이 개입되기 때문이다. 이 같은 방법론이 바스카의 실재론이다. Bhaskar(2008); Urry(1975); 콜리어(2010); 이기홍(2017); 김명희(2017) 등을 참고하라.

표 달성주의에 매달린 한국 사회는 모든 면에서 절차와 과정의 정당성을 간과해왔다. 정당성이 결핍된 사회는 타자의 소유와 성취를 인정하는 데 각박하고, 반목과 비난, 비하와 혐오의 감정이 난무한다. 시민들의 정치 혐오를 부채질하는 이유 중 하나이다.

분배의 정당성에 회의감을 갖게 하는 상대적 박탈감이나 고도의 개인주의적 경쟁은 타자에 대한 신뢰를 철회시키고 서로를 의심의 눈으로 바라보게 만든다. 한때 '망국병(亡國病)'이라 불렸던 지역감정은 상당히 약화되었음에도 불구하고 선거 때마다 돌출하여 상호 적대적 혐오를 강화시킨다. 이러한 요인들이 혐오를 촉발하는 구조적 배경으로 작용한다면 최근 나타나는 혐오의 매개 조건으로는 보수 종교 세력의 정치 참여, 소셜 미디어의 등의 활성화, 페미니즘과 반페미니즘 운동의 등장 등 다양한 요인을 열거할 수 있을 것이다.

그러나 무엇보다도 한국 정치의 혐오와 적대감의 역사적이고 구조적인 배경은, 즉 한국 사회에 침전된 아비투스적 혐오 감정의 발원지는 '분단과 한국전쟁의 상흔'일 것이다. 한국전쟁은 동족을 서로 살해하는 '살육전'이었다. 한국전쟁은 결코 외국의 학자들이 묘사한 대로 '잊힌 전쟁(Forgotton War)' 혹은 '알려지지 않은 전쟁(Unknown War)'이 아니다. 2차 세계대전 이후 미국을 중심으로 한 자유민주주의 진영과 소련을 중심으로 한 공산주의 진영이 한반도에서 한판 승부를 벌인 세계사적 전쟁이다. 한국전쟁에 참전해서 중국은 수많은 인명을 잃는 대신 북한에 대한 영향권을 얻으며 동북아시아의 강자로 등장했고, 전후 일본은 경제성장의 발판을 마련했다. 미국은 소련과 중국을 견제하기 위한 발판으로서 남한을 지켜냈다. 그러나 우리 민족의 비극은 상상을 초월한다. 그리고 그 유산은 전전(戰前) 세대는 물론 전후(戰後) 반공 세대에게 북한뿐 아니라 북한의 파생 기호인 종북좌파 및 진보의 범주들을 적대적으로, 혐오로 대하게 만들었다.

전쟁의 트라우마는 여전히 세대를 통해 '전이'되고 있다. 나는 왜 한국의 반공 보수주의가 전전 세대뿐 아니라 중장년이 된 전후 세대에게도 이념적 영향을 미치며, 보수 우파의 헤게모니 장악에 어떻게 기여했는가를 밝혀본 바 있다. 분단과 전쟁의 두려움을 과장한 우파 정권의 통치술도 이유 중 하나겠지만, 전쟁을 경험했거나 철저하게 반공 교육을 받은 세대의 '동의'가 지배적 요소였다고 말한 바 있다(김왕배, 2019b). 삶과 죽음의 경계를 넘나들던 전쟁 공포의 트라우마를 안고 있는 노년층이 아직도 우리 사회의 한 세대를 구성하고 있다. 국시가 반공인 한국 사회에서 반공이 지배 권력층의 전략 수단으로 남용되거나 과잉 담론화된 측면도 있지만 '국민' 스스로가 동의를 제공한 측면도 존재한다.

분단과 전쟁의 상흔으로 인한 적대적 분절 의식은 사회 곳곳에 확산되었다. 적대적 분절 의식은 좌익과 우익, 보수와 진보, 그리고 친미와 반미 등 좀처럼 소통하기 어려운 대립 구도를 형성해왔다. 서로를 악마화하고 합리적 소통을 차단하며 나아가 서로를 '제거'하려는 선동을 서슴지 않는다. 분단(分斷)이 분절(分節)을 낳고 분절은 분극(分極)을 낳았다. 분단과 전쟁의 유산, 분절 의식이 혐오를 불러일으키는 배경이라면, 혐오의 정치를 극대화하는 데는 무엇보다 자신들의 이해관계를 위해 혐오를 조장하고 확산시키는 '패거리'들의 역할이 크다. 나는 이들을 '**혐오 플레이어**'라고 부르고자 한다. 지지자들을 응집하기 위해 분노와 적대, 증오를 분출하기 위한 타자를 만들어내고, 그들에게 부정적 기호를 흡착시킨 후 그것을 과잉화하면서 대중의 혐오를 자극하는 집단이다. 통치 집단은 대중이 혐오를 부어낼 수 있는 '공공의 적'을 만들고(이 공공의 적은 실제로 존재할 수도 있지만 대개 허구인 경우가 많다), 그들을 수색 및 검거하고 세밀하게 감시한다. 이들에 대한 부분적이고 집중적인 탄압을 통해 전체 사회를 통제하는 전략을 구사하는 것이다. 미국의 닉슨이나 레이건이 행한 범죄와의 전쟁, 한국의 보수 정권이 선포한 마약과의 전쟁이 그 예라고 할 수 있다.[16] 통치 집단은 실제로 존재하는 마약범죄자들을 수사하면서 대중의 지지를 받아내고, 전체 사회를 '들여다볼 수 있다'. 합법으로 위장한 무한대의 은밀한 국가 폭력이 가능한 것이다. 마키아벨리가 주장했던 군주에 대한 신민의 두려움, 홉스가 묘사했던 리바이어던적 두려움, 맹자가 비판했던 패도 정치적 두려움은 강력한 지도자를 기대하는 대중에게는 오히려 유효한 약이다. 대중은 정치 지도자가 두렵기 때문에 강한 자라 믿으며, 강한 자이기 때문에 사회를 보호하고 안녕을 보장할 것이라는 착시를 지닌 채 그를 따른다.

한편 지도자의 두려움과 짝을 이루는 감정은 그의 부드러움과 친밀성이라고 하는 인자함이다. 대부분 연출되지만 현대사회에서는 잔혹한 살육 전쟁을 수행하는 중에도 지도자의 친밀성과 인자함이 동원된다. 보스니아 내전의 살육자인 밀로셰비치는 피아노를 치며 눈물을 닦는 연기를 보였고, 부시는 이라크를 침공한다고 말하지 않고, 우리가 해야 할 일을 수행한다고 부드럽게 말했다(김왕배, 2019b). 그러나 혐오 플레이어는 단수가 아니다. 직종을 달리하는 혐오 플레이어들이 서로 정치권력 앞뒤에서 집합 대열을 이루고 있다. 저마다 권력의지를 품은 사람들이 경쟁의 눈을 번뜩이면서 정치권력의 통로에 줄을 서서 대기한다. 언론인과 언론인을 자처하는 유튜버, 대학교수, 시민 단체 지도자, 심지어 종교인까지 그 연쇄 고리는 매

---

[16] 미국에서 보수 정권에 의한 범죄와의 전쟁 이후 범죄자 검거율이 급증한다. 검거된 이들은 대개 흑인이나 남미계 사람들이었다. 이들이 위험한 사람으로 분류되면서 편견이 생겨났고, 인종차별은 더욱 강화되었다.

우 길다.

∞

과연 우리는 시민이 주권을 행사하는 민주주의 사회에 살고 있는가? 장-자크 루소가 말한 대로 주권자가 시민의 일반의지를 대표한다면 통치권자는 바로 총체적인 시민 일반이고 지도자는 위임된 대표일 뿐이다. 물론 대리인으로서의 대표는 기계적이고 수동적인 존재가 아니다. 통치권자로서 위임을 받는 순간 시민 집단의 일반의지를 해석하고 판단하며 결정을 내리는 제한된 자율성, 즉 권한(權限)을 갖는다. '모든 권력은 국민으로부터 나온다'(헌법 제1조 제2항)라고 헌법에 명시되어 있는 것처럼, 한국 사회는 권력이 국민(시민)에게 있음을 천명하고 있다. 그러나 실제로 아래로부터 위로 올라가는 권력이 얼마나 있을까? 혁명의 시대, 저항의 시대, 투쟁의 시대는 이제 '황혼의 문지방'을 넘어선 것 같다. 더구나 투쟁들은 소규모로 분산되어 있다.

현대 민주주의 사회에서 우리는 이미 누군가가 제시한 목록 속의 상품을 선택할 뿐이다. 그 선택지는 '그들'이 정한 것이다. 특히 미국이나 한국과 같은 거대 양당 체제에서는 더욱 그렇다. 물론 그 목록의 선택이 진정한 자유와 권리라고 보기는 어렵더라도 양반 관료나 세습 왕조의 통치자와 귀족들이 정치를 독점하던 시대에 비하면 선택을 할 수 있다는 사실 자체를 민주주의가 이룩한 성과라고 생각해야 할지 모른다. 그런데 문제는 선거가 끝나면 정치는 고스란히 대리인들에게 넘어가 버린다는 것이다. 현대사회에서 위임자들은 매우 다양한 이해관계를 가진 집단으로 분화되어 있다. 대리인들은 이들을 통합하고 조정하는 정치력을 발휘해야 함에도 불구하고 오로지 자신들의 권력욕만 실현하려 한다. 이제 자신들의 욕망이 합법이란 명분을 얻었기 때문에 그 욕망의 실현은 더욱 거세게 펼쳐진다. 시간이 흐르면 다시 '세일(sale)'의 시간이 돌아온다. 온갖 선심성 포퓰리즘 정책이 난무하기 시작하고, 시민들은 저잣거리로 몰려 나가는 '소비자'가 된다. 이들의 선택을 합한 총 효용의 논리에 따라, 즉 다수결에 따라 대리인들은 마치 권력을 위임한 시민들 모두가 원하는 것처럼 다시 그들의 욕망을 펼치기 시작한다.[17] 선거가 끝나고 나면 시민들은 다시 그들로부터 격리된다. 격리되기는 마찬가지이지만 대리인들을 지지했던 이들은 다소간의 흡족함을, 반대 당이나 후보를 지지했던 이들은 다시 무기력과 절망에 빠진다. 그리고 서로를 혐오하기 시작한다. 이 악순환을 어떻게 끊을 것인가?

2. 반지성주의 사회

1) 반지성주의란 무엇인가?

지성은 사려 깊고 신중하며, 교양과 예술의 풍미가 넘치고, 품격과 인격이 갖추어진 인간의 역량을 지칭하는 개념이다. 반지성은 글자 그대로 지성에 역행하는 사고, 태도, 행위, 언어 등이 복합적으로 어우러진 것이다. 달리 말해 반(反) 타자성찰적인 것이다. 대상을 지각하고 판단하며 행위하는 감정을 다시 판단해보는, 즉 '판단의 판단'을 수행할 수 있는 도덕감정의 소유자를 지성인이라 부른다. 지성적 사회란 이러한 개개인이 합쳐져 구성

---

[17] 그렇다고 해서 이들이 합리적인 존재로서 자신의 효용을 최적화하기 위해 의사 결정에 참여하는, 공공 선택 이론에서 말하는 정치 행위자들과는 거리가 멀다.

된 시민적 덕성의 사회라고 표현해도 무리는 없을 듯하다. 그러나 현실에서는 지성과 반지성의 경계를 무 자르듯 나눌 수 없고, 전자는 좋은 것, 후자는 나쁜 것이라고만 정의할 수 없는 매우 복잡한 현상이 전개되고 있다. 원래 반지성주의는 부와 권력, 지식을 독점한 엘리트들에게 대항하기 위한 의식으로 생겨난 것이다. 지성은 오랜 자기 함양과 성찰의 과정, 그리고 학문을 연마해서 얻는 가치이다. 그렇기 때문에 지성인은 많은 지식을 쌓을 수 있는 지식인을 지칭하기도 했고, 대중으로부터 흠모의 대상이 되었으며 권위를 존중 받았다. 근대 이전 공교육이 시민들에게 확산되기 전에 문자를 해독할 수 있는 역량은 일부 상류층이나 특별한 지식인들에게나 가능한 특권이었고 문해력은 곧 권력의 상징이었다. 철학자나 과학자는 특별한 집단의 사람들이었으며, 이들은 그들만이 인지하고 소통할 수 있는 전문 지식을 창출했다. 문해력뿐 아니라 전문 지식 역시 권력의 상징이 되었다(푸코, 2012a).[18]

그리고 이들은 자연스럽게 무지한 민중을 깨우치고 지도하는 지배 세력이 되었다. 조선 사회로 말하자면 식자층 양반들이고, 서구에서는 기독교 신부들이거나 영주와 같은 귀족층, 그리고 부르주아 시민들이었다. 미국의 반지성주의 역사를 정치, 문화, 예술, 종교 등 전방위 영역에서 살펴본 더글러스 호프스태터(D. Hofstadter)의 『미국의 반지성주의』는 흥미로운 통찰력을 부여한다. 이 책의 내용을 간단히 요약해보자. 신대륙으로 건너가 터를 잡고 식민지 해방 전쟁을 통해 나라를 세운 '건국의 아버지'들은 청교도 지

---

[18] 미셸 푸코(M. Foucault)는 정치경제학적인 관방 지식, 그리고 생물 도감으로부터 얻은 인간 신체에 대한 의료 지식, 박물 지식 등이 어떻게 권력화되는지를 잘 설명한다. 푸코(1991)를 참고하라.

식인층이었고, 하버드를 비롯한 동부의 유명한 대학들은 청교도 목사들을 양성하는 교육기관으로 세워졌다. 당시 미국의 청교도 지식인층과 일상생활의 실용주의를 강조하는 민중은 서로 밀접히 연관되어 있었다. 그러나 유럽의 합리적 지식과 근대적 삶의 방식이 신대륙으로 몰려들어오자 이에 저항하기 위해 본토의 기독교와는 다른 '복음주의 부흥운동'이 전개되었다. 이 운동은 곧 지식인층에 대한 반발 현상으로 발전되었다. 호프스태터는 이때 복음주의 부흥운동을 주도했던 다양한 개신교들, 달리 말하면 서민 종교의 출현을 소개한다.[19]

20세기 미국의 반지성주의 흐름은 좌파 지식인들에 대한 공격으로부터 본격화되기 시작했다. 미국의 지식인들은 한때 존경 받긴 했지만 자본주의가 발전해가면서 교수나 학자들보다는 기업가들이 더 주요한 세력으로 각광 받았다. '사회의 속물화'가 진행되는 와중에 지식인들은 현실과 동떨어진, 다소 괴짜로 취급 받는 상황이 되었다. 기업인들은 대학의 전문가들이 가진 지식에 대해 의구심과 냉소적 태도를 보이기 시작했고, 특히 사회를 비판하는 지식인들에 대한 우파 보수주의자들의 적대감은 더욱 커져 갔다. 2차 세계대전 이후 미소 냉전주의 시대에 극우 보수주의자들이 주도한 반공주의 정치 선동이 미국 전역을 휩쓸었다. 공화당 상원 의원이었던 조지프 매카시(J. McCarthy)는 "약 205명의 공산주의자가 국무부에서 일하고 있다"고 열변을 토했고, 우익 보수주의자들 역시 공산주의자들이 유명 대학뿐 아니라 언론계 등에서 활약하고 있다고 주장했다. 특히 초현실주의, 다

---

19) 불교로 말하자면 엄격한 수련과 공부를 통해 부처가 된다는 엘리트 중심의 소승불교보다는 정성을 다해 게송(偈頌)을 외우기만 해도 극락에 갈 수 있다고 포교하는 대승불교인 셈이다.

다이즘, 입체파, 미래파 등 모험적인 창작 활동을 통해 새로운 예술 세계를 추구했던 예술가들도 위험 인물들로 간주되었다. 이때 많은 이들이 직장을 잃고 쫓겨났다. 미국의 저명한 개신교 지도자는 '성경 대신 이성, 합리주의, 지적 문화, 과학 숭배, 프로이트주의, 자연주의 인문주의, 행동주의, 실증주의, 유물론, 이상주의 등 지식인이 벌인 행태'를 비판하면서 절대적인 기독교적 도덕과 진리를 신봉해야 한다고 주장했다.

많은 대중은 지식인들이 잘난 체나 하고, 우쭐거리며, 비현실적이고 나약하며, 속물적이고 부도덕하며 파괴 분자일 가능성이 크다고 비난했다. 오랫동안 반지성주의 분위기가 미국 사회를 지배하게 된 것이다. 그런데 반지성주의자라고 해서 학력이 떨어지는 것도 아니고, 항상 거친 언어와 품격 없는 행태를 보이는 것도 아니다. 호프스태터는 다음과 같이 말한다.

> 내가 아는 반지성주의 지도자들의 부류는 매우 다양하다. 대부분 매우 지적이고, 일부는 학식도 풍부한 복음주의 목사들, 신학을 조리 있게 설명할 수 있는 근본주의자들, 상황 판단이 무척 빠른 정치인들, 사업가나 그 밖에 미국 문화의 실용적 요구를 대변하는 사람들, 강한 지적 자부심과 확신을 지닌 우파 편집인들, 다양한 주변적 작가들, 이단 사상에 격분하는 반공 석학들… [한편] 지식인들을 활용할 수 있을 때는 한껏 써먹었지만 지식인들의 관심사를 극도로 경멸하는 공산주의 지도자들… 반지성주의의 대변인들은 거의 언제나 어떤 사상에 헌신하며 살아 있는 동시대인 가운데 눈에 띄는 지식인들을 증오하는 것만큼이나 오래전에 죽은 일부 지식인들—애덤 스미스, 칼뱅, 심지어 카를 마르크스—을 추종하기도 한다(호프스태터, 2017: 45).

비록 그가 오래전의 미국 사회의 반지성주의를 진단한 것이지만 오늘날의 미국 상황과도 여전히 유사하고, 심지어는 한국 상황마저도 묘사하고 있는 듯한 느낌을 받는다. 한국이 2차 세계대전 이후 곧바로 미국의 우산 아래로 편입되고, 정치는 물론 사상, 교육, 가치 등 모든 분야에서 미국의 영향을 받았기 때문일까. 한국 사회의 특수한 역사적 맥락에도 불구하고 그가 묘사했던 반지성주의의 증상들이 오늘날 한국 사회에서 거의 그대로 발견되고 있다고 해도 과언이 아니다. 호프스태터가 언급했던 미국 반지성주의의 완결판이라고 볼 수 있는 매카시즘은 분단 이후 오늘날에 이르기까지 한국 사회의 저변에 깔려 있는 반지성주의의 저장고이다. 분단과 전쟁의 유산, 극도로 대립하고 있는 정치와 언론, 우중이 맺고 있는 '반지성주의 동맹'은 반지성주의의 분위기를 더욱 견고하게 만들고 있다.

분단 이후에 전쟁, 개발독재 시대를 거쳐 최근에 이르기까지 한국은 세계 어디에서도 찾아보기 힘들 정도로 '반공' 자체를 '국시'로 선포한 나라이다. 간첩, 빨갱이, 좌파, 종북주의자 등 다양한 용어들이 지금까지도 정치 구호로 동원되고 있다. 한국의 우파 정권은 여전히 '가치 외교'와 '공산 전체주의'라는 표어를 내걸고, 국회의원 선거가 시작되면 종북주의자들이 국회에 입성하려 한다고 선전전을 시도한다. 분단이 지속되는 한 매카시즘의 다양한 형태들은 때로 강렬하게, 때로는 유연하고 부드럽게, 혹은 우회적으로 우파 보수정치인들에 의해 동원될 것이다.

한국 개신교를 미국 개신교의 분소(分所)라고 하면 실례일까? 호프스태터가 미국 반지성주의의 발원지라고 본 복음 부흥주의는 오늘날 한국 기독교의 주류를 이루고 있다. 일부를 제외한 한국의 신학자들이나 목사들은 미국의 영향을 받았다. 호프스태터가 반지성주의에서 예를 들었던 미국 최고 개신교 지도자인 빌리 그레이엄(B. Graham) 목사는 1970년대에 한국을 방문하여 '여의도 300만 군중'의 예배를 집전(執典)했다.[20] '미국과의 동맹을 통해 하느님의 영광으로 남한이 축복의 땅이 되게 하시고, 북한의 억압받는 인민들에게 복음이 전파되도록 해달라는 기도'가 여의도의 하늘에 울려 퍼졌다. 오늘날에도 한국 기독 개신교의 기조는 변함이 없다. 여하튼 매카시즘으로 상징되는 극단적 반공주의를 반지성주의의 완결판으로 보는 이유는 전체주의를 획책하고, 그 어떤 다양한 사유나 지식 체계도 용인하지 않기 때문이다. 내가 해방 이후, 적어도 1987년 민주주의 전환기를 맞이하기 전까지의 한국 사회를 '사상의 암흑기'라 부르는 이유이기도 하다. 그런데 우파 보수주의에 저항하면서 사회주의와 민중주의 운동을 주도했던 진보 세력 집단이라고 해서 반지성주의로부터 자유롭다고 말할 수 있을까? 정의를 독점하고, 사회주의 열정으로 노동자 해방을 꿈꾸며 마르크스의 『자본론』을 성경처럼 읽고 해석하던 훈고학주의자들, 자신들과 다른 세계관을 극도로 혐오하고 적대시하던 급진적 사회운동가들 역시 반지성주의자들 아닌가?

엘리트주의에 저항하던 반지성주의 조류에 동감할 수 있는 요인도 있다. 엘리트들에게 집중되는 권력, 신부나 목사들을 통해서만 구원 받을 수 있다는 신앙적 태도, 그들 중심의 세계 질서는 도전 받아 마땅했다. 더구나 사회적 약자들의 입장에서 보면 더욱 그렇다. 예컨대 흑인 노예와 그 후손들이 백인들과 달리 함께 춤을 추고, 한숨을 쉬고, 방언을 하고, 흥을 돋우는 독특한 예배 방식을 통해 영적인 정화를 받는 행위도 그렇다. 개신교는 엘리트의 언어가 아니라 민중의 언어를 통해 '민중'의 품으로 들어갈 수 있었다. 부흥회를 통해 내면에 쌓여 있던 원초적 감정을 폭발시킴으로써 '신

---

20) "빌리 그레이엄 1973년 여의도 집회, 300만 운집", ≪한국기독공보≫(https://www.pckworld.com/article.php?aid=9023038424).

적 계시와 초월성'을 느낄 수 있었던 것이다. 부흥회는 유순한 형태의 토템 축제와 같은 것으로 감정적 희열과 열광을 느끼게 하는 의례이다. 더구나 한국의 경우 개신교는 '못 배우고 설움 받던' 사회적 약자, 특히 여성들에게 '사회성'의 경험을 제공해주기도 했다. 나는 이를 한국의 개신교가 여성의 권리 확장에 미친 긍정적 요인임을 주장한 바 있다. 남성 중심주의적 가부장주의 사회에서 여성들이 사회적 활동을 할 곳은 오로지 교회라고 해도 과언이 아니었다. 가족 내에 갇혀 있던 여성들이 예배 의례와 자원봉사 등을 통해 공적인 외부 세계와 교류할 수 있었던 거의 유일한 공간이었다고 해도 과언이 아니다(김왕배, 2019b: 264).[21]

반지성주의는 우리네로 말하면 '민중주의의 감성'이었다. 냉정한 머리보다는 뜨거운 열정, 이성적 판단이나 숙고보다는 본능적이고 원초적인 직감에 의존하고, 제도나 규범보다는 초월성, 즉 초자연적 신성에 대한 직접 교감 등을 강조했다. 지식인이 아니더라도 신부를 통하지 않더라도 세계의 진실을 파악할 수 있고 천국에 도달할 수 있다는, 어쩌면 평등사상에 입각한 주체적 태도이기도 했다. 반지성주의는 민중도 엘리트들과 함께 하나의 동등한 존재이며, 과학적 지식뿐 아니라 비록 과학적 지식에 반(反)한다 하더라도 삶의 현장에서 직접적인 체험을 통해 얻은 임상적 지식도 중요하다고 말한다. 추상적이고 일반화된 법칙적 지식과 달리 구체적이고 경험적으로 관습화된 앎의 전문 지식만큼이나 우리 일상에 필요하다. 또 우리 대부분은 전문 지식에 무관심하거나 그것을 잘 알지 못한다.

그러나 점차 이 민중주의는 전문가들에 의해 생성된 전문 지식의 권위를

---

21) 개항기의 선교를 생각해보라. 조선 후기의 개신교는 양반 지배층이 아닌 상민층이나 여성들에게 다가가 그들의 '계몽'을 담당했다.

무시하는 흐름으로 변해갔다. 전문가들의 지식은 오랜 기간의 교육과 훈련을 통해 창출된 것이다. 물론 한편에서는 과학적 지식을 맹신하는 사람들도 여전히 많지만 세속의 가치와 언어가 강조되고, 때로 과학을 증오하는 적대의 감정이 사회 분위기로 형성되기도 했다. 미국도 그렇고 한국도 그렇듯 정치적인 반지성적 선동과 거짓 뉴스, 적대와 혐오의 언어를 통한 공격, 정치에 이용 당하는 과학, 과학적 용어로 정치적 행위를 정당화하는 희화화된 반지성주의가 확산되고 있다(윤태진, 2017). 특히 당장의 실용성과 거리가 있는 인문사회과학의 지식은 반지성주의의 희생양이 되고 있다.

우리는 즉각적으로 욕망을 자극하는 언어를 선호하는 경향이 있다. 도덕, 정의, 인권, 생태, 평화는 일부 선각자나 철학자들의 이야기이고, 일상인들은 부와 권력, 취향과 관련된 직설적 표현을 좋아한다. 인권 외교와 평화를 강조했던 지미 카터(J. Carter, Jr.) 대통령은 시민들의 외면을 받았고, 세계 기후 환경과 인류 공동체를 강조했던 앨 고어(A. Gore, Jr.)의 지성적 태도 역시 성공하지 못했다. 미국 백인들의 분노와 좌절, 두려움과 혐오의 감정을 공략한 도널드 트럼프는 미국 반지성주의 부활을 상징한다. 최고 지도자의 입에서 인종차별적·여성 차별적 언어를 비롯해 수많은 막말이 거리낌 없이 배설되는 데도 일군의 대중은 그에게 환호한다.

신대륙의 저력에 놀라움과 찬사를 금치 못했던 알렉시 드 토크빌은 대중에 의한 정치를 우려했다. 대중이 우중이 되어 지도자를 선택한다면 우중에 의한 독재가 출현하지 않겠는가 걱정하면서, 이를 '연성 독재'라 불렀다(토크빌, 2011). 이후에도 지식인들은 '모방 심리에 의해 이성적 판단을 상실한 군중심리'에 가슴을 졸이고(르봉, 2019; 모스코비치, 1996), 모래알같이 흩어지는 대중에게 냉소주의적 태도를 취했다. 고등교육을 받고 적절한 삶의 질을 갖춘 중산층은 지성적일 것이라고 생각했지만 그들 역시 개별화된 존재로 소비주의적 욕망을 추구하는 대중이 되고 있을 뿐이다. 독일 중산층은 히틀러와 같은 광인 지도자를 열렬히 맹종하지 않았는가?

2) 반지성주의 사회의 특징들

이상 여러 논의를 요약하여 반지성주의 사회의 경향성을 몇 가지로 개괄해보고자 한다.

첫째, 반지성주의 사회를 지배하는 태도는 독선과 아집 그리고 편견이다. 자신들의 세계관과 판단이 '절대적으로 옳다'는 완고한 아집에 빠져 있다. 오늘날 이러한 반지성주의 태도는 학력과는 상관이 없다. 고학력의 지식인들에게서도 발견된다. 오히려 그들은 자신이 반지성주의적 태도를 보이고 있다는 사실을 모른 채, 고학력자라는 이유로 대중을 계몽하려 들기도 한다. 그들은 자신의 세계관이나 지식을 보편화하고 일반화하며 다른 이들에게 강요하기도 한다. 그들은 자기와 다른 세계관, 종교관, 삶의 방식을 지닌 집단과 소통이 불가능한 자폐증적 증상에 빠져 있다. 자기 사유의 오류 가능성을 부정하고 타자와 소통하는 능력을 상실했으며 자신의 지식과 지위를 이용해 역사와 현실을 아전인수격으로 해석하고 견강부회(牽强附會)를 일삼으며 자기 정당화와 공명심을 추구한다.

둘째, 우치다 타쓰루(内田樹, 2018)가 말한 대로, 반지성주의자들은 '무(無)시간성'의 특징을 가지고 있다. 그들은 역사의 흐름과 변화를 무시하고 자신들의 사고와 행위가 절대 불변이라고 생각한다. 이러한 무시간성은 종교근본주의자들(교리주의자들)이나 맹목적으로 이념 및 교리를 따르는 사람들에게서 주로 발견된다. 그들은 자신의 종교만이 절대선이며 나머지 종교는 이단이라고 비난한다. 혹은 교리를 해석하는 데 유연한 이들이나 무교회주의자들을 세속화에 빠진 이단이라고 경계한다. 한마디로 진영 논리에 빠져 있다. 그들에게서 다양한 사고와 개방적 태도 그리고 타자에 대한 이해와 관용은 찾아볼 수 없다. 과격한 시민운동단체나 이른바 정의를 독점하려는 집단도 마찬가지이다.

셋째, 반지성주의자들은 누군가를 적으로 규정하고 적대시함으로써 일종의 시민 전쟁을 수행하려 한다. '전사의 느낌'을 통해 주체로 서고 싶은 욕망을 실현하고, 자신을 나라와 민족과 국익을 위해 헌신하는 '정의의 사도'로 규정하고자 한다. 그래서 항상 이들은 누군가를 적으로 만들어야 하며 허구화된 적을 소멸 대상으로 소환한다.

넷째, 반지성주의 사회에서는 혐오와 분노, 증오와 적대의 감정과 언어가 난무한다. '판단의 판단'을 성찰할 냉정한 관찰자로서의 타자성의 개념, 즉 도덕감정이 작동하기 어려운 사회로서, 자기의 즉자적 욕망이 실현되지 않으면 떼를 쓰고 아우성치는 '유아기적 본능'을 보인다.

다섯째, 대개 이들의 언어는 매우 거칠고 위협적이며 단선적이고 공격적이며 선동적이다. 자기들이 상대해야 할 적, 자신들이 만든 적을 '공공의 적'이라 우기며 악마화한다. 이런 사회의 지도자들에게는 유머와 풍자의 격(格)이 보이지 않고, 그들이 기술하는 사회 비평은 요설 수준에 그친다.

여섯째, 반지성주의 사회의 특징 중 하나는 음모론이 반복된다는 것이다. 독단에 빠진 그들은 다른 해석, 다른 자료, 다른 사실을 거짓이라고 의심한다. 또한 자신들의 목표를 위해 수단을 정당화하면서 '음모'를 직접 생산하기도 한다.

일곱째, 반지성주의 사회에서는 전체를 조망하지 못하고 특정한 집단 분위기에 빠져드는 '묘한 휘말림'을 통해 그들만의 정체성과 배경 감정을 공유하고 강화한다. 즉, 특정 지역이나 집단에 구조화되어 있는 정조(情調)에 빠져 구성원들의 확증 편향은 더욱 깊어진다. 정책이나 실현 가능성, 과거와 미래의 시간에 대한 사유와 판단은 사라진다. 이들의 투표 행위는 늘 '지정'되어 있다. 설령 자신이 지지하는 정치인의 역량이 떨어지고 그들에게서 불법과 부도덕성이 발견되어도 너그럽게 수용한다. 하지만 타 정당, 타 집단의 과실이나 잘못에 대해서는 무섭도록 비방을 멈추지 않는다.

여덟째, 영웅주의와 포퓰리즘이 난무한다. 사유가 독선적인 만큼 그들은 자신들을 대변하는 지도자를 맹종하는 경향이 있고, 정치인들은 그들의 비성찰적 사고를 겨냥하여 감각적인 욕망을 자극하는 선심형 정책을 남발한다. 이는 투기 조장이나 재정의 빈곤 및 파탄을 불러오기도 하지만 그 결과에 대해서 아무도 책임지지 않는다.

한마디로 반지성주의 사회는 사유와 판단, 행위와 책임이 불가능한 사회, 타자성찰이 수행될 수 없는 사회이다. 타자성찰을 하지 못하기 때문에 반지성주의 사회에서는 앞서 열거한 다양한 속성들 외에도 인간관계에서의 삭막함, 무관용, 메마름이 지배적이다. 이러한 이면에는 극한 경쟁과 출세주의, 그리고 '능력주의를 공정이라고 보는 착각'이 만연해 있기 때문이다.[22] 오로지 자신만의 성공을 좇으며 경쟁의 도구로 사회화된 세대에게서 타자성찰의 역량을 찾아보기란 힘들다. 당장의 이익에 봉사하는 지식이 곧 실용주의라고 여기는 오해도 이에 한몫한다. 인문학이나 철학적 사유, 역사적 안목, 예술적 감성은 도외시한 채 오로지 지위를 성취하기 위한 경쟁적 능력만 갖춘 신자유주의적 인간들이 양산되기 때문이다. 반지성주의는 또한 권력과 부를 독점하려는 극단적 엘리트주의와 묘하게도 서로 손을 잡

---

[22] 마이클 샌델의 저서 『공정하다는 착각』(2020)을 참고하라. 미국 사회의 교육과 관련된 이야기이지만 마치 한국 사회를 들여다보는 것 같다.

는다. 극(極)과 극이 상통하는 것이다.

반지성주의 사회는 한마디로 소통이 결핍된 사회라고 할 수 있다. 그 사회에서는 후안무치와 뻔뻔함, 정제되지 않은 언어, 독선과 아집에 찬 비난 등이 소통의 회로를 가득 채운다. 맥락은 좀 다르지만 일본의 학자들은 '배움을 홍정하고, 일에서 도피하는 청년들'이 하류 사회를 지향한다고 묘사하고, 일본 사회가 'B급 사회'로 퇴행하고 있다고 말한다(우치다 타쓰루, 2013). 누군가는 트럼프의 등장과 함께 미국이 이미 하류 사회로 전락하고 있고, 이런 흐름으로부터 한국은 말할 나위 없으며 글로벌 사회 전체가 퇴행의 역사를 밟고 있다고 진단한다. 즉자적 본능에 사로잡혀 타자성찰의 불감증 증상, '사유 불능'에 시달리는 도덕감정의 결핍증이 더욱 깊어지고 있는 것이다.

결국 반지성주의 사회란 타자성찰이 부재하거나 결여된 사회, 즉자적 사유와 판단이 지배하는 사회를 말한다. 공감과 상상력을 발휘할 수 없고, 양심과 책임을 수행할 수도 없으며, 정의에 대한 감각과 배려를 갖지 못한 사회, 타자에 대한 혐오의 언어가 난무하고, 격을 상실한 사회이다. 진정성은 사라지고 소통이 불가능한 사회, 불신이 지배하는 사회, 연대가 깨져가는 증후를 가득 담고 있는 사회이다.

3) 반지성주의의 요람

정치 영역은 물론 시민사회에 흐르는 반지성주의를 극복하기 위한 대안은 무엇일까? 그 대안의 씨앗을 뿌릴 수 있는 곳은 어디일까? 나는 시민사회 중에서도 지성의 가치를 생성하고 교육하는 대학, 삶의 진정한 의미를 묻는 종교, 진실을 보도하고 여론을 형성하는 언론에 주목한다. 정치 영역과 때로 자신들이 속한 시민사회와의 거리 두기를 통해 정치와 사회의 속물화에 저항할 수 있는, 각자의 책임 윤리와 도덕감정이 수행되는 곳이라 생각하기 때문이다. 그러나 매우 유감스럽게도, 이런 기대를 걸어보기는커녕 희망이 우울로 바뀔 수밖에 없을 정도로, 오늘날의 대학, 종교, 언론은 반지성주의의 요람이 되고 있다.23)

(1) 대학: 인격과 가치의 상실

한국에는 오랫동안 '문사(文士)'를 존중하는 전통이 있었다. 중세의 서구 유럽이나 일본의 무사(武士) 정치와 달리 치열하고 힘든 과거 시험을 통해 인재를 육성했고, 문사들이 곧 정치 지도자가 되었다. 지식인은 '딸깍발이'24) 양반일지언정, 그들이 숭상하는 유교주의 신념을 포기하지 않고 꼿꼿하게 인품을 유지하려 애를 썼다. 자타가 그들을 선비라 불렀다. 선비는 사물의 이치를 탐구하고[격물치지, 格物致知], 물질을 탐내지 않으며 배불리 먹지 않고[무포구식, 無飽求食], 타인과 어울리되 동화되지 않는[동이불화, 同而不和] 사람, 곧 지식인이다. 옳은 일이라면 구차하게 목숨을 구걸하지 않는다는 것 역시 선비의 덕목이고 고집이었다. 오늘날의 시각으로는 유연하지도 개방적이지도 않고, 비현실적이기도 하지만, 세상에 쉽게 순응하지 않으려는 그들의 태도를 엿볼 수 있다. 그들의 무기는 정치권력과 경제적인 부가 아니라 바로 도덕률이었다. 군주의 위세가 아무리 강해도, 정치적 억

---

23) 물론 대학, 종교, 언론계 각 영역에서 반지성주의를 극복하고자 많은 이들의 저항과 힘겨운 노력이 벌어지고 있다. 이들에게 존경을 표한다.
24) 딸깍발이란 양반을 낮추어 이르는 말이다. 날이 맑고 땅이 굳은 날에 나막신을 신어 딸깍딸깍 소리를 내고 다니는 '샌님'의 모습에서 유래했다(이희승, 2000).

압이 가해져도, 그들은 '죽음 앞에서조차 굴하지 않는 것, 죽음 앞에서도 지키고자 하는 것을 바꾸지 않는 것[見死不更其守]', 바로 지조(志操)의 정신을 지키고자 했다(김상준, 2011a: 281).

이 정신은 맨몸으로 민주화 운동에 앞장섰던 지식인과 대학생들의 저항 행동, 즉 '군자들의 행진'의 힘이 되기도 했다(이황직, 2017). 대학은 지식과 예술, 인격을 배양하는 상아탑이었다. 한국에서 대학교수를 총리나 장관으로 임명하는 관행은 (내가 보기에는 매우 불합리하고 부적절했지만) 시민들로부터 신뢰나 덕성의 가치를 화답 받기 위한 것이기도 했다. 특별한 정치의 경륜이 있어서가 아니라 대학교수는 일반 공무원이나 정치인들, 대중과 달리 지식과 함께 지성을 겸비한 사람으로 조선 시대의 선비처럼 선망의 대상이기도 했다. 불의에 저항하는, 이른바 '행동하는 지식인'은 더욱 존경의 대상이 되었다. 비록 소수이긴 하지만 대학교수들은 종종 민주화 투쟁의 앞 열에 서기도 했고, '시국 선언'을 통해 시대의 개혁을 촉구하기도 했다. 그들의 목소리가 언론을 통해 알려지면 정치권과 시민에게 '신중하게 받아들여지는 분위기'가 있었다. 그들이 나섰다면 사회와 정치에 무슨 문제가 있는 것이 아닌가? 그들은 진리를 추구하는 사람들이 아닌가? 대학생들 역시 미래를 짊어지고 나갈 청년 지식인이었다.

오늘날 우리 대학은 어떠한가? 산업화와 함께 사회는 급격히 분화되었고 한국은 대자본이 주도하는 자본주의 사회가 되었다. 대학은 사회적 상승 이동의 욕망을 달성할 수 있는 학력자본의 산실이 되었고, 국가와 기업이 요구하는 인재를 배출하는 기관이 되었다. 한국의 대학은 기초학문 분야보다는 응용과학 분야를 육성하여 단기간에 필요한 '인재'를 배출하는 데 급급했고, 학생들은 '고시'와 취업 학문 분야에 전념했다. 대학은 산학협동의 명분 아래 기업이 요구하는 인재 양성소가 되었다. 국가나 기업이 요구하는 경쟁력 있는 인적 자본을 키우거나, 기업의 경쟁력을 높일 수 있는 전문 지식층을 '생산'하고 '유통'해내는 또 하나의 직업훈련소가 되었다.

국가는 대학에 자율성을 부여하기는커녕 전근대적으로 대학의 재정을 통제하고 입시 정책을 주도한다. (인격과 인성을 갖춘) 지도자, 시민 덕성, 인류애 등의 바탕이 되는 인문학적 소양과 지식은 대학에서조차 잡동사니에 불과하다. 더 이상 청빈하거나 올곧은 대학교수의 이미지나 역할은 기대하기 어렵게 되었다. 교수들은 연구실과 강단에 '처박혀' 승진에 필요한 논문을 자아내기에 바쁘다. 신자유주의가 요구하는 대로 피라미드 경쟁 순위에 질세라, 교육의 진정성과는 별 상관도 없는 시장과 숫자의 논리에 의해, 그것도 외부 저널리즘 기관에 의한 평가에 의해 전전긍긍하고 있다(페르하에허, 2015). 막대한 자본을 지닌 기업과 국가 산업체는 그들 스스로 연구기관을 운영하면서 전문 지식인들을 창출하고 있고, 오히려 대학의 지식인들을 냉소적으로 바라보는 경향도 생겨나고 있다. 게다가 정치권력의 산출 게임에 직접 몸을 담는 '폴리페서'들의 행태는 더 이상 대학이 진리와 인격을 탐구하는 지식인의 요람이 아님을 반증하고 있다. 대학이 냉소의 대상이 되면서 반지성주의 사회가 되는 것이 아니라 오히려 대학이 반지성주의를 이끌고 있는 것이다.

(2) 종교: '성스러운 혐오'[25]와 우중의 배양

구한말 개항기 한국에 전파된 개신교는 산업화 기간 동안 엄청난 증가 추세를 보였다. 각 교회 분파들이 학교를 설립하고 목사들을 배출하면서

---

25) 성스러운 혐오의 개념은 한채윤(2016)으로부터 따왔다.

방방곡곡에 교회가 설립되었다. 한국의 상가(商街) 지붕에는 으레 십자가의 탑이 서 있듯이 성스러움과 세속의 공간이 사라질 정도로 한국의 교회는 곳곳에 산재되어 있다(김왕배, 2018). 산업화 시기 대부분 농촌에 거주하던 한국인들은 고향을 떠나 가난과 싸우며 역경을 극복해야 했다. 낯선 타향으로 이주한 이들, 저임금과 열악한 삶의 환경에 처한 많은 이들은 외롭고 지치고 힘들다. 한국의 개신교는 이들의 안식처가 되었다. 더구나 국가에 의해 통제 받는 관변 단체를 제외하면 시민들에게 사회적 교류를 제공할 만한 결사체가 거의 부재했던 사회에서 교회는 시민들의 '사회성'을 증진시키는 데 매우 큰 역할을 담당했다. 세상의 현장과 거리 두기를 하던 불교나, 교구제로 운영되던 가톨릭과 달리 한국의 개신교는 보다 자유롭게 시민들의 삶 속에 스며들 수 있었다.

한국의 개신교는 반지성주의 문법과 복음주의 부흥회를 통해 그 세력을 급속히 확장시켰다. 영적인 안녕과 환희를 느끼는 데는 지식인의 언어를 쓸 필요가 없다. 부흥은 과도한 제스처, 누군가에 대한 비난, 죄인이라는 낙인, 회개하라는 꾸짖음, 그리고 부자가 되고 자녀가 좋은 대학에 들어가고 장수무병할 것이라는 희망의 설교면 충분하다. 복음 부흥회를 통해 성장한 대형 교회는 그 자산을 차마 남에게 물리지 못하고 자식에게 세습하기에 이르렀다. 세계에서 보기 힘든 초대형 교회들은 점차 정치적인 영향력을 행사하려 들고 있다. 이들 교회는 과도한 경쟁과 청년 실업, 상대적 빈곤의 절박함에 빠진 한국 청년들에게 축복의 '유혹'을 미끼로 던지고 있다. 오늘날 교회는 막대한 자원을 소유하고 있는 집단이다. 교회 역시 인구 감소와 함께 신도 감소 그리고 기업처럼 양극화를 경험한다. 대형 교회는 해외 선교에 눈을 돌리고, 각종 프로그램을 만들어 새로운 신도들을 충원하지만 많은 중소형 교회들은 존폐의 기로에 서 있다(마치 지방 학교가 소멸하듯).

기독교는 세상을 죄의 토양으로 인식하고, 비난과 종교적 혐오를 통해 성스러움과 세속을 구분하려 했다. '저 세상(the other world)' 천국은 성스러운 곳이고, 물질과 부의 욕망으로 가득 찬 이 세상은 오염된 곳으로 혐오의 대상이었다. 기독교에서는 '세속적인 것'과의 긴장과 대립 속에 신에게 영광을 돌릴 때 구원을 약속 받는다. 세력을 넓히고 신도들의 정체성을 강화하기 위해 교회는 맞서 싸워야 할 세상의 '악마'가 필요하다. 세상의 유혹 자체가 악마이니 별도의 사탄은 필요하지 않지만, 좀 더 구체적인 대상을 만들어낸다. 기독교에게 악마는 타 종교(특히 이슬람교), 이단, 유물론, 공산주의, 그리고 해방 후 자신들을 핍박하고 추방했던 북한이며, 오늘날 한국 사회에서는 공적 담론으로 부상한 성소수자가 추가된다(김왕배, 2019b). 이들 대상은 한국의 보수 기독교 세력이 우파 보수 정권과 강한 친화력을 맺을 수 있는 조건들이다. 우파 정권이 '반공'을 권력의 기반으로 하듯, 한국의 개신교 역시 유물론을 숭배하는 좌파들과 특히 자신들을 핍박하여 몰아냈던 북한 체제에 화해할 수 없는 적대성을 드러낸다(강인철, 2020). 일부 종교인들의 선동적인 혐오의 언어와 빌리 그레이엄 목사처럼 지식으로 무장한 목회자들의 성스러운 설교가 사유의 다양성과 개방성을 차단하고 자연스럽게 독선과 편견에 가득 찬 반지성주의의 흐름으로 사회를 인도한다.

(3) 언론: '스노비즘'과 정치권력의 대리인

오늘날 특정 대상을 혐오의 대상으로 구성하는 작업을 주도하는 층은 정치권력에 빌붙어 이를 생성하고 유포하는 '언론'이다. '펜은 칼보다 강하다'라는 언론의 격률은 거의 사라지다시피 했다. 군사독재 정권 아래에서도 언론인들은 해직과 테러 등의 위협을 감수하며 진실을 알리고자 했고, 그들의 노력으로 권력에 의해 은폐되거나 왜곡된 것들이 세상에 알려졌다. 언론이야말로 민주주의의 보루 아닌가? 그러나 정치권력의 하수인으로 전락한 이들이 방송과 신문의 보도를 장악하고, 오히려 언론의 자유를 위해 헌신한 인물로 숭앙을 받는 일이 벌어지고 있다. 역겨운 일이다. 심지어 이들은 스스로를 세상을 구하고 지표를 제시하는 준엄한 심판자인 양 시민들에게 훈계를 서슴지 않는다. '괴이한 엘리트주의' 혹은 지적 허영으로서의 스노비즘(snobbism)에 빠져 있는 것이다.

　언론이 즉물주의와 세속주의에 빠지는 이유는 언론사가 자본에 의해 공략 당하고, 스스로 자본으로 변신하기 때문이다. 구독자와 거대 기업 광고주에 의존하던 언론사가 스스로 기업으로 변신하면서 시장의 이윤 논리를 추구하게 되었다. 구독자나 시청자는 뉴스와 프로그램의 소비자가 되고, 언론은 소비 자극을 위해 각종 선정적인 문구, 감각적 자극을 서슴지 않는다.[26] 특히 유튜브와 같은 온라인 미디어의 확산으로 언론의 생태계가 바뀌면서 더욱 감각적이고 표피적이며 즉각적이고 선정적인 요설이 성행하고 있다.

　그러나 무엇보다 언론이 혐오의 정치, 증오와 편견의 정치를 부추기고 '언론다움'을 포기하는 이유는 일부 정치권력의 대리인들이 언론판에서 활개를 치고 있기 때문이다. 정치권력과 거리 두기를 하지 못하는 방송 앵커나 기자 직분이 정치권력의 장으로 직행하는 통로가 되고 있다.[27] 물론 언

---

26)　참고로 자본과 언론의 관계에 대해서는 다음 기사를 보라. "건설·금융자본이 언론을 삼키고 있다"(https://www.mediatoday.co.kr/news/articleView.html?idxno=304069).
27)　얼마나 많은 언론인들이 정계로 진출했는가에 대한 자료로는 https://www.mediatoday.co.kr/news/articleView.html?idxno=316949를 참고하라.

론은 특정한 정치적·사회적 가치를 지향할 수 있다. 예컨대 어떤 언론사가 보수주의 가치를 지향한다고 하자. 그러나 품격 있는 보수의 가치를 전하고, 우리가 함께 고민해야 하는 주제를 신중하고 사려 깊게 다루는 보수주의 언론이 과연 우리 사회에 존재하는가? 특정 권력의 기관지 역할을 하고, 특정 권력을 위해 봉사하며, 특정 권력이 선호하는 보도의 기준과 편집을 따르는 언론지가 과연 품격 있는 '정론지'인가? 나는 막스 베버가 말한 소명으로서의 학문과 소명으로서의 정치를 다시 호명해본다. 소명으로서의 언론이 있을 터이다![28)

반지성주의 증세가 심해지면 한 진영의 사람들은 진영을 달리하는 사람들과 소통하기가 불가능해지고, 자기들끼리의 정보 교류와 소통만이 강화됨으로써 '확증 편향'이 높아져 상대에 대한 적대감과 분노, 불신과 혐오가 확장된다. 언론인이나 지식인들은 엄중하게 상대를 꾸짖는 사설과 칼럼을 쓰지만, 그들 역시 자기 세상에 갇혀 독단을 일삼는 경우가 허다하다. 오히려 지도자의 지위를 빌려 공동체의 균열과 적개심을 불러일으킨다. 권력과 명망으로부터 자유로운 지식인, 어떠한 진영이나 계급적 지위를 초월할 수 있는 지식인으로서가 아니라 자신들의 이해관계, 즉 자신이 추구하는 권력에 대한 옹호, 공명심, 나아가 직업과 소득 등을 도모하기 위해 지식과 필력을 동원할 뿐이다.

---

28) 권력이나 언론사 사주의 억압에 굴하지 않다가 해직 당했던 언론인들에게 부끄러울 일이다. 해직 언론인들의 상황, 생애 등에 대해서는 김세은(2010, 2012)을 참고하라.

4) 정치인과 고위 관료층의 반지성주의

한국 사회에서 정치권력을 능가하는 권력층이 존재하는가? 해방 이후 1970년대 한국의 고위 관료층은 일제 시기 유학을 다녀올 수 있었던 극소수의 상층 자녀들을 제외한다면 대부분 중하 농민층의 자제들로 충원되었다. 관료들은 조선 시대의 과거 제도와 흡사한 '고시'를 통해 충원된 인재였다. 이들 대부분은 주변에서 '수재' 소리를 들었고, 바늘귀와도 같다는 치열한 경쟁을 뚫고 관료로 충원되었다. 국회의원들 역시 남다른 정치력을 소유한 정치인이다. 이들에게 주어진 특권은 형용하기도 어렵다.[29] 그러나 이들에게서 도덕적 소양이나 품위를 찾아보기는 힘들다. 상층 지도자로서의 품위는커녕 때로 그들의 규범의식은 세인(世人)들의 수준보다도 못하다. 그들의 저(低)품격은 그들이 동원하는 공식적·준공식적 행사의 언어에서 드러나고, 그들의 탈도덕적·탈법적 행위는 청문회와 같은 장소에서 여실히 드러난다. 한국 보수주의 정치사회학자 송복(宋復)은 청문회 때 벌어지는 사태를 '천민성의 공연장'이라 묘사한다. 평소 사회적 신분과 지위를 자랑하던 지도자들이 은폐했던 불법과 탈법, 위선과 위반이 적나라하게 드러나기 때문이다(송복, 2014).

한국의 정치 지도자들은 정치권력과 이에 따른 '특혜'를 얻었을 뿐, 특혜에 상응하는 도덕과 책임 윤리를 갖지 못했다. 한국의 정치 관료층은 무(無)

---

[29] 여전히 도덕 정치를 강조하는 전통 때문인지 모르겠으나 대학교수들이 상징적으로 장관직이나 고위 관료직에 임용되기도 한다. 한편 국회의원에게는 200여 개 이상의 특혜가 주어진다. 연합뉴스, "국회의원 '특권특혜' 200가지 … 공항 VIP실 이용, 무노동 수당", 연합뉴스, 2016.4.28(https://www.yna.co.kr/view/AKR20160426178800060).

역사성, 무도덕성, 무희생성, 무단합성, 무후계성(無後繼性) 등의 특징을 가지고 있다. 반대로 말하면 그들에게는 역사성, 도덕성, 희생성, 단합성, 후계성이 결여되어 있다(송복, 2016). 한국의 고위 관료층이 도덕적 해이에 빠지게 되는 속성들이다. 한국 사회의 병은 권력 상층의 도덕적 해이로 인한 '천민성'의 증상이고 반지성주의의 중환인 것이다.

지도자들의 천민성에 대한 송복의 비판은 진영을 가리지 않는다. 이상적인 도덕 가치를 무기로 보수의 정치를 비판하던 진보 진영에 대해서는 더욱 매섭다. 사회정의를 독점하려 들며, 이른바 정의의 회초리를 들어 보수층의 도덕성 결핍을 단죄하려는 진보 진영의 권력 상층 역시 도덕적 해이에 빠져 있기는 마찬가지이다. 도덕과 정의를 무기로 상대를 공격했다는 점에서 그들의 도덕적 해이는 더욱 위선적이다. 국가라는 거대 조직에서 공직을 수행하는 리더는 공평무사의 정신을 함양해야 한다. 공평무사란 공공의 정의를 위해 사적 이해관계나 욕망을 절제해야 하고 아울러 특정 집단의 이해관계에 치우치지 않아야 한다는 뜻을 담고 있다. 동양에서 공(公)은 단순히 사생활이나 가족 등과 구분되는 사회 공간적 영역을 가리키는 것이 아니라 인간이 마땅히 추구해야 할 도덕을 의미한다. 공을 추구한다고 하는 것은 곧 보편 정신으로서의 도(道)를 추구하는 것과 마찬가지이다. 공직자는 도에 어긋남이 없도록 사적 욕망과 이해관계를 철저히 성찰하고 자제해야 한다. 무사심(無私心)이야말로 그들의 가장 큰 덕목이 아닐 수 없는 것이다.

그렇다면 리더가 도덕의 빈곤에 빠지는 가장 큰 이유는 무엇일까? 여러 이유가 있겠지만 나는 한국 사회의 인문학의 빈곤이 상상력과 창의력은 물론 도덕성의 결핍을 초래한다고 본다. 인문학의 요체인 문사철(文史哲)은 모든 학문과 시민성의 바탕이 되는 소양이다. 즉, 문학은 감각과 감성을,

역사는 안목과 지혜를, 철학은 사유와 판단을 배양시켜주는 토대 학문이다. 오로지 개인의 입신양명을 위해 고시 시험에 매몰되거나 권력의 진영에 빠져든 이들이 어떻게 타인에게 공감할 수 있을까? 역사와 미래를 상상하고 책임을 질 수 있을까? 오로지 학벌과 인맥만으로 뭉친 그들에게 무엇을 기대할 수 있을까? 권력을 쟁취하기 위해 끼리끼리 연고 문화를 형성해 온 상층 권력층에게서 인문학으로부터 비롯되는 공감과 상상력, 양심과 책임의 리더십을 찾기란 요원하다.

시민사회가 성장했음에도 불구하고, 그래서 니클라스 루만(N. Luhmann)이 말한 대로 각 하부 시스템의 자기 회귀적 논리와 코드가 작동되어야 함에도 불구하고, 한국 사회는 여전히 국가권력이 지배한다. 국가가 피라미드의 정점에서 각 하부 영역을 통제하고 지휘한다. 정권이 바뀌면 국가권력의 성격도 바뀌고, 언론, 기업, 대학, 심지어 종교에 이르기까지 대부분의 영역에서 지향 축이 바뀌어버린다. 아직도 국가권력은 사회 곳곳에 그리고 우리의 몸속에 삼투해 있다. 과잉 국가론이나 개발독재국가의 유산, 권위주의적인 발전 국가에서의 사회 성장, 그리고 목표 지상주의적 산업화와 절차적 정당성의 무시와 같은 유습이 아직도 우리의 사회와 신체 속에 잔존해 있다. 민주화와 시민사회의 성장, 개인화와 개성의 촉진, 특히 기성세대와 삶의 양식을 달리하는 젊은 세대의 등장에도 불구하고, 즉 전전 세대가 전후 세대로 교체되었음에도 불구하고, 한국 사회에서 국가의 영향력은 그렇게 변하지 않은 것 같다. 한국 사회의 중추 관료들이 가부장적 권위주의와 반공주의로 학습된 50~60대 이상인 것을 보면 실제로 생물학적 변이가 일어났다고 보기도 어렵다. 그리고 생물학적 변이가 일어난다고 해서 젊은 세대가 진보하는 것도 아니며 민주주의에 대한 열망, 책임 의식, 성찰적 안목을 가지는 것도 아니다. 오히려 젊은 세대의 보수화와 함께 무관심과 무기력, 자기 과잉화된 이기주의, 소비주의가 더욱 팽배해질 뿐이다.

한국의 (고위 관료를 포함한) 정치인들은 젊은 시절부터 교과서적으로 '정치적인 철학과 윤리 그리고 다양한 정략'들을 학습하고 실천한 사람들이 아니다. 기존 정치인의 연줄에 기대어 권력에 대한 의지와 얄팍한 정치 기술만을 좇았던 이들이다. 청문회장은 물론이고 그들이 평소 동원하는 언어, 말투와 용어에는 천민성이 고스란히 나타난다. 한편 민주화를 위해 투쟁해 온 진보 세력은 한 세대가 지났음에도 불구하고 여전히 자기들을 역사의 '선구자'로 오인하고 있다. 투쟁가(혹은 혁명가)들의 역할은 체제 이행기 과정에서 빛을 발한다. 제도화된 민주주의 사회에서도 계속 과거의 투쟁 경력을 내세우며 현실 정치의 선봉에 서는 순간 진보의 시계는 멈춰버린다. 우리는 인류의 역사에서 저항과 혁명을 이끌었던 지도자들이 어떻게 독재의 길로 가는지 혹은 퇴행하는지를 목도해왔다. 그들은 시대의 변화를 읽지 못하고 여전히 '그때/거기'의 이념과 사유에 묻혀 있거나 권력의 유혹에 넘어가 버리는 경우가 허다하다. 자신들이 독재 권력을 무너뜨리고 권력의 메커니즘으로 들어갔을 때 베버가 말한 대로 정치인의 책임 윤리를 갖지 못한다면, 그들 역시 정치권력의 '하수인'이 되긴 마찬가지이다. 투쟁의 열정은 신념 윤리에 속할 수 있다. 그러나 제도의 정치는 신념 윤리뿐 아니라 결과에 대한 책임 윤리를 더 강력히 요구한다. 정치는 훌륭한 동기보다 결과로 평가 받는 영역이다. 무능력도 죄라 하지 않는가!(책임 윤리에 대해서는 3장 참고).

에리히 프롬(E. Fromm)은 '혁명적 인간상'이라는 짧은 팸플릿을 통해 진정한 투쟁가의 모습을 제시한 바 있다. 권력형 인간은 권력 자체를 탐하기 위해 투쟁하기 때문에 혁명을 하고 나면 다시 권력형 인간이 되어버린다. 그러나 혁명적 인간의 가장 큰 무기는 '사랑'이다. 그들은 진정 민중과 시민을 위해 투쟁한다. 사랑의 원리는 뺄셈의 문법이 아니라 나누기의 문법이다. 사랑은 나누어준다고 해서 없어지는 것이 아니라, 하나를 아무리 하나로 나누어도 하나로 계속 남기 때문이다.

6장

법, 생명통치, 이데올로기

1. 생명이란 무엇인가?

생명(生命)은 단순히 살아 있음이 아니라, 살아야 한다는 하늘의 명을 담고 있는, 존재론과 당위론의 의미를 모두 담고 있는 신비스러운 무엇이다. 다석(多夕) 유영모는 "생명은 살라는 하늘의 뜻, 즉 몸을 살려 하늘의 명을 성취하는 사건"이라고 말하고, "사람은 살림을 알고 살림을 살아야 하는 살림지기로서, 생명에는 살아야 하고 살려야 한다는 하늘의 명령이 간직되어 있다"고 본다. 생명은 본래 그 낱말의 뜻이 "살라는 하늘의 뜻을 가지고 있기 때문에 사람이란 말은 삶에서 파생되었으며 삶은 '살다'에서, 살다는 '사르다'에서 나왔고 '사르다'는 일종의 기운 또는 에너지를 내는 행위"라고 말한다(박재순, 2017). 개인에게는 오로지 하나밖에 없는, 그 자체만으로도 최고의 목적론적 가치를 가지고 있는 생명은 무엇과도 바꿀 수 없는 존엄(dignity)의 대상이다.

오대양 육대주를 한꺼번에 덮친 '코로나19 사태' 이후 생명 담론이 다시 부상하고 있다. 코로나 바이러스의 습격으로 3년여 동안 약 1천만 명이 목숨을 잃었고, 이들 대부분은 '글로벌 사우스'라 불리는 가난한 나라의 사람들, 연로한 자들, 빈곤한 자들이었다. 가족들조차 가까이에서 죽음을 애도할 수 없었을 정도로 그 죽음들은 제대로 주목 받지 못했다. 국가의 방역에도 불구하고 국가와 사회가 '죽게 내버려둔 생명'들이기도 하다. 한편 특정 인종이나 집단에 대한 혐오와 적대의 증오 감정, 억압과 폭력을 행사하는 '생명통치'의 현상은 그치지 않고 있다. 적과 동지라는 '정치적인 것'의 이분법적 논리 속에서 적으로 분류된 사람들은 여전히 폭력의 대상이 되고 있다. 혹은 비식별 영역이라 불리는 예외 상황적 영역의 인간들, 예컨대 난민, 이주민, 특정 이념이나 종교를 가진 사람들, 소수자들, 즉 조르조 아감벤이 일찍이 '벌거벗은 생명'으로 묘사했던 '호모 사케르' 같은 존재에 대한 혐오와 억압의 정치도 전 세계적으로 진행 중이다.

아울러 의료 및 보건, 제약 분야에서 '생명'에 대한 관심은 더욱 높아지고 있다. 세포와 유전자, 질병을 다루는 생물학이나 의학 분야에서 생명에 대한 지식은 통치술을 넘어 교환가치를 지닌 '상품'이 되었기 때문이다. 바이오 경제, 바이오 산업, 바이오 테크 등 생명은 과학기술 공학의 대상으로 정조준되었다. 국가 차원의 지원 속에 신약 개발, 의료 기술, 게놈 프로젝트와 유전공학, 줄기세포 연구 등이 전방위적으로 수행되면서 생명은 막대한 이윤 창출의 품목이 되고 있다. 생명 자체가 국가와 기업의 '블루오션'이 된 것이다.[1] 그러나 다른 한편에서는 이 같은 생명공학의 발달에 대응한 윤리

---

1) 2021년 제약 산업 전체 매출액은 약 44조 1599억 원에 달했다. 해외 기업 중 가장 큰 수익이 발생한 기업은 화이자로, 2021년 1분기부터 2023년 2분기까지 코로나 백신과 치료제로 총 1024억 달러(약 136조 원)의 수익을 올렸다. 이는 2020년 상반기에 비해 55% 증가

적 담론 역시 활발해지고 있다. 예컨대 안락사와 존엄사, 대리모와 낙태 등 생명과 직결된 문제들에 대한 법적·도덕적 성찰이 그것이다. 인권 차원에서 오래전부터 쟁점이 되고 있는 사형 제도에 대한 논쟁 역시 생명 윤리와 연관되어 있다.

인간의 생명뿐이 아니다. 오늘날 우리가 직면한 지구온난화와 생태 위기로 인해 인간의 생명뿐 아니라 비인간 자연의 생명, 그리고 우리와 그들 생명 모두의 토대인 지구 행성에 대한 관심이 그 어느 때보다 높다. 일부 철학자들은 인간의 생명이나 비인간 존재의 생명이나 '존재론적 등가성'을 갖는다고 서슴없이 외치는가 하면,[2] 인간 사회를 넘어선 '행성적 사유'를 주문하기도 한다(Karen, 2023; 김왕배 엮음, 2023).[3] 다소 성급한 측면이 있지만 생명에 대한 논의는 급기야 인간이 만든 인공물에 대해서까지 확산되고 있다. 포스트휴먼 시대, 두뇌 과학과 정보의 원리가 결합된 인공지능이 등장하면서 준(準)객체의 존재론적 성격에 대한 논쟁도 일어나고 있다.

생명은 '활력'이다. 끊임없이 숨 쉬고 활동하며, 자연과의 신진대사를 통해 삶의 에너지를 얻고, 자신을 전개시켜 나가는 자유의지의 역량이다. 활력은 호흡과 밀접한 연관이 있으므로, 동양에서는 생명을 곧잘 목숨에 비유한다. 목숨은 마지막 단계의 숨이라는 의미에서 최후의 생명이기도 하고, 기도(氣道)를 통해 호흡이 되는 최초의 관문이라는 점에서 최초의 생명을 의미하기도 한다. 생명은 호흡과 관련이 있다. 그렇기에 생명은 자연의

한 실적이다(데일리팜, 2023.8.14).
2) 신실재론 혹은 신유물론으로 불리는 사조들이다. 이에 대해서는 김왕배(2021b)를 참고하라.
3) 생명은 인간에게만 부여된 것이 아니다. 생명은 지구상의 인간과 비인간 모두에게 주어진 것이다. 혹자는 지구 자체가 생명이라고 주장하기도 한다. 마굴리스·세이건(2018)을 참고하라.

산소, 공기, 에너지와 불가분의 관계를 맺고 있다. 그러나 생명은 단순히 이러한 힘만을 의미하지 않는다. 그 힘을 통해 생명은 정신, 의식, 지각을 갖는다. 불교에서 생명은 수명(壽命)과 같은 뜻으로 쓰인다. 불교에서 수명이란 체온과 의식의 의지처이다. '피돌이'를 통해 몸에 온기를 부여하고(체온), 나아가 의식을 유지시킨다. 인간이 살아 있다는 것은 따스한 체온과 의식을 가지고 있다는 의미인데, 체온과 호흡과 피의 순환[이를 난(暖)이라 한다], 마음의 식별 작용[이를 식(識)이라 한다]으로 구성된다(최재목, 2006: 351).

창조적 진화를 쓴 앙리 베르그송이나 프랑스 생기론자들은 생명에 대한 논의를 '과학의 이름'으로 접근해보고자 했고[4] 많은 자연과학자들 역시 생명의 비밀의 열쇠를 풀기 위해 끊임없이 도전해오고 있다. 1940년대 『생명이란 무엇인가』라는 책이 물리학자 에르빈 슈뢰딩거(E. Schrodinger)에 의해 출판되기도 했다(슈뢰딩거, 2001). 엔트로피가 상승한다는 열역학 제2법칙을 거스르는 것이 생명이다. 오늘날에는 분자 과학을 넘어 양자역학의 관점에서 생명의 비밀을 캐보려는 시도들도 일어나고 있다(알칼릴리·맥패든, 2017). 생명은 일반적으로 신진대사와 '짝짓기(mating)'를 통해 자기 복제와 재생산이 가능하다고 알려졌지만 논의의 지평은 점차 확산되고 있다. 생리 의학자인 폴 너스(P. Nurse)는 세포, 유전자, 진화, 화학, 정보로서의 생명을 체계적으로 논하면서 '원대한 생명'에 대한 탐구를 게을리하지 말 것을 요청한다(너스, 2021).

---

[4] 질베르 시몽동(G. Simondon)은 이 과정을 '개체화' 또는 '구체적인 것으로 구성됨'이라고 표현한다. 프랑스 생명과학과 철학에 대한 소개로는 황수영(2017)을 참고하라. 인문학적 글쓰기를 통해 생명에 대한 다양한 접근을 소개한 생명과학자 송기원(2024)의 책도 적극 추천한다.

이러한 생명이 개체의 몸을 통해 세상에 나오는 사건이 '탄생'이다. 탄생은 생명이 어느 한 공동체에 구체적으로 드러나는 사건으로서, 탄생을 통해 자연적 생명은 사회적인 생명으로 변한다. 생명은 태어나는 순간 한 인격체에게 '구체화'되고, 공동체로부터 특정한 지위, 권리와 의무를 부여 받음으로써 사회적 존재가 된다. 한 인격체로 등장한 생명에 대해 공동체는 다양한 의례를 진행하고(혹은 불법체류자나 난민의 경우처럼 거부하기도 하고), 관습적 규범이든 시민권이라 부르든 일정한 성원의 자격을 규정하고 부여한다.

한나 아렌트는 탄생이란 생물학적 출생뿐 아니라, 다양한 말과 언어 행위를 통해 유의미한 새로운 세계를 만들어가는 역량이라고 말한다. 인간은 생명의 시작과 동시에 사회적·정치적 존재로 인정 받고, 타자들이 존재하는 세계 속에서 자신들의 '세계'를 구축해간다. 그런데 인간은 서로 다양한 차이를 갖는 존재이다. 그녀에게 인간의 다중성(plurality)은 가장 근본적인 실존이다. 차이가 있기 때문에 우리는 서로 소통하고 이해하며, 이런 차이를 받아들이는 것이 관용이다. "어떤 누구도 지금까지 살았고, 현재 살고 있으며 앞으로 살게 될 누구와도 동일하지 않다는 점에서만 인간은 동일할 뿐이다"(아렌트, 2017: 75).

그러나 이 차이를 획일화하는 것, 인간을 평준화·동질화하는 체제가 전체주의이다. 차이를 인정하지 않고 소통을 불가능하게 하는 것, 나아가 특정한 인종이나 집단을 위해한 집단으로 규정하고 혐오하고 배제하는 것, 심지어 살해를 용인하는 체제가 전체주의이다. 이 죽음은 비단 생물학적 죽음만 의미하는 것이 아니라 사회적 죽음도 포함한다. 생명을 살릴지 죽일지, 즉 생사여탈권을 가진 것이 법이다. 도대체 법에 어떤 속성이 부여되었기 때문일까?

2. 법, 정의, 폭력

법은 상식과 질서를 의미하기도 하며, 진리를 의미하기도 하고, 최상 혹은 최소의 윤리, 넓게는 규범과 도덕을 포괄하기도 한다. 강제력의 측면에서 보면 현대 국가에서 법은 모든 당위 규범들의 최상위 포식자로 존재한다. 법에는 중간의 범주가 없다. 죄가 있음/없음을 양분하고 그에 따라 반드시 처벌을 가하거나 면제한다. 오늘날 정의라는 덕목과 법이 일치해가는 과정은 그만큼 법이 복잡한 이해관계를 가진 현대사회의 다양한 개인, 집단의 갈등을 최종 판단하는 역할을 하기 때문이다. 판단에 있어 다양한 개인이나 집단의 최소공배수적 합의를 규정하는 역할을 하고, 집행에서는 그 판단이 실현되게끔 하는 강제력을 갖는다.

법은 국가 공동체 혹은 국제법과 같이 인류 공동체가 지향할 이념적 가치를 적시함으로써, 탤컷 파슨스(T. Parsons)가 범주화했던 사회의 유형 유지 기능, 즉 가치 혹은 이데올로기적 기능까지도 일부 담당한다. 우리는 보통 법이 국가의 '틀'(예를 들어 자유민주주의, 연방 공화국, 사회민주주의 등의 체제 형태)을 잡아준다고 말한다. 법은 어떤 형태로든 공동체의 합의라는 명분을 얻어 폭력의 정당성을 획득하고 있기 때문에 위엄하다. 법을 제정하는 과정에서의 폭력, 그리고 제도적 운영 과정에서 실행되는 폭력은 국가 통치의 기반이 되는 것이다(벤야민, 2008). 법은 특수한 정황에 맞게 특수한 형태로 분화되어 적용되지만(예컨대 형법에서 민법, 상법 등 보상법으로 분화되어 사례 하나하나에 적용된다) 매우 포괄적이고 높은 추상적 가치의 상징으로서 모든 구성원에게 '금지의 메시지와 위반에 대한 경고'를 보낸다.

법은 공동체의 구성원이 이의를 제기하기 힘든 '정의'의 결정판으로 우리 앞에 등장한다. 비록 '폭력'이 내재해 있지만 정의의 명분을 얻었기 때문에 그 폭력이 오로지 정의를 해치는 '악'에 대해서만 행사되는 것처럼 인지하게 된다. 그러나 법의 실체는 모호하다. 법은 분명 우리 앞에서 우뚝 서 있는데 그 형체는 뚜렷하게 나타나지 않고 생명만큼이나 신비스럽기도 하다. 법전과 관습, 언어를 통해 표상되지만 그 본체는 '아무도 본 적이 없고 알 수가 없다'. 프란츠 카프카(F. Kafka)의 단편소설「법 앞에서」는 이런 법의 비가시성, 그러나 우리의 운명을 좌우하는 법을 잘 묘사한다(카프카, 2007). 카프카가 말한 법은 근대국가의 법, 종교의 율법, 혹은 신의 계시, 규범 등 다양할 수 있다. 여하튼 그 소설의 내용은 대략 이렇다. 시골의 한 노인이 법을 만나러 상경한다. 법은 대(大)성당 안 깊숙한 곳에 존재하고 있다. 성당 앞의 관리인은 시골 노인을 마주한 채 자기도 이 성당에 들어가본 적이 없다면서, 즉 법을 만나보지 못했다면서 이리저리 말을 건네고 시간이 흐른다. 시간이 흐르고 결국 노인은 성당에 들어가지 못한다.5)

법은 자크 데리다가 말한 대로 '권위의 신비한 토대'이거나(데리다, 2004a), 아니면 '아무것도 모를지' 모른다(발리바르 외, 2008). 서구 유럽에서 법률의 언어와 신학의 언어는 매우 밀접한 연관을 맺고 있다. 모든 종교적 교리나 혹은 메시아의 계시가 제도적으로 체계화되면서 법률적 성격을 지니게 되었다는 것이다. 법이 정의의 이름으로 개개인의 안녕과 권리를 보장해주는 선량한 모습으로 나타날지라도, 법의 내면에는 '매우 엄중하고도 무거운' 폭력이 내장되어 있다.

---

5) 이러한 카프카(2000)의 법 또는 규범에 대한 해석은 그의 장편소설『성(城)』에서도 잘 나타난다. 측량사 K는 성을 측량하기 위해 성 아래 마을에 도착한다. 마을 사람들과 함께 살며 드디어 그 지역을 잘 안다는 한 사람을 소개 받아 성에 오를 참이었지만 마을에서 이러저러한 사건이 발생하고, 결국 K는 여러 잡다한 사람들과의 일상 및 사건에 휘말려 성에 오르지 못한다.

법은 '~라면 ~할 것이다'라는 '예정된 전제'를 던지면서, 그 전제를 위반하는 범죄나 일탈 행위로부터 우리를 보호한다. 그런데 비판적인 급진적 자유주의자들은 바로 이 점이 우리 모두를 법으로 가둔다고 주장한다. 즉, 일어나지도 않은 일을 앞당겨 처리함으로써 아무도 저지르지 않은 범죄를 예방하기 위해 유죄판결을 앞당겨 선포하는 것이다. 그렇기 때문에 우리는 법 앞에서 법을 지켜야 한다는 일종의 강박관념과 두려움을 갖는다. 보이지 않는 신처럼 보이지 않는 법이 때로는 보이는 주먹으로 나타나 우리 삶 모두를 감시하고 통제하기라도 하듯이 말이다.[6]

법은 죄를 짓기도 전에, 죄의 여부와 상관없이, 삶 자체를 유죄로 간주한다. 징계와 징벌 역시 마찬가지이다. 삶을 죄의식에 가두는 것이 법의 기능이다. 삶은 죄를 지을 때 심판을 받는 것이 아니라 심판을 받을 수 있는 조건을 갖추기 위해 먼저 유죄로 간주된다. 여기서 죄는 의지나 선택과 무관하기 때문에 운명과 조금도 다르지 않다. 따라서 삶을 심판 받는 것으로 간주하는 순간, 그러니까 먼저 심판을 받고 뒤이어 죄를 지은 삶이 되었다는 식으로 간주하는 순간, 고개를 드는 것이 바로 운명이다. 운명의 심판이 주는 것은 형벌이 아니라 죄이다(에스포지토, 2022: 61).

독재 정권 아래에서 우리가 겪었던 유신헌법[7] 및 계엄령, 그리고 현재

---

6) 막스 베버는 기존의 로마법과 기독교법의 영향, 자본주의 시장 확대와 함께 정치인과 분리된 판사, 변호사 등 법률 대리인들이 법을 보다 정치화하는 작업을 통해 서구 대륙법의 합리성이 증대했다고 본다. 그가 보기에 법을 군주나 관료 등의 인격적 판단에 의존하는 동양은 '마술의 정원'일 뿐이다. Weber(1951); 김명숙(2003)을 참고하라.
7) 유신헌법은 1972년 10월 17일 비상조치에 의해 단행된 대한민국 헌법의 제7차 개헌으로

진행 중인 국가보안법은 어떨까? 통치자는 '유사-예외 상황', 즉 준전시 상황이라든가 위협 및 위험 상황을 조성하고 유비무환을 강조하면서 다양한 금지 사항을 우리 삶 앞에 제시하고 그 위엄을 과시했다. 서구 정치 신학자들의 비유를 모방해 말해보자면 '통치자의 정언명령인 반공 자유민주주의에 이의를 제기하거나 안보의 위협을 해소하지 못한 우리는 죄인이다!'라는 식이다. 법은 자연적인 생물학적 생명뿐 아니라 사회적 생명에 대한 생사여탈권을 쥐고 있다. 법은 우리에게 '사회적 죽음'의 가능성을 미리 선포함으로써 그 위용을 자랑하고, 그것을 따르지 않거나 선을 넘어선 경우 책임을 묻는다. 우리 모두 죄의 유무와 상관없이 법의 그물을 벗어날 수 없다.

법은 법 이외의 장치들, 즉 국가, 경제, 문화 등 주변의 환경 체계와 영향을 주고받지만 그 자체의 고유한 영역과 매체를 지닌다. 니클라스 루만은 법이 사회적 교류를 위한 하나의 소통 체계일 뿐 아니라 법 고유의 특별한 기능을 바탕으로 재생된다고 말한다. 가령 법은 국가의 행동반경을 설정함으로써 국가가 모든 개인의 삶에 간여하고 책임지는 과부하의 짐을 덜어주기도 한다. 또한 법은 개인의 행동 범위를 설정함으로써 그 경계만 넘지 않는다면 양심이나 도덕에 상관없이 활동의 자유를 보장한다.[8] 법이 모든 하위 체계를 통솔한다는 정치 신학적 해석과는 사뭇 뉘앙스가 다르다. 즉, 법

1972년 12월 27일에 공포되고 시행된 제4공화국의 헌법이다. 대통령의 권한을 강화하고 국회의 권한과 지위를 축소하는 등 대통령의 장기 집권과 독재를 가능하게 한 헌법이었다.

8) 자연법과 실증주의법, 법의 계급성과 도구성, 그리고 한국 역사 속에서 나타난 근대법 출현의 맥락과 특징 등 법에 대한 총체적 논의가 필요하지만 이에 대한 논의는 차후의 과제로 남긴다. 또한 우리의 헌법은 시민이나 인민보다는 '국민'이라는 표현을 호명했다. 국가에 대한 개인의 권리보다는 국가에 대한 개인의 의무를 더 중요시하는 개념이기도 하다. 한국의 헌법은 적어도 어휘상 시민이 아니라 국민을 탄생시켰다. 이에 대해서는 김성보(2009)를 참고하라.

은 법대로 그 자체 기능을 행사하는 하나의 하부 체계인 것이다(루만, 2015).

법은 자신의 체계에 속하지 않은 것, 즉 외부의 이질적인 것과의 차별화를 바탕으로 소통한다. 루만이 말하는 체계론에서 외부란 환경이다. 환경은 법체계에 포함되는 동시에 제외되며, 내부의 형태로 제외되는 동시에 외부의 형태로 포함된다.[9] 법은 누구를 포섭하고 누구를 배제할 것인가를 규정하면서 실제로는 포섭과 배제를 동시적으로 수행한다. 우리는 법의 그물 속에 포섭되어 있고 법을 어겼을 경우 순수히 배제되는 것이 아니라 배제된 채 포섭되어 있는 것이다. 예컨대 먼 유배지로 추방된 범죄자는 법으로 배제된 것이 아니다. 그는 언제든 다시 법에 따라 복귀할 수도 있고, 죽음을 맞이할 수도 있다. 즉, 배제된 채 포섭되어 있는 것이다.

로베르토 에스포지토(R. Esposito)는 법이 공동체를 분쟁으로부터 보호하는 것이 아니라 분쟁을 통해 공동체를 보호하려 한다고 말한다. 나아가 법은 분쟁을 해결하는 데 그치지 않고, 분쟁이 가능하도록 만들며, 심지어 분쟁을 만들어내기도 한다고 주장한다. 질서와 분쟁은 공생한다. 그러나 기존의 법은 순종하는 이들에 의해 사회체제의 안정을 보호하고 유지하는 것 같지만 늘 불안한 균열의 가능성을 안고 있다. 항상 '문제적 증상'을 내포하고 있다는 것이다. 저항과 혁명과 불복종 사회운동은 바로 기존의 법이 안고 있는 문제적 증상을 폭로하는 일이기도 했다. 법이 저항을 불러오는 역설, 예컨대 인종차별법이 민권운동을 불러온다. 또한 법은 현대의 삶의 속도를 좇아가기에 바쁘다. 가령 사람의 팔에 접합된 인공지능의 팔을 손상

---

9) 루만의 체계 이론을 보라(루만, 2015). 모든 체계의 외부는 환경이고 이는 '차이'로 구성된다. 쉽게 말해 법은 법이지, 사회가 아니다. 체계는 기본적으로 폐쇄적인 재귀성을 가지면서 동시에 개방적이다.

시켰을 때 이는 신체 상해죄인가 물건 손괴죄인가? 대리모와 낙태의 문제, 안락사 등의 문제를 기존 법은 어떻게 규정할 것인가?

3. 법과 생명통치

1) 생명의 통치술

급진 자유주의자들의 입장에서 보든, 루만의 사회 체계론으로 보든, 법은 공동체의 질서유지를 목표로 한다. 법은 사회의 소통 체계와 그 소통 과정에서 발생할 수 있는 다양한 혼란을 억제함으로써 외부의 침입과 내부의 혼란으로부터 개인의 생명을 보호한다. 의료적인 표현을 쓴다면 외부의 병균이나 바이러스의 침입에 대해 내부의 면역력을 키우는 것이다. 법질서의 확립과 소통은 곧 사회의 '면역화'이다.

우리의 신체와 생명 자체가 통치의 관리 대상이 되었다는 것은 이미 앞서 언급한 바 있다. 법과 국가는 개개인의 신체와 집단 신체로서의 인구를 다양한 지식과 정책을 통해 세밀하게 통제한다. 일탈 범죄와 같은 비정상적인 것에 대한 배제, 노동인구와 출산율에 대한 개입 그리고 개인에 대한 훈육과 규율을 통해 사회를 재생산한다. 널리 알려진 바와 같이 미셸 푸코는 일찍이 이러한 생명의 통치에 주목한 바 있다(푸코, 2012b). 토마스 렘케(T. Lemke)는 푸코의 생명 관리 정치를 '신체-유기체-훈육-제도'라는 계열과 '인구-생물과학적 과정-조절 메커니즘-국가'라는 계열로 나눈 바 있다(렘케, 2015: 69). 전자가 병원, 학교, 감옥 등 다양한 조직에서 규율을 통한 개인의 통제라는 측면을 부각시킨다면, 후자는 출산, 낙태, 결혼, 노동인구, 인구조절 등과 같이 몸과 사회적 체제의 재생산에 국가가 다양한 형태로 개입하여 통제하는 측면을 부각시킨다.

생명의 집이라 할 수 있는 신체는 체제와 국가의 규율에 의해 여러 유형으로 통제되고 변형된다. 몸은 국가의 권력이 작동하는 지점이 된 것이다. 의료 지식과 종교적 담론이 몸의 규율을 위해 동원되었고, 정상성과 비정상성의 설정을 통해 포섭과 차별이 발생하기도 했다. 신체의 특성과 건강, 질병의 특징으로 구성된 정상성과 비정상성의 범주는 생리학과 질병학을 나누는 기준을 넘어 인종주의와 사회적 차별의 기준이 되고 말았다(캉길렘, 2018). 예컨대 인종주의자들은 자신들과 다른 이방인들을 정상적 범주로부터 벗어나 있는, 병들고 가치 없는 존재로 간주한다. '우생학'적 지식은 생명을 개선한다는 명분으로 타자를 식별하고 배제하고 공격하고 살해할 수 있는 이데올로기의 토대를 마련했다(Lemke, 2015).

푸코가 말한 대로 법의 생명통치는 '살리거나, 죽이거나, 죽게 내버려두거나'의 경계를 설정하는 일이다(푸코, 2020). '생사 여부'의 행위는 통치와 깊은 연관을 맺고 있다. 앞 장에서 설명한 것처럼 희생제의는 바로 집단의 질서를 공고히 하기 위해 '어떤 생명'을 희생시키는 통치행위였다.[10] 동서양을 막론하고 희생제의는 중요한 통치 전략이었고, 주권자는 자신들의 안녕을 위해 희생자를 선택하고 만들어내기도 한다. 인간의 역사에서 가장 잔인했던 희생물의 통치는 2차 세계대전 동안 나치 독일이 자행한 인종 청소와 생체 실험일 것이다. 인종 청소는 법에 의해 정당성을 부여 받았다.

---

10) 중국의 고대국가인 상나라에서도 희생제의에 대한 다양한 기록이 보인다. 희생물은 주로 전쟁 포로나 노예들로 추정된다. 많을 때는 하루에 약 500~1천 명 정도였다고 한다. 동양의 희생제의에 대해서는 이연승(2019)을 참고하라.

나치 정권에 의해 제정된 뉘른베르크법(Nuremberg Laws)은 나치의 인종 이데올로기를 법제화한 대표적인 사례로, 유대인에 대한 조직적 차별과 박해의 법적 토대가 되었다. 뉘른베르크법하의 '제국시민권법'은 여러 가지 세부 법령을 시행하여 독일인이나 순수 아리안 혈통만 독일 시민으로 인정했다. 독일 혈통과 명예에 대한 보호법은 유대인과 독일인의 결혼을 금지했으며 이들 또한 이들 사이의 성관계를 범죄로 규정했고, 만약 법을 어기면 인종 모독죄로 처벌 받았다. 그 밖에도 장애인 강제 안락사를 정당화한 명령서 등이 존재한다. 이들 법이 홀로코스트의 근거가 되었다.[11]

그뿐만 아니라 나치 독일 의사들은 차마 형용하기조차 어려운 생체 실험을 단행했다. 가령 고통의 극한을 알아보기 위해 마취 없이 살아 있는 사람을 수술하는 등 다양한 실험을 했다. 전범 국가인 일본도 독일 못지않았다. '731부대의 악마 의사들'은 세균전을 위해 각종 병원균을 '마루타'라고 불리던 실험 대상자들에게 주입했다. 세균전을 가상하고 일본이 벌인 최악의 생명통치였다.[12]

오늘날 생명통치는 전쟁과 학살, 테러, 고문 등을 통한 생명의 박탈, 그리고 다양한 형태의 통제 방식뿐 아니라 의료화와 관련하여 더욱 광범위하게 펼쳐지고 있다. 그간 정치를 은유하기 위해 동원되었던 의료 용어들이 전 세계를 엄습한 '코로나19 사태' 이후 정치 용어로 융합되는 현상이 본격화되고 있다. 코로나19 사태 이후 사회에서는 정치와 의료가 혼연일체되었다. 생물체, 몸, 방역, 동원, 격리, 차단, 엄벌, 바이러스에 대한 성찰(미천하

---

11) United States Holocaust Memorial Museum(https://encyclopedia.ushmm.org).
12) 참고로 일본군의 세균전에 대해서는 김성민(2010)과 프레시안의 시리즈 기사(https://www.pressian.com/pages/articles/2024012616595601909)를 참고하라.

기 짝이 없는 것의 존재감), 인류의 미래 등 코로나19 사태는 '살아야 할 생명과 죽게 내버려둘 생명'을 구분 짓는 사건으로 등장했다. 죽게 내버려두거나 죽어도 어쩔 수 없는 생명은 주로 하층민, 노인, 흑인, 저발전국의 사람들이었다. 이들은 백신을 제대로 보급 받지 못했고, 돌봄을 제대로 받지 못했으며 응급조치로부터 배제되었다. 이 밖에 난민, 불법체류자, 이민, 노숙자 등도 죽어도 어쩔 수 없는 생명으로 방치되었다.

현대사회의 인간은 병원에서 태어나고 병원에서 죽음을 맞는다. 우리는 이미 의료화된 생애 과정을 밟아가고 있는 것이다. 우리의 삶은 더욱더 의료화되고, 의료는 정치화되었으며, 의료의 용어와 정치의 용어는 혼합되어 사용되고 있다. 바이러스의 침략, 전쟁, 불순물, 전염(병), 백신, 오염, 파멸, 종말, 면역 강화 등 다양한 용어가 동시다발적으로 등장하고 있다.[13] '바이러스의 사회학'이나 '비말의 사회관계' 등의 용어가 나오고, 바이러스라는 준생명체는 단순히 외부의 이질적 존재가 아니라 인간이 앞으로도 숙명적으로 조응해야 할 주요한 타자가 된 것이다(김왕배, 2020; 김홍중, 2020).

2) 법과 면역의 정치

아리스토텔레스가 말했던 것처럼 인간은 자연적 생명체일 뿐 아니라 정치적 능력을 갖춘 동물, 즉 바이오스(bios)의 존재이다. 그러나 근대적 인간은 생명체로서의 삶 자체가 정치적으로 문제시되는 동물이 되었다. 의학과 정치가 수렴하고, 생명과 삶 자체가 정치화한 것이다.[14] 에스포지토는 오

---

13) 사회과학에서 사용하는 여러 가지 개념들은 물리학, 생물학 등의 용어로부터 비롯되었다. 이를 잘 소개한 책으로는 리그니(2018)가 있다.

늘날의 정치를 '면역의 정치'라 부른다.15) 면역은 질병을 일으키고 생명을 위협하는 바이러스나 병균과 같은 '독(毒)'의 일정량을 인간 몸에 주입시켜 항체를 형성하는 과정이다. 질병 예방을 위한 면역의 '의미론'은 18세기 이후 서서히 근대사회의 모든 영역에 확장되기 시작했다. 내·외부의 폭력으로부터 공동체를 보호하기 위해 주권자는 공동체에 일련의 법에 의한 '면역'을 부가한다. 즉, 법의 선언을 무시한 범법자들을 공동체의 안녕을 해치는 위험 분자로 낙인찍고 이들을 처벌함으로써 나머지 구성원들에게 경고의 메시지를 전하고 공동체의 질서를 유지하는 것이다. 때로는 '본때를 보이기 위해' 일부의 범죄행위를 과잉화하여 희생물을 삼는 간접 살해를 하기도 한다. 즉, 법을 위반한 사람에게 주권자의 정치적 목표를 위해 '사회적 죽음'을 선사하는 것이다.

나는 앞서 5장에서 이러한 정치를 '희생제의의 정치'라 명한 바 있다. 이 희생물을 '면역균'이라 불러보자. 한국 사회에서 면역균의 대상은 북한, 빨갱이, 간첩, 공산주의자, 좌파, 종북주의자, 반미주의자, 노조주의자, 비판적 시민 단체 운동가 등 다소 불투명한 범주들이다. 그리고 마약 범죄자들이나 그 밖의 일탈 행위자들도 그 범주에 포함된다. 정치 기술자들은 이들 사회적 '독성균'의 일부를 온 국민에게 '주입'하여 반공 자유민주주의 공동체를 지키는 면역력을 키우려 했다.

에스포지토는 면역이라는 어휘와 개념이 의료적이며 동시에 정치적인 것이 되면서 생명 정치의 패러다임으로 부각되고 있다고 말한다. 이러한

---

14) 국가에 의한 건강검진 의무 제도, 각종 보건 의료 행위, 방역, 약품 개발 및 분배뿐만 아니라 사형 제도, 안락사, 인공수정, 낙태 등의 범위를 법으로 정한다.
15) 에스포지토의 면역의 정치를 소개한 것으로 이문수(2018); 오정진(2022)을 참고하라.

면역 패러다임은 종종 전쟁에 비유되기도 하고, 이때 각종 군사 용어가(격리, 침투, 방어, 진지구축, 승리 등) 은유로서 동원된다. 예를 들어 약은 무기로 비유된다. 전염병에 대응하는 다양한 의료 행위는 전쟁 차원의 정체성, 특정 질병에 대한 사회적이고 정치적인 '의미화'를 불러일으키기도 한다. 예를 들어 에이즈(AIDS)는 부도덕함과 신의 저주라는 식이다. 바이러스나 세균과 함께 이런 의미도 전염된다. 예를 들어 코로나19 사태 와중에 이태원의 게이바에 들렸던 성소수자에 대한 도덕적 비난이 그렇다. 질병에 걸린 환자는 허약하거나 실패한 사람, 죽음의 전파자일 수 있는 비정상인으로 간주되고 '이른바 정상인'들은 이들과 접촉하기를 꺼린다.[16] 동물에 대한 집단 방역도 이와 유사하다. 돼지열병을 막기 위해 총리는 국민 담화문을 발표하고 총력전으로 대응할 것을 명령하면서 DMZ의 철조망을 강화하고 가차 없이 멧돼지 사살 명령을 내렸다(김준수, 2019). 북으로부터 내려오는 멧돼지에서 남한을 위협하는 무장공비가 연상되기도 한다.[17]

생명의 예방, 보호, 치료 등은 삶의 안전과 직결된다. 외부 세균이나 바이러스로부터 몸을 지키는 방역은, 곧 외부의 침입자로부터 우리의 삶을 지키는 것과 동일하다. 즉, 방역은 우리의 안녕을 위협하는 외부의 적대 세력 및 이미 우리 사회의 내부에 잠입해 있는 산업 스파이, 불순분자, 테러리스트 등의 위협으로부터 공동체의 질서와 안녕을 지켜야 한다는 '안보'와 직결된다(에스포지토, 2022: 30). 정치적 면역은 생명과 안보를 지키려는 것이다. 그러나 이제 그것이 과잉화됨으로써 자기 보호 신드롬에 빠진다. 면

---

[16] 에이즈는 단순히 신체적인 질병으로 그치지 않는다. 사실 여부와 상관없이 에이즈는 사회적인 규범을 위반하고 성적 타락을 일삼는 자들의 병으로 이미지화되었다.
[17] 조류독감을 방지하기 위해 수천, 수만 마리의 생명을 도살 처분하는 것도 이와 유사하다.

역의 과잉, 즉 안보 비대증이 가져오는 또 다른 질병이 발생한다. 면역은 일정 정도의 병원균을 아직 감염되지 않는 몸에 주입함으로써 건강을 찾으려는, 즉 '생명을 부정하는 것을 부정'함으로써 긍정적 결과를 가져오는 의료 행위이다. 바그너의 오페라 「파르지팔」에 나오는 대사처럼 "상처를 내는 손이 곧 상처를 아물게 하는 손"으로 독을 약이 되게 하는 '파르마콘(pharmakon)'이다.[18] 그러나 면역을 위한 독의 양은 매우 적절해야 한다. 과잉 면역으로 사망에 이를 수도 있다. 면역 치료법은 여러 부작용(쇼크사나 후유증 등)에도 불구하고 일반적으로 신체를 보호할 목적으로 수행된다. 면역이 과잉화되면 인간의 몸은 스스로 반응하고 감지하는 자연적인 저항 능력을 상실하게 된다.

건강을 지키려다 건강염려증이 생긴다. 우리가 걱정하고 불안해 하는 것은 정작 건강 때문이 아니라 건강염려증 때문일 수 있다. 생명을 지키는 '안보'에는 그 경계가 없다. 군비가 증가하고 사회 전반에 대한 통제가 강화되는 등 안보는 점점 비대화된다. 그렇다고 누가 앞장서서 안보를 반대할 수 있겠는가? 안보는 아무리 강조해도 지나침이 없다고 생각하기 때문에 안보에 대해 문제를 제기하는 것은 '적대 행위'나 다름없다. 안보의 방식을 문제시해도 안보 자체를 위험하게 만드는 불순분자로 낙인찍힌다. 전쟁의 유산을 안고 분단 상태에 놓여 있는 한국 사회에서는 더욱 그렇다. 반공에 이의를 제기하는 것이 곧 안보를 저해하는 행위이기 때문에 모든 삶의 형태가 '반공 안보'의 이름으로 통제되고 단순화될 수 있다. 보수 우파 정권은 항상 이 '반공 안보'를 통해 사회 전반을 통제하려 했다. 오죽하면 한국의 국시가

---

18) 파르마콘은 의약과 독약의 이중적 의미이다. 뱀의 독을 약으로 쓰는 경우이기도 하다.

자유와 평등, 연대와 인권, 대동사회나 홍익사회가 아닌 반공일까? 목표가 수단이 되고 수단이 목표가 된 사회, 면역은 이미 과잉화되어 있다.

　안보의 과잉 담론화는 군산복합체의 활동과 무기 시장을 활성화하고, 허약한 정당성을 지닌 독재 정권이나 지지율이 낮은 보수 정권을 지원하는 역할을 한다. 안보의 외침은 강력함의 은유로 전환되어 통치자의 지도력을 부각시키는 데도 이용된다. 동맹 정치, 핵무기, 원자력과 무기 수출, 전쟁 지원, 선제공격 등의 용어를 쏟아냄으로써 지도자는 '강한' 이미지를 드러내려 한다. 짝패인 북한 역시 연신 미사일을 쏘아대며 '강군정치'를 과시한다. 그곳에서는 군사적으로 강한 나라가 곧 잘사는 나라로 둔갑한다. 반공 안보는 모든 사유와 이의(異義) 제기를 삼켜버리는 블랙홀 같은 것이다. 하지만 여기에도 균열 증상이 생긴다. 양치기 소년의 전언에 더 이상 귀를 기울이지 않는 무감각과 무기력이 그 긴장을 삼켜버리는 것이다. 일부 노년 세대를 제외하면 북한의 연속적인 미사일 발사와 간첩 소탕의 뉴스는 더 이상 안보 감각을 불러일으키지 않는다. 서해안의 식인 상어나 독성 해파리의 출현이 우리를 더 두렵게 만든다. 이 모든 게 과잉으로 인한 자가면역 질환의 탓이다.

　자가면역질환은 외부의 병균을 공격해야 할 면역 세포가 스스로 정상 세포를 공격하여 질병을 일으키는 증상이다. 자칫 잘못하면 생명의 붕괴를 야기하는 무서운 질병이다. 몸뿐만 아니라 사회도 마찬가지이다. 안보의 과잉화는 오히려 안보 불감증과 안보 무기력증에 불러온다. 조르주 바타유(G. Bataille)는 잉여를 '저주의 몫'이라 말했다. 소비되지 않은 잉여는 부패하기 마련이며 어떤 형태로든 소비되어야 한다. 잉여 소비가 최악으로 극대화된 형태가 사람의 생명을 빼앗는 전쟁이다(바타유, 2000). 과잉 안보의 열기는 배출되어야 하고, 축적된 안보의 무기들 역시 소비되어야 한다.[19]

누군가를 적으로 만들고, '어수룩한 적'이 사고를 치기 기다리며, 때로는 싸움을 먼저 걸기도 한다. 안보를 내세우며 통치권을 행사하려는 권력 집단에게는 북한이라는 외부의 적뿐 아니라 남한 내에도 항상 적이 존재한다(존재해야 한다). 없다면 만들어야 하고, 적의 존재가 작다면 크게 부풀려야 한다.[20]

그런데 이 내부의 적이 우리 동료 시민이다. 면역 세포가 자기의 정상 세포를 적으로 오인하여 잡아먹듯, 공동체의 형제를 자신의 적으로 오인하여 (의도적으로 오인시키기도 하지만) 결국은 자기의 공동체를 파괴하는 질환! 어쩌면 인류가 서로를 적으로 삼아 학살하는 것도 자가면역질환의 증상일 것이다.

> 자가면역질환은 유기체의 과다 방어로 결국 적을 물리치려다 스스로 해를 입히는 것이다. 면역 부대의 과도한 열정 때문에 발생하는 현상으로 방역에만 몰두한 나머지 적군의 실질적인 규모를 파악하지 못한 상태에서 병기를 과도하게 사용하거나, 수류탄 하나로도 충분할 곳에 미사일을 투하하는 격이다. 여기에 활용되는 무기의 부정확성까지 더해지고, 적의 위치를 정확히 조준할 능력이 없기에 주변 환경도 함께 파괴하고, 급기야 적군뿐 아니라 아군까지 몰살시킨다. 한마디로 과다 방어, 부정확성, 조준 오류, 나아가 자기 파괴적인 (내전) 결과를 낳는다(에스포지토, 2022: 307).

---

[19] 대규모 방산 산업체나 미국의 군산복합체가 생산한 무기는 상품으로 팔려야 하기 때문에 그 관련자들은 어딘가에서 항상 긴장과 전쟁이 발생하기를 원한다.
[20] 원재연·이민지(2021)를 참고할 것.

데리다는 자신의 정치적 목적을 위해 민간인을 테러 공격하는 것도 자가 면역질환의 증상이라고 말한다. 앞서도 말했지만 면역은 생물 의학적 어휘일 뿐 아니라 법률적·정치적·사회적인 언어가 되었다. 안보(무기 증강, 반공, 자유민주주의, 한미일 동맹 등)의 면역을 통해 우리를 보호할 장벽을 치기도 하지만 '과잉' 안보화는 오히려 안보를 교란하는 무질서를 생산하면서, 심지어 정말 '안보적인 것'까지도 파괴한다. 강한 자의 이미지를 보이기 위해 냉전적 이념과 안보론을 내세우는 우파 정권과 그 지지자들은 희생제의와 면역의 정치를 통해 어느 정도 권력을 성취하기도 했다. 이들의 과잉화된 안보 공연은 전쟁을 경험했거나 강렬한 반공 교육을 받은 노인 세대에게는 여전히 설득력이 있다. 그들은 우파 정권을 지지하는 든든한 보루이다. 그러나 적을 물리치자던 외침은 오히려 동료 시민을 살해하고 억압하는 자가 면역질환을 불러온다. 그동안 면역균이나 면역 수액이 너무 많이 주입되었다. 항바이러스균이나 항박테리아균의 출현처럼 역효과를 불러오고, 무엇이 안보에 바람직한지 무엇이 옳은 방향인지를 식별하는 능력도 사라졌다.

굳이 이 자리에서 생명과 법의 통치, 그리고 도덕감정의 관계를 논하지 않더라도 이미 그 의미는 전달되었을 것으로 생각한다. 이성주의자 칸트는 인간은 무엇과도 교환될 수 없는 도덕적 인격체로서의 존엄성을 가지고 있기 때문에 인간을 수단이 아닌 목적으로 대해야 하며, 개인의 판단과 실천의 행위가 보편 입법이 될 수 있도록 하라고 말한 바 있다. 간단히 말하면 도덕적 이성의 소유자이기 때문에 인간은 존엄하다(칸트, 2020). 나는 이 말에 동의하면서도 도덕감정이 가장 존엄하게 여기는 것은 생명이라는 점을 강조한다. 생명은 생물학적이면서도 사회적인 속성을 가질 때 온존한 존엄성을 갖는다. 누구도 이 생명의 존엄성을 함부로 해치거나 배제할 수 없다. 돌봄, 우애, 배려, 환대의 도덕감정은 보편적인 이성의 도덕적 법칙을 넘어,

역동적 의지로서의 생명을 지향한다. 내가 이 장을 도덕감정론의 일부에 넣은 이유이기도 하다.

4. 왜곡된 신념 혹은 이데올로기

1) 이데올로기의 종언과 부활

이데올로기는 과연 종언을 고했는가? 『후기 산업사회론』의 저자 다니엘 벨(D. Bell)은 반세기도 전에 이미 이데올로기의 종언을 선언했고, 소련 연방의 해체를 보았던 프랜시스 후쿠야마(F. Fukuyama)는 아예 역사의 종언을 선언했다. 포스트모더니스트나 급진적 자유주의자들이 말하는 것처럼, 주체가 소멸되고, 미끄러지며 산화하는 정보 기술과 비주얼의 시대, 전쟁이 오락실 게임처럼 생중계되는 시대에 구시대의 유물인 듯한 이데올로기는 더 이상 설 자리가 없어 보인다. 그런데 과연 그들이 말한 대로 이데올로기는 역사의 뒷전으로 사라졌는가? 남성 중심주의, 소비주의, 인종차별주의, 과학주의, 종교 근본주의, 그리고 '미국 제일주의'는 이데올로기가 아닌가? 인공지능, 챗봇 등의 과학기술을 마주하는 우리의 정신세계는 이데올로기가 아닌가? 자유민주주의 이념과 가치 외교를 주장하는 미국이나 한국 등 서방 블록은 탈(脫)이데올로기 사회인가? 공산주의나 사회주의는 이데올로기이고, 자유민주주의는 이데올로기가 아닌가? 과학을 맹신하고, 과학이 우리를 '행복의 나라'로 이끈다고 믿는 관념 체계 역시 이데올로기가 아닌가?

이데올로기는 일반적으로 '어떤 특정한 속성을 지닌 관념 체계'를 지칭하는데, 그렇다고 모든 관념적 사고가 이데올로기는 아니다. 이데올로기는 지배계급이나 특정 사회집단이 자신의 이해관계를 정당화하기 위해 사회 현실을 왜곡하려는 경향이 강하지만 그렇다고 반드시 지배 집단의 이해관계에만 연관되어 있는 것도 아니고, 현실을 신비화한 측면이 있지만 상상적 허구만도 아니다. 그러나 이데올로기가 '권력과 이해관계'라는 관념 체계 속에서 작동하고 있다는 것은 분명하다. 특정 집단 혹은 전체 사회의 이해관계를 은폐하거나 드러내면서 이를 정당화하는 권력화된 사고 체계라고 할 수 있을 것이다. 물론 현재에는 지배 권력을 행사하지 못하지만 미래 권력을 지향하는 이념을 '저항 이데올로기'라고도 부르기도 하고, 카를 만하임(K. Mannheim)이 분류한 대로 억압 받는 피지배층의 이념 체계를 유토피아라 부르기도 한다. 이데올로기에 내재된 권력은 보통 국가나 계급 등 거시 권력과 관련이 깊지만, 미셸 푸코가 말한 일상생활에서의 미시 권력에서도 나타난다. 즉, 아침 식사 때 '도대체 누가 토스트를 타도록 내버려 두었는지 부부가 말다툼하는 것'을 이데올로기적 상황이라고 보긴 어렵지만, 이것이 성차별적 권력의 상황으로 인식된다면 이데올로기적인 것이 된다(이글턴, 1995: 11). 즉, '가부장적 이데올로기'가 부부간의 일상 관계에서 작동하고 있는 것이다.

 앞서 말한 대로 이데올로기는 흔히 왜곡된 세계관으로 구성된 관념 체계를 지칭하는 경우가 많다. 즉, 특정한 집단, 계급, 민족, 국가 등의 이해관계를 교묘히 은폐하거나 지배를 정당화하는 허위의식, 그러나 환상이나 거짓, 허구와는 다른 관념 체계를 의미한다. 일부 학자들은 이데올로기를 왜곡된 허위의식이 아니라 특정 집단의 세계관과 역사의식을 대외적으로 표방한 관념 체계라는 의미로 쓴다. 전자가 이데올로기에 대해 부정적 관점이라면 후자는 가치중립적이다. 후자의 개념에 따르면 사람들이 사회질서를 유지하거나 변화시키기 위해 조직적인 사회 행동이나 정치적 행동을 위한 목적과 수단을 설정하고 정당화하는 사고 체계라고 할 수 있을 것이다. 그런데 가치중립적인 입장에서 본다고 해도 이데올로기는 과학적이거나 이론적인 지위를 얻지 못한 관념, 그래서 진리나 사실 등을 부분적으로만 드러내거나 혹은 감추고 왜곡하거나 특정 집단의 이해관계와 결합된 부정적 용어로 쓰는 경우가 대부분이다. 나 역시도 이러한 입장을 따른다.

이데올로기는 원래 이데아(idea)에 대한 학문(-ology)으로서, 사물의 본질을 포착하기 위해 순수 관념을 추구하고자 하는 일련의 철학 사조였다. 그 기원은 플라톤의 동굴의 비유로까지 거슬러 올라간다. 플라톤은 목에 사슬이 감긴 동굴 속의 죄수들은 오로지 햇빛의 그림자를 볼 뿐인데 이것이 죄수들이 물질세계를 실재로 지각하는 방식이다. 즉, 본질을 보지 못하고 본질이 투영된 벽의 그림자를 실재로 간주한다. 가시적 세계는 이데아(본질, 태양)의 반영일 뿐이다. 아리스토텔레스는 관념이나 사물의 재현이 왜곡되는 과정을 등가물의 교환을 통해 추적했다. 모든 소유물에는 두 가지 용도가 있다. 신발을 예로 들어보자. 신발은 신을 수도 있지만 다른 물건과 교환할 수도 있다. 다만 교환되려면 이데아적 형태의 등가물이 필요하다. 즉, 구두가 교환되기 위해서는 교환되는 등가의 대상물이 필요한데, 이 등가물은 고유한 물질적 속성을 갖는 것이 아니라 하나의 등가라는 관념이 부여된 것이다. 교환물을 등가로 취급하는 공통분모로서의 관념적인 물체는 '화폐'이다. 물질적 속성을 가지지 않은 화폐가 관념의 세계 속에서는 '상서로운' 것으로 간주된다. 그런데 그 화폐가 목적이 될 때 논리적이며 윤리적인 오류가 발생한다. 돈이 스스로 자율성을 가지게 될 때, 바로 물신숭배, 즉 우상이 출현하는 것이다(호크스, 2003: 23).

인간은 욕망을 맹목적으로 숭배할 때 잘못된 관념에 빠지게 된다. 프랜시스 베이컨(F. Bacon)은 사물의 진리나 사실을 허위의식적 관념으로 보려는 태도를 우상의 비유를 들어 철저히 비판했다. 그는 의식이 아니라 실험과 관찰에 근거해서 사물의 지식을 탐구하려 했다. 오늘날 경험주의의 주춧돌을 놓은 셈이다. 그는 네 가지의 잘못된 허위의식을 제시했다. 동굴의 우상, 시장의 우상, 극장의 우상 그리고 '종족의 우상'인데 이 우상은 우리의 정신에 스며든 선입관 혹은 편견으로서 그 관습적 편견을 진실로 간주하는 태도에서 생겨난다. 우리는 관념을 절대적인 것으로 여기고, 오만하게 이를 우상화하려 한다. 모든 현상(법, 法)이 우리의 마음속에서 생겨나는 망상(妄想)과도 같은 것이라는 불교의 가르침과도 유사하다.

그렇다면 이러한 우상의 관념을 어떻게 제거할 것인가? 이데올로기라는 용어를 공식화한 학자는 앙투안 데스튀트 드 트라시(Antoine Destutt de Tracy)라고 알려져 있다. 그는 모든 사상은 기본적으로 감각에서 파생하지만 관념 외에 존재하는 것은 아무것도 없다고 말한다. 따라서 그는 물질적 사물을 관념적 형태로 전화하는 참된 '의식의 과정'을 연구하고자 했다. 관념을 부정하는 것이 아니라 오히려 관념에 과학적 계통을 부여하기 위해 '관념학'으로서의 이데올로기(idea+ology)를 주장했고, 그것은 메타 학문으로서 '학문의 학문'이었다. 즉, 외적 대상을 감각적으로 받아들이고 그것을 관념으로 전환하는 과정에서 잘못된 편견이나 오류 등을 제거할 수 있다면 사물의 진리를 밝히는 순수한 관념이 도출된다는 것이다. 이데올로기 개념은 그 기원에서 보면 매우 긍정적이며 진보적이었다. 그러나 그 용어는 나폴레옹에 의해 경멸적인 것으로 취급되었다. 이데올로기가 기존의 권위와 질서를 회의론적으로 바라보고 있다고 생각한 나폴레옹은 이데올로기를 '안개 속의 형이상학'으로 규정하고 관념을 연구하는 학자들을 '이데올로기주의자들'이라 부르면서, 그들은 몽상가이며 수다쟁이라고 비아냥거렸다. 이후 이데올로기라는 개념은 편견과 왜곡된 의식(관념)이라는 용어로 정착

했다.21)

2) 전도된 의식과 화폐의 물신화

마르크스는 이데올로기를 허위의식 혹은 지배계급의 지배를 정당화하는 관념 체계로 보았다. 그의 유물론적 사유와 일맥상통한다. 그가 『정치경제학 비판 서문』에서 밝힌 대로 인간은 의지와 상관없이 경제적 생산관계를 형성하고, 이 경제적 생산관계와 생산력이 결합하여 사회의 토대인 하부 구조를 이루며, 이 하부 구조를 바탕으로 정치, 문화, 법, 예술 그리고 의식이 결정된다. 의식이 존재를 규정하는 것이 아니라 존재가 의식을 규정하는 것이다(Marx, 1977). 이러한 생각은 『자본론』 서론에서도 재생되고 있다. 마르크스는 헤겔의 변증법을 높이 평가하면서도 동시에 역사의 주체를 절대정신(의식)으로 보는 그의 관념론적 변증법을 신랄히 비판했다. 헤겔의 변증법은 주객이 전도되어 물구나무서 있다는 것이다. 즉, 주어인 존재가 술어인 의식과 거꾸로 서 있기 때문에 자신이 이를 유물론적 변증법을 통해 바로잡겠다고 말한다(마르크스, 1990). 의식은 존재(구조, 조건, 물질, 계급)의 산물이고 반영이라는 것이다.

의식은 물질 과정을 재현한 것임에도 불구하고 이때 재현된 것이 자율성을 갖게 되면서 스스로 활동을 전개한다. 즉, 특정한 지배계급의 이해를 반영한 이데올로기가 마치 인류의 일반적인 이익을 대변하는 양 등장한다는 것이다. 초기 마르크스는 이러한 허위의식을 이데올로기로 간주했다. 재현

---

21) 나폴레옹은 정의로운 프랑스가 겪은 모든 불행을 이데올로기 탓으로 돌려야 한다고 주장했다. 이데올로기의 내용 역사 등에 대해서는 맥렐런(2002); 전태국(2013) 등을 참고하라.

은 인간 뇌의 산물이며 인류는 이러한 재현들을 우상화하려는 끊임없는 유혹에 빠져 있고, 이 재현들을 실재인 양 여기게 된다. '지배계급의 의식이 곧 지배 이데올로기이다'라는 그의 유명한 구절이 의미하듯(마르크스, 2015), 한 사회의 지배적인 관념 체계는 지배계급의 이해관계를 재현하며 이러한 지배계급의 의식이 곧 모든 계급의 이해를 대변하듯 나타난다는 것이다.

관념을 이데올로기로 만드는 것은 분업과 노동과정, 계급 간에 발생하는 갈등이다. 예컨대 정신노동과 육체노동의 분화와 갈등, 사유재산과 공동체 이익 간의 갈등이 발생하는 상황에서 이데올로기가 발생한다. 사회는 다양한 이해 관심을 가진 집단들로 분열되고 있지만 이 갈등을 은폐하기 위해 사회 구성원들을 응집하기 위한 관념, 즉 이데올로기가 탄생한다는 것이다. 결국 관념이 이데올로기가 되는 것은 사회-경제 관계의 본질을 은폐하고, 사회경제적 자원의 불평등한 분배를 정당화하는 데 봉사하기 때문이다. 모든 관념이 이데올로기가 아니라 사회적 모순을 은폐하려 할 때 이데올로기가 된다(맥렐런, 2002: 34).

그러나 이데올로기가 '허위의식'이라고 해서 그것이 지배계급이 조작한 허구의 산물이라는 뜻은 아니다. 마르크스 이후 이데올로기를 다루는 연구자들은 마르크스가 『독일 이데올로기』에서 규정한 이데올로기, 즉 지배계급의 '허위의식'이라는 측면보다 『자본론』에서 언급한 '전도된 의식'이라는 측면에서 접근하고자 했다. 즉, 자본주의의 이데올로기는 계급 갈등을 잠재우기 위해 지배계급이 허위로 만든 것이 아니라, 자본주의가 교환가치와 시장 체제에 의존하는 한 나타날 수밖에 없는 관념 체계라는 것이다. 초기 마르크스는 카메라의 어둠상자에서 사물이 사람들의 망막에 역전되어 나타나듯 역사적 과정에서도 그와 같은 일이 발생한다고 보았다. 이데올로기는 실재의 사회관계를 왜곡하여 재현한 허구에 지나지 않는다는 것이다(마르크스, 2015).

초기 마르크스는 이처럼 단순하게 어둠상자의 비유를 통해 관념들이 실재를 왜곡하거나 역전시킨다고 보았다. 그러나 후기에 이르러 그는 '상품의 물신성'을 논하면서, 현상이 본질을 왜곡하는 과정에서 발생하는 '전도된 의식'으로서 이데올로기를 바라본다. 물론 『자본론』에서 마르크스가 이데올로기를 자세히 논한 것은 아니고 이후 학자들이 재해석하는 설명이다. 여전히 이데올로기는 본질을 은폐하거나 왜곡하지만 자본주의의 실제적인 '어떤 측면'을 반영하기 때문에, 그리고 그 자체로서 실질적인 힘을 가지고 있기 때문에, 이데올로기의 허구적 측면보다는 실재적 측면을 더 강조할 필요가 있다는 주장이다. 아무럴 것도 없는 상품은 '신비스럽게' 우리 앞에 현전하면서 자본주의의 시장과 법이라는 망토를 두르고 있다는 것이다. 예를 들어 목재로 탁자를 만들면 여전히 탁자는 목재일 뿐인데, 상품이 되는 순간 "자기 다리로 땅 위에 설 뿐 아니라, 모든 상품과 상대하여 머리로 서서 스스로 춤추는 환상을 전개한다. 인간 두뇌의 산물인 상품이 스스로 생명을 부여 받고 인간과 독립적 모습으로 나타나는 것", 그는 이를 물신숭배(Fetischismus)라 부른다(마르크스, 1987: 89~91).

이데올로기는 사회적 경험을 표상하고 설명하지만, 세계의 어떤 근본적 특질을 은폐하는 역할도 한다. 외양은 가끔 가상(假象)의 형태로 나타나, 사람들은 실체를 정반대로 이해할 수도 있다.[22] 자본주의 사회에서 상품과 임금은 본질을 은폐하는 외양이다. 이윤은 생산과정에서 노동에 의해 생겨

---

[22] 니콜라스 에버크롬비(N. Abercrombie)는 이데올로기를 '안개'나 '환상'으로 비유하는 것은 잘못이며, 굳이 비유적 언어를 쓰자면 '은폐'라는 용어가 가장 적합하다고 본다. Abercrombie(1987)를 참고하라.

난 잉여가치가 전화된 형태임에도 불구하고, 외양으로는 전혀 드러나지 않는다. 즉, 이윤의 기원이 생산 영역에서 노동자들에 의해 발생한 잉여에 있음에도 불구하고, 마치 교환을 통해 생성되는 것처럼 보이고 이 본질적 성격은 교환 영역에서 은폐되고 만다.[23] 노동시장에서의 임금도 마찬가지로 부불(不佛) 노동(잉여노동)의 부분을 숨긴다. 임금은 사실상 부불 노동을 은폐하는 것이다. 노동자에게 지불되는 임금은 단지 필요노동시간의 양만을 지출한 것이고, 나머지 잉여노동시간에 대해서는 부불된 것임에도 불구하고, 시장 영역(교환)에서의 계약은 매우 정당한 것처럼 보인다. 이윤이나 임금 모두가 외양으로 나타나는 범주이며, 외양의 영역, 즉 시장(교환)에서는 당연하고 자연스럽게 보이는 것이다.

따라서 마르크스가 보기에 노동시장을 지배하는 것은 '자유, 평등, 재산, 그리고 벤담'만이다. 즉, 자본가와 노동자의 계약의 자유의지가 법적 형태로 나타나고, 자신의 등가물을 평등하게 교환하는 것처럼 드러나며, 오로지 자신만을 생각한다는 것이다(마르크스, 2008).[24]

> 노동력의 가치 및 가격의 임금 형태로의 전화는… 현실적 관계를 보지 못하게 하고, 그 정반대를 보여주는 이 현상 형태는 노동자와 자본가의 온갖 법적 관념들, 자본주의적 생산양식의 모든 신비화, 또한 그것의 모든 환상적 자유, 속류 경제학의 모든 변호론적 헛소리가 바탕을 이루고 있다… 현상 형태라는 것

---

[23] 마르크스는 따라서 기존 정치경제학자들이 이윤과 잉여가치를 구분하지 못할뿐더러 잉여가치를 감추는 이윤이라는 형태에 속고 있다고 말한다. 이에 대한 소개는 라레인(1992)을 참고하라.
[24] 마르크스의 '사회적인 것'이 바로 이러한 형태이다. 백승욱(2015)을 참고하라.

은 보통의 사유 형태로서 직접적·자연 발생적으로 재생산되지만, 그 배후에 있는 것은 과학에 의해서 비로소 발견될 수 있다. 고전경제학은 사물의 진상에 가깝게 접근했으나, 그것을 의식적으로 정식화하지는 못했다. 고전경제학이 부르주아의 외피를 두르고 있는 한 그것은 불가능하다(마르크스, 1987: 606~611).

상품 교환 과정에서 출현한 '화폐'는 인간의 노동과 실존을 이중, 삼중으로 소외시키는 '신비화의 신비화'를 연출한다. 화폐는 주체를 객체로 변형시키는 물신화 과정의 결정체이다. 우리는 상품의 신비화를 통해 소외를 한 번 경험하고, 그 상품을 가격으로 교환하는 화폐를 통해 다시 한 번 소외를 경험한다. 오늘날에는 주식이나 어음, 비트코인 등 화폐 스스로가 상품이 되면서 우리는 또 한 번의 환상을 보며 더욱 깊이 소외되고 있는 것 같다. 화폐는 단순한 기호이며 상징일 뿐인데 인간은 이를 숭배하며 우상화한다. 우리는 돈의 힘 앞에 무릎을 꿇고, 돈을 전지전능한 대상으로 섬기는 것이다.[25]

3) 담론과 소비이데올로기

이데올로기는 '권력 담론'이라고도 불릴 만큼 일반적으로 담론의 형태나 언어적 표현을 통해 현전하고 작동한다. 대개 "명령하는 자의 신성불가침성, 신비화, 정당화, 국가, 법률, 도덕, 자유, 인간의 존엄성, 아름다움, 진실 권리 등에 대한 언어로 구성되고, 신성모독은 허락되지 않을 뿐 아니라, 그

---

[25] 화폐에 관심 있는 독자라면 마르크스와는 다른 결을 가진 게오르그 지멜의 『돈의 철학』(2013)을 읽어보기 바란다.

것을 위해 죽고, 그것을 위해 죽이는 것"이 이데올로기이다(지마, 1996: 32). 언어는 실체와 어느 정도 괴리를 가질 수밖에 없는 기호(sing)라는 점에서 언어로 표현된 이데올로기 역시 현실과 일정 정도 괴리를 맺을 수밖에 없다. 하지만 오늘날 소비 자본주의 시대의 이데올로기 담론은 우리가 거의 인지하기 어려울 정도로 매우 친밀하고 은밀하게 일상 속으로 스며든다.

이데올로기는 어느 정도 현실을 반영하거나 왜곡하며, 사람들의 경험을 대변하고, 의미를 가지는가? 사람들이 과연 이데올로기에 얼마나 '포획'되어 있는지, 정말 이데올로기에 의해 기계적으로 호명되는지 그 여부에 대해 논의해보고자 한다.

이데올로기적 관념이 실제 사실인가의 여부만큼이나 이 관념들이 억압적 권력을 위해 어떻게 기능하느냐도 중요하다. 이데올로기는 비록 허위의식이라 하더라도 '근거 없는 환영이 아니라 견고한 현실이며 능동적 힘'이기 때문이다. 이데올로기가 제시하는 명제나 내용의 많은 부분이 사실이거나 사실과 관련되어 있을 수 있다. 모순적인 표현 같지만 이데올로기가 사실을 은폐하거나 또는 왜곡한 허위의식이라고 해서 반드시 현실과 동떨어진 '허구'는 아니다. 또한 어떤 명령이나 선언이 지배계층의 권력을 강화하는 기능을 담당한다는 의미에서 보면 이데올로기적이지만, 모든 선언이 이데올로기적인 것도 아니다. 일종의 왜곡된 형태로 표현되기도 하지만, 허구는 아니라는 것이다. 예컨대 마르크스의 『공산당 선언』에 나오는 "만국의 노동자여, 단결하라, 잃을 것은 쇠사슬밖에 없다"라는 슬로건은 실제로는 (특히 오늘날의) 노동자들이 정치투쟁에서 잃을 것이 있다는 점에서 허위일 수 있으나, 그렇다고 거짓은 아니다(이글턴, 1995: 38~39). 오늘날 사회운동가들이 과장된 표현을 동원하면서 선전, 선동을 하는 경우도 그렇다. 한 발 물러서서 설령 이데올로기를 허구라 한다 해도 의미가 없는 것도 아니다. 이데올로기는 현실과 맞지 않을 수도 있지만 그것은 상징적 의미로 해석될 수 있기 때문에 '사실판단의 영역'에 속하지 않을 수도 있고, 특히 유토피아나 저항 이데올로기는 노동자나 농민의 불우한 처지를 성찰하게끔 하는 효과를 갖는다. 이데올로기는 때로 강력한 사회 변화의 '힘'을 갖는다는 것이다.

오늘날 많은 이들은 국가의 정치 체계와 연관지어 이데올로기를 논의한다. 그러나 이데올로기는 사회 곳곳에서 작동하고 있다. 정확하게 이데올로기는 아니지만 이데올로기적인 것들, 즉 이데올로기 효과를 가진 담론이나 이미지, 영상 등의 형태로 재현되는 다양한 관념 체계들을 '이데올로기적'이라 부르기도 한다. 이데올로기는 종언을 고하거나 쇠락한 것이 아니라 더욱 넓어지고 있다. 이데올로기를 생산하고 유포하는 소위 엘리트 지도자들은 사람들을 세뇌시키려 하면서도 계몽한다고 생각하며, 그들이 추구하는 단 하나의 목표(정치적이든 종교적이든)에 따를 것을 설득하고 종용하려 든다. 그런데 권력은 정치 영역뿐 아니라 군사, 경제, 종교, 산업, 관료, 기술, 교육 등 매우 다양한 영역에서 행사되고 있고, 이데올로기 역시 그 권력의 자리에서 작동한다.

이데올로기가 단순히 정치적 행위와 연관된 담론이라는 정의는 너무 협소하다. 현재의 질서나 체제 권력을 정당화하는 데 기여하는 신념 체제, 의식뿐 아니라 무의식적으로 작동하는 관념을 이데올로기라 한다면 이데올로기의 광장은 꽤 넓다. 특히 오늘날 소비 자본주의 사회에서 '상품의 꽃'이라고 불리는 광고는 '이 완벽한 상품을 소비하라, 그러면 너의 삶은 행복해질 것이다'라는 은밀한 속삭임, 즉 소비이데올로기를 쉬지 않고 주입시킨다. 광고는 실제 상품의 효과를 과장하고 극대화한 이미지와 언어로 가득 차 있다(김광현, 2013). 상품 소비를 촉구하는 형용사들은 우리에게 어떤 안

정감이나 심지어 정의감을 불러일으키기도 한다. 예컨대 '친환경, 대안적, 고전적, 녹색, 미래' 등의 이름으로 등장한 상품의 언어는 일부 사실일 수도 있지만 왜곡된 이데올로기이기도 하다. 장 보드리야르는 현대 자본주의의 특징을 물질적 상품 가치의 교환보다는 기호 의미의 교환으로 보았으며, 소비 자본주의 세계는 실제를 넘어선 현실(hyper-reality)이라고 말한다. 즉, 시뮬라크르(모방)의 세계인 것이다(보드리야르, 1999). 시뮬라크르의 세계는 진실보다 더 진실 같은 모방의 세계이다. 이 거울 세계를 현실로 오인하게끔 하는 것이 소비이데올로기이다. 일상은 온갖 '부드럽고 친밀한 이데올로기'로 포장되어 있다. 상품의 꽃인 광고의 유혹은 우리의 결핍된 욕망을 끊임없이 부추기고 있는 것이다.

5. 환상과 균열

1) 상상적 관계의 표상과 '호명'

루이 알튀세르는 마르크스가 『독일 이데올로기』에서 이데올로기를 순수한 환상, 즉 '텅 빈(nothing) 꿈'과 같은 것이라고 말했다는 점을 강조한다. 꿈은 텅 비어 있고 상상적인 것이다. 그러므로 이데올로기는 역사가 없고 오로지 존재하는 것은 이데올로기 외부에 있다. 알튀세르는 마르크스의 이러한 견해에 덧붙여 '이데올로기들(ideologies)'(그는 이를 복수형으로 표현한다)은 나름대로 역사성을 갖고 있음을 보여주려 한다. 이데올로기는 인간의 현실적 존재 조건에 대해 개인들의 상상적 관계가 재현된 표상이라는 것이다. 다시 말해 존재 상황에 대한 인식으로서 인간들은 그들의 존재 조건을 상상적 형태로 표현한다. 우리가 이데올로기 속에서 자신들을 표현하는 것은 실제 세계나 실질적 존재 조건이 아니라, 그것들에 대한 대한 상상적 관계인 것이다. "이데올로기 속에 표현된 것은 개인들의 존재를 지배하는 실질적 현실(생산관계)이 아니라, 현실에 대한 상상적 관계"인 것이다(Althusser, 1971: 165).

알튀세르는 이데올로기를 준(準)물질적인 객체로 보면서 개인들을 '주체(subject)'로 호명한다고 말한다. 이때 주체의 개념에 조심할 필요가 있다. 주체는 자율성과 자유를 지닌 개인이나, 판단과 책임을 지는 자주적 인간을 연상하게 한다. 그러나 서구 철학사에서 주체는 칸트가 말한 대로 자율적 인간으로서의 의미도 있지만, 신 앞에 복종하는 종속적 주체를 가리키기도 한다('subject'에는 종속 당하다, 복종하다라는 의미가 있다). 개인들은 이데올로기에 의해 특정한 방식으로 사고하며 특정한 행위 방식을 좇는다. 예컨대 어떤 특정 종교의 신도들은 그 종교의 교리를 좇아 사유하고, 기독교인은 교회에 가서 무릎을 꿇고 기도하며, 일반 시민은 신앙 고백을 하는 것처럼 법이나 도덕, 규범에 순응하고 복종한다(Althusser, 1971: 171). 길거리를 가다가 경찰로부터 불시의 호명을 받고 두리번거린다면 그는 자신이 호명(interpellation)되었다는 사실을 인지(recognition)했기 때문에 '주체'가 되는 것이다.

나에게는 버거운 이론가이지만 자크 라캉(J. Lacan)의 논의를 잠시 들여다보자. 프로이트의 정신분석을 이어받은 라캉의 욕망 이론은 난해하지만, 사회적 억압과 이데올로기에 대한 논의를 풍부히 담고 있다. 요약하자면 인간은 유아기 때 무한 욕망을 펼치려는 상상계에 속해 있다가, 법과 질서와 규범 등이 작동하는 상징계의 세계로 접어들면서 성인이 되어간다. 인간은 상상계의 무한 욕망을 포기하는 대신 상징계에 편입됨으로써 자신의 욕망이 실현될 것이라는 환상을 갖는다. 라캉에 의하면 환상이란 거세에 대한 방어의 산물이다. 즉, 아버지의 권위를 거역했을 때 거세 당할지도 모른다는 두려움 속에서 환상은 자신의 욕망과 결핍을 은폐하려는 시나리오로 등장한다. 프로이트가 말했던 거세 불안과 오이디프스 콤플렉스를 연상시키는 대목이다. 환상은 사회 세계, 즉 대타자인 법, 규범, 국가, 이데올로기, 문명 등의 상징 세계에서 펼쳐진다. 우리가 욕망을 포기하고 진입한 상징계(아버지의 이름으로 아버지를 따르고 순종하는 주체로 들어간 세계)에서 환상은 글자 그대로 우리가 상상계의 욕망을 포기하는 대신 현실의 욕망을 달성할 수 있다고 약속한다.[26]

상징계의 핵심은 언어이다. 법, 규범, 전략, 정치 기술, 종교 모두가 언어의 은유와 환유의 논리를 통해 작동한다. 상징계에서 작동하는 정치와 법 언어의 작동 과정을 살펴보자. 정치의 세계는 여러 집단의 갈등과 대립, 투쟁을 지옥/천국, 저주(타락)/구원 등으로 이분화하고 이를 상징화하는 경향이 있다. 권력을 둘러싼 투쟁 집단들은 정치 공간을 단순화하는 대신 의미 계열 축을 확장시키는 '은유의 논리'를 작동시킨다. 은유의 계열 축이란 한 단어와 유사한 의미를 갖는 단어들의 나열을 말한다. 예컨대 우산의 계열체들은 노란 우산, 파란 우산, 찢어진 우산 등이다. 이처럼 정치 세력을 보수와 진보로 이분화했다고 보자. 자신의 권력에 반대하는 집단을 지옥, 저주, 악의 세력으로 규정하고 이에 잇따른 연상 작용을 불러일으키도록 다

---

[26] 나는 마르크스주의와 헤겔의 이성 변증법, 정신분석학과 언어학 등을 종합한 프랑크푸르트 비판 이론가들을 이해하기 위해 제법 긴 시간 동안 프로이트의 정신분석학에 관심을 가지고 들여다보고 있지만 전문가는 아니다. 라캉은 나에게 버거운 이론가인데, 라캉에 대한 쉬운 소개로는 우치다 타쓰루(2023); 김서영(2013)을, 그리고 전문적으로 알튀세르와 라캉을 함께 다룬 이로는 최원(2016)을 참고하라.

양한 계열을 끌어내어 그 의미를 확산시킨다. 상대에 대한 부정적 개념으로 이어지는 은유의 축을 이어감으로써 자기의 지지자들을 모으고 적을 섬멸시키려는 것이다. 차이를 중심으로 한 의미화는 배타적이며, 또한 내부의 적을 만들어가는 과정이기도 하다. 예컨대 북한을 악의 축으로 규정한 후, 북한과 유화 정책을 도모하는 진보 세력이나 시민 단체를 내부의 적으로 연상시키려는 것이다. 이어서 사회주의 이념과 가까운 노동조합운동을 자본주의를 파괴하려는 악의 세력으로 은유한다. 건설노동조합을 조직폭력배 집단으로 연상시키려 것도 마찬가지 논리이다. 나는 잠정적으로 이를 '연상적 은유를 통한 계열체의 정치 기술'이라 부르고자 한다.[27]

라캉은 다양한 은유와 환유의 기표들 혹은 개념들, 진술체, 용어 등을 하나의 담론이나 체계로 끌어모으는 중심축을 '누빔점'이라 부른다. 누빔점은 소파 등받이의 단추나 주름치마의 많은 주름을 하나의 단추로 묶어주는 지점과 같은 것으로, 곧 '통일체'의 장소로 기능한다. 이 누빔점 역할을 하는 단추가 떨어지면 주름진 것들이 파상적으로 흩어진다. 지도자나 장군이 사라지면 오합지졸이 되어버리는 군대처럼, 한 국가의 정체성을 표현하는 용어가 사라지면 집합 정체성이 갑자기 사라질 수 있다. 다양한 이해관계나 관점들이 주름처럼 존재하지만 국가는 하나의 누빔점으로 이들을 수렴하려 한다. 예컨대 한국 정치체제의 누빔점은 '반공 자유민주주의'라는 이데올로기이다(신병식, 2017). 이데올로기는 모든 개인들과 집단을 이데올로기의 명령에 종속시키려 한다. 자유민주주의는 자유민주주의 방식대로, 사회

---

[27] 등가를 중심으로 한 의미 구성은 환유의 논리이다. 은유는 비슷한 성질을 이용한 낱말의 연결인 반면, 환유는 어떤 사물과 인접한 무엇을 데려와 그 사물을 대치하는 기법이다. 라캉에 의하면 정신 증상은 무의식적 욕망이 환유 작용을 통해 표출된 것이다.

주의는 사회주의 방식대로 민주, 국가, 시민 혹은 인민, 자유 등과 같이 각자 부유(浮游)하는 기표들을 자신의 누빔점으로 끌어모음으로써 각 개별적 개념들이 전체 속에서 의미를 갖게 한다.

이러한 상징계는, 현 체제에 순응하고 따른다면 욕망을 채워주고, 희망을 주겠다는 일종의 환상을 약속한다. 이루어질 수 없는 '환상 약속'의 정치적 의미는 무엇일까? 우선 현실이 곧 환상이라는 것이다. 정치 현실은 상징으로 구성되어 있고 환상에 의해 유지된다. 그러나 상징계 내에는 결핍이 상존하고, 이것은 결국 정치적 문제와 갈등을 일으키고 만다. 공산당 선언, 천년왕국, 녹색주의 등과 같은 모든 정치적 봉기나 운동은 이러한 상징 세계에서 환상의 욕망이 실현되어 있지 않음을 반영하는 것이다(스타브라카키스, 2006: 159). 노동자들의 욕망을, 사회적 약자의 욕망을, 생태 보호론자들의 욕망을 현실 세계가 채워주지 않기 때문에, 즉 환상의 약속이 실패했기 때문에 그들은 새로운 세계를 외친다(물론 이것이 실현되고 나면 또 다른 환상의 상징계로 작동할지 모르지만).

앞선 라캉의 설명을 따른다면 우리는 채워질 수 없는 욕망을 지닌 채, 그 욕망을 포기하면서, 대신 상징계가 제공하는 환상의 약속을 믿으며, 언어와 법을 비롯한 사회 체계인 상징계로 진입한다. 그리고 사회의 '주체'로 거듭난다. 그러나 이렇게 형성된 주체는 여전히 분열적이며 소외된 상황을 감지하고 있다. 즉, '실재계'의 침입으로 상징계는 항상 균열의 조짐과 분열의 잠재성을 안고 있다. 견고할 것만 같은 이데올로기의 붕괴 가능성이 드러나는 것이다. 현실의 병리적 균열인 노동과 자본의 필연적 대립, 시민사회의 요구 등을 덮고 있는 이데올로기는 슬라보예 지젝에 의하면 '증상'이다. 그리고 바로 이 증상이 자본주의가 결렬되는 지점이다(지젝, 2013). 이데올로기는 허위의식인 동시에 현실 그 자체이다. 라캉에 의하면 실패, 고통,

죽음을 예상하면서도 감행하는 행위는 상징계의 논리로 이해할 수 없다. 상징화를 비켜 가는 실재의 잔여물, 마치 노동자들을 위한 노동을 넘어서는 노동으로 잉여가치가 생산되듯 잉여 주이상스(jouissance)가 존재한다. 상징계 너머 존재하는 실재, 즉 잔해들이 존재하는 것이다. 상징계가 법이나 규칙 등을 통해 길들이려 하지만 끝내 길들여지지 않는 '실재하는 그 무엇'! 자본주의 이데올로기는 우리가 자본주의 질서에 잘 순응하면 풍요로운 삶의 질이 보장될 것이라는 환상을 심어주면서 내부의 불평등이나 경제 위기, 양극화나 계급 갈등을 덮으려 하지만 실재는 그렇지 못한 그 무엇이다. 자본주의의 태생적인 모순으로는 평균이윤율 저하의 경향이라든가, 과잉축적과 과소소비라든가, 혹은 노동계급의 압박으로 인한 이윤 저하, 혹은 초국적 금융자본의 불안정성 등이 그 환상을 위협한다. 또한 노동시장의 파편화, 실업과 박탈감, 경쟁 등으로 불만이 여기저기에서 튀어나온다. 이러한 모순들을 감추고 자본주의를 정당화하기 위해 아무리 환상적인 상징계의 이데올로기가 작동된다 하더라도 실재계의 모순과 갈등은 덮어지지 않는다.

아무리 내가 욕망해도 나에게 온전히 주어지지 않는 것이 '숭고한 대상'이다. 아무리 내가 상징계(법, 규범)에 충실해도 그 숭고한 대상은 주어지지 않는다. '열심히 노력하면 출세할 것'이라는 규범을 충실히 따라도 출세하기 힘들지만 설령 출세한다 해도 나의 욕망은 결핍을 느낀다. 흔히 인용하는 영화 〈식스 센스〉의 대화이다.[28] 우리는 "다시 못 볼 것을 알아요"(실재),

---

[28] 〈식스 센스〉는 M. 나이트 샤말란 감독의 초자연적 심리 스릴러 영화로, 귀신을 보는 인물(콜 시어)과 그 능력을 믿지 않는 인물(말콤 크로우)의 대립 구도를 그렸다. 지젝(2004)을 참고하라.

"그래도 내일 볼 것처럼 헤어져요"(현실)이다. 우리는 못 볼 것이라는 실재의 공포를 이겨내기 위해 내일 볼 것이라는 이데올로기적 환상이 필요하다(최영송, 2016: 82; 지젝, 2004).

결국 라캉이나 지젝에 의하면 우리가 실재라고 믿는 현실의 삶이 이데올로기이다. 따라서 이데올로기는 관념뿐 아니라 물질적인 삶 속에서 발생하는 그 무엇이다. 이데올로기는 현실에 대한 오해 때문에 발생하는 것이 아니라 현실 그 자체가 취하는 '왜곡된 형태'인 것이다. 지젝은 이데올로기가 단순히 허위의식, 현실의 환상적 재현이 아니라 오히려 이데올로기적으로 인식되는 현실 그 자체라고 말한다. 이데올로기적이라는 것은 사회적 현실이며, 허위의식이 아니라 우리가 바로 그 허위의식에 의해 지원 받는 사회적 존재이다. 현실과 정확하게 조응하는 환상 같은 것은 없지만 마치 환상이 진짜인 것처럼 체계적으로 활동하는 현실, 허위로서 실재하는 무엇이다. 한마디로 현실 그 자체가 허위인 상황이다!(호크스, 2003).

독자들은 라캉과 지젝의 부분에서 잠시 혼란스러울지 모른다. 다만 이데올로기가 인간의 현실 세계 저 너머 허위의식인 관념 체계로 존재하는 것이 아니라, 일상과 삶, 의식에 모두 영향을 미치고 있는, 어쩌면 우리가 실재라고 믿고 있는 이 현실이 허위이고, 저 너머 어딘가에 존재한다고 믿는 '결핍된 욕망의 세계나 모순적인 그 무엇'이 실재인지 모른다는 정도로 이해해보자. 아무리 현실의 상징계가 덮어버리고 지우려 해도 덮어지지 않고 채워지지 않는 욕망, 혹은 모순 그것이 실재이다. 현실의 상징계는 '이루어질 수 없는 희망'을 '이루어질 수 있다'고 부추기는 데 불과하다. 알튀세르가 말한 것처럼 우리는 다양한 이데올로기들에 의해 호명 당하고서야 주체가 된다. 법의 명령처럼 호명이 준엄한 것도 있지만, 소비 광고처럼 부드럽고 친밀한 것도 있다. 우리는 호명에 의해 국민으로서 법에 복종하는 주체가 되고, 소비자로서 자본에 봉사하는 주체가 되면서도, 마치 국가의 주권자인 것처럼 행동하고, 상품을 선택할 수 있는 소비자인 것처럼 살아간다.

이데올로기는 사실을 왜곡시키고 은폐하는 역할도 담당한다. 그렇다면 사람들은 이러한 이데올로기를 전혀 인식하지 못하는 걸까? 태평양의 물고기가 바닷물이 짠지 짜지 않은지를 모르거니와 관심도 없는 것처럼, 우리 뇌와 의식과 여러 사회 기구 속에 스며든 이데올로기에 의해 우리는 모두 속고 있는 걸까? 모르면서 속는 이도 있지만, 누군가는 알고 있고 알면서도 속는다. 지젝은 프롤레타리아가 부르주아의 억압을 몰라서 그들에게 투표하는 것이 아니라고 말한다. 지젝에 따르면 그들은 실제로 사물들의 실상을 잘 안다. 하지만 그들은 여전히 그것을 몰랐다는 듯이 행동한다. 따라서 우리의 습관적 행동으로 자리 잡은 것들 속에 이데올로기가 있으며, 뻔히 잘못되었다는 것을 알면서도 반복하는 일상적 행동이 바로 이데올로기를 구성한다는 것이다(지젝, 2004; 최영송, 2016: xii).

자본주의 착취 체제를 충분히 이해하고 있다 하더라도, 다른 어떤 체제보다 자본주의를 선호할 수 있다. 우리가 이데올로기에 속고 있다면 몰라서 속기도 하지만 알면서 속기도 한다. '알면서도 모르는 척' 지배적 사회질서에 순응하거나 자기 이해를 위해 체제에 헌신하는 이도 있다. 자본주의 가치를 정당화하지는 않지만 자본주의 체제에서 자신의 이해를 추구하는 것이 당연할 수도 있는 것이다. 누군가는 페미니즘에 찬성하면서도 남성적 특권을 포기하지 않으려 할 수도 있고, 패터 슬로터다이크(P. Sloterdijk)가 말한 것처럼 '계몽된 허위의식' 속에서, 즉 잘못된 가치에 따라 살고 있다는 것을 스스로 의식하면서 살아갈 수도 있다. 또한 '틀린 것'과 '잘못 생각하는 것' 혹은 '생각이 짧은 것', '선택하는 것' 등에는 차이가 있다. 우리는 타자의 생각이나 선택을 보고 '잘못'이라고 쉽게 가치 평가를 내릴 수 없다.

2) 도덕감정의 비판 역량: 이데올로기의 균열과 저항의 가능성

이데올로기는 개개인들의 의식 속에 내재화된 집합 관념 체계로서, 정치, 경제, 종교, 문화 등 특정한 행위에 동기를 부여하거나 합리화하는 기능을 담당한다. 대개는 특정 집단의 이해관계를 은폐하고 정당화하면서 마치 보편적인 이해관계를 대변하는 것처럼 나타나기도 한다. 이데올로기는 의식 차원뿐 아니라 무의식 차원에서도 작동하며, 타(他)이데올로기에 대해 적대적인 경우가 많고, 옳고 그름, 선악판단의 기준으로 작용하기도 한다. 많은 사람들은 의식적이든 무의식적이든 자신이 속해 있는 체제나 집단의 이데올로기를 옳고 선한 것으로 간주하는 경향이 있다.

이데올로기는 강력한 세계관이기도 하고, 삶의 지침이 되기도 하며, 때에 따라서는 목숨을 내걸 수 있는 열정을 불러일으키는 관념 체계이다. 역사의 변화에 따라 이데올로기 역시 변화해왔지만 이데올로기의 종언을 부르짖는 것은 섣부른 일이다. 그렇다면 이데올로기 내면의 실재를 어떻게 드러낼 것인가? 도저히 공존하지 못하고 극한 적대적 대립 관계를 보이는 '이데올로기들'의 전투는 어떻게 종식시킬 것인가? 이데올로기는 자신을 절대 불변의 가치로 영구화하려는 속성이 있다. 피에르 부르디외(P. Bourdieu)가 독사(doxa)라 부른 것처럼 스스로를 자연스럽고 자명한 것으로 간주하려는, "오인(誤認)하면서도 오인을 인식하지 못하게 하는 것"과 같다(Bourdieu, 1990). 예를 들어 마우리츠 에셔(M. Escher)의 작품 「오르내리기(Ascending and Descending)」를 보라. 사람들은 동일한 층을 빙빙 돌고 있는데 보는 이들은 그들이 위아래 계단으로 오르내리고 있다고 착각한다.

어떤 사람이 이데올로기를 가지고 있으면서 동시에 그것을 이데올로기적인 것이라고 인식하는 것은 거의 불가능할 수도 있다. 이데올로기는 자신의 경계를 볼 수 없어 결코 자신을 이데올로기라 말하지 않기 때문이다. 그리고 많은 이들은 자기기만을 통해 이데올로기와 자기의 의식, 행동을 일체화하기도 한다. 선의 탈을 쓴 악한 자가 끊임없이 자기가 선한 자라고 외치면 마침내 자신을 선한 자로 오인하게 되고, 자기의 모든 악한 행위를 선한 행위로 간주하는 것과도 같다. 의식과 행동을 한 치의 어긋남 없이 일체화하면서 스스로를 '정의의 사도', '실천하는 자,' '행동하는 양심'으로 칭한다. 그리고 이데올로기인 것을 모르는 채 자신의 관념이 용기와 고뇌를 가지고 구축한 '신념'이라고 주장한다.

　이데올로기는 타(他)이데올로기에 대해서는 이단을 대하듯 적대적 반응을 보이고, 전통이나 일반적 관념에 대해서는 비하하는 태도를 보인다. 이데올로기는 어떤 수단이 되고자 하지 않고 인류 역사의 최상위에 자리 잡고자 한다. 이데올로기는 외부와의 소통과 상대성의 가치를 인정하지 않고 자신만의 절대적 신념과 자아를 지향한다. 따라서 이데올로기를 맹신하는 완고한 집단에게서 도덕감정의 핵심을 이루는 부채감, 즉 타자성찰과 이해, 공감, 상상력, 배려, 관용, 나아가 환대의 감정은 기대하기 어렵다. 대신 이데올로기주의자들은 복수와 적대, 증오와 혐오, 분노 등의 감정에 치우쳐 있다. 그들은 항상 분노에 차 있고, 눈을 부라리고 냉소적인 표정을 지으며, 복수·증오·두려움의 감정으로 인해 긴장 상태를 늦추지 못한다. 자기가 향하는 길이 곧 정의의 길이라고 보기 때문이다. 외부에 눈길을 돌리지 않는 그들의 사유는 곧 독선과 아집으로 변해버리기도 한다. 투쟁의 공간에서 집합적인 분노와 함께 표출되든 일상적 제도 안에 침잠되어 있든, 이데올로기는 타자성찰을 방해하거나 소통을 용납하지 않으면서 사람들의 삶의 판단과 의미를 폐쇄적으로 범주화하고 규정해버린다.

　이데올로기가 강렬한 힘을 얻는 이유는 삶의 의미를 부여하는 신념으로 위장되어 나타나기 때문이다. 대부분 사람들은 이데올로기라는 용어를 모르거나 사용하지 않는다. 보통의 일상을 살아가는 사람들은 은밀히 스며든 이데올로기에 아예 관심도 없다. 안다 해도 모르는 척 살아가기도 한다. 사람들은 이데올로기가 아니라 어떤 신념을 갖고 싶어 한다. 다양한 위험과 두려움을 극복할 수 있는 희망 혹은 인생의 길잡이로서, 어떤 목표의 성취에 대한 욕망과 삶의 의미를 얻기 위해 자신의 중심축을 잡아주는 신념을 원한다. 신념을 가진 개인은 '줏대 있는 사람'으로 인정 받기 때문이며 자기 위안을 삼을 수 있는 매우 값진 가치이기도 하기 때문이다. 그런데 이데올로기는 우리도 모르는 사이 신념의 영역에 도달해 신념을 세우기도 하고, 휘젓기도 한다. 신념과 이데올로기의 경계가 모호해진다. 신념인가 이데올로기인가?

이데올로기는 세계를 바라보는 하나의 관념 체계이고, 삶의 지침서 역할을 하기도 하지만 타자를 성찰하는 것이 아니라 재단하려 한다. 성찰을 통한 해석, 타자와의 소통, 배려와 존중을 통해 공존을 모색하는 것이 아니라 '인지적 편향'과 '인지적 경제'[X는 **곧** Y이다]를 통해 타자를 억압하려 한다. 신념이라는 가치가 타자와의 소통을 위해 개방성을 가지고 있다면 이데올로기는 독선과 아집에 빠진 폐쇄성을 가지고 있다. 도덕감정에 의해 주도되는 신념은 목표를 미리 설정하기보다는 타자와 '함께(with)' 인생과 역사의 의미를 찾아간다. 그러나 이데올로기는 갈 길을 이미 정해놓은 목적론적 전체성을 드러낸다.

콘크리트같이 단단하게 굳어버린 이데올로기, 그리고 타자에 대해서는 폐쇄적이고 적대적인 반응을 보이며 자신을 완전한 '목표'로 주장하는 이데올로기. 그러나 이데올로기의 이 같은 성격에도 불구하고 결코 무너지지 않는다는 것은 과장이다. 앞서 말한 것처럼 이데올로기의 기만성 때문에 우리는 모르면서 속기도 하지만 알면서도 속고, 심지어 속고 싶어 속는다. 특히 자본주의에 살고 있는 자유주의 지식인은 자본주의의 착취나 억압 구조를 알면서도, 또 그 안에서 자신이 특권을 누리고 있다는 사실을 알면서도 자본주의를 옹호한다. 아니 정확히 말하면 그 특권 때문에 자본주의를 옹호하는 것일지도 모른다. 여하튼 알면서도 속거나 속는 척하고 있다면 우리가 일방적으로 이데올로기에 포획되어 있는 수동적 존재가 아니라 이데올로기에 도전할 가능성이 있다는 말이다. 게다가 이데올로기의 기만성, 왜곡성, 현실성, 구조화된 영향력 등을 주장한 알튀세르나 정신분석학자들은 자본주의 이데올로기에 내적이든 외적이든 구조적으로 결로(決路)가 있음을 제시한다. 아무리 환상으로 덮어도 덮어지지 않는 사회의 모순과 갈등, 욕망의 결핍, 즉 실재계의 흔적들이 하나의 증환으로 튀어나온다는 것이다.

나는 이데올로기의 장벽에 도덕감정이 하나의 균열을 내는 '힘'이 될 것이라고 기대한다. 물론 어려운 일이다. 이데올로기의 바닥에는 이를 떠받들어주는 거대한 구조와 제도가 도도하게 놓여 있다. 단순히 의식, 감정, 태도의 전환 문제가 아니다. 알튀세르 같은 초구조주의자들은 인간은 무대 위에서 시나리오를 읊는 존재에 불과하다고 주장하고, 라캉은 심지어 68혁명은 인간이 아니라 구조가 나가서 싸운 것이라고 말한다. 알튀세르에 의하면 이데올로기는 각 개인들에게 주체의 지위를 부여하여 사회적 존재로 자리매김하게 한다. 예컨대 자유민주주의 체제에서 살고 있는 사람들은 자유민주주의의 이데올로기에 순응하면서 시민으로서의 주체적 지위를 부여 받는다. 이때 시민들은 이데올로기에 의해 호명 받은 종속적 주체임에도 불구하고 자신들이 자유롭고 자율적인 존재라고 믿는다. 이데올로기는 통제와 억압을 은폐하면서 자유로운 존재라는 신념을 심어주는 것이다.

알튀세르에 의하면 이데올로기는 개인에 선행하여 존재한다. 구체적인 개인에게 이데올로기는 '항상 이미' 특정한 역할, 즉 특별한 주관성을 결정하고, 사람들을 미리 할당된 주체의 자리에 앉힌다. 결국 개인들은 자율적으로 판단하고 자유의지를 실현하는 주체가 아니라, 이데올로기에 의해 형성되고 부름 받은 주체라는 것이다. 이 지점에서 우리는 심각한 문제를 신중하게 던져보게 된다. 우리는 정말 이데올로기에 의해 포획되어 옴짝달싹할 수 없는 수동적인 주체일 수밖에 없는가? 자율적이고 자유의지는 불가능한 존재인가? 테리 이글턴(T. Eagleton)은 개인이 호명으로 주체화된다면 '주체화 이전의 개인은 주체를 부르는 그 호명을 어떻게 인지하는가?'라는 문제를 제기한다. 즉, 호명 이전의 주체, 이데올로기에 의해 호명되어 고개를 돌리기 이전의 주체는 무엇인가? 무언가 자율적인 지각이나 판단 의지가 있기 때문에 고개를 돌리는 것은 아닌가? 또 이데올로기의 내부 균열 가능성은 없을까? 혹은 외부의 충격으로 깨질 가능성은 없을까?

나는 이 '거대한 것'에 작은 구멍을 내는 첫 단추가 인간의 '사유와 판단, 즉 성찰' 그리고 실천 의지에 달려 있다고 본다. 호명 당하는 주체가 아니라 능동적으로 실천하는 주체, 혹자에게는 회의스러울 수도 있겠지만 나는 성찰을 핵심으로 하는 도덕감정이 이데올로기에 흠집을 내는 동기로 작용한다고 주장하고 싶다. 성찰은 유약한 사유가 아니라 비판적인 힘이다. 도덕감정은 인식과 판단, 그리고 참여와 실천의 원천이다. 또한 내가 시종일관 주장하는 '십시일반의 느슨한 연대'는 작은 실천적 전략이지만 '발현적 속성'을 내는 커다란 힘으로 작동할 수 있다. 일상 곳곳에서 성찰하는 힘들의 작은 연대, 그리고 연대의 연대가 이어진다면 얼음장 같은 이데올로기에 균열을 낼 수 있다. 누빔점으로 이데올로기가 유지되듯, 누빔점이 해체되는 순간 이데올로기는 생각보다 빠른 속도로 유산이 되어 흩어져버린다.

그 누빔점을 해체시키 위해 직진할 수 있는 힘, 충분조건은 아니지만 필요조건으로 비판적 성찰의 역량을 지닌 도덕감정에 첫걸음을 기대해보는 것이다.

3부

개인화 시대의 도덕감정

자기배려와 신뢰

—

7장 개인화, 고립화 그리고 외로움

8장 자기배려와 이타주의

9장 신뢰와 연대, 존중과 품위사회

7장

개인화, 고립화 그리고 외로움

라이프니츠의 딸들인 모나드들은 태어난 이후 계속 전진했다. ―가브리엘 타르드

1. '개인'의 탄생과 개인주의

1) 개인의 탄생

더 이상 분할되지 않는 개체, 그래서 존재의 가장 원초적인 형태가 개인이다. 비록 가족, 직장, 민족, 인류 사회의 수많은 그물망 속에 존재하지만 '나'라는 개체는 그 관계들을 연결하는 최후의 지점이다. 개인은 스스로의 삶을 수행하는 자로서, 살아가는 법(연장과 도구의 사용, 과학기술의 발달, 제도, 관습)을 통해 자신의 욕망을 펼쳐왔다. 마르틴 하이데거는 이러한 개인을 세계에 '던져진' 존재(피투적 존재)라고 말한다. 그러나 단순히 추상적으로 피투(彼投)된 것이 아니라 어떤 시대와 역사 속으로 던져진, 바로 '거기에 주

어진 존재(Da Sein)'인 것이다. 그것이 자신의 의지와 상관없이 일어난 숙명적 사건이라 하더라도, 그 존재는 자신이 태어난 세계를 해석하고, 다양한 수단과 연장을 통해 자신의 삶을 기획한다. 즉, 기투(企投, Entwurf)적 존재인 것이다(하이데거, 1998). 이러한 개인은 외부의 구속을 벗어나 도덕적 덕성을 가지고 스스로 자율적 판단을 내리고 책임을 질 수 있을 때 '개인'으로서의 의미를 갖는다. 그리고 그가 태어나고 자라나는 공동체로부터 어떤 '자격', 즉 성원권을 부여 받았을 때 개인으로 활동할 수 있다.

부족사회나 고대 폴리스 등에서 맹아적으로 일부 시민층에게만 허용되었던 '페르소나'[1], 즉 사회적 역할을 담당하는 개인, 자유롭고 평등한 개인, 스스로 도덕적 본성을 가지고 자율적으로 판단하며 실천하는 인격체로서의 개인에 대한 사상은 근대 이후에 이르러서야 확립되었다. 개인은 하늘로부터 타고난 품성을 가졌고, 하늘이 내린 권리를 소유한다는 사상이 자연법의 기본 내용이다. 자연법 사상은 동서양을 막론하고 역사가 오래되었다. 인간은 천지자연의 이치라 불리는 천도(天道) 혹은 이(理)를 분수(分受) 받은 존재라는 유교 사상, 각 개인의 마음속에 불성(佛性)이 담겨 있다는 불교 사상, 신 앞에 모든 인간이 평등하다는 기독교 사상에서 이미 근대 자연법적 사상의 단서들을 볼 수 있다. 그러나 동서를 막론하고 이념성을 지향한 개인은 정치적인 격변, 경제체제의 변화, 문화적 가치의 변동을 거치면서 탄생했고, 그 과정은 결코 순탄하지 않았다. 더구나 가부장적 공동체의 정치질서가 강했던 유교 문화권에서 '개인'의 탄생은 오랫동안 지체되었다.

개인주의는 개인의 욕망을 실현하기 위해 자유와 평등이라는 권리가 누

---

1) 페르소나는 원래 연극에서 쓰이는 가면을 의미한다. 오늘날에는 인격이라 불리기도 한다.

구에게나 주어져야 하고, 개인이 공동체나 제도보다 우선되어야 한다는 '개인 우선주의'를 표방한다. 개인의 창의성, 재능, 자질 등이 유감없이 발휘되어야 하며, 그 기회는 누구에게나 동등한 조건으로 부여되어야 하고, 이러한 개인의 자유가 타인이나 집단에 의해 구속되어서는 안 된다는 것이다. 개인주의는 다양한 사상적 조류나 예술 활동을 통해 반영되고 촉진되었다. 신정(神政)적 사유를 벗어나고 싶어 했던 인본주의 사상, 자화상, 개인 전기의 발행이나 일기 등은 개인의 의식을 고양하기도 했다. 한편 인간의 신체에 대한 의료 해부와 지식, 예컨대 레오나르도 다빈치(L. da Vinci)의 완벽한 인간 신체의 도식이나 생물·의료 지식 체계가 개인에 대한 의식을 높였고, 인쇄술의 발달과 정보 확산에 힘입어 이러한 개인주의는 급속히 확산되었다(뒬멘, 2005; 르노, 2002; 시덴톱, 2016).[2]

  2차 세계대전 이후 '인간의 권리선언'을 통해 비록 명목적이긴 하지만 거의 완전한 '개인'이 탄생했다. 권리선언은 누구나 인종, 나이, 성, 지역, 직업, 국적 등의 요인에 의해 차별 받지 않고 동등하게, 그 존엄한 가치를 인정 받아야 한다는 내용을 기초로 한다. 이 역시 제국주의 전쟁과 양차 세계대전을 통해 수천만 명이 목숨을 잃은 결과였다. 지난한 투쟁과 피와 땀, 죽음을 통해 인간의 권리는 백인 중산층 남성으로부터 여성, 아이, 소수자 등으로 확장되어갔고, 제국주의의 침탈 속에서 인간으로 취급조차 받지 못했던 피식민지 인민들은 더 오랜 시간을 감내해야 했다. 한국의 경우를 개

---

[2] 게오르그 지멜은 개인의 탄생 과정을 양적 개인과 질적 개인으로 나눈다. 개인은 계량화되고 균등한 자유, 평균적인 인간으로서의 보편성을 지닌, 즉 질적인 차이가 사라진 추상적인 존재이며(양적 개인), 동시에 저마다 특수성을 지니는 질적이고 구체적인 개인이다(질적 개인). 김수정(2019)을 참고하라.

괄해보자.

19세기 제국주의 시대에 자유, 권리 등을 소유한 서구식 '개인'이 동아시아에 소개될 무렵 개인은 '일개(一個)', '개개인'이었다가 마침내 오늘날 우리가 사용하는 개인으로 명명되었다. 그러나 개인 그 자체의 삶에 방점이 찍힌 것이 아니라 민족 혹은 집단의 힘을 키우기 위해 집단에 헌신해야 하는 개인이었다. 개인의 성찰과 함양의 목표는 집단의 힘이었던 것이다. 즉, 당시 민권 사상가들이 주장하는 개인의 권리는 민족이나 국가의 부흥을 위해 행사되어야 하는 것이었다(윤상현, 2019).

해방 이후 식민지 전체주의의 유산, 분단과 전쟁, 극도의 빈곤, 병영적 통제와 개발독재 시대를 거치면서 '개인다운 개인'은 거의 찾아보기 힘들었다. 서구에서는 1970년대에 자본주의에 염증을 느낀 사람들이 포스트모던을 외치기 시작했으나 당시 한국의 청소년들은 국가 공동체에 헌신할 것을 맹서하는, 식민지 시기의 교육 칙어나 다름없는, '국민교육헌장'을 암송해야 했다. 그들은 '민족중흥의 역사적 사명을 띠고 이 땅에 태어난 존재'로서, 심지어 군사훈련(교련)을 받아야 했으며, 사유 체계는 오로지 '반공'으로 수렴되어야 했다. 해방 후 제헌의회를 통과한 헌법에서 우리는 시민이나 인민이 아닌 '국민'으로 등재되었다. 헌법은 개인이 국가에 대해 주장할 수 있는 권리와 함께 국가가 권리를 보호해야 한다는 의무 원칙을 명시했음에도 불구하고 현실에서는 국가에 대한 개인의 의무를 우선했다(김성보, 2009). 우리는 애초 국가 탄생부터 국가에 예속된 존재였고 '개인을 주장하는 사상'은 일탈적이거나 병리적인 것으로 간주되었다.

그러나 생존과 일상 활동이 벌어지고 있던 '사회'는 조금씩 확장되기 시작했다. 20세기에 들어 겨우 개인과 함께 어렴풋이나마 사회의 개념을 수입한 한국 사회에서 오랫동안 개인들은 대자 의식이 결여된 즉자 의식의 시민으로 살았다.3) 국가와 분리되어 자율성을 지닌 시민 단체나 조직은 보기 힘들었지만 시민으로서 개인이 성장할 수 있는 조건이 산업화와 함께 마련되기 시작했다. 개발독재 정권은 국가에 충성하는 개인을 요구했지만 국가가 주도한 산업화로 인해 역설적으로 사회는 급속히 성장하면서 분화의 길을 걸었고, 시민사회의 구성 요소라고 할 수 있는 다양한 집단들, 그리고 개인의 욕망과 이해관계들이 분출하기 시작했다.

개인의 탄생이 지체된 데는 개발독재 정권의 억압도 있었지만 전통적인 요인 또한 간과할 수 없다. '개인'의 탄생을 저지하는 커다란 요인 중 하나는 한국 사회에 뿌리 깊게 박혀 있던 가부장적 가족주의이다. 가족은 항상 그 구성원인 개인보다 우선이었다. 일반인들이 모두 조상에게 제사를 지내고 가문과 혈통을 기록한 족보(族譜)를 소유한 사회가 과연 어디에 있을지 의문이다. 연고주의와 위계질서, 남녀 차별을 강조하는 문화는 곧 가족주의의 연장이다. 물론 오늘날 상황은 많이 바뀌었다. 장자 및 남성 자녀 상속이 남녀 균등 상속으로 바뀌고, 남성 위주의 호적 제도 법률이 폐기되었다. 하지만 그 역시 불과 20여 년 전 일이다(양현아, 2011). 남녀 차별 상속, 호적 제도 등이 법률적으로는 폐기되었다 하더라도 여전히 기성세대의 의식 속에는 가부장적 사고방식이 강하게 남아 있다.

한국 사회는 변동의 유속(流速)이 매우 빠른 사회이다. 오늘날 젊은 세대는 기성세대와는 매우 다른 가치관과 문화를 형성하고 있다. 그들은 태어날 때부터 디지털 환경을 접하고 핵가족 단위에서 자랐다. 정의와 공정성

---

3) 1897년경 일본에 유학한 이인직이 조선에 돌아와 1905년 ≪국민수지≫라는 잡지에 허버트 스펜서(H. Spencer)를 소개한 것으로 알려져 있다. 한국 사회에서의 사회 개념의 등장은 김현주(2013)를 참고하라.

의 기준을 집단(사회, 민족, 국가)보다는 '개인' 차원에서 인지하고 판단한다. 그리고 개인의 이해관계를 쉽게 포기하지 않는다. 자신의 노력과 수고의 대가를 타자와 비교하여 판단하고, 이에 따른 불만과 분노를 표출하는, '등가적 교환방정식'에 익숙한 세대이다. 수년 전 올림픽 대회를 앞두고 '남북 아이스하키 단일 팀' 구성에 대해 기성세대는 남북 공동체와 민족 화합이라는 집단적 가치에 한껏 동의했지만, 젊은 세대는 선수 개인의 희생이라는 관점에서 반대 입장을 표명했다(김왕배, 2019a). 비정규직의 정규직 전환에 대해서도 거부 반응을 보인다. 오늘날 한국 젊은 세대의 문화 감각과 시대정신은 한국 민주화의 변곡점이 되었던 '87체제'의 집단주의적 태도와는 사뭇 다르다. 자신의 입장에서 세상을 평가하는 자율적 개인주의 태도가 어느 정도 성장하고 있다는 진단도 가능할 정도이다.[4]

그러나 자율적이고 주체적인 존재로서의 개인보다는 이기주의적이고 이해타산적인, 그리고 핵가족형 집단 개인주의가 만연하고 있다. 분명 한국 사회의 한편에서는 국가나 사회, 가족, 타자와 적당한 거리를 두고 성찰하는 개인, 자신만의 프라이버시와 개성을 소유한 독립적이고 주체적 개인, 공공의 문제와 새로운 가치를 지향하는 개인이 등장하고 있다. 반면 다른 한편에서는 자본주의의 소비 미학에 함몰된 소비 주체로서의 개인, 개별화되고 파편화된 경쟁적 개인, 정치와 공동체에 무관심한 개인이 대거 등장하고 있다. 특히 신자유주의의 바람이 불면서 후자의 개인들이 양산되고 있다. 신자유주의는 무한 시장의 경쟁을 이겨낼 수 있고, 효율성과 산출(output)을 극대화할 수 있는 개인을 요청한다. 이에 부응하여 개인들은 끊

---

[4] 여전히 논쟁 거리이긴 하지만 세대 간 갈등이 계급이나 집단 갈등을 넘어서는 이유이기도 하다(조현준, 2022).

임없는 자기 계발을 시도한다. 개인들은 다양한 '스펙'으로 무장하고 기업이나 국가가 요구하는 신자유주의적 인재가 되기 위해 부단히 자기 계발에 투자한다.[5] 하지만 그 결과는 녹록하지 않다. 경쟁을 위한 도구적 지식과 기술을 연마하는 데 주력해야 하므로 자아 배려나 타자성찰을 수행할 여유도 없다.

특히 이 시대의 젊은이들은 가혹하다 싶을 정도로 유소년 때부터 '시시포스적인 투자'를 통해 자신을 계발해야 하는, 좀 더 과격하게 말하면 '각자도생(各自圖生)'의 서바이벌 게임 사회를 살아가고 있다. 생존주의 시대의 생존은 그야말로 '서바이벌'로서, 게임의 규칙 속에서 무한대의 비정한 경쟁을 수행한 연후 살아남아야 하는 매우 냉정하고 비정한 것이다. 서바이벌 게임에서 협동, 공존, 상생은 없다. 게임의 규칙이기 때문이다. 사회적 안전망이 결여된 광활한 야생의 숲에서 젊은이들은 각자도생의 길을 걸어가야 한다는 것을 잘 알고 있다. 사는 것이 아니라 살아진다(김홍중, 2015). 이 생존경쟁의 결과는 매우 역설적이다. 모두가 승자가 되기 위해 개개인적으로는 실력과 스펙을 쌓지만 극히 일부만이 승자의 자원을 독점하는 '집합적 구성의 오류'가 발생하는 것이다.[6] 장경섭은 이 같은 한국 사회의 개인화 현상을 '압축적 개인화', '개인주의 없는 개인화'라고 부른다(장경섭, 2018). 즉, 개인화가 일어나되 개인주의 사상이나 철학이 지체된 개인이 등

---

5) 이기적 개인주의, 시장화된 개인주의, 과잉 경쟁화된 개인주의, 착취적 개인화 등의 수사어들은 모두 개별화되고 있는 개인주의 현상을 우려스럽게 바라보고 있다는 증거이다(신경아, 2013).
6) 집합적 구성의 오류는 부분에 대해 참인 명제를 전체에 대해서도 반드시 참이라고 잘못 추론하는 논리적 오류를 지칭한다. 이는 연역 추론(deductive reasoning)의 타당성과 관련되는데, 전제가 참이라고 해서 반드시 결론이 참인 것은 아님을 의미한다.

장하고 있는 것이다.[7]

2) 개인과 프라이버시

개인주의는 개인의 생활공간과 삶의 내용을 요구한다. 누구도 개입할 수 없고, 간섭해서도 안 되며, 개인만이 '통치'할 수 있는 절대적인 정신적·물리적 '자기 공간'이다. 이런 공간을 프라이버시(privacy) 영역이라 부른다. 프라이버시는 흔히 자신이나 집안의 사사로운 일들로 구성되며, 타인에게 간섭 받지 않을 권리, 자신의 정보를 타자에게 공개할지 말지를 자신만이 결정할 수 있는 권리이다. 프라이버시 영역은 개인을 둘러싼 집단이나 관계로부터 단절된 해방 공간이다. 자신이 아무리 부도덕한 행위(예컨대 관념 속의 복수와 살인, 부도덕한 공상과 망상)를 한다 하더라도 공공의 윤리에 의해 판단 받지 않을 수 있는 내밀한 공간, 오로지 자신에게서만 판단을 받는 영역이다. 자신 스스로가 사법재판관인 '양심'도 여기에 자리 잡고 있다. 외부와 절대적으로 단절되어 있는 곳, 외면화되지 않을 내부! 개인은 이곳에서 어떠한 집단으로부터도 절대적으로 자유롭다는 것을 천명할 수 있다. 스스로 심연의 세계로 들어가 자신의 초월성과 절대성을 찾아가는 개인의 욕망을 발휘할 수 있다.

프라이버시 공간은 개인의 자유롭고 자율적인 생활이 보장되는 곳, 즉 성생활이나, 무한대적 상상이 형성되는 공간이다. 이 공간 안에서는 개인 스스로가 주권자이다. 이 공간 안에서의 주권에는 자신이 소유하는 자질이

---

[7] 이하준은 여기에 대한 대응으로 시장 만능주의적 사고의 성찰, 개방성과 참여, 글로벌 연대를 제시한다. 이하준(2014)을 참고하라.

나 자산에 대한 권리도 포함된다. 프라이버시 영역은 친밀성의 유대감이 뭉쳐진 곳으로, 이들 경계의 바깥에 있는 제3자가 개입할 여지가 없으며, 이곳에서 수치심은 오로지 자신, 혹은 자신이 허락한 당사자들만이 느낄 수 있다. 예컨대 신체 부위가 노출되어도 수치심이 작동하지 않는 곳이 프라이버시 영역이다. 속옷, 섹슈얼리티, 배설, 은밀한 신체부위 등은 사생활을 상징하는 은유이기도 하다. 사생활이 침해 당했을 때 우리는 모욕과 수치를 느낀다. 누군가 나의 사생활을 몰래 훔쳐보고 이를 악의적으로 퍼뜨리면 참을 수 없는 분노와 수치가 발생한다. 프라이버시 침해는 자신의 주권을 침해하는 것으로 인격과 인권을 파괴하는 행위이기도 하다.

타인의 사생활에 대한 '가십(gossip)' 역시 프라이버시를 침해하는 경우이다. 가십은 황색 신문을 장식하기도 하고,[8] 권력기관의 대리인 노릇을 하는 언론 등에 의해 유포되기도 한다. 권력에 의해 은밀하게 또는 음모론적으로 유포되는 가십은 정적(政敵)을 제거하는 데도 이용된다. 감시 대상이나 수사 과정의 사안을 대중에게 공개하여 피해자가 더욱 수치와 모멸을 느끼도록 만들기도 하고, '비열한 타협'을 하게 하기도 한다(마갈릿·골드블룸, 2008). 사생활의 영역에 내 동의가 없는데도 국가권력이 쉽게 개입하거나, 국가이익과 국민의 알권리라는 이름으로 사생활 정보까지 무차별하게 폭로하는 사회야말로 '반인권적인 퇴행 사회'이다.

개인은 또한 자기만의 삶의 양식, 표현 방식, 성격, 취미(취향) 등을 갖는다. 우리는 이것을 개성(personality)이라 부른다. 개인이 주체적으로 관리하는 개성과 프라이버시 등의 가치로 구성되는 개인주의의 권리는 공공의 안

---

[8] 유명 연예인이나 상류층을 뒷조사해서 돈을 벌어들이려는 '파파라치'가 대표적이다.

녕과 질서, 복리 등의 이름으로도 함부로 침해할 수 없다. 전체주의는 국가의 권력이 개인의 가장 은밀한 내부에까지 간여하는 체제이다. 개인의 프라이버시는 안중에도 없고, 각자의 개성은 허락되지 않고, 사상과 삶의 방식은 획일화된다. 권위주의 체제에서는 국가가 항상 개인에 우선하고, 공공의 안녕을 위한다는 명목으로 개인의 영역을 쉽게 침범하며, 인권 의식이 희박할수록 개인의 비밀이 아무렇지 않게 노출되고 확산된다. 공공의 권력이 개인에게 쉽게 모멸을 주는 사회는 후진사회이다. 한국에서는 1970년대까지만 하더라도 퇴폐풍조 근절이라는 명분으로 정부가 '남성의 긴 머리와 여성의 짧은 치마'를 단속했다. 1980년대 말까지만 해도 길거리에서는 경찰의 검문과 임의동행이 일상적으로 벌어졌다. 출퇴근길 시민들과 학생들은 임의로 신분증 조사를 당했고 가방 등을 수색 당했다. 얼마나 모멸적인가? 전체주의에 가까울수록 사적 영역에 대한 제도적 감시와 처벌이 빈번하고 용이해진다. 도청, 편지 검열, 탐문 조사, 임의 동행 등 국가기관의 불법적 행위가 '국익'의 이름으로, '예외 상황적 합법'으로 인정된다.

이러한 권위주의 사회는 개인들 간의 '차이'를 인정하려 들지 않는다. 새로운 생활 방식, 가치, 전위적 예술 양식의 등장을 꺼리고, 나이나 성, 지위에 따른 위계질서와 순종을 미덕으로서 강조할 뿐이다. 전체주의 국가가 개인들에게 행사하는 통제의 방식은 '누군가가 항상 자신을 감시하고 있다'는 검열 의식을 심어줘서 자신 스스로를 규율하게끔 하는 것이다. 전체주의 권력은 개개인의 질적 속성을 무시하고 평균성을 요구한다. 정상적 시민과 비정상적 시민의 구분은 평균값을 얼마나 넘어서는가에 있는데, 이 평균치는 통치자 집단이 결정하고, 이 평균치를 넘어서는 행위를 하면 일탈, 범죄, 광기, 나아가 반체제 등으로 낙인찍히고 처벌 받는다. 이러한 권력은 은밀하게 보이지 않는 곳에서 항상 우리 주변을 맴돈다. 간수는 범죄자를 들여다볼 수 있지만 죄수는 간수를 볼 수 없는 검은 유리의 원형 감옥, 즉 '파놉티콘'의 원리는 사라지지 않았다(푸코, 2016). 조지 오웰(G. Orwell)이 『1984』에서 묘사한 빅브라더는 사라졌는가? 오히려 오늘날 우리는 인공지능 등의 발전으로 인해 우리의 의식까지도 탐지 당할 수 있는 '전자 파놉티콘'의 사회를 살고 있다. '감시 자본주의'가 의미하듯 내 몸과 의식에 대한 정보가 나의 것이 아닌 그들의 것이 되어 있다(주보프, 2021). 더욱 교묘하고 은밀하게, '누군가 우리를 항상 들여다보고 있다!'

3) 고립화된 개인: 고독 아닌 외로움

개인화의 흐름은 양가적이다. 개인의 성찰성과 해방성의 증대라는 긍정성, 고립화와 파편화라는 부정성이 그것이다. 울리히 벡(U. Beck, 1997)은 후자를 위험 사회의 증후로 보았고, 홍찬숙(2016)은 한국 사회의 개인화 현상을 "위험과 해방의 이중주"라 불렀다. 탈(脫)사회론자들은 존 어리(J. Urry)의 『사회를 넘어선 사회학(Sociology beyond Societies)』(2000)의 테제를 검토하면서, 한국 사회 역시 탈사회의 경로를 걷고 있으며 혼밥, 혼술, 개인경기 관람, 웹을 통한 사랑 교환, 종교의 사사화(私事化) 같은 현상들이 이를 방증한다고 본다(김문조 외, 2022).[9]

내가 보기에 한국 사회의 개인화는 성찰적이고 해방적인 측면보다는 고

---

9) 개인주의적 생활 방식을 압축적으로 드러내는 용어가 있다면, 바로 '혼밥(혼자서 밥을 먹는다)', '혼술(혼자서 술을 마신다)'이다. 이들 용어는 타자와의 관계성이 사라진 개인주의 현상을 잘 대변한다(박형신, 2022). 또한 젊은 세대는 함께 식사를 하더라도 자기가 먹은 식사분의 비용만 지불하는 '더치페이'에도 익숙하다.

립적이고 자기중심적이며, 나아가 병리적 외로움의 확대 측면이 더욱 큰 것 같다.[10] 삶에 대한 사유와 반성의 의미를 갖는 고독함이 아니라, 사회적 관계의 단절에서 오는 외로움이 몰려온다. 한나 아렌트가 말한 대로 외로움은 고독이 아니다. 고독은 혼자 있기를 요구하지만 외로움은 다른 삶과 함께 있을 때 가장 날카롭게 그 모습을 드러낸다(아렌트, 2015: 279). 고독은 나와 내가 함께 있는 것이지만 외로움은 모든 이로부터 버림 받았을 때 생겨난다. 고독이 외로움으로 변할 수 있지만, 내가 나 자신을 버릴 때 외로움은 최악의 경우로 진행한다.

2018년 영국에서는 이름도 생소한 '외로움부 장관(Minister of Loneness)'이 임명되었다. 실업, 질병, 빈곤, 고독사와 범죄 등 병리 현상의 내면에는 사회적으로 고립화되는 개인이 많아지고 있다는 판단 때문이었다. 이들 대부분은 노인층이나 저소득층 같은 '사회적 약자'로 그들의 고립화가 심각한 사회문제로 대두되면서 국가의 개입이 요청되는 지경에 다다른 것이다. 그러나 그들에게만 '외로움 증상'이 엄습하고 있는 것은 아니다. 열정이 쇠퇴한 사회, 지그문트 바우만이 말한 대로 "수단은 준비되어 있는데 목표가 무엇인지 잘 모르겠는 사회", 상품을 넘어 화폐가, 화폐를 넘어 디지털 코인이 상품이 되어 우리를 유혹하고 물화시키는 시대에 외로움은 전방위적으로 형성된 시대의 정조(情操)가 된 것이다.

한국 사회에는 외로움부가 필요 없을까? 과거 한국은 가족, 친지, 지역 등 연고주의 결속이 강했던 사회였지만 지금은 개인화의 부정적 측면, 즉

---

[10] 한국인의 행복도와 고립도에 대한 조사를 참고. OECD 국가 중 행복도는 거의 최하위 수준이고 고립도도 네 번째로 높은 것으로 나타난다. https://imnews.imbc.com/news/2023/society/article/6459058_36126.html

개별화를 알리는 다양한 지표들이 우리를 긴장시키고 있다.[11] 개별화란 개인이 서로 고립화되는 현상, 그래서 타자성을 상실하는 현상을 말한다. 개별화된 개인은 서로를 '관심과 배려'의 대상으로 고려하지 않는다. 오늘날 디지털 사회에서 개인은 엄청난 정보의 관계망 속에 살고 있다. 16세기의 지구를 농구공으로 묘사한다면 20세기의 지구는 탁구공으로 21세기의 지구는 점으로 표현할 만큼, 일찍이 마르크스가 말한 '시간에 의한 공간의 소멸' 시대를 살고 있다(하비, 1994). 이러한 초연결 사회에서 개인의 파편화와 고립화는 일순 모순적으로 보인다. 너무나 다양한 관계와 무한대의 정보 속에 살고 있는데 왜 개별화되어 있는가?

최근 일군의 학자들은 디지털 정보화 현상이 더욱 개인을 고립화한다고 주장한다. 초연결 사회의 연결은 매우 유동적이고 가변적이며 표피적이다. 개인이 디지털 관계에 심취될수록 실제 개인과의 관계성은 옅어진다. 클릭 한 번에 의존하는 관계에는 진정성도 결여되어 있다. 사람들은 서로 직접 대면하려 하지 않는다. 눈을 맞추지 않고, 숨소리를 들으려 하지 않으며, 심지어 '실제 인간'을 회피하기도 한다. 다양한 디지털 기기를 통한 만남, 줌 강의, 줌 미팅 등의 현상들을 '삼차원의 입체적 관계'에서 '이차원적 평면 사회'로의 이행이라고 표현하고자 한다.

노리나 허츠(N. Hertz)는 이러한 상황에서 외로움이 깊어지고, 외로움을 달래주기 위한 컨설팅과 돌봄·반려동물·반려로봇 산업 등 외로움 산업이

---

11) 2024년 1월 한국리서치에서 수행한 외로움 인식 조사(기획: 누가, 얼마나 외로운가?)에 따르면, 응답자의 약 72%가 최근 한 달 동안 외로움을 경험했다. 전 세계 조사에서도 응답자의 50% 이상이 외롭다고 했으며, 특히 SNS를 많이 사용하는 젊은 층이 노인층보다 높은 비율을 나타냈다(https://www.hankookilbo.com/News/Read/A2023103109220000757).

등장한다고 말한다(허츠, 2021). 개인 중심적 생활 방식은 스마트폰 등 사이버 기술과 함께 더욱 강화되고 있다. 이들은 비록 혼자 식사하지만 식사할 때도 스마트폰을 보면서 사물과의 관계성을 유지한다. 지하철, 공원, 도로, 강의실 등 거의 모든 공간에서 스마트폰과 묵시적 대화를 하고 있는 것이다. 인간-사물-인간의 관계가 사물-인간-사물로 바뀌고, 가상의 존재자들(사이버 공간의 허구적 가공 인물, 로봇, 인공지능)과의 관계성이 지배한다. 인간으로부터 느끼지 못하는 체취는 반려동물이나 컴퓨터 파트너를 통해 구현한다.

돌이켜보면 외로움에 대한 본격적 논의가 시작된 지는 반세기도 넘었다. 『고독한 군중』(1950)을 출간한 데이비드 리스먼(D. Riesman)은 '내적 성찰을 지향'했던 산업사회의 인간이 후기 산업사회에 이르러 '외부 지향'적으로 변해가고 있음을 지적했다. 산업화 시대의 인간은 책임 의식을 지니고, 삶의 역경을 극복하며, 모험을 통해 새로운 삶의 영역을 개척하려는 의지를 지닌 존재이다. 반면 후기 산업화 시대의 외부 지향 인간은 자신의 삶을 외부인의 평가와 외부인을 의식한 체면에 의존하는 존재이다. 외부에 의존하고 타인의 평가에 신경 쓰는 그들은 내적 특수성과 자신을 잃어버린 외로운 사람들이다. 그리고 반세기가 지난 후 스테판 메스트로비치(S. Mestrovic)는 현대인을 조작화된 감성에 의해 박제화된 인간, 예컨대 감정 노동자의 상냥함이나 광고의 미소 등에 의해 아예 진정성이 사라져버린 '플라스틱(plastic)'한 탈감정 사회의 인간으로 묘사한다(메스트로비치, 2014).

물론 고립화가 곧 외로움을 의미하지는 않을 수 있고, 새로운 삶의 양식일 수도 있다. 특히 한국 사회는 개인주의 전통이 강했던 서구 유럽에 비하면 가족을 비롯한 집단적 감각이 여전히 강한 편이다. 집단 문화에 익숙한 기성세대와 개별적 삶의 문화에 익숙한 젊은 세대가 혼재되어 있다. 그러나 심각한 문제는 개별화된 개인은 '공공성'에 무관심과 취약성을 드러낸다는 것이다. 오히려 적대적이라 해도 과언이 아니다. 굳이 존재론적 현상학을 들먹이지 않더라도 인간은 수많은 공동체의 '관계들' 속에서 태어난다. 운명적으로 관계론적일 수밖에 없는 개인이 관계로부터 단절되는 순간 개인의 삶에 직간접적 영향을 미치는 '공적인 것'이 사라져버린다. 무임승차의 기회를 엿보며 공공 어젠다와 정치 참여에는 무관심하고, 투기성 재산 획득과 감각적 만족을 추구하는 개인을 탄생시키는 개인화 과정을 '개별화 과정'이라 부르는 것이 타당할 것이다. 이러한 개별화된 개인들이 극한 경쟁을 마주하게 되었을 때 그들의 삶은 각자도생의 생존주의에 얽매인다. 혹은 자신도 주체할 수 없는 사회의 질주에 아예 무감각해지거나, 자기만의 세계에 빠진 나르시즘적 폐쇄형 인간이 되고 만다. 냉소와 허무만이 밀려오는 불안과 두려움의 세계가 펼쳐진다.

사유와 판단이 불가능한 개인들이 개별화된 상태로 각자도생하면 개인과 사회 공동체 간의 균열이 발생하고, 바로 이 자리에 '부도덕한 카리스마의 매혹'이 침입한다(립먼-블루먼, 2005). '자루 속의 감자들'처럼[12] 모래알같이 개별화된 대중은 서로 함께 있지만 뭉치지 못하고 흩어진다. 사람들은 팀을 조직하고 협동하기보다 '혼자서 볼링' 치기를 선호한다(Putnam, 2001). 여기에 선동과 혐오, 포퓰리즘이 난무하고, 대중은 이러한 지도자에게 환호를 보낸다. 공동체는 전체주의적 집단주의 형태로 등장하고, 개인은 철저히 사멸되고 만다. 개별화된 개인들의 타자에 대한 무관심과 자기 지향이 역설적으로 전체주의를 태동시키는 발화점이 되는 것이다.

---

12) 마르크스가 계급의식 없는 농민층을 빗댄 말이다.

2. 오래된 논쟁, 개인과 공동체

1) 개인과 공동체주의

근대 서구 개인주의의 철학적 계보에는 고트프리트 라이프니츠(G. Leibniz)의 '단자론'이 자리 잡고 있다. 라이프니츠에 의하면 우주는 더 이상 분할될 수 없는 '단자(monad)'로 구성되어 있고, 이 단자는 하나의 정신 구조로서 외부와 교류할 수 있는 창이 막혀 있지만, 신의 예정에 의해 단자들의 질서와 조화가 구현되고 있다. 단자론적 사유는 이후 많은 사회과학자나 철학자들에게 영향을 주었다. 오늘날 관계론적 실재론자의 선구자인 브루노 라투르(B. Latour)도 자신의 사회 이론의 원천을 라이프니츠의 단자론에서 찾는다. 라투르는 초창기 프랑스 사회학자인 가브리엘 타르드(G. Tarde)의 관계론을 높이 평가하는데 타르드 또한 라이프니츠의 단자론에 깊은 영향을 받았다는 것이다. '모나드의 딸들'이라는 표현을 통해 타르드(2015)는 사회란 개인의 관계들로 구성된, 개인들의 모방 심리에 의해 확장된 하나의 '몽상적 산물'에 지나지 않는다고 말했다. 그는 자신을 사회학자로 칭하면서도 그 기초는 개인의 심리에 있다고 믿었고, 과감하게 사회학은 결국 심리학에 바통을 넘겨주어야 한다고 주장하기도 했다(타르드, 2012). 동일한 시기에 활동하던 또 다른 사회학자 에밀 뒤르켐은 타르드의 이런 주장을 신랄하게 비판했는데, 뒤르켐은 당시 개인주의를 비판하고 '전체는 부분의 합 이상'이라는 사회실재론을 주장했던 터였다.

개인은 다양한 타자와의 관계를 통해 공동체 안에서 자율, 자주, 자유의 의미를 알게 된다. 공감과 상상력, 양심과 책임은 진정한 개인의 덕목이며 가치이다. 그리고 이 개인에게 중요한 것은 삶의 기획을 주체적으로 실현시키고자 하는 '의지'이다. 로빈슨 크루소는 무인도에 혼자 있을 때조차, 회계를 작성하고 기록하는 의지를 실행했다. 그러나 이 의지가 세계(타자)를 지향하지 않는다면 '의지의 의미'를 상실한다. 로빈스 크루소가 작성한 회계장부는 타자에 의해 평가됨으로써 의미를 획득했다. 인간의 합리적 이성을 강조했던 프랑스 계몽주의는 개인주의, 자유주의와 밀접한 친화력을 맺었다. 자유로운 시장 활동을 원하던 부르주아층과 새로운 세계를 만들고자 했던 진보적 계몽주의자들이 혁명과 변혁을 주도하기 시작했다. 혼돈의 시대가 도래했을 때 이를 우려하던 일련의 사상가들은 사태를 수습하고 정돈하기 위해 새로운 사상과 정치체제를 제기했다. 이른바 공동체주의 혹은 개혁적 보수주의이다.

당시 산업화로 인한 개인화와 질서의 혼란을 극복하기 위해 많은 학자와 실천가들이 새로운 사회 혹은 공동체를 열망하고 있었다. 중세 봉건 체제의 공동체가 급속히 해체되면서 산업사회에서 가능한 새로운 공동체에 대한 질문이 줄을 이었다. 반동적 보수주의자들은 과거로의 회귀를 시도하기도 했지만 개혁적 보수주의자들은 새로운 공동체를 만들고자 했고, 뒤르켐은 그 선두에 섰다. 직업집단과 같은 조직들의 유기적 연대를 통한 새로운 사회를 만들자는 것이 그의 주장이었다. 그는 사회는 단순히 개인들의 합으로 구성된 것이 아니라 스스로 '발현적 속성'을 갖는 실재라고 주장했다. 인구의 증대와 구조의 분화로 인해 원시적인 부족사회의 집합 감정에 기초한 기계적 연대는 사라지고, 중세 길드를 중심으로 한 사회연대 역시 약화되는 상황에서 사회는 도덕적 진공 상태, 즉 아노미(anomie)에 빠져 있다. 이를 극복할 수 있는 새로운 '도덕'으로서의 유기적 연대가 있다면 무엇일까? 그가 보기에 마르크스주의자들이 주장하는 것처럼 사유재산의 국유화를 통해 무계급사회로 가는 것은 대안이 아니었다. 혁명은 혼돈을 가중시킬 뿐이다. 뒤르켐이 보기에 더 근본적으로 중요한 것은 '도덕'이었다(그래서 그는 상속 제도 등을 반대하는 사회주의를 강조했다).

그가 상세하게 논의하지는 못했지만 대안으로 제시하려 했던 것은 직업집단이었다. 오늘날 자본주의 사회가 다양한 공식·비공식 조직들(organizations)로 구성된다는 점에서 보면 그의 혜안이 놀랍다. 뒤르켐이 선택한 것은 계급보다는 직업집단이고, 계급의식보다는 도덕감정이었으며 궁극적으로는 도덕적인 개인이었다. 사회실재론자라고 해서 그가 개인을 무시한 것은 결코 아니다. 뒤르켐이 시종일관 관심을 가진 것은 개인들을 묶어줄 수 있는 '연대'였고, 그 연대는 바로 개인을 초월하면서 개인에게 내면화된 형태로 존재하는 도덕이었다(김종엽, 1998; 정원, 2023). 이러한 뒤르켐의 연대주의는 오늘날 프랑스 사회주의의 전통 속에 내려오고 있다. 그는 사회학자이면서 개인심리학에 의존한 타르드를 신랄하게 비난했다. 그의 사회와 개인의 개념은 마르셀 모스의 '증여와 사회경제론'으로 이어지고, 오늘날 복지국가 연대의 철학적 기반이 되고 있다.

공동체는 이상향에 대한 향수를 소환하는 개념으로 쓰이기도 했다. 예컨대 공동체는 유토피아적 이미지를 갖거나 특정한 종교 분파를 의미하기도 하고, 파리 코뮌과 같이 평등주의를 지향하는 집단 운동 단체를 의미하기도 했다.[13] 국가의 거대 권력을 거부하고, 자발적인 상호부조와 협동 관계에 기초한 아나키즘적 조합주의도 마찬가지이다.[14] 공동체는 매우 다양한

---

13) 공동체와 사회가 서로 분리되면서 가족, 우정이나 근린적 친밀성의 관계로 구성된 공동체적 관계, 즉 페르디난트 퇴니스(F. Tönnies)가 말한 '게마인샤프트(gemeinschaft)'와 이해관계 주도하는 이차적 사회적 관계, 즉 '게젤샤프트(gesellschaft)'로 구분하기도 했다. 전자는 자연적인 의지, 지역성과 생동적인 속성을 갖고, 후자는 합리적인 교환관계를 통해 기계적으로 움직이는 속성을 갖는다(퇴니스, 2017).

세계관이나 자치성, 유형으로 분화되어왔고, 수많은 관점에서 논의되어왔다. 이웃 근린 관계와 정체성을 중심으로 한 지역공동체[15], 분배정의를 둘러싼 정치 공동체[16], 다문화 공동체, 코즈모폴리턴 공동체, 디아스포라 공동체 등 매우 다양하다(Delanty, 2010).

내가 여기서 밝히고자 하는 것은 개인주의와 공동체주의가 서로 대립하지 않는다는 점이다. 공동체가 강화되면 개인화는 약화되는가? 그렇지 않다. 자율적이고 주체적인 개인이 사라지면 공동선을 이루는 공동체도 약화된다. 우리는 흔히 자유와 평등은 역비례의 관계를 보인다고 말한다. 자유를 장려하면 개인의 능력에 따라 불평등이 깊어지고, 평등을 강조하다 보면 개인의 자유가 억압된다는 것이다. 자본주의와 공산주의의 딜레마라고도 말한다. 그러나 자유와 평등의 가치는 상반되는 것이 아니라 상보적이다. 자유가 높아지면 평등도 높아지고, 평등이 높아지면 자유도 높아진다.

우리는 흔히 개인주의를 공동체주의와 대립적 관계로 보면서 이들 지점의 어디에 서 있을 것인지, 어떻게 이들을 조합할 것인지에 몰두하는 경향이 있다. 개인주의와 대척점에 있는 것은 공동체주의가 아니라 집단주의 혹은 전체주의이다. 평등과 자유, 자율성을 지닌 개인들이 약속과 신뢰, 책임 아래 계약을 맺은 공동체는 시민적 덕성을 소유한 도덕적 개인들이 만나는 곳이다. 프라이버시는 집단에 의해 훼손되지 않고, 개인은 자기 욕망의 조절과 타자배려를 통해 공적 인간으로 성숙할 것이다. 간단히 말해 '좋

---

14) 한국의 아나키스트 흐름과 주장에 대해서는 김성국(2015)을 참고하라.
15) 생태학은 최근 시들해지긴 했지만 오늘날까지 '지역 사회학' 분과에서 가장 많이 인용하고 의존하는 패러다임이다.
16) 매킨타이어(2021); 테일러(2019) 등과 함께 공동체 논의에 대해서는 김동노(2023)를 참고하라. 덕 이론에 대해서는 황경식(2012)을 참고하라.

은 개인들과 그들을 지지하는 '개인주의'가 '좋은 공동체와 공동체주의'를 만든다.

2) 부족 공동체와 신(新)사회운동의 가능성

포스트모던 사유는 모더니즘에서 보여주는 거대 서사와 윤리, 민족, 국가, 진리 등의 담론을 해체하고 그 자리에 상대성과 국지성(locality), 작은 것, '차이' 등을 채워 넣는다. 사회이동이 급속히 늘어나고, 개인화가 진행되고 있는 시대, 사람들은 서로 다양한 이해관계로 '우연히 만나고 헤어진다'. 우리는 수많은 이방인과 이질성이 빈번하게 교차하는 전 지구적 이동의 시대에 살고 있고 일상생활에서 무수한 '차이'들과 서로 마주한다. 오늘날 일상생활에서 나타나는 다양한 공동체는 기존의 상징적 코드, 예컨대 정의, 평등, 자유 등의 거대 담론보다는 공감, 느낌, 우애 등 미학적 감성을 토대로 형성되는 경우가 많다. 그리고 그 감성적 공동체는 유연하면서 다소 불안정하고, 개방되어 있으며, 기존 질서의 입장에서 보면 아나키스트적이거나 심지어 아노미적으로 보일 수도 있고, 장소성도 없는 개방적 네트워크에 기반하는 경향이 있다. 이들 공동체의 구성원은 군중, 대중, 국민, 민족, 시민과 달리 때에 따라 모였다가 흩어지는 일종의 '부족(tribe)'들로서 다소 비밀스럽기도 하고, 소규모적이며, 준(準)종교적인 분파의 성격을 띠기도 한다.[17] 이 분파 공동체들의 삶은 '유목민'과 같다고 해서 마페졸리는 유목민적 공동체로 부르기도 한다(마페졸리, 2017).

---

17) 심지어 미셸 마페졸리(M. Maffesoli)는 이를 상징하는 용어로 마피아라는 용어를 거침없이 사용하기도 한다.

이러한 '유목민적 공동체'는 바우만이 말한 '튀고 흐르는' 액체 근대성의 흐름 속에서 나타난 공동체로서, 일상에서 중요한 장소들, 라운지, 스타벅스, 쇼핑몰 등 리미널(liminal)한 공간에서 모였다 헤어지기도 하고 지속하기도 하는 특성을 보인다(Delanty, 2010). 어떤 특정한 경험이나 취향을 공유한 사람들이 정보를 교환하기 위해 작은 모임을 결성하기도 하고, 특정한 트라우마나 고통을 공유하는 사람들은 좀 더 장기적으로 지속적인 교류를 나누기도 한다(세월호 유가족 모임, 군 의문사 유족 모임, 자살자 유가족 모임 등). 반려동물 모임도 오늘날 활발해지고 있다. 자신과 타자를 가볍지만 진정성 있게 배려하고 소통하며, 폐쇄적이기보다는 개방성을 띤다. 이러한 공동체의 출현은 자신의 주체성과 자율성을 강조하는 개인화 시대의 흐름과 함께 성장하고 있다. 아마 그 구성원들의 응답은 다음과 같지 않을까? "내가 원하고 즐기는 것만큼 혹은 유용하고 의미 있는 만큼, 당신도 그럴 자격이 있다. 우리는 서로 강제하지 않는다. 나는 나를 성찰하며 당신을 성찰하고 당신 역시 마찬가지이다. 가부장적 권위주의여, 엄숙한 계몽주의여 사라져라. 구성원의 행동 규약은 유동적이고 가변적이며, 구성원의 가입과 탈퇴는 개방적이다."

나는 이러한 유목민적 공동체를 '보자기 공동체'라 불러보기로 한다. 보자기는 특별한 공간을 필요로 하지 않는다. 즉, 장소성으로부터의 탈피가 가능하다. 주머니 한 켠에 구겨넣을 수도 있고 이동이 편리하며 필요할 때 펼쳐서 물건을 싸기도 하고 다시 접어두기도 한다. 이와 같이 '모자이크화'된 다층적 공동체는 디지털 온라인으로 인해 더욱 활발해지고 있다. 가상 공동체는 장소성을 탈피함으로써 시공간적 제약을 벗어나(예컨대 화상을 통한 간접 대면) 소통할 수 있는 직접성과 즉각성을 높인다. 다양한 SNS 등을 통한 정보의 흐름은 매우 신속하다. 엄중하고 고정적인 상호 관계, 즉 의무성, 강제성보다는 자발적 참여와 탈퇴가 가능하고, 강한 연대에 기초하기보다는 '느슨한 연대'에 기초하며 익명적 타자와의 대화도 가능해진다. 디지털 공동체는 유동적이고 얇은 관계에 의해 유지되는 측면도 있지만, 가족이나 비공식·공식 집단의 성원 간 유대를 더욱 강화시키는 기능을 하기도 한다. 물론 이러한 디지털 공동체의 부정적 측면을 간과할 수는 없다. 대화의 두터움이 사라지고, 잉여 정보가 폭주하며, 편견과 왜곡된 정보가 확산되고, 끼리끼리의 확증 편향성이 강화되는가 하면 심지어 각종 범죄로 이용될 수도 있다. 우리를 '참을 수 없는 존재의 가벼움'으로 몰아넣을 수도 있는 것이다.

그럼에도 불구하고 내가 부족 공동체 혹은 보자기 공동체에 주목하는 이유는 '느슨한 연대'와 참여를 통한 새로운 가치의 추구 가능성을 보기 때문이다. 즉, 이들 공동체에 주목하는 이유 중 하나는 새로운 유형의 상호작용과 정체성을 바탕으로 한 공동체가 새로운 가치를 지향하는 다양하고도 새로운 사회운동의 플랫폼이 될 수 있을 것이라고 기대하기 때문이다. 특히 작은 사회운동, 그러나 점차 커져 나갈 수 있는 운동들, 예컨대 비건 운동[18]이나 청년 기후 운동, 군 인권 운동, 여러 유형의 자원봉사 활동 등의 기점이 될 수 있고, 점차 이들의 연대가 쌓인다면 사회를 움직이는 큰 동력이 될 것이라고 기대하기 때문이다. 나아가 오늘날 전 인류적인 이슈인 인권, 평화, 기후위기 등을 해소하는 데 유연하고도 개방적인 관계를 맺음으로써, 그리고 온라인 등을 통해 장소성의 제약을 벗어남으로써 전 지구적으로 광범위하게 운동의 에너지를 집적할 수도 있기 때문이다.

---

18) 비건운동에 관한 연구로는 김현민·김종우·이상준(2022)을 참고하라.

오늘날 공동체는 어느 하나의 유형으로만 존재하지 않는다. 이동이 빈번한 디지털 사회에서는 앞서 말한 유목민적 유형의 공동체도 등장하고 있지만, 세계의 많은 곳에서는 민족과 국가 같은 거시 공동체의 입김이 강하게 작용하고 있다. '장소성'의 중요성이 사라지고 있지만 그렇다고 '장소'가 사라지는 것은 아니며 국가와 지역의 경계는 여전히 중요하다. 어느 한 공동체가 사라지고 새로운 유형이 그 자리를 대치하고 있다기보다는 복합적이고 다층적인 공동체의 시대가 도래하고 있다고 보는 것이 타당하다.

오늘날 공동체는 성찰적이고 해방적인 개인을 길러내는 과제에 직면해 있다. 아울러 이동의 시대, 디지털 글로벌 사회에서 평행선으로 교차하고, 때로 혼종하는 수많은 다양성과 '이질성'을 어떤 식으로 포용할 것인가 하는 과제를 안고 있다. 유감스럽게도 오늘날 공동체는 우파 세력의 등장과 함께 민족, 국가의 정체성을 준거점으로 강화되는 경향이 있다. 자기와 다른 '이질성', 즉 세계관, 정치 태도, 이념, 종교 등을 달리하는 개인은 포용의 대상이 아니라 배제의 대상이 되고 있다. 난민, 이주민, 소수자, 타 종교인에 대한 관용과 환대를 기대하기 힘들어지고 있다. '이질적인 것'을 과감하게 포용하는 공동체는 과연 불가능할까? 그 이질성 속에는 또한 '인간 너머의 비인간' 존재들, 예컨대 동식물, 강과 숲, 한걸음 더 나아가 로봇, 컴퓨터, 스마트폰 등 다양한 준객체들도 존재한다. 이들을 인간의 공동체 안에 포용할 수 있을까? 이들을 정치체제에 참여시킬 수 있는 새로운 공화국의 공동체가 가능할까?[19] 이 모든 공동체의 가능성은 공감과 상상을 통한 타자성찰과 신뢰와 연대라는 사회적 가치의 확장에 달려 있다.

---

19) 이 같은 새로운 공화국의 탄생 가능성에 대해 언급한 것으로는 김왕배 엮음(2023)을 참고하라.

8장

자기배려와 이타주의

사람이 자기 몸에 대해서는 모두 사랑한다. 모두 사랑하면 모든 부분을 잘 기른다. ―『맹자』[1]

인(仁)은 곧 인(人)이다. ―『맹자』[2]

1. 이기주의와 이타주의 논쟁

1) 이기주의와 이타주의에 대한 질문[3]

이기주의는 자신의 욕망과 이익을 우선하는 태도로서 일반적으로 '나쁨

---

1) 人之於身也 兼所愛. 兼所愛 則兼所養也. ―『맹자』, 「고자장구 상」
2) 仁也者 人也. ―『맹자』, 「진심장구 하」
3) 이 글에서는 이기심, 이기주의를 문맥에 따라 달리 표현할 뿐 동일한 의미로 사용한다. 이타주의, 이타심, 이타성도 마찬가지이다.

혹은 바람직하지 않음'이라는 부정적 가치를 부여하는 경향이 있다. 이기심은 타자에 무관심하거나 자신의 목적을 위해 타자를 수단화하고, 공적인 것과 사회적인 것에 반(反)하는 것으로, 전쟁과 살상, 도둑, 살인 같은 화(禍)와 악의 근원으로 간주되기도 한다. 그러나 정말 이기주의는 나쁜가? 혹은 바람직하지 않은가? 이기주의를 욕망의 본능으로 보고자 했던 사상가들은 본능이란 좋고 나쁨이 없는 자연스러운 것이라고 주장한다. 더 나아가 이기주의를 '어떤 조건'에서는 바람직한 것으로 정당화하려는 사상적 조류가 형성되기도 했다. 예를 들어 자본주의는 시장의 교환 행위를 통해 부를 쌓으려는 개인들의 이기주의 욕망을 도덕적으로 정당화한다. 이기주의적 열정이 도덕적으로 용인되는 것이다(허시만, 1994).[4] 이기주의 옹호론자들은 이기주의를 나쁜 것이나 반사회적으로 보려는 입장을 비판하고 협동과 같은 이타적 행위도 따지고 보면 이기주의 욕망이 발현된 것이라고 주장한다.

 그렇다고 모든 이기주의가 정당한 것은 아니다. 이기주의도 맥락에 따라 그 유형을 분류해볼 필요가 있다. 순전히 자신만의 이익을 위해 행위하는 맹목적 이기주의인 '즉자적 이기주의'가 있는가 하면 어떤 목적을 위해 수단을 합리적으로 판단하거나, 또는 장기적인 관점에서 자신에게 긍정적이고 유리한 결과를 고려하여 당장의 희생을 감수하는(때로 이타적 행위로 나타나는) '합리적 이기주의'가 있다. 또한 타자의 안녕이나 복리를 고려하거나 배려하면서 자신의 이해관계를 조정하는 이기주의, 또는 그 사회의 규범(절차)이나 윤리 안에서 자신의 이해관계를 조정하는 이기적 행위는 자신은 물

---

[4] 잘 알려진 바와 같이 개인의 이기주의적 동기가 교환을 통해 공동선을 이룰 수 있다면 그 이기주의는 정당하다는 애덤 스미스의 생각도 이에 해당할 것이다.

론 타자의 복리나 번영을 증진시킨다는 점에서 '윤리적 이기주의'라 부르기도 한다(최용철, 2008). 윤리적 이기주의를 통해 인간은 상호 협동과 상호부조를 도모할 수도 있다는 것이다. 윤리적 이기주의는 내가 '호혜적 이타주의(reciprocal alturism)'라고 부른 것과 거의 동일하다.

이기주의와 반대되는 이타주의는 '옳고 바람직한 것'인가? 우리는 흔히 이타주의를 옳고 바람직하다고 보지만 이타주의에 대해 곱지 않은 시선이나 심지어 극렬한 비난도 존재한다. 희생과 봉사를 주장하는 이타주의자는 '비현실적이며', '자립적이지도 못하고' '인간의 능력 발달을 저해하고', '자기의 삶을 독립적으로 개척하기는커녕 방해하고 독립심이 강한 사람에게 달라붙은 기생충에 불과하다'고 비아냥거린다(Rand, 1986). 흔히 이기주의자를 자기중심적이고, 냉혹하고 무자비하고, 반사회적이라고 비난하지만 이타주의자에 비해 이기주의자는 오히려 자신의 삶을 배려하고 누군가에게 의존하지 않으며 독립적으로 살아가려 한다는 것이다. 일찍이 서양 사회의 도덕 질서를 날카롭게 비난한 프리드리히 니체는 용서, 헌신, 사랑이니 하는 이타적 행위들이 결국 자기기만을 통해 자신의 처지를 정당화하려는 노예근성이라고 주장하기도 했다.

이타주의와 정직, 공정, 사회윤리의 경계가 분명하지 않다는 비판도 일고 있다. 타인과 사회에 대한 헌신과 봉사를 강조하는 이타주의는 오히려 자신의 이기주의 동기를 은폐하기도 한다. 특히 사회나 국가에 대한 헌신과 봉사, 충성을 강요하는 사회에서 이타주의는 기존 질서와 체제를 정당화하거나 존속시키려는 이데올로기 역할을 하기도 한다. 서구의 경우 기독교적인 이타적 '사랑'이 강조된 이유는 예수의 가르침이기 때문이 아니라 사회 질서를 유지하고 수호하기 위한 중세 지배층의 통치 전략이라는 것이다. 오늘날에도 국가의 안녕과 번영을 위한다는 명분을 내세우며 많은 정치인들이 마치 시민들을 위해 희생하는 것처럼 연출하지만, 실제로는 자신들의 권력 기반을 닦는 행위에 지나지 않는다. 국가에 대한 '보은 이데올로기'를 통해 자신들의 권력 욕망을 은폐하고, 시민들의 자발적 순종을 유도하는 것이다. '너(우리)를 위해 내가 희생한다'는 이타성의 이미지는 지배자의 위선적 미덕일 뿐이라는 것이다. 특정 이데올로기나 종교적 가치, 가부장적 질서가 발달한 집단주의 사회, 개인의 자유와 평등의 가치가 억압된 사회, 개인주의 발달이 지체된 사회, 다양한 의견이 개진되고 소통될 수 없는 폐쇄적 사회에서 이타주의의 슬로건은 지배 집단의 이데올로기로 전락할 가능성이 크다.

이타주의는 기본적으로 자기 이해관계를 부정하는 행위로서 자신의 이해를 타인에게 양보하는 태도이다. 그런데 이타적 행위라고 보기에는 모호한 감정이나 태도도 존재한다. 예를 들어 국가를 사랑하는 '애국심'이 과연 이타적 감정인가? 자녀에 대한 부모의 헌신적 사랑을 이타적이라 볼 수 있는가? 국가의 성공이나 성장을 자랑스러워하고 국가에 충성한다고 해서 그것이 곧 이타주의는 아니다. 나라 사랑에는 자긍심이라는 자기 이해가 개입되어 있기 때문인데, 그러나 국가나 민족 같은 범주를 초월하는 인류애는 이타성에 해당할 수 있다.

다른 사람에게 호의를 베푸는 것은 어떤가? 다른 사람의 복리 증진을 위해 관례화된 행위를 하는 것은 과연 이타적인가? 예를 들어 레스토랑에서 팁을 주는 행위, 전통 사회에서 이루어지는 상호 '선물' 교환, 자연재해와 인위적 재해로 피해를 입은 이들에게 재원을 지출하는 것은 이타적 행위인가? 권위주의 정부의 요구에 의해 강요의 성격을 띤 기업의 재난 성금 기부는 이타적 자선 행위가 아니다. 재난 위로금이나 사회보장을 위한 기초연금 등은 이타적 행위라고 볼 수 없다. 나는 여기에서 그러한 논쟁을 일일이

따질 여유가 없다. 다만 애국심, 정직함, 비공식적인 의무 수행이 자신의 이해관계에 기반하기도 하지만 그것을 초월할 수 있고, 그렇다면 이타적 행위의 맥락성이 중요하다는 것이다.

스미스에 의하면 이타성은 '자비의 미덕'으로서 '정의의 미덕'이라 불리는 공정함과는 차이가 있다(Smith, 2016). 스미스가 보기에 사람들이 공정하게 행동하는 이유는 주로 다른 사람에 대한 감정 때문이 아니라, 어떤 책임감이나 의무감 때문이다. 만약 어떤 사람이 급여 때문이 아니라 필요를 요청하는 사람들을 돕고자 일부러 자신의 직업을 선택했다면, 그 선택은 일정 정도 이타적 행위에서 비롯되었다고 할 수 있다. 그러나 기본적으로 어떤 직무의 윤리나 책임을 수행하는 것이 반드시 이타적인 것은 아니다.

물론 순수하고 진정한 이타주의 행위도 존재한다. 테레사 수녀의 행위가 그렇고, 이른바 의인 또는 열사(烈士)라 불리는 이들의 행위도 그렇다. 민주주의 가치를 위해 희생한 이들, 이웃을 보살피다가 목숨을 잃는 이들, 인권을 외치며 산화(散花)한 이들의 봉사와 헌신, 희생의 행위를 그들 이기주의의 욕망으로 환원할 수 없다. 즉, 자신의 명예로 되받기 위한 것이라든가, 개인이 의도한 목표 달성을 도모하기 위한 행위라는 식으로 설명할 수는 없다. 모든 행위를 이기주의의 발로라고 주장하는 것 역시 환원주의의 오류를 범한다.

2) 이타성에 대한 이기주의적 접근과 '이타주의'적 접근

이타주의 행동에 대한 시각도 다양하다. 자신의 심리적 상태를 만족시키거나 보상을 의도하기 위한 것이라는 이기주의적 접근이 있는가 하면, 의무나 사회적 관습에 의한 것이라는 규범적·문화적 접근도 있다. 리처드 도킨스(R. Dawkins)와 같은 진화 생물학자들은 이타적 행위조차도 자기 생존과 번식을 위한 이기주의적 동기의 발로라고 주장함으로써 소위 '유전 환원론자'로 비판 받았다(도킨스, 2018). 또한 고통 당하는 타자를 보았을 때 마음이 편하지 않거나 기분이 상하기 때문에 타인을 도움으로써 자신의 불편함을 없애려는 것이라는 주장도 있다. 즉, 타자의 고통에 대한 불편함과 혐오감을 이타 행위를 통해서 제거한다는 것이다. 이른바 '혐오적 각성 상태의 감소 모형'(Dovidio, 1984)이다. 또한 남을 돕는 행위가 순수 이타적 관심 때문이 아니라, 타인을 돕지 않으면 사회적 비난이나 죄책감, 수치심 등의 처벌이 따르기 때문에 돕는다는 '처벌 회피 모형' 가설도 제기되고 있다(Archer, 1984).

이와 달리 좀 더 적극성을 띤 이타 행위도 있는데, 이는 '보상 획득 모형'이라 불리는 것으로 남을 돕는 행위를 통해 칭찬이나 명예, 긍지 같은 보상을 기대한다는 것이다.[5] 이기적인 발상의 전형이라고 볼 수 있다. '무엇을 주면 무엇을 받는' 전략, 즉 보상 전략에 의해 남을 돕는 행위가 이루어지기도 하는데(Axelrod, 1984), 이 관점은 사회학자들에 의해 제시된 교환이론적 접근법과 유사하다(Homans, 1961). 서로 돕거나 협력하는 이타적 행위는 실제로 각자 미래에 협력을 보장하기 위해 기대되는 효용을 최대화한 것이고, 그렇기 때문에 협력을 처음부터 '이타주의'라고 부르는 것은 잘못이라는 입장이다. 이 같은 호혜적 등가의 교환 원리를 바탕으로 하는 이타적 행위는 앞서 말한 윤리적 이기주의와도 유사하다. 이러한 설명에 따르면 결국 이타주의적 행위는 자신의 만족이나 기쁨을 누리기 위한 행위라는 점에서 이

---

5) Batson(1987); Smith(2016); Keating and Stotland(1989); 박성희(2017) 등을 참고하라.

기주의적이다.

이기주의의 발로로 이타성을 설명하려는 입장과 반대로 이타주의를 그 자체의 동기로 설명하는 견해들은 이기주의적 동기론을 비판한다. 즉, 회피나 보상, 처벌 반응과 달리 순수한 마음으로 상대방을 돕는다는 것인데 특히 상대에 대한 공감을 바탕으로 한 '도움 동기'에 주목한다. 대개 이타주의는 공감적 정서를 바탕으로 동기화된 행동이다. C. 대니얼 뱃슨(C. Daniel Batson) 같은 학자는 타인에 대한 공감적 감정을 느끼면 이타적 동기가 발생한다는 '공감-이타주의' 가설을 제시하기도 했다(Batson, 1991; 박성희, 2017).

규범적 가치나 윤리를 따라 이타적 행위를 수행한다는 자율적 규범 이론은 칸트주의의 의무론이나 사회화 이론 등으로 설명하기도 한다. 내용상 차이가 있음에도 불구하고, 이들 입장은 모두 규범적인 관점에서 이타적 행동을 바라본다는 특성을 공유한다(Khalil, 2001, 2004). 칸트의 의무론을 따르는 사람들은 타인을 돕는 자선 역시 정언명령과 같기 때문에 의무적으로 수행해야 한다고 주장한다. 반면 사회심리학에서는 이타주의를 문화적 규범에 의한 도덕의 내면화 과정으로 설명한다. 한편 도킨슨의 '이기적 유전자론'에 대항하여, 인간에게는 오랜 진화 과정을 거쳐 타자를 지향하는 도덕적인 이타적 유전자가 내재해 있다는 주장도 제기되고 있다. 진화 생물학에서 주장하는 집단 선택 이론이 대표적이다(Williams, 1966; 리들리, 2001). 요약하건대 인간에게는 타자의 어려운 처지를 공감할 수 있는 능력이 존재하고, 표트르 크로포트킨이 말한 바와 같이, 심지어 동물도 마찬가지로, '만인에게는 협력하는' 내재적 속성이 있고(크로포트킨, 2005), 나아가 협력은 진화를 거듭해왔다는 것이다(액설로드, 2009).[6]

이타주의를 문화적 관습에 기반하여 설명하려는 이른바 문화론적 접근은 특정 문화권에서 관례적으로 이루어지는 이타적 행동에 주목한다. 이 관점에 따르면 이기주의는 시장의 교환 제도에서 발생하지만, 이타주의는 선물과 같은 교환 제도에서 발생한다. 시장 교환의 원리가 교환 당사자 간의 일회적이고 비인격적인 행위로 종료된다면(A↔B), 호혜적 교환은 순환적이고 인격적인, 그리고 일종의 의무가 담긴 교환이다(A → B → C … → A). 경제인류학자들이 세심하게 관찰해왔던 북미 인디언의 '포틀래치(potlatch)'나, 트로브리안드 군도의 부족들이 행하는 '쿨라(Kula)' 교환이 대표적이다.[7] 마르셀 모스는 이러한 교환을 사회보장을 위한 의무적 분배 행위로 확대해보고자 했다(모스, 2002). 선물 경제의 관습은 오늘날 시민사회의 연대나 사회보장, 복지국가 연대의 원리가 되고 있는 것이다. 나는 이를 '호혜적 이타주의'라 부를 것이다. 이미 나는 호혜적 교환을 바탕으로 형성된 대안 경제를 '호혜 경제'라 부른 바 있다(김왕배, 2011; 김왕배·김종우, 2020).

2. 순수 이타주의와 자애심

1) 순수 이타주의

이타성을 협의의 관점에서 엄격하게 해석하고자 하는 학자들은 '순수 이타성' 행위만을 이타성으로 규정하려 한다. 즉, 행위자가 자발성을 가지고,

---

6) 또한 이타주의라 하더라도 필요한 것은 열정이 아니라 냉정함이라는 주장도 제기되고 있다(맥어스킬, 2017).
7) 이에 대해서는 Shalins(1972); 이재혁(1996); Graver(2009) 등을 참고하라. 선물 교환과 주술의 원리를 논의한 김주환(2018)도 흥미롭다.

자신의 효용(물질적인 것과 심리적인 것을 모두 포함)을 희생하면서, 타자의 되갚음(호혜)을 기대하지 않는 일방향적인, 그야말로 순수하게 타자를 돕는 행위가 그것이다. 예컨대 고통에 빠진 사람들을 위해 순수하게 기부하는 익명의 자선가들이나 무상 헌혈자들의 자선(charity) 행위가 바로 이타적이라는 것이다. 이러한 익명적 자선 행위에 국한된 이타성은 또한 공정이나 정직, 직업윤리, 집단 충성으로부터 도출되는 행위나 부모 자식 간의 관계에서 나타나는 무조건적 사랑과도 구별된다.

 에밀 뒤르켐은 자살 연구에서 그가 속한 집단의 사회적 규범에 강하게 접착되어 있는 사람들이 행하는 자살을 이타적 자살이라 명한 바 있고, 이러한 유형의 자살은 순교자나 군인 등에서 주로 나타난다고 보았다. 타자나 집단을 위해 '살신성인'하는 경우라 할 것이다. 그렇다면 자신의 위험을 무릅쓰고 생명을 구하기 위해 불길로 뛰어드는 소방관의 행위는 단순히 직업윤리의 수행을 넘어 이타적 행위라 볼 수 있다. 이타성은 자신을 희생하면서 타인의 복리를 증진시키는 것이기 때문에 '어디까지인가'라는 행위의 적정선과, 그 결과로 빚어지는 도덕적·법적 정당성이 문제가 될 때도 있다. 이타적 행위가 선하거나 옳다는 일반 상식을 벗어났을 때 그때의 이타성은 어리석은 행동으로 비난 받기도 하고 심지어 처벌의 대상이 되기도 한다.

 타자에 대한 헌신 내지 희생이 자신이 처한 상황을 심각하게 훼손했을 경우를 생각해보자. 가난한 사람이 굶주리고 있는 이웃에게 자신의 식량을 건네주고 자신과 가족이 고통 받는다면 그런 행위는 이타적 행위인가, 아니면 어리석은 행위인가? 일반적으로 우리가 겨냥하는 이타성은 상식적이고 상황에 타당해야 한다는 전제가 깔려 있다. 스미스가 말한 대로 제3자로부터의 시인(옳다고 인정됨)이 전제된 행위를 이타성이라 할 수 있을 것이다.

 한편 결과에 대한 법적이고 윤리적인 옳고 그름 역시 이타성의 기준이 될 수 있다. 이타성을 타자의 복리 증진을 위한 행위라고 정의했을 때, 예를 들어 그 타자가 마피아 두목이라면 그를 위한 행위를 이타적이라 볼 수 있는가? 자신이 속한 갱단의 두목이 저지른 죄를 숨기기 위해 끝까지 실토하지 않고 자신을 희생하는 경우(이는 '죄수의 딜레마'와는 또 다른 상황이다), 맹종이나 무조건적인 충성으로 타자나 조직의 안위를 보존하는 데 기여한다면, 그런데 이 타자나 조직이 범죄 집단이거나 테러 집단이라면 이때의 자기 희생은 단연코 이타적이라 볼 수 없다.

2) 종교적 이타성

성경에 등장하는 '사마리안'의 예는 종종 사회복지국가나 선행의 사례로 제시된다. 사마리아인은 당시 유대인에게는 이방인이었지만 가난한 사람들을 온갖 정성을 다해 돕는다(누가복음 10장 33절). 종교적인 무조건적 사랑을 위해 사마리아인을 등장시키기도 하지만, 역설적으로 '이타적 사랑의 한계'에 대해 논쟁할 때도 그 사례를 부각시킨다. 우리는 어디까지 타자를 도와야 하는가? 얼마나 사마리아인처럼 착해야 하는가? 예컨대 사회적 약자와 공존할 수 있는 복지국가를 위해 나는 얼마나 많은 세금을 내야 하고 얼마만큼 기부를 해야 하는가?

모든 종교적 교리는 순수 이타성을 내재하고 있다고 해도 과언이 아니다. "네 원수를 네 몸처럼 사랑하라"(마태복음 5장 44절), "오른뺨을 맞거든 왼뺨을 내밀라"(마태복음 5장 39절)고 하는 성경 구절의 의미가 그렇다. 기독교에서는 가진 자의 베풂을 강조한다. 부자가 천국에 이르는 것은 "낙타가 바늘귀로 들어가는 것만큼이나 어렵다"(마태복음 19장 24절). 물론 이러한 베풂의 대가로 "천국이 너의 것"이 될 것이라는 보상이 존재한다. 어떤 면에서는 지금의 이타적 행위로 향후 천국행을 기대하고 보상 받는다는 점에서 호혜성의 원리가 작동한다고도 볼 수 있지만, 천국 보상은 사후 세계의 것으로 현세에서의 사랑 행위는 무한대의 순수 이타적 행위로 볼 수 있는 것이다.

유교에서는 측은지심의 발로로 이타성을 설명한다. 맹자는 측은지심이 '인(仁)'의 단서가 된다고 주장한다. 물에 빠진 아이를 지체 없이 달려가 구하는 것은 측은지심의 발로인데, 그 행위는 거의 무의식적인 의무에 가깝다. 즉, 명예나 보상을 위해 아이를 구하는 것이 아니라 당위적인 본능으로서, 측은지심이 성선(性善)의 요소로서 마음속에 내재해 있기 때문이다. 연민, 동정과 유사한 측은지심의 행위는 타자를 일방적으로 돕는 순수 이타성의 예이다.

> 지금 어떤 사람이 갑자기 한 아이가 우물에 빠지려는 것을 본다면 누구나 놀라고 측은해 하는 마음을 가질 것이다. [이러한 마음이 생겨나는 것은] 이 아이의 부모와 교분을 맺으려 해서도 아니고, 마을 사람이나 친구들에게 널리 명예를 얻고자 해서도 아니며, 또한 이 어린아이의 울음소리를 싫어해서 그러한 것도 아니다. 측은지심[즉, 측은하게 여기는 마음]이 없으면 사람이 아니다(『맹자』, 「공손추장구 상」)[8].

한편 불교에서의 이타성은 자비와 보시의 개념 속에 잘 나타나 있다. 자비의 자(慈)는 산스크리트어로 'maitri(mitra)'라 하여 벗을 의미하며, 비(悲)

---

[8] 今人乍 見孺子將入於井 皆有怵惕惻隱之心. 非所以內交於孺子之父母也 非所以要譽於鄉黨朋友也 非惡其聲而然也. 由是觀之 無惻隱之心 非人也. —『맹자』, 「공손추장구 상」.

는 'karuna'라 하여 신음을 의미하는데, 사람이나 짐승 등의 슬픔의 표현인 고통의 소리를 듣고 공감하는 것이다. 자비는 타자의 고통을 공감하여 가엾게 여긴다는 뜻을 포함하며 인간 사랑과 자연 사랑을 뜻한다(노상우·박성자, 2005: 193). 자비는 연민, 사랑의 감정으로서 불교에서의 자비는 인간뿐 아니라 미생들에 이르는 유정물(有情物, 생물), 나아가 무정물(無情物, 무생물)이라 불리는 자연, 그리고 현존하는 것과 현존하지 않는 것, 신체적인 것과 영적인 것, 미래에 다가올 생명 모두를 포함한다.9) 자비를 베풀기 위해 인간은 무수한 자기 수련을 쌓고 중생을 교화해야 한다. 이를 위해서는 보살불교의 특징인 '자리이타(自利利他, 위로는 깨달음[覺]을 구하고 아래로는 중생을 교화한다)'를 실천해야 하는데, 그 구체적인 행법이 육바라밀(六波羅密, 여섯 가지의 지혜)이며 그중 하나가 '보시(布施)' 바라밀이다.10) 불교에서 보시는 '타자에게 줌', '타자에게 주어 자신을 비움'을 뜻한다. 이때 줌의 대상은 익명적이다. 즉, 상대를 가리지 말고, 무조건적으로 베풀어야 한다.

세상에 있는 일체 중생(衆生)의 종류, 즉 알에서 태어난 것, 태(胎)에서 태어난 것, 습기(濕氣)에서 태어난 것, 변화로 태어난 것, 형색이 있는 것, 형색이 없는 것, 생각이 있는 것, 생각이 없는 것, 생각이 있는 것도 아니요 생각이 없는 것도 아닌 것들을 내가 다 무여열반(無餘涅槃)에 들게 하여 이들을 제도(濟度)할 것이다. 이와 같이 한량이 없고, 헤아릴 수가 없고, 끝이 없는 중생들을 제도하

---

9) 보살의 가장 어려운 보시는 남을 구하기 위해 목숨을 버리는 일이다(화엄경, 2016: 176).
10) 바라밀은 생사고해(生死苦海)를 건너 열반의 피안에 이르고 또 타인들도 이르게 한다는 뜻으로 보시, 지계(持戒) 인욕(忍辱), 정진(精進), 선정(禪定), 지혜(智慧) 바라밀이 있다(화엄경, 2016: 124). 보시, 지계, 인욕은 중생 구제를 위한 이타행이며, 정진, 선정, 지혜는 자기완성(자기 연수)을 향한 이타행을 말한다(노상우·박성자, 2005: 199).

고도 실제로 제도된 중생은 없다… 다시 말하겠다. … 보살은 법(法)에 집착(執著)하지 말고 보시(布施)해야 한다. 이른바 물질에 집착하는 일이 없이 보시해야 한다. 소리나 냄새나 맛이나 감촉이나 법에 집착하지 말고 보시를 해야 한다. … 보살은 마땅히 이와 같이 보시하여 상(相)에 집착하지 말아야 한다(『금강경』).11)

이타성과 관련하여 불교의 수행이나 불교적 행위를 총괄하는 개념이 '자리이타'이다. 불교의 존재론은 가히 삼라만상이 촘촘하게 관계하고 있는 총체적 관계론이라 할 수 있다. 그리고 현존재(dasein)는 수많은 인연들이 상호 의존하는 과정 속에 존재한다. 이른바 연기설(緣起說)이다. '이것이 있음으로 저것이 있고, 이것이 일어나므로 저것이 일어난다'는 상의상존(相依相存) 상태에 있는 것이다.12) 독립적이고 개별적인 존재는 불가능하다. 스스로 잘되기 위해서는 다른 사람도 잘되어야 하고, 그러기 위해 자기와 함께 타자를 배려하고 보살펴야 한다. 그런데 자리이타는 ① 자신을 이롭게 하는 것이 타자를 이롭게 하는 것, ② 자신과 타자를 함께 이롭게 하는 것, ③ 타자를 이롭게 하기 위해 자신을 이롭게 하라는 것, ④ 타자를 이롭게 하면 자신도 이롭다는 다양한 의미로 해석된다. 또한 '리(利)'를 어떻게 해석할

---

11) 이와 유사한 화엄경의 구절이다. "내가 식사를 하는 것은 내 몸속의 약 8만 마리 작은 벌레를 위해서이다. 나의 몸이 안락하면 그들도 또한 안락하고, 나의 몸이 굶주림에 고통 받으면 그들도 또한 굶주림에 고통스러울 것이다"(화엄경, 2016: 175).
12) 모든 개별자들의 형체는 곧 공(空)이고, 상즉상입(相卽相入)한다는 불교의 연기론을 상기해보라. 불교의 인과율은 상호 연기적이다. 잡아함경에서는 "이것이 있기 때문에 저것이 있고, 이것이 일어나기 때문에 저것이 일어난다"고 한다(잡아함경 3, 2019: 66). 쌍윳따니까야 2(2018)를 참고하라. 그리고 현대 시스템 이론과 불교의 인과론을 살핀 책으로 메이시(2004)를 참고하라.

것인가도 관건인데, 화합, 조화, '예리하게 하다', '통하게 하다'는 뜻도 있다. 일반적으로 이기, 이득, 이권 등과 같이 자신의 이기적 욕망을 강조하기 위해 동원하는 말이지만 지혜나 도를 깨닫는다는 의미이기도 한다.

자리이타의 행위자들이 누구인가에 따라 의미 해석이 달라질 수도 있다. 그 행위자들은 대략 두 차원으로 나뉜다. 하나는 중생, 즉 일반인들이 행하는 '자리이타'이며, 다른 하나는 보살(菩薩, 부처의 다음가는 성인)들의 '자리이타'이다. 전자의 경우는 자신의 세속적 이익을 추구하되, 타인에게 도움이 되도록 하라 혹은 자신의 이익 추구를 타인의 이익과 조화롭게 하라(공존, 상생 등)는 의미로 쓰일 수 있다. 후자, 즉 보살 행위자의 '리'는 깨달음, 자기 수양 등을 의미하고, 보살은 중생을 교화하여 그들과 함께 해탈의 경지에 가는 역할을 해야 하기 때문에 결국 보살의 자리이타는 타인을 위해 자기 각성을 수행하라는 의미로 해석할 수 있다. 아니면 스스로 깨달음의 경지에 오른 후 타인(중생)을 깨우쳐 함께 해탈의 세계로 간다는 뜻이다. 따라서 자리(自利)를 세속적 행위자의 의미로 쓴다면 윤리적 이기주의에 해당하고, 이는 개인과 타자의 적정한 이해관계의 증진, 혹은 호혜적 이타주의에 해당할 수도 있을 것이다. 그러나 자리를 보살의 행위 개념으로 쓴다면 자리이타는 순수한 이타적 행위를 말한다.

3) '동정'과 연민에 대하여

남의 불쌍한 처지를 보고 느낄 수밖에 없는, 그래서 그를 돕는 행위를 유발시키는 감정이 동정이다.[13] 동정은 남의 고통을 공감하고 그를 도우려는 감정으로서 종교적 사랑, 자비 등도 이에 포함된다고 볼 수 있다. 물론 모든 이타적 행위가 동정에서 우러나오지는 않지만, 동정은 이타적 행위와 밀접한 연관을 맺는다. 우리는 실의에 빠져 고뇌하는 사람들, 특히 일상의 고통을 안고 사는 사회적 약자에게 '자비를 베풀라(Mercy)'고 호소하고, 동정의 호소가 기부나 기여, 자원봉사 등 순수한 이타주의를 끌어내기도 한다. 동정에 대한 갈구는 대체로 재분배 체제나 사회적 약자에 대한 배려나 보호, 안전망 등이 미흡한 사회, 혹은 정치적 억압과 배제의 트라우마가 배어 있는 사회에서 많이 나타난다. 유교 문화권에서 동정심은 앞서 말한 측은지심과도 유사하다. 유독 정(情)의 감정이 발달했다는 한국에서 수많은 정 가운데 동정은 노래 가사의 내용이 될 정도로 생활 속에 배어 있다(정운현, 2013). 그런데 순수하게 나를 비우고 타자에게 헌신하는 동정이 있을 수 있을까?

에마뉘엘 레비나스(E. Levinas)는 '나'는 타자의 부름에 절대적으로 순응해야 하는 존재라고 말한다. 그 타자는 막연하게 나타나는 것이 아니라 구체적인 얼굴로 내 앞에 등장한다. '나'는 숙명적으로 현현하는 타자의 얼굴(그들은 주로 과부, 어린아이, 가난한 자, 억압 받는 자이다)을 보고 그 타자 앞에 죄스러워하며, 타자의 소리를 명령으로 받아들여야 하는, 그래서 '입에 씹던 빵까지 꺼내 타자에게 건네야 하는, 타자의 볼모인 주체'이다. 이때 타자는 공감의 대상도, 상호작용의 대상도 아니다. 타자는 자신에게 환원될 수 없는 절대적인 존재이기 때문이다(레비나스, 1996, 2003; 강영안, 2005).[14] 타자에 대한 숙명적이고 절대적인 헌신, 이것은 자발성과 의무성을 초월하는

---

13) 영어로는 'sympathy'이다. 'sym'은 '함께'라는 뜻이고, 'pathy'는 '슬픔', '고통'의 의미를 안고 있으며 'pathos'의 어원이다.
14) 레비나스의 논의에 대해서는 강영안(2005); 방연상(2013) 등을 참고하라. 레비나스와 정치적인 것에 대해서는 김도형(2018)을 참고하라.

것으로 순수한 초월적 이타주의의 전형이라고 말할 수 있을 것이다. 레비나스는 주체들 간의 어떠한 상호작용도 전제하지 않았다. 그는 자신을 모두 타자에게 헌신하지 않는 한 동정은 타자의 윤리학이 될 수 없다고 외칠지도 모른다. 다만 순수 이타적 행위로서의 동정은 그의 '극한적 타자 윤리학'을 현실 세계에서 어느 정도만이라도 구현하는 방도가 아닐까 싶다.

최근 개인화의 속도가 빨라지고, 인간 간의 정의(情誼)적 관계가 계약적 관계로 변해가면서 이해와 포용, 관용적 태도가 점차 희박해지고 있다. 혹자는 개인들 간의 정적인 관계는 공사(公私)의 맺고 끊음을 어렵게 하고, 온정주의적 태도는 개인들의 관계를 초월한 법적 정의를 어기는 경향이 있다고 비판하기도 한다. 또한 유교, 도교, 불교의 문화권에서는 바로 이와 같은 인격적 관계로 인해 서구에서와 같은 합리성이 발달하기 어렵다고 지적하기도 한다. 합리성이란 과정을 거쳐 목표를 달성하기 위해 효율적이고 예측적인 수단을 적용하는 태도를 말한다. 막스 베버는 서구 합리성은 기독교라는 종교가 걸어온 '탈주술화'의 산물이라고도 말한다. 심지어 그는 도교를 '마술의 정원'으로까지 묘사했다(Weber, 1951). 하지만 그가 합리성을 옹호한 것은 아니다. 그는 합리성을 가장 극대화하기 위해 만든 제도가 몰(沒)인격성이라는 특징을 갖는 관료제인데, 오늘날 인간이 바로 이런 관료제의 덫인 '쇠 울타리'에 갇혀 있다는 다소 우울한 전망을 내놓았다.

오늘날 현대사회에는 개인들 사이에 발달한 정감적인 '사람주의'를 냉정하고 계산적인 계약적 정의관이 대체하고 있다. 물론 계약적 관계는 오늘날의 복잡한 사회에서 필요 불가분하다. 내가 무시 당하거나 타자를 무시하지 않기 위하여, 내가 손해 보거나 타자에게 손해를 끼치지 않기 위한 방어책으로 '계약'이 필요하고, 따라서 자신의 정당한 권리 수호를 위한 계약은 자신만의 이익을 추구하는 이기주의와는 다르다. 그러나 그 계약을 넘어서 내가 주목하는 것은 도덕감정과 같은 감정의 작동이다. 더구나 그 계약이 불평등한 비대칭적 권력에 의한 것이라면, 오히려 그것은 계약을 위장한 억압에 불과하다. 마치 뒤르켐이 간파했던 것처럼 사회연대를 구축할 수 있는 것은 계약이 아니라 계약을 넘어 작동하는 도덕이다.

동정과 유사한 듯하면서도 차이가 있는, 이 책에서 도덕감정과 관련하여 내가 주목하는 감정은 '공감'이었다(이 책의 2장 참고). 공감은 타자 해석을 통해 타자의 상황과 심리를 이해하는 것으로 감정의 인지적 측면과 판단적 측면을 포함한다는 점에서 흔히 '성찰적이며, 합리적인' 요소를 포함한다. 그런데 동정은 타자 이해의 과정을 생략하고 직관적으로 작용하는 경향이 있어, 이타적 행위를 유발하지만 공감처럼 상황을 종합적으로 판단하지는 않는다. 더구나 동정은 자신의 주체성을 타자에게 그대로 내맡기게 하기도 한다.

공감은 타자에 대한 앎의 과정으로서, 사회 구성원 간의 소통과 관계를 지탱하는 '사회성(sociality)'을 배태한 감정이다. 사회는 수많은 이해관계를 가진 개인, 집단, 조직들이 경합을 벌이는 장이다. 경쟁의 장에서 상호 소통과 잠정적 합의를 통해 타자와의 공존을 모색하는 태도가 '공감의 사회성'이다. '사회적인 것'을 구축하기 위해서는 구성원들의 동정보다는 공감의 과정이 필요하다. 규칙이나 도덕, 법, 공생, 공존 등을 위해 요청되는 것은 동정보다는 공감이다. 그렇다고 해서 동정이 결코 반(反)사회적이라거나 불합리하다는 의미는 아니다. 오히려 순수한 이타주의를 불러일으키는 동정은 많을수록 좋다. 불우한 이웃을 돕는 데는 합리적 판단과 성찰이 요구되지 않는다. 또한 동정을 요구하는 목소리가 높다면 이 사회의 안전망 어딘가에 균열 증상이 있음을 경고하는 것이며, 이 증상에 응답하지 않을 때 전체 사회의 균열이 생길 수도 있다. 다만 내가 말하고 싶은 것은 일방적으로 동정에 빠지면 자칫 주체들 간의 거리 두기와 단독성이 사라질 수도 있기 때문에, 애매한 표현이기는 하지만, 공감의 끈을 잡고 동정을 수행하는 편이 바람직하리라는 것이다. '단독자'의 감정과 욕망도 중요한 실존의 바탕이 되고, 도덕감정은 동정의 적정함을 판단하기 때문이다.

마사 너스바움(M. Nussbaum)은 동정을 넘어 연민(compassion)의 감정에 더욱 주목한다. 동정이 타자의 고통을 보고 느끼는 일면적 감정이라면, 연민은 타자의 고통을 나의 고통으로 감지하는 것이다(너스바움, 2015). 너스바움이 말하는 연민에도 공감과 상상력이 모두 포함된다. 또한 불의로 인해 상처 받는 자의 시름을 어떻게 달래고, 사회는 이들을 어떻게 보듬을 것인가 하는 문제와도 연관이 있다. 동정과 연민, 그리고 공감의 문제에 대한 논의는 다른 지면을 통해 논의해보기로 할 것이다.

3. 자기배려: 또 하나의 이타주의

1) 건강과 자산, 신중함의 덕목

배려(配慮, sorge)란 글자 그대로 누군가를 도와주거나 보살피려는 '마음씀'이고 '돌봄'이다. 인간은 사유하는 존재이며 제작하는 존재이다. 특정한 시공간 속에 현존하는 인간은 자신을 둘러싼 주변 환경과 삶의 조건들을 해석하고, 노동의 두 요소인 '구상(concept)'과 '실행(execution)'을 통해 자신의 삶에 필요한 것들을 만들어내며, 미래의 삶을 기획한다. 나의 현존재는 타자에 대한 지향 이전에 자신에 대한 여러 보살핌을 수행하는 것이다. 마르틴 하이데거에 의하면 '세계-내-존재'로서의 현존재는 '존재'와 관계함으로써 실존한다. 그런데 현존재의 실존 방식에서 핵심을 이루는 것 중 하나가 '배려'이다(하이데거, 1998).

존재는 현존재를 통해 드러나지만 '지금/여기의 실체적 존재'를 넘어 은폐되어 존재한다. '거기'로 지향하는 초월적 존재에 대한 관심 혹은 염려가 배려이다. 한마디로 배려는 현존재가 실존하는 방식인 것이다. 그런데 이 현존재의 있음은 미래에 열려 있음이고 그것은 향후 실현될 가능성을 의미한다. 현존재가 미래로 나간다는 것은 무엇인가가 현재 결여되어 있기 때문에 채워지기를 원한다는 것이고, 따라서 결핍은 배려의 계기가 된다. 이런 구조에서 현존재는 자신과 타자의 관계를 형성할 수 있고, 이기주의와 이타성의 문제를 고려할 수 있다. 존재에의 배려가 윤리적인 삶으로서 자기 자신에 대한 고민과 문제의 고리가 되는 것이다. 즉, 자기배려는 타자배려 이전에 혹은 함께 존재한다(이동수, 2006). 한편 하이데거는 인간이 '존재의 목동'이라 말했다. 자신의 존재를 미래에 기획 투사하면서 돌보는 것이다. 여기에는 나와 함께 존재하는 타자의 존재, 환경이라는 '시방세계'가 존재하고 나는 이들 속에서, 이들과 함께 존재한다(강학순, 2002).[15]

함께 존재하지만 무한하게 긴 우주의 역사 속에서 특정한 시공간에 운명적으로 태어난 '나'는 우주에 '유아독존'하는 단독자이다. 삶과 죽음은 나의 운명이고 과제로서 그 누구도 대리할 수 없다. 궁극적으로 나를 살피는 것은 나이다. 그렇다면 나는 나에게 무엇을 배려하는 것일까? 맹자의 말이다.

---

15) 그러나 그들과의 유혹, 요설, 일상생활의 평균화로 존재를 잃어버린다. 과학기술을 통해 환경을 닦달하고, 드디어 권태, 섬뜩함, 불안이 찾아온다. 현존재는 결단을 통해 가장 고유한 존재 가능을 돌려받는다. 바로 죽음을 향한 존재일 때, 죽음 앞에서 할 수 있음이다. 결단은 결코 선택이 아니다(서동욱, 2022).

"사람이 자기 몸에 대해서는 모두 사랑한다. 모두 사랑하면 모든 부분을 잘 기른다. 한 자 한 치의 피부를 잘 기르지 않음이 없을 것이다"(『맹자』,「고자 상구 상」). 인간은 자기 자신에 대한 관심과 보존, 그리고 행복 및 쾌락을 추구하고 고통을 줄이려는 본성을 가지고 있다. 스미스는 자기 자신을 돌보는 덕목은 자신의 건강, 재산, 지위, 평판을 유지하려는 신중함(prudence)이라고 말한다. 자산, 건강, 지위와 명성, 안락과 행복을 고려하는 신중함은 근면, 검소와 같은 자기통제적 생활 태도를 통해 장래의 더 큰 안락함과 즐거움을 기대한다.

> 자산은 왜 중요한가? 바로 신체적 안녕, 신체적으로 요구되는 필수품이나 편의를 제공하기 때문이다. 그러나 동료들의 존경, 우애, 신용과 지위 역시 대단히 중요하다. 존경의 대상이 되고자 하는 욕구, 동료들로부터 신용과 존경을 받고 싶은 욕망, 이를 획득하고자 하는 욕구가 가장 강력할 것이다. 덕망을 가진 사람이라면 이웃들이 자기에게 보낼 신뢰, 존경, 호의에 전적으로 의존하려고 할 것이다. 건강, 재산, 개인의 지위와 명성, 현세에서 개인의 안락과 행복이 주로 의존하게 되는 대상들에 대한 고려는 흔히 신중함이라 불리는 덕목의 적절한 관심사로 간주한다(스미스, 2016: 476).

신중함이란 자기통제와도 연결되는 덕목이다. 미래를 위해 현재의 욕망을 적절하게 절제하고, 성취의 행복을 위해 어떤 일에 전념할 수도 있다. 스미스는 "나의 행복을 위해서는 신중의 덕목이, 타자의 행복을 위해서는 정의와 자비의 덕목이 필요하다"고 보았다. 그리고 이러한 덕목들은 자기통제, 즉 적정선에 입각해야 하고, 이 적정선은 공정한 제3의 관찰자의 공감으로부터 비롯된다.

하이데거가 자기배려를 존재론적 입장에서 논의했다면 미셸 푸코는 서구 사회에서 자기배려의 계보를 추적했다. 푸코는 자기배려의 영역을 세 가지, 즉 자신의 몸을 평안하고 건강하게 돌보는 양생(養生), 자산 관리, 그리고 절제된 욕망과 행복 추구의 차원에서 논의한 바 있다. 인간은 생명의 가치를 통해 생명을 보존하고 생명에 의해 살아가는 존재이다. 생명을 담고 있는 그릇이 몸이라면 그 몸을 잘 간수하고 건강하게 해야 한다. 섭생(攝生)을 하고, 운동을 통해 신체를 단련하며 몸을 함부로 다루지 않는다.16) 몸은 의식의 집이고 잠시 집을 떠난 의식은 다시 몸으로 돌아와 휴식을 취한다. 멀리 나갔다 돌아오는 의식을 배려하고 의식의 집인 육체를 관리하는 일이 필요하다. 신체의 물질성을 살피는 관심은 의식의 고양만큼이나 중요하다. 의식의 열정과 신체의 한계를 적절하게 조정하고 조율하는 작업도 필요하다. 의료적 혜택을 받고 건강한 식품과 영양분을 섭취하는 일은 자기배려의 과정에서 매우 중요하다. 몸을 아름답게 치장하는 일도 넓은 의미의 자기배려일 수 있다. 하지만 의료 지식과 기술의 발달로 인해 몸의 외양을 상품화하고 자본화하려는 시도, 즉 몸을 '육체 자본'으로 생산하려는 시장 행위(성형, 다이어트, 광고 등), 육체만의 미(美)를 추구하는 것은 양생과 거리가 멀다.

자신의 살림살이 형편을 살피는 일 역시 자기배려의 중요한 대상이다. 다석 유영모는 '살림살이'가 '삶을 살게 하는 일'이라 풀어 말했는데, 살림살이를 위해서는 '경제적 행위'가 핵심이다. 경제적 행위의 기본은 노동이며,

---

16) 『동의보감(東醫寶鑑)』 전체를 관통하는 메시지는 양생이다. 양생은 한마디로 심신수양을 말한다. 아침 기상과 함께 하루도 마음을 뺏기지 않도록 하며, 얼굴과 오관의 마사지 등을 통해 피돌이를 유순하게 한다.

노동은 두뇌와 근육을 이용하여 자연과의 신진대사를 통해 삶을 유지하는 행위이다. 채렵 시대로부터 후기 자본주의에 이르기까지 노동의 양적·질적 성격, 그리고 신진대사의 유형은 다양하게 변화되어왔다. 자본과 임노동의 생산관계가 지배적인 자본주의 사회에서 노동자들은 자신들의 노동력을 판매하는 대가로 임금에 의존하여 살아가게 되고(자영업자들은 스스로 행하는 노동의 대가로 수입을 얻는다), 노동시장에서의 위치에 따라 다양한 작업환경과 소득의 '차등화'를 경험한다. 노동시장으로의 진입에 실패한 실업자나 불완전 고용 노동자, 평균적 생활 비용을 충당하지 못하는 저임금 노동자의 삶은 고되다. 자기배려의 궁극적 목표가 삶의 충만과 행복에 있다면 오늘날 이 같은 고용 불안과 저임금은 자기배려를 가로막는 가장 큰 장애 요인이다. 실업은 '구부러진 어깨로 넓은 길도 좁게 걸어가야 하는' 신체의 왜소함마저 가져다준다. 아래 항에서도 잠깐 논의하겠지만 사회로부터 인정을 받는 '품격노동'은 자기배려를 위한 최소한의 사회적 조건이다.

그런데 하나 짚고 넘어가자. 자기배려가 지향하는 지점은 자신이다. 자기배려는 타자를 우회하지 않고도 자기 자신으로 직진하는 의식이고 행위이다. 자기배려의 축을 좀 더 과감하게 몰아간다면 사회적 조건이 주어지지 않을 때조차, 자신은 스스로를 돌보아야 한다. 자기의 무능력을 자책하거나, 자신의 탄생과 삶의 양태를 책망하면서 스스로를 비하하는 '무시'의 형태는 자기 자신을 파괴하는 행위에 지나지 않는다.

소유에 대한 다양한 비판적 논의에도 불구하고, 일정 정도의 소득을 벌어들이는 것, 자산을 관리하는 것, 자신과 가족을 돌보는 것은 자신의 삶을 유지하기 위해서라도 매우 현실적인 자기배려의 대상이 되지 않을 수 없다. 몸의 양생이나 자산 관리를 통해 자기배려를 하는 것 외에도 정신적 활동을 통해 삶의 충만함과 행복을 도모할 수 있다. 물론 행복의 정의와 기준은 매우 다양하고 상대적이다. 유교에서는 가난 속에서도 행복을 누린다는 안빈낙도(安貧樂道)의 삶, 불교에서는 무아의 경지에 도달하는 것이 행복한 삶의 기준이 될 수도 있을 것이다. 아리스토텔레스가 말한 대로 행복이란 어떤 능력이나 자질이 최대한 잘 발휘될 수 있는 상태로서 인간이 추구하는 가장 상위의 덕목이기도 하다. 감각의 충족이나 다수의 효용 만족을 추구하는 공리주의적 행복관도 존재한다. 많은 철학자들이 공리주의를 비아냥거리지만 우리는 실제로 삶의 많은 부분에서 공리주의 원칙을 추구하며 살아간다. '만족한 돼지보다 불만족스러운 인간'을 선택할 수도 있고, 욕망에 찌든 인간보다 욕망을 절제하고 마음을 비움으로써 만족하는 인간이 되고자 할 수도 있다(옹프레, 2011). 다만 행복을 위한 자기배려는 무한하고 영원한 결핍의 욕망을 채우기보다는 형편을 가늠하는 것으로, 그리고 자기 절제와 자기 수양을 통해 실현될 수 있다는 점을 지적해두기로 하자(이 모두가 도덕감정을 관통하는 '적정선'의 문제와도 연결되어 있다).

2) 자기 전념과 회귀

자기배려란 자신에게 전념하는 것이며 자기에 대한 전향이다. 그리고 자기배려는 구체적인 삶의 기술을 통해 실현된다. 푸코에 의하면 자기 지향이란 "외부를 우회하여 자기 내부로 사유를 검토하고 반성하는 작업"이다. 즉, 자신에게 몰두하는 것인데, "관심, 열의, 열정을 촉발시킬 수 있는 모든 것과 자신이 아닌 것으로부터 우회할 필요가 있으며, 자신으로 돌아가기 위해 이 모든 것을 벗어날 필요가 있다"고 주장한다. 자신에게 돌아가기 위해 자신으로부터 벗어나는 모든 것, 즉 외부로부터 벗어나야 한다는 말인데,[17] "시선과 정신, 존재 전반을 자신에게 향하게 할 필요가 있고", 이는

"자기 자신을 급선회하는 방식"으로 이루어져야 한다(푸코, 2007: 238). 혁명적 이미지를 갖는 이 급진적 방식이 바로 '전향'이다(푸코, 2007: 240). 자기연마를 위한 실천은 개종의 형태가 아니라 전향이라는 것이다. 즉, 자신과의 단절과 자기 자신의 포기를 통해 이루어지는 자기 변신적인 개종과 달리, 전향은 '존재를 향한 자기 회귀'이다. 개종은 자기 내부의 단절을 의미하지만, 전향은 자기 자신과의 단절이 아니라 여타의 것들과 단절함으로써 자기 내부로 향하는 것, 자기 자신으로 돌아가기, 자기 자신으로의 선회를 말한다. 그러기 위해서는 쓸데없는 것에 호기심을 보이거나 시선을 분산시키며 에너지를 소비하지 말아야 한다.

푸코에 의하면 글쓰기와 독서는 매우 중요한 자기배려의 실천이다. 이러한 자기배려를 향한 실천 방식을 '파르헤지아(parrhésia)'라고 부르는데, 어원은 솔직함, 마음 열기, 언어 개방, 말의 자유, 번역 등이다. 파르헤지아는 "말해야 할 바를 말하게 하고, 말하고 싶은 바를 말하게 하며, 말해야 한다고 생각하는 바를 말하게 하는 자유로움을 의미한다"(푸코, 2007: 394). 한마디로 하면 진실 말하기로서, 자기 자신의 이름으로 현재의 상황에 대해 대중의 광장에서 극단의 긴장을 감내하며 말하는 것이다. 즉, 진실과 용기를 가진 행위이다. 이는 앞 장에서 논의했던 양심과 책임으로부터 나오는 단호함이기도 하다. 파르헤지아는 기술(예술, l'art), 윤리적인 도덕적 성격, 그

---

17) 그는 이를 팽이의 예로 설명한다. 팽이는 외부의 힘에 추동되지만 자기 자신을 축으로 돌며 자기 자신을 결코 방치하지 않는다. [그러나 팽이가] 외부의 힘으로 움직인다는 점에서 우리의 지혜는 이와 달라야 한다. 지혜는 외부 운동의 자극에 의한 무의지적 행동과 다르다. 그리고 여기에 자기 자신을 결코 방치하지 않는 데 있다. 자기의 중심을 향해서 자기의 중심 내에서 자기의 목표를 고정시켜야 한다. 우리가 해야 하는 운동은 격정적으로 부동(不動)하기 위해 이 중심으로 회귀하는 운동이다(푸코, 2007: 239).

리고 실천성을 지닌다. 이러한 파르헤지아는 아첨의 수사학과는 전혀 다른 것이다(안현수, 2009). 이는 진실성의 철학으로서 '말 잘하기'와도 다르다.

아첨꾼과 요설가들이 판치는 이 시대에 용감하게 진실을 말하려는 태도는 정치적인 권력의 문제와 긴밀하게 연결되어 있고, 이는 민주주의와 직결된다. 우리는 오늘날 말 잘하기, 말하기로 변질된 파르헤지아의 위기를 보고 있다. 파르헤지아는 '나' 주체와 '타자' 주체, 즉 말하는 자와 듣는 자를 배려하는 실천적 행위이기도 하다. 타자에게 의문을 제기하고 진실을 말하려는 자, 자기를 반성하고 실천하는 자, 자신의 삶을 아름다운 작품처럼 다루는 자의 자기배려인 것이다. 이는 결국 주체의 윤리성을 높이는 것으로서 도덕감정의 피날레라고 볼 수 있지 않을까? 푸코에 따르면 고대인들은 '나는 누구인가'를 질문한 것이 아니라 '나를 무엇으로 만들어야 하는가'라는 질문을 던졌다. 존재에 대해 인식하려 한 것이 아니라 현재의 자기 생에 관심을 기울였고, 그 생을 하나의 작품으로 보려 했다는 것이다. 이는 나를 연구하기 위해 나를 객체화하는 정신분석이나 심리학 등에서 제기하는 나는 누구인가 식의 인식 기술에 의존하는 것이 아니다. 또한 외부와의 교감을 통한 치유, 예컨대 오늘날 미디어에서 넘쳐나는 '힐링'의 담론과 기술도 아니다. 자기배려란 스스로 자신을 만들어내는 주체의 해석학이고 실존의 미학인 것이다.[18]

---

18) 푸코(2007)를 번역한 심세광의 역자 서문을 참고하라.

3) 자기존중

> 사랑하기만 하고 공경하지 않으면 개와 말을 기르는 것과 같다(愛而不敬 獸畜之也)
> ―『맹자』, 「진심장구 상」

자기배려를 위한 삶의 여정은 자기존중이다. 자기 자신이 우주의 단독자이며 가장 존엄한 존재임을 승인하는 것이다. 인간은 '도덕성'을 가진 인격적 존재이기 때문만이 아니라 '무한소수점 확률'로 태어났다는 사실 그 자체만으로도 존엄하며, 100억 년을 지나 지구상에 등장한 생명 존재라는 점에서 당연히 존중 받아야 한다. 불교에서 말하는 것처럼 인간은 욕망과 번뇌에 가득한 속세의 중생임에도 불구하고, 해탈의 잠재태인 '불성'을 가진 존재이다. 굳이 말한다면 세속적 가치로 함부로 재단하거나 다룰 수 없는 '신성성'의 소유자인 것이다. 많은 동서양의 생명철학자들이 주시한 것처럼 '~을 하려 하고, ~을 할 수 있다'는 코나투스(conatus)적 자유 의지와 생명 의지를 지닌 존재이다.

존중(respect)은 나의 존재적 가치를 인정 받는 것이며, 자기존중은 내가 나를 지향함으로써 실현된다. 존중과 반대되는 행위가 바로 무시와 모욕이다(김찬호, 2014). 무시는 나의 신체와 의식을 감금하는 폭력적 행위로부터 사상이나 신념, 가치를 인정하지 않는 억압, 차별 등을 포함한다(호네트, 2011). 억압과 차별이 만성적으로 구조화된 사회에서는 내가 나를 인정하지 않는, 내가 나를 무시하면서 나 스스로를 혐오하는 지경에 이르기도 한다.[19] 존재의 무게를 부정하는 무시에 대해 저항하는 최후의 보루가 자기존중이다.

우리 모두는 행복하고 의미 있고 가치 있는 삶을 원한다. 그 기준은 다양할 수 있지만, 자기 확신, 자기애, 명예감, 긍지 그리고 무엇보다도 자기존중이야말로 개인 누구나 추구하는 것들이다. 이와 반대되는 것들은 타자의존적 삶, 자기 비하와 억압감, 모욕, 자만과 독단이다. 자기존중이란 자신을 도덕적으로 의미 있게 배려하고 자신의 인격적 존엄성을 인정하는 것이다. 자기존중은 나의 정체성, 세계관, 자아, 생각, 욕망, 가치, 감정을 조절하면서(자기가 처해 있는 상황, 환경, 타자와의 관계를 숙고한다는 의미이기도 하다) 자신을 존엄한 존재로 오롯하게 보존하려는 태도이다.[20]

자기존중의 감각이 높은 사회가 곧 '품위사회'이다. 품위사회란 나를 둘러싼 주변 환경이나 사회적 제도가 나를 모욕하지 않는 사회이고, '인정'을 주고받는 사회이며, 지배적인 가치나 규범이 소수자들을 이방인으로 소외시키거나 주변화하지 않는 사회이다(이 책의 9장 3절 참고). 난민이나 이민자, 성소수자 등을 배제하지 않는 사회, 그리고 그들 역시 도덕적 존엄을 가진 인격적 주체임을 인정하는 사회이다. 사회가 비민주주의적이고 폭군의 시대가 될 때, 쉽게 외부로부터 통제와 훈육 그리고 무시와 멸시의 대상이 될 때 개인들은 스스로를 탈가치화하는 경향이 있다. 자기 자신을 존중하지 못하는 인격이 타자를 존중한다는 것은 어불성설이다. 유아 청소년기의 교육목표는 자아 존중의 육성에 있다고 해도 과언이 아니다.[21]

---

19) 존중의 대상은 매우 다양하다. 어떤 특정한 재능이나 업적을 이룬 사람, 법이나 권리, 규칙, 제도나 지위, 나아가 자연에 대한 존중에 이르기까지 존중의 대상에 따라 의례나 태도 방식도 달라진다. 이에 대한 논의로 Dillon(1992); Hudson(1980); Darwall(1977).
20) 자기존중 역시 인지적 자기존중(recognition self-respect, 인간으로서 근본적이고 자연적 속성 혹은 어떤 계급이나 사회적 역할에서 도출되는 가치)과 평가적 자기존중(성취나 자신의 업적에 따라 존중함)으로 나뉜다. 자기존중은 자긍심이나 자존감과 다른 개념이다. 이에 대해서는 Dillon(1997)을 참고하라.
21) 그러나 나의 자의식과 나의 배려는 곧 타자의 배려를 의미한다. 나를 성찰하는 과정에는

도덕 형이상학에서 칸트가 강조하는 덕은 겸손과 자기존중이다. 우리는 스스로 법(옳은 이념 혹은 도덕)을 제정할 수 있다는 확신과 함께 자기의 내적 가치에 대한 느낌을 고양하는 자기존중감을 가지고 있다. 자신의 내적 가치에 의해 인간은 어떤 가격에도 판매될 수 없으며, 잃어버릴 수 없는 존엄성을 보유한다. 이 존엄성이 자기 자신을 향하도록 하는 것이 자기존중이다(칸트, 2018). 칸트는 인간이 자기 자신의 인격을 존중하지 않는다면 무엇을 기대할 수 있겠냐고 반문하고, 자기 자신에 대한 의무의 원칙은 스스로의 취향에 있는 것이 아니라 자기존중에 있으며 우리 자신에 대한 모든 의무의 바탕은 '존중에 대한 사랑'이라고 말한다. 스스로 보기에 나는 '인격의 소유자'로서 내적으로 존중 받을 만하고, 이를 수행하는 것이 자기 자신에 대한 의무의 본질이다(로젠, 2016).

∞

그러나 이 모든 자기를 지향한 의식이나 감정이 필연적으로 타자와의 관계성에서 비롯된다는 것도 어쩔 수 없는 현실이다. 나만이 소유하고 있는 단독성이란 이미 타자와의 관계 속에서 '차이'를 통해 성립하기 때문이다. 어떤 특정한 사물에 대한 의식의 지향성은 비록 그 사물에 집중하지만, 동시에 사물이 속해 있는 전체의 장을 포착하고 그 전체의 장으로부터 개별적인 사물의 의미를 파악하는 것과도 같다. 현상학에서 말하는 장(場)의 이론이다. 앞서 말한 공감도 타자에 대한 총체적인 지향적 감정이다. 자신을 바라본다는 것은 이미 자신을 타자와의 관계성 속에서 바라본다는 것이고,

---

이미 타자가 놓여 있기 때문이다.

자기배려 역시 타자와의 전체적인 관계의 장에서 자신에게 초점을 두는 것이다.

자기배려의 공감 속에는 직관이든 합리적 이해과정이든, 자신과 타자라는 이중성이 '모두, 함께, 동시적'으로 포함되어 있다. 타자와 나를 두루 돌아볼 수 있는 공감은, 따라서 자기배려와 이타성의 가교인 셈이다. 그러나 자기배려는 느낌이라기보다는 실질적인 자신에 대한 배려(인식, 돌봄이라는 실천과 다양한 자기 수행)를 포함한다. 도덕감정이 발동함으로써 생겨나는 자신에 대한 환대의 감정이고, 실천인 것이다.

이기주의와 이타주의를 도덕적 잣대로 평가하거나 이분법적으로 범주화하는 것은 현실적으로 타당하지 않고 그럴 필요성도 없어 보인다. 나는 이 양자의 '적정함의 미학'을 강조한다. 스미스가 말한 대로 적정 수준의 이기심과 이타심의 상호 조합을 눈여겨볼 필요가 있고, 순수한 이타주의에 가까운 종교적 사랑이나 자비, 그리고 동정, 연민, 공감 등을 총체적으로 볼 필요가 있다. 자기배려 역시 타자로서의 나에 대한 공감과 성찰, 돌봄과 배려라는 도덕감정의 실현 과정인 것이다. 그런데 자기배려와 이타주의는 과연 타자를 자기의 정치 영역으로 끌어들일 수 있을까? 즉, 환대의 정치는 가능할까? 환대는 일반적으로 자기 집에 초대한 손님, 혹은 예기치 않게 자기 집을 방문한 이방인을 배려하는 태도이다. 환대의 의식은 타자에 대한 배려 지향 의식으로서, '자신의 안방'을 손님을 위해 내주고, 음식을 먼저 타자에게 내주며, 자신의 밭과 논을 내주는 행위이다. 오늘날 일군의 정치 철학자들은 이러한 환대에 대해, 그리고 환대의 딜레마적인 아포리아한 상황에 대해 고민하고 있다(데리다, 2004b). 현실과 이상, 타당성과 정당성 등 해소하기 힘든 매우 벅찬 논쟁이다. 온 사방에 떠도는 이질성, '트러블'들과 함께하자는 주장이나, 가장 이질적인 것을 수용함으로써 창조적 면역 공동체가 가능하다는 주장, 소통을 통해 이질성을 포용하자는 계몽주의자의 주장은 아직 비현실적으로 들린다. 하지만 현실을 넘어서는 것이 희망이라면 우리는 다양한 우회로를 만들어가야 하는 것이 아닐까 싶다.

9장

신뢰와 연대, 존중과 품위사회

1. 신뢰와 사회자본

1) 신뢰에 대한 다양한 시각들

세상에 대한 신뢰가 존재하지 않는다면 우리는 하루하루를 살아가기가 거의 불가능하다. 신뢰가 없다면 내 주변을 시도 때도 없이 의심하고 경계하면서 살아야 하고, 마침내 극도의 피로와 긴장에 빠져들 것이다. 이는 곧 토머스 홉스가 말한 만인의 만인에 대한 투쟁과 두려움의 상태나 다름없다. 우리는 내 이웃과 사회를 믿고 살아간다. 다른 운전자도 교통법규를 지킬 것이라는 기대, 정부가 시민의 안녕을 보호해줄 것이라는 기대, 이웃이 나를 속이지 않을 것이라는 기대 등 거의 무의식적으로 타자에 대한 신뢰를 지닌 채 살아간다.

신뢰를 쌓긴 쉽지 않아도 한번 쌓은 신뢰는 의외로 쉽게 무너지고, 무너진 신뢰는 다시 쌓기 어렵다. 신뢰가 손상 당했을 때 사람들은 매우 다양한 방법으로 대응하는 경향이 있다. 신뢰가 상실되었을 때 많은 사람들은 배신감과 허탈함, 분노 등을 느끼고, 경우에 따라 그에 대한 보상과 배상을 요구하기도 하며, 정신적이고 육체적인 복수를 하기도 한다. 소극적 방법은 상대에 대해 신뢰를 철회하는 것인데 이 경우에는 냉소적 태도를 보이거나, 아예 상대를 불신해버려 관계를 축소하거나 끊어버린다. 보다 적극적인 방법은 신뢰의 손상에 대해 상대에게 직접적인 불이익을 가져다주는 경우로, 이른바 복수가 실행되기도 한다. 신뢰를 상실한 개인을 냉정하게 제도적으로 배제하는 경우도 발생한다. 예컨대 은행으로부터 '신용 불량자'로 낙인 찍히면 일상적 삶을 살아가기가 힘들어진다. 이처럼 신뢰는 일상생활에서의 관계를 지속하기 위해, 그리고 사회의 질서와 통합을 유지하기 위해 필수 불가결한 요소로서 그것이 부재하거나 결여되어 있을 때 많은 갈등이 발생하고 대가와 비용을 치르게 된다.

신뢰에 대한 사회과학적인 정의를 내리지 않아도 일상의 사람들은 신뢰에 대한 다양한 감(感)을 갖고 있고, 사회적 맥락이나 상황에 따라 신뢰와 유사한 신용, 신의, 의리 등 여러 용어들을 사용하면서 살아간다. 동아시아의 유교 문화권에서는 익명적이고 제도적 차원에서의 신뢰보다 개인들이나 내집단 구성원들 사이의 신뢰를 중시하는 경향이 있다고 말한다. 즉, 동아시아권 사회에서는 '내집단 정체성이 강하고, 사적 연줄망을 맺으려고 하며, 이 범위 안에서만 신뢰를 쌓으려는 경향이 강하다'는 것이다. 한국의 연고주의적 신의, 중국의 개인주의적 꽌시[關係], 일본의 기리[義理, ぎり]로 표현되는 신뢰는 익명적이고 공적 제도적인 차원보다는 인맥 중심의 연고 집단 차원에 국한되어 폐쇄적 신뢰가 상대적으로 강하다는 것이다.[1] 물론 글로벌 시대를 맞이하여 개인화와 함께 사회 변화의 속도가 급증하면서 젊은 세대는 연고주의 신뢰보다는 익명적 계약관계를 통한 공적 신뢰를 맺는 경

향이 높아지고 있다. 특히 온라인 거래와 운송 등이 급속히 확산되면서 시장을 중심으로 한 일종의 제도적 신뢰가 발달해가는 경향을 보인다.[2]

동서양의 문화적 차이에도 불구하고 우리가 사는 세상에는 타자와 내가 어떤 '문화적 규칙'을 지키며 살아갈 것이라는 암묵적인 상식과 믿음이 존재한다. 그리고 이러한 믿음은 누구나 '당연한 것(take for granted)'으로 간주하는 것들이어서 특별하게 문제를 제기하거나 의심하지 않는다. 앞서 말한 것처럼 빨간 신호등 앞에서는 누구나 다 차를 멈출 것이라는 믿음이 존재하고, 이러한 믿음은 너무나 당연하기에 새삼스럽게 회의하거나 의심하지 않는다. 일상생활을 살아가는 데 불가결한 믿음이기도 하다. 내일 아침 해가 동쪽에서 떠오를 것이라는 믿음처럼 누구도 의심하지 않는 상식이기에 아무런 의문을 던지지 않는다. 이 같은 신뢰를 '배경적 신뢰'라고 부른다(강수택, 2003).

배경적 신뢰가 오랫동안 사회적 상식이 되어 전체 사회 구성원들에게 부여하는 기대 역할과 관련이 있다면, 특정한 이해관계나 가치를 공유하는 구성원들이 상호 약속을 통해 형성하는 신뢰가 있다. 이는 특정 집단의 자격을 가진 구성원들이 주고받는 신뢰이다. 예를 들어 협동조합과 같은 결사체에서 발견되는 구성원들의 신뢰는 상호작용의 범위가 일정한 조합원들에게 국한되어 있고, 신뢰 행위 역시 조합원들의 일정한 (물질적·심리적) 이해관계와 연관되는 행위로 제한되는 경우가 많다. 이러한 특정 집단에서

---

1) 신뢰에 대한 비교 연구를 수행할 경우 신중하게 문화적 배경을 이해할 필요가 있다. 한국의 많은 신뢰 연구는 서구 학자들의 '트러스트' 개념을 그대로 차용하는 경향이 있다. 미국과 일본의 신뢰 연구를 수행한 Yamagishi(1994)가 이런 점을 잘 지적한다.
2) 온라인 거래에 대해서는 박찬웅(2006)을 참고하라.

만들어진 신뢰는 집단의 구성원들이 협약을 통해 규칙이나 대상 범위를 규정한다는 점에서 '구성적 신뢰'라고 부르기도 한다.

 신뢰는 공공성의 문제, 민주주의 가치, 무임승차의 배제, 조직 효율성 증대, 그리고 삶의 질과 사회자본(social capital)의 형성 등과 관련하여 많은 관심을 끌기도 했다. 해럴드 가핑클(H. Garfinkel)은 신뢰를 '도덕성으로서 일상생활의 태도에 대한 기대'로 정의한다. 신뢰는 그것이 깨질 때까지 많은 사람들이 당연하다고 생각하는 사회적 행위이며 관습이다. 신뢰는 교환관계에 있는 사람들이 공유하는 일련의 기대들로서 공정한 이해관계의 기준과 그 배분의 비율을 결정하는 사회적 규범, 정당한 절차를 포함한다(Garfinkel, 1967). 한편 신뢰는 '위험을 감수하고 타자에게 믿음을 주는, 따라서 취약성(vulnerability)을 지닌 사회 심리적 상태'라는 차원에서 정의된다. '상대방에 대한 감시와 통제 없이도 타자가 자신의 기대에 부응할 것이라는 자발성을 갖는 것으로 그만큼 불확실성에 대한 위험을 감수하려는 태도'인 것이다. 즉, 신뢰는 타자의 행위에 대한 긍정적 기대의 확신과 자신의 취약성을 드러내는 심리 상태인 것이다.[3] 그러나 신뢰는 단순히 개인들의 사회 심리적 현상만을 의미하지는 않는다. 일부 학자들은 신뢰가 사회적 제도나 문화적 맥락 속에서 형성되는 사회적 실체라는 점을 강조하면서 신뢰의 구조적 속성을 부각시킨다(Lewis and Weight, 1985). 그 속성은 능력(competence), 개방성, 상대 배려, 행동의 일관성 등이다(Mishra, 1996).

 신뢰는 정태적으로 주어진 것이 아니라 상호작용을 통해 구성되는 역동적 속성을 갖는다. 즉, 이해관계에 기초한 타산적 형태의 신뢰로부터, 지속

---

[3] 대표적으로 Mayer et al.(1995); Lewicki et al.(1998); Rousseau et al.(1998); Sitkin and Roth(1993) 등이다.

적인 상호작용과 경험을 통해 축적된 지식에 기반한 신뢰, 동일 집단의 이념이나 가치를 공유하기 때문에 발생하는 신뢰 등 다양한 기반 아래 여러 유형의 신뢰가 형성된다(Lewicki and Bunker, 1996).[4]

신뢰는 비교적 장기적으로 형성된 사회관계의 산물로서 그 관계를 안정적으로 지속시키는 역할을 한다. 제임스 콜먼(J. Coleman)은 합리적 선택 이론에 의거하여 사회적 관계에서 이익을 얻을 기회가 손해를 볼 기회보다 높을 때 신뢰가 생겨난다고 본다(Coleman, 1990). 신뢰를 "교환에 관련된 모든 사람들이 공유하는 일련의 기대들"로 정의한 린 주커(L. Zucker, 1986)는 신뢰가 사회적 맥락에서 생산되고, 그런 신뢰는 사회 체계에서 발생하는 교환을 이해하는 데 필수적이라고 말한다. 이와 같이 신뢰를 연구하는 학자들은 다양한 차원에서 신뢰의 속성, 유형, 기능 등을 세밀하게 탐구해오고 있다.

2) 신뢰와 '사회자본'

신뢰가 자본이 될 수 있을까? 신뢰는 사회관계의 결속력을 높이고 동시에 감시 및 통제 비용을 줄일 수 있다는 점에서 사회자본의 한 요소가 된다(Gambetta, 1988). 사회적 자본이란 경제적·정치적·사회적 자원의 동원을 가능하게 하는 사회관계를 지칭한다. 정보의 교환과 유대 및 통제를 통해 사회적 자원의 동원을 효율적으로 제고한다는 점에서, 신뢰는 바로 사회자

---

[4] 이와 유사하게 속성적 신뢰(Zuker, 1986), 동일성 기반의 신뢰, 무조건적 신뢰, 절차 의존적 신뢰, 지식 의존적 신뢰(Lewicki and Bunker, 1996; Shapiro, 1987), 약한 신뢰와 강한 신뢰 등 신뢰의 유형화에 대한 연구는 매우 다양하다.

본이 될 수 있다.[5]

자본은 흔히 화폐나 상품 등 시장에서 교환되어 이윤을 창출할 수 있는 대상(object)을 말한다. 하지만 화폐나 상품 그 자체가 자본은 아니다. 무인도에서 펄럭이는 화폐는 자본이 아니다. 그 화폐는 한낱 종이 쪼가리에 지나지 않는다. 하지만 그 화폐로 노동시장에서 노동력을 구매하여 가치를 창출하면 자본이 된다. 이처럼 자본은 어떤 물적 대상이라기보다는 자본과 노동이라는 사회적 관계가 결합되어 '가치'를 생산해내는 '어떤 대상'인 것이다. 일반적으로 자본의 요소는 화폐, 토지, 기계, 원료 등으로 국한되는 경향이 있지만 일부 학자들은 자본의 개념을 학력, 문화, 사회적 요인으로 확장시켰다.[6] 계급의 '구별 짓기(distinction)'를 연구한 피에르 부르디외가 대표적이다(부르디외, 2005).

그는 경제 자본 외에도 '학력'이나 '사회적 관계' 등이 현대사회에서 매우 중요한 자본이라고 지적한다. 토지나 화폐와 같은 생산수단과 달리 교육을 통한 기술이나 지식이 계급 자산의 기초가 된다는 주장은 베버에 의해 일찍이 간파되었다. 오늘날 현대사회에서 학력은 상류계급은 물론 중산층에 이르기까지 사회적 '상승 이동'에 중요한 사다리 역할을 한다. 특히 신(新) 중산층은 학력을 지위 상승의 수단으로 삼아 경영 전문직(의사, 교수, 변호사, 회계사 등)을 성취함으로써 계급 상승을 도모한다. 이를 '학력자본'이라고 부른다.

---

5) Coleman(1990); Portes(1998); Lin(1999). 한국의 주요 연구는 김용학(1999); 박찬웅(2006); 이재열(1998); 이재혁(1996); 장덕진(1999); 이경용(1999) 등이다.
6) 한때 인적 자본 이론(Human Capital Theory) 개념이 등장했다. Schultz(1961); Becker (1964) 등을 참고하라.

상류계급의 '특수한 취향' 역시 문화 자본으로 기능한다. '습속(아비투스)'이라 불리는 특정한 취향, 예컨대 고전음악이나 미술 등 예술을 감상할 수 있는 능력(작가의 의도를 파악하고 의미를 부여할 수 있는 자질), 수학적 규칙이나 코드, 즉 공리 공식을 해독해낼 수 있는 역량을 말한다. 상류계급의 사람들은 어렸을 때부터 지속적인 교육과 훈련을 통해 이런 역량을 기른다. 고가의 예술품이나 문화재를 소유하는 것도 자본이 된다. 이처럼 학력이나 고가의 문화재 소유, 문화적 취향 등은 지위 상승과 계급의 구별 짓기와 재생산을 위한 경쟁에서 우위를 확보할 수 있는 자본이 되는 것이다.

물론 자본의 개념을 특정 계급에 한정하지 않고 조직이나 사회 전반으로 확장시킬 수도 있다. 오랜 전통과 문화적 축적을 통해 이룩한 예술, 윤리, 도덕 등의 문화적 가치도 사회자본이 될 수 있고, 사회적 가치로서의 신뢰도 사회자본이 될 수 있다. 사회자본이란 개념은 여러 학자들에 의해 다양한 차원에서 쓰이고 있지만 간단히 말해 '특정한 집단(개인)이나 사회 전체 구성원에게 이득(benefit)을 가져다줄 수 있는 속성을 지닌 사회적 관계'를 말한다. 사회자본은 비교적 장기적으로 구조화된 사회적 관계망으로 구성되는데, 이를 통해 정보, 물질, 심리적 자원의 상호 교환이 이루어져 개인이나 집단 혹은 사회 전반의 이해관계를 증진시키는 기능을 한다(김왕배, 2001).

그러면 좀 더 구체적으로 신뢰는 어떻게 사회자본이 될 수 있을까? 신뢰가 형성되어 있다면 사람들은 서로를 믿고 의지함으로써 불확실성을 제거할 수 있기 때문에 모두에게 득이 된다. 예컨대 사람들은 신뢰적인 사회 연결망을 통해 시장 거래에서 발생하는 불확실성의 위험과 비용을 줄이고 거래의 효율성을 높일 수 있다(Dimaggio and Louch, 1998). 신뢰로 인한 이득의 발생을 좀 더 자세히 설명해보도록 하자.

경제활동에서 기본은 상품의 생산과 분배, 유통의 교환을 통해 이윤을 증대시키는 것이다. 이윤은 비용(cost)과 대립적 관계에 놓여 있다. 자본가의 입장에서는 비용을 줄이는 것이 바로 이윤을 늘릴 수 있는 지름길이기 때문에 어떻게 해서든 비용을 줄일 방도를 강구한다. 흔히 원가절감 혹은 생산비 절감이라고 부른다. 비용은 크게 노동비용(임금)과 원료비용(기계, 원료 등)으로 나뉜다(마르크스주의 경제학에서는 가변자본 V와 불변자본 C로 표현한다). 흔히 우리가 말하는 '원가'라는 것이다. 그런데 이러한 비용 외에 자본가들이 지불해야 하는 비용이 있다. 즉, 생산물을 교환하기 위해 필요한 정보를 수집하는 비용(정보비용), 위험을 분산시키는 비용(보험비용), 계약을 추진하고 집행하는 비용(집행비용) 등 이른바 거래에 필요한 비용, 즉 거래비용(T)이다. 자본가들은 단순히 상품을 만드는 것이 아니라 만든 상품을 거래해야 하고, 이 과정에서 거래에 필요한 다양한 비용들이 발생한다.

거래비용은 날로 증가하여, 놀랍게도 전체 비용 중에서 거래비용이 차지하는 양이 절반을 넘는다는 보고가 있을 정도이다. 자본가들의 입장에서는 거래비용을 감소시키는 것이 이윤을 증대하는 길이다. 어떻게 하면 거래비용을 줄일 수 있을까? 신뢰는 거래비용을 줄여주는 기능을 한다. 만약 구매자와 판매자 A, B가 서로 불신 관계에 있다고 치면 그들은 서로를 경계하면서 계약을 머뭇거릴 것이고, 서로 상대에 대한 더 많은 정보를 얻으려 할 것이다. 따라서 계약에 필요한 시간은 물론 정보를 얻기 위해 비용을 투자하고, 이는 자본의 회전율을 감소시켜 이윤을 하락시킨다. 그뿐 아니라 서로가 불신 관계에 있다면 계약 이후에도 계약이 파기될지 모른다는 위험부담을 안게 되고, 위험 분산을 위해 더 많은 비용을 지급하지 않을 수 없다.

반대로 거래자 A와 B 사이에 신뢰가 형성되어 있다면 이 둘 사이에 발생하는 계약상의 이익(시간 절약과 정보비용 감소, 보험비용의 상대적 감소)을 얻을 수 있고, 결국 신뢰가 거래비용을 감소시켜 총비용이 줄어듦으로써 이윤을 증대시키는 역할을 담당한다. 신뢰라는 비경제적 요인, 즉 사회문화적 요인이 경제적으로 이윤을 증대시킴으로써 자본이 될 수 있다.7)

그런데 이 논리를 단순히 경제 영역뿐 아니라 정치, 사회, 문화 등 다양한 영역으로 확장시켰을 때 신뢰는 결국 득(得)을 가져다주는 '사회적 자본'으로 기능한다. 프랜시스 후쿠야마는 그의 저서 『신뢰(Trust)』에서 서구 선진사회와 후진국 사이의 중요한 차이가 바로 이 신뢰의 확산 정도에 있음을 설명한다. 그는 서구 선진사회일수록 공적 영역에서 신뢰가 높아 거래비용이 감소하는 반면, 중국과 같은 저(低)신뢰 사회에서는 가족과 같은 연고적 폐쇄 집단에서만 신뢰가 강하고 시민사회와 같은 공적 영역에서는 신뢰가 낮아 후진성을 면하기 어렵다고 주장한다(Fukuyama, 1995). 로버트 퍼트남(R. Putnam)은 신뢰에 기초한 결사체들의 활동이야말로 민주주의를 활성화하는 중요한 '사회자본'이 된다고 말한다(퍼트남, 2000).

조직에서의 신뢰 역시 마찬가지이다. 현대사회를 조직 사회라 할 만큼 우리는 생의 대부분을 다양한 조직에서 보낸다. 다른 생명체와 달리 인간은 의식적 노동을 통해 스스로의 욕구를 충족시키고, 또 그 욕구를 계발한다. 인간은 경제적 욕구만 가지고 있는 동물이 아니라 문화, 예술, 미학, 종교, 도덕, 여가 등 매우 다양한 욕구를 갖고 있고, 이를 만족시킴으로써 존재의 의의를 갖는 '종(種)으로서의 존재'이다. 노동은 단순히 경제적 욕구만

---

7) 신고전학파와 달리 시장 외의 가치인 문화적 가치나 제도 등을 강조한 학파, 즉 제도학파 론자들은 법이나 신뢰와 같은 비경제적 요소와 경제성장의 관계를 강조한다. 더글러스 노스(D. North)는 효율적인 제도는 거래비용을 낮추고, 재산권을 보호하며, 계약 이행을 보장함으로써 경제성장을 촉진한다고 말한다. 그는 또한 제도의 변화를 설명하기 위해 '경로 의존성' 개념을 도입하는데, 이는 한번 형성된 제도가 자기 강화 메커니즘에 의해 지속되는 경향을 말한다(North, 1990).

충족시키는 행위가 아니라, 인간의 총체적 욕구를 충족시키는 행위이고, 노동을 통해 타자로부터 사회적 존재임을 인정 받는 행위이다. 오늘날 조직은 바로 이러한 노동이 실현되는 장소이다.

우리는 조직에 대해 중요한 몇 가지 기대를 하게 된다. 예를 들어 내가 회사에 취업을 하면 그 회사는 나와의 계약을 통해 고용 안정을 보장하고, 나는 노력의 성과에 따른 보상이 있을 것을 기대한다. 그런데 어느 날 갑자기 내가 해고를 당했다고, 아니면 조직이 언젠가는 나를 해고할 것이라는 불안감에 사로잡혀 있다고 생각해보라. 과연 조직을 위해 몰입과 헌신을 보일 것인가? 내가 신뢰하지 못할 조직을 위해 충성한다는 것을 기대하기는 어렵다(김왕배·이경용, 2002). 특히 정리해고의 희생자는 조직과 동료, 정부와 사회에 대한 배신감으로 고통 받고, 사회에 더 이상 신뢰를 보내지 않는다. 비록 조직에서 정리해고를 면했지만 생존자들 역시 언젠가 해고될지 모른다는 불신감과 불안감의 증상, 즉 '생존자 신드롬'에 고통 받는다(김왕배·이경용, 2005). 생존자들 역시 조직에 헌신하지 않고 일에 몰입하지 않을 뿐 아니라, 사회 전반에 대한 신뢰를 낮추는 경향을 보인다.

조직에 대한 신뢰의 철회는 곧 일반 사회에 대한 신뢰의 상실로 이어질 수 있고, 사회는 자본을 상실하고 만다. 최근 노동시장의 유연화와 파편화로 인해 정리해고는 물론 불안정 노동(precarious work), 단기 취업 등 다양한 비정규 노동, 그리고 무엇보다 실업의 위험이 그 어느 때보다 높아지고 있다. 내가 얻을 수 있는 노력과 보상이 공정하지 못하다는 불만감, 냉소와 분노가 높아지고 이로 인해 이웃과 지역사회, 기업, 정부 등 사회 전반에 대한 신뢰가 약화되고 있다.

3) 한국 사회의 신뢰

타자성찰과 배려 같은 시민적 덕성의 발달이 지체된 사회일수록, 사회갈등이 높은 사회일수록 공적 신뢰가 낮은 편이다. 한국 사회의 공적 신뢰는 매우 낮다.[8] 즉, 가족이나 친지, 비공식 집단 등 비교적 소규모이고 연고주의 연결망이 지배적인 영역에서는 온정적인 신뢰 관계가 발달해 있지만 공적 제도 수준에서 타자에 대한 신뢰는 우려할 만한 수준이다. 여러 지표들이 이를 반증한다. 기존의 타 기관 조사 결과도 그렇고, 내가 동료와 함께 조사했던 최근의 조사 결과도 이를 잘 보여준다(김왕배·김종우, 2022).[9] 한마디로 한국 사회는 가족 같은 가까운 관계에서 높은 신뢰를 찾을 수 있는 반면, 사회적으로 넓은 범위의 집단이나 기관에 대한 신뢰는 상대적으로 낮다. 한국 사회의 신뢰에 대해서는 다음과 같이 요약하고 논의해볼 수 있다.

첫째, 사회적 신뢰의 부족이다. 사회 전반, 언론, 국가기관에 대한 낮은 신뢰 수준은 사회적 결속력에 대한 위험 신호일 수 있다. 신뢰가 사회적 협력의 기반이 되기 때문에, 신뢰 부족은 공동체 내에서의 협력과 상호 이해를 어렵게 만들 수 있다.[10]

---

8) 참고로 2023년도 공적기관(검찰, 사법부 등)에 대한 신뢰도 조사이다(https://www.sisain.co.kr/news/articleView.html?idxno=51244). 김인영 편(2002)도 참고하라. 한편 오래전 조사이긴 하지만 국제비교 자료에 의하면 한국은 OECD 국가군 중에서도 평균치보다 매우 낮은 신뢰도를 보이고 있다(최항섭, 2007; 한준, 2008). 류태건(2014)도 참고하라.
9) 2021년 한국인 2천 명(성별, 연령별 비례할당 방식 사용)을 대상으로 사회적 가치와 의식을 조사한 연구 결과이다.
10) 우리 사회 전반에 대한 신뢰는 높지 않은 것으로 나타난다. 국가기관 및 국회의원이 활동하는 입법부에 대한 불신 비율이 매우 높다. 언론에 대한 신뢰도 낮은 편이다.

둘째, 가족과 친구 등 연고 집단에 대한 높은 신뢰이다. 가족과 친구 같은 개인적 관계에 대한 높은 신뢰는 연고 집단에 근거한 사회적 연결망이 한국 사회에서 중요한 역할을 하고 있음을 보여준다. 이는 위기 상황에서 서로 돕고 의지하기 위한 사회적 지지망이 공적 제도가 아닌 사적 행위자 사이의 자원 동원을 통해 이루어질 가능성이 크다는 것을 보여준다. 즉, 친밀성이라는 감정이 신뢰의 중요한 요소가 됨을 알 수 있다.[11]

셋째, 사회적 소수자에 대한 신뢰 부족이다. 외국인 노동자, 성소수자와 같은 사회적 소수자나 주변화된 집단에 대한 신뢰 부족은 사회 내 편견과 분열의 존재를 시사한다. 이는 해당 집단에 대한 차별과 배제를 강화시킬 수 있으며, 다른 가치를 지닌 집단에 대한 강한 배타성으로 나타날 수 있다.[12]

그러면 한국 사회는 왜 공적 신뢰가 낮을까? 크게 몇 가지 이유를 들어보겠다. 첫째는 연고주의적 전통, 특히 폐쇄적인 가족주의와 유사 가족주의 집단 전통이 강하기 때문이다. 연고주의 집단에서는 친밀성 등 온정주의에 의한 신뢰가 강하다. 반면 상대적으로 개인주의가 발달한 서구 사회는 개인들이 서로 계약을 통해 이해관계를 도모하려는 전통이 강했다. 역설적으로 개인의 이해관계를 추구하려는 이기주의적 동기가 공적이고 제도적인 신뢰를 쌓았다는 것이다. 둘째는 그동안 한국 사회가 '공정한 과정'을 무시한 채 목적 달성에 치중하는 목표 지상주의를 보여온 탓이다. 정당성이 취약한 사회에서는 상대의 성취적 업적을 인정하지 않으려 하고, 상

---

[11] 위급한 상황에서 가장 먼저 도움을 요청하는 집단도 가족이다. 우리 사회가 도움이 된다는 응답은 긍정과 부정이 거의 같은 비율로 나타난다. 반면 시민사회단체보다는 사적 친밀성이나 직업집단에 속하는 경우 신뢰도가 높게 측정되는 경향이 나타난다.
[12] 소수자 및 사회적으로 주변화된 집단에 대해서는 신뢰가 낮은 수준을 나타낸다. 외국인 노동자나 성소수자 등에 대한 신뢰도 매우 낮다.

대적 박탈감과 불만을 표시한다. 특히 시민사회의 자율성이 약하고 국가권력의 영향력이 큰 한국 사회에서는 정치집단에 대한 불신과 불만이 크고 '유전무죄 무전유죄'라는 말이 있을 정도로 사법부에 대한 불신도 크다. 셋째는 한 치 양보 없는 생존주의적인 무한 경쟁이 치열해지고 있기 때문이다. 무한 경쟁은 사람과 제도를 의심의 눈초리로 바라보고, 서로를 믿을 수 없게 만든다.

여러 갈등 지수의 지표가 보여주는 것처럼 한국 사회는 갈등이 높은 사회이다(이재열 외, 2014; 정영호 외, 2015; 강수택, 2019). 전체주의 국가는 갈등을 허용하지 않는다. 그러나 민주주의와 산업화가 고도화된 현대사회에서 사회적 갈등은 당연하고 필연적이기도 하다(Coser, 1956). 문제는 갈등이 발생한다는 자체가 아니라, 갈등을 어떻게 제도화할 것인가이다. 신뢰는 갈등의 해소와 제도화를 위해 필수적인 가치이다.

오늘날 신뢰가 더욱 주목 받는 이유는 사회가 갈수록 불안정해지기 때문이다. 울리히 벡이 말한 바와 같이 현대사회는 사회적으로나 자연적으로나 '위험'의 요소가 더욱 증대되고 있는 불안정한 사회로 가고 있다. 과학기술의 발달로 물질적 풍요를 이룩했지만 과학기술이 가져다준 위협 또한 엄청나다. 또 산업화를 위해 자연을 파괴하고 막대한 양의 쓰레기를 방출하고 있으며, 에너지 고갈은 물론 심각한 지구온난화 등 생태계의 교란 현상에 직면해 있다. 인간 복제 기술이 장차 어떤 미래를 우리에게 가져다줄지 아무도 예측할 수 없다. 복제 인간이 우리를 노예로 만들지도 모를 일 아닌가! 인공지능의 기술은 벌써부터 '딥페이크(deep fake)'에 의한 정보의 혼란과 왜곡의 위험성을 알리고 있다. 지그문트 프로이트가 말한 '원초적 불안'에 더해 사회적 불안이라는 존재론적 불안이 우리를 엄습하고 있는 것이다.

신뢰는 이러한 불안정성 속에서 인간의 '존재론적 안녕(ontological security)'을 보장하는 핵심적인 가치이다. 아울러 신뢰는 주관적인 감정과 객관적인 제도가 융합된 현상이다. 신뢰는 단순히 상대를 믿는 것이 아니라, 믿기 위해 서로 타자를 배려하고 인정하는 적극적인 실천 행위이다. 신뢰는 항상 상호적이며 호혜적이다. 신뢰는 쌍방의 관계에서 존재하며, 상호 의무와 권리를 주고받는 과정에서 형성되는 것이다. 오랜 기간을 거쳐 제도화된 신뢰는 타자성찰과 이를 위한 공감과 상상력, 즉 도덕감정의 산물이다. 자신만의 이해관계에 몰두하는 사회, 앞 절에서 말한 개인의 개별화 현상이 증대하는 사회에서는 신뢰가 형성되기 어렵고, 형성된 신뢰조차 지속되기 어렵다.

신뢰는 경제적·사회문화적·정치적으로 성숙한 시민사회를 위한 자양분이다. 신뢰할 수 없는 사회는 단순히 삶의 불안을 야기하는 것만이 아니다. 이웃을 의심하며 정부를 믿을 수 없는 사회는 항상 긴장과 적대, 냉소를 유발한다. 게다가 나의 노력에도 응답하지 않는 사회, 불공정이 팽배해 있다고 인지되는 사회, 나의 실존적 탄생과 돌봄을 거부하는 사회는 원한과 증오의 대상이 된다. 나의 실존은 타자(공동체 혹은 사회)와의 상호 약속으로 가능하다. 그 약속의 이행을 기대하는 것이 곧 신뢰이다.

신뢰는 불확실성의 시대, 사회 갈등이 증폭되는 시대로부터 우리를 보호하는 사회연대의 기능을 담당한다. 자치적인 규범과 공동체에 대한 암묵적 합의, 단결, 배려, 인정, 그리고 나아가 이타적 관심을 갖는 호혜적 덕목이 바로 신뢰이기 때문이다. 이러한 신뢰를 사회적 가치라 부르든 사회자본이라 부르든 그것은 타자성찰에 의해 가능하다. 도덕감정과 신뢰가 근접한 거리에 있는 까닭이다.

2. 연대의 사회

1) 공화주의 시민연대

연대의 용어는 채권-채무 관계에서 부채를 변제하기 위한 연고적 관계를 지칭하는 것으로 쓰는 경우가 많다. 연대보증, 연대책임, 연좌제 등 특정 집단의 구성원이 저지른 범죄행위나 채무불이행 등을 그가 관계하고 있는 사람이나 집단이 공동으로 책임지게 하는 불평등한 정치적 용어로 쓰기도 했다. 우리에게는 연대보다 유대라는 용어가 더 익숙하다. 한국 사회에서 '연대'는 1987년 민주화 투쟁 이후 시민 단체인 '참여연대'가 등장하면서 공공 담론이 되었다고 보아도 과언이 아닐 것이다. 이후 다양한 연대 조직이 생겨나긴 했지만, 그리고 세대에 따른 차이도 있지만 여전히 시민들이 자연스럽게 받아들이는 용어는 아닌 듯하다.

서양에서 연대 역시 가족이나 공동체가 공동의 부채를 지불할 책임을 의미했다. 그러나 일방적이라기보다는 호혜적인 개념이 강했다. 개인과 사회의 상호 책임 원칙, 즉 개인은 공동체에게 일정한 의무를 수행하고, 공동체는 개인을 보호하는 의무를 수행한다는 의미를 가졌다. 연대는 19세기 프랑스 혁명 이후 3대 가치인 자유, 평등, 박애 중 박애와 유사한 개념을 얻었다.[13] 헬무트 토메(H. Thome)는 연대성의 본질을 "돕고, 지지하

---

13) 법적인 채무 연대의 의미를 넘어 인간 문제의 해결과 고통의 해소를 위한 사회적 연대의 개념으로 발전한 것은 볼테르(Voltaire)의 철학과 프랑스 혁명 당시 각종 정치 담론을 거치면서이다. 특히 프랑스 혁명의 3대 이념 중 하나인 '박애(fraternité)'가 의미론적으로 도입되었다(출, 2008: 47).

고, 협력하는 특정한 형식과 내용을 주체적으로 받아들인 구속력 내지 가치 이념"이라고 말한다(Thome, 1998: 219). 간단히 말하자면 연대란 서로를 배려하는 집단적 공감을 바탕으로 "도덕적 가치 이념을 통해 개인의 '차이'를 상호 의존의 근거로 삼아, 의무와 책임을 자발적으로 부담하여, 인간 해방의 힘을 창출하고 사회정의를 조성하는 행위 양식"인 것이다(홍윤기, 2010: 60).

연대의 개념 속에는 법적이든 도덕적이든 '의무'의 윤리가 강하게 내포되어 있다. 인간은 서로 유대하고 협동하려는 본성을 가지고 있고, 이러한 본성이 윤리적 태도로 나타나는 것이 연대이다. 근대사회에서 연대는 시민사회나 국가의 단위에서 논의되는 경향이 크다. 한 국가의 시민들은 역사, 언어, 문화 등을 공유하기 때문에 동료 시민을 도울 의무를 갖는다는 것이다. 개인들의 윤리적 본성에 의한 연대는 국가의 재분배를 위해 법적인 의무로 일부 전환되기도 한다. 이른바 복지국가 연대이다. 한편 연대는 노동조합 운동이나 시민단체운동 등 사회해방운동의 에너지로 작용한다. 연대 해방의 정치 사례로는 레흐 바웬사(L. Walesa)가 주도한 '솔리다르노시치(Solidarność)' 운동, 한국의 민주화 운동 기간 동안 나타난 다양한 시민 세력의 연대 운동이 대표적이다.[14]

서구 유럽에서 연대의 개념은 노동계급의 힘이 두드러지던 초기 자본주의 시대에 활발하게 등장했다. 노동계급과 자본가계급의 '갈등과 타협' 과정에 국가가 중재자로 적극 개입하면서 조합주의 정신에 입각한 공화주의의 기본 정신이자 제도로서 연대가 자리 잡았던 것이다. 계급투쟁과

---

14) 커트 베이에르츠(K. Bayertz, 1999)는 연대를 ① 연대와 윤리, ② 연대와 사회, ③ 연대와 해방, ④ 연대와 복지국가라는 네 가지 차원으로 분류한다. 이에 대한 소개와 다양한 연대 철학의 논의는 서유석(2013)을 참고하라.

국가 소유를 강조하는 마르크스주의자들과 달리 연대주의자들은 '배제를 극복하는 포섭' 개념을 강조한다. 즉, 다양한 계급뿐 아니라 분파들, 시민조직들의 타협과 조절을 주요 목표로 하는 포섭 개념으로서의 연대를 주장한다.

'연대의 사회학자'로 불리는 뒤르켐으로 잠깐 돌아가보자. 뒤르켐은 노동의 분화(분업)가 증대하는 산업사회에서는 더 이상 동질성에 기반한 연대가 어렵다고 보았다. 토템 신앙의 축제와 집합 열정을 통한 집단적 정체성으로서의 기계적 연대가 작용할 수 없다고 본 것이다. 다양한 기능을 가진 조직들로 분화된 사회, 개인화가 점증하는 사회에서 필요한 것은 서로 의존할 수밖에 없는 유기적 연대이고, 이런 연대가 바로 도덕이다. 그러나 그는 도덕의 진공 상태인 아노미를 경험하고 있는 시대적 상황을 안타까워했다.

도덕주의적 개인들로 구성된 공화주의를 꿈꾸었던 뒤르켐의 사상을 축약하는 핵심 용어는 바로 '연대'였다. 그런데 그가 부정하는 연대가 있었다는 점에 주목할 필요가 있다. 국가, 즉 행정 관료 체계에 의해 의무적이고 강제적으로 개인들에게 부과되는 '강요된' 분업과 연대였다. 뒤르켐은 비(非)국가주의적 연대주의, 즉 국가의 강제력에 의존하지 않고 시민사회의 상호부조 조직을 확장하고 그것을 추동할 도덕성을 기대했다. 그가 바라는 진정한 분업은 의도적이고 폭력성이 없는, 그리고 자발성에 기초한 것이었다. 자발성은 "비록 간접적이라 하더라도 개인이 가진 사회적 힘을 자유롭게 개발하는 것을 구속하는 모든 것이 없는 상태"를 말한다(뒤르켐, 2012: 560). 그러나 현실은 뒤르켐이 지향한 방향이 아니라 관료제적 복지국가가 팽창하는 길로 진행되고 있다(김종엽, 1998: 275~278).

사랑과 우정, 도덕과 윤리의 감정과 분리해서 연대를 상호부조의 의무

제도로 정착시키고자 했던 이는 아나키스트였던 표트르 크로포트킨으로 알려져 있다. 그는 각자의 행복이 공동체를 구성하는 모두의 행복에 의존한다고 보았다. 거대한 국가의 폭력과 개입에 맞서 시민들 스스로가 자율적인 상호부조의 공동체를 건설하고 유지했을 때 진정한 자유와 정의, 평등이 온다고 본 것이다. 그는 국가의 관료제적 개입이나 폭력적인 강제력을 거부하고 시민들 스스로의 상호부조에 의한 아나키스트적 공동체를 구상했다. 그러나 그 공동체를 위해서는 우정을 넘어 강제적 의무로 참여해야 한다고 보았다.

현대사회는 매우 다양하며 서로 다른 이해관계를 가진 이질적인 인구와 집단, 계급, 계층, 인종이 모여 사는 복잡다단한 사회이고, 국민국가가 이들을 법적 강제력으로 포섭하는 '단위 공동체'가 되고 있다. 국민국가는 치안과 조세, 군사, 행정을 담당하고, 시민권의 적격 여부를 결정한다. 개인은 국민국가가 제정한 헌법을 비롯해 다양한 법률 체제 안에서 일정한 권리와 의무를 이행한다. 국민국가를 초월한 인류 사회를 지향한다 하더라도, 무국가주의인 아나키스트의 꿈을 가지고 있다 하더라도, 국민국가의 경계나 영토를 부인하는 탈(脫)국가론자라 하더라도 현실적으로 개인은 국민국가로부터 호명되는 주체로 살아간다.

국가의 통치행위는 비인격성을 속성으로 하는 무감정의 행정 관료 체제를 통해 이루어진다. 국가 간 스포츠 경기에 열광하고, 애국심과 민족 감정을 표출하지만, 연대의 기본 감정인 '우애'는 소규모 집단 안에서 작동하는 것이 현실이다. 그나마 이런 우애조차 찾기가 쉽지 않다. 한 팔 간격도 안 되는 콘크리트 벽을 사이에 두고 사는 아파트 이웃 주민끼리도 별다른 우애의 느낌이 없지 않는가? 우정이나 박애, 연민과 같은 감정은 가변적이고 상황에 따라 행위로 나타나지 않을 수 있기 때문에, 현실적으로 재원을 강제하고 분배할 수 있는 법적 강제력이 필요하다. 이웃에 대한 배려나 관심은 연대의 바탕을 이루는 매우 중요한 감정적 동기이지만 제도화되지 않으면 상황에 따라 철회할 수도 있기 때문이다. 도덕적 자발성에 의한 연대를 법적 의무로 대치할 필요가 있다는 주장이 제기되는 이유이다. 즉, '연대를 위한 도덕적 자발성을 법적 의무로 대치하라', '우애와 돌봄의 도덕감정을 법적 의무감으로 전환하라'는 것이 복지국가의 외침이다. 복지국가의 연대는 단순히 가족이나 친족, 공동체, 민족 등의 '형제애'를 넘어, 개인의 행위 지침을 규제하는 법적 장치인 것이다.

그러나 시장과 법, 이데올로기, 규범 등이 각 개인에게 의무를 부여하고 서로를 공동체의 일원으로 결합시키지만, 또 필수적이기도 하지만, 그것이 연대의 근본정신은 아니다. 오늘날 글로벌 사회는 더욱 다양하게 분화하고 이질적으로 변하고 있다. 경쟁이 치열해지고 불평등은 심화되고 있으며, 인종이나 직업 등 특정 집단에 대한 배제가 더욱 심해지고 있다. 앞선 장에서 말한 것처럼 개인화 역시 매우 빠르게 진행되고 있다. 관료행정 체계에 의한 재원 징수와 분배는 연대를 위한 최소한의 뼈대 역할을 할 뿐이다. 정부는 항상 재정 부담의 넋두리를 늘어놓고, 부유층은 누진세에 불만의 눈초리를 보낸다. 형편이 여의치 않은 중산층은 연금과 보험에 민감하게 반응하고, 가난한 자들은 정부의 보조금을 받으며 수치와 모멸을 느낀다.

국가가 연대의 주요 행위자로 나선 것은 주기적으로 다가오는 경제적 위기와 삶의 위기를 개인이나 집단, 시민사회가 극복하기 어려운 데 있다. 개인의 삶을 유지하기 위해서는 보험제도나 연금제도 등의 중요성이 점점 커져 간다. 그러나 복지국가의 연대는 더욱더 관료화되고 있을 뿐 아니라, 조세 저항과 재정 압박, 계층 간 정치적 갈등을 야기하고 있다. 심지어 권리가 아닌 '시혜'적 성격을 띠게 됨으로써, 연금 수혜자가 주변화되고 있다. 한마디로 '인격적 소통 없는 연대'의 성격으로 변해 가고 있는 것이다.

이러한 위로부터의 연대(국가 중심주의)를 극복하기 위해서는 '아래로부터의 연대', 즉 시민연대가 필요하다. 시민성의 덕목으로 이루어진 시민연대주의는 개인의 존엄성, 삶의 상호 의존성, 사회적 부채와 도덕적 책임, 자기 결정과 자기 책임, 지구 연대 등 다양한 원칙에 근거하고 있다(강수택, 2012). 서구에서 연대주의는 시민권, 즉 참정권은 물론 교육, 노동, 복지를 요구할 수 있는 사회권 등의 확장과 궤를 같이했다(Marshall, 1977). 연대는 사회적 약자에게 시혜를 주는 수직적인 것이 아니라 기본권, 참정권, 사회권을 평등하게 소유한 시민들이 수평적으로 만들어가는 것이다.

시민사회의 연대주의는 합리성과 자율성, 공공성의 가치, 존엄성에 바탕을 둔 인권과 이를 뒷받침하는 국제조약이나 민습을 바탕으로 형성된다. 나아가 연대주의를 표방하고 새련하는 다양한 언어와 예술, 지식과 정보를 창출하고 소통하는 과정 속에서 성숙해간다. 시민사회의 연대주의를 위해서는 다양한 시민 단체와 같은 자발적인 결사체, 그리고 무엇보다도 학교, 언론기관, 종교 단체의 역할이 중요하다. 시민연대주의는 사회적 신뢰와 공동체, 개인의 권리와 의무를 동시에 강조한다. 시민연대주의는 국가를 배척하거나 단순한 도구로 바라보지 않고 시민 활동을 위해 국가가 적극적으로 보조할 것을 요구하기도 한다. 특히 치안이나 복지, 생태 환경 보존에 관한 국가의 역할을 강조한다.

신뢰를 통한 연대주의에서 중요한 논의 중 하나는 바로 경제적 조건들이다. 시민연대는 또한 시장경제의 우선성을 무시하지 않는 동시에 시장이 불평등을 심화시키거나 특정한 집단을 배제하지 않도록 시장의 윤리성을 요구한다. 특히 사회적 약자에 대한 실질적인 구제와 보조를 강조하고 경제적 불균형을 시정함으로써 경제적 연대성을 추구한다. 앞 절에서 말한 신뢰와 연대는 동전의 양면이나 다름없다. 국가에 의한 복지 연대이든 시민사회의 연대이든 사회 곳곳으로 확산된 신뢰의 작동에 기반하고 있다. 신뢰는 비용을 절감시키는 사회적 자본으로 기능하기도 하고 사회적 유대를 촉진시키는가 하면 취약한 개인들을 보조하는 역할을 하기도 한다.[15]

연대는 돌봄, 관심, 우정, 사랑, 친목 등의 감정에 기초한 개념이고 실천이었다. 오늘날 복지국가의 연대처럼 법적 강제력으로 의무화된 부분이 있다 하더라도 연대의 감정적 애착 없이는 형성되거나 지속되기 힘들다. 연대에 참여하는 구성원은 서로 정직하고, 최소한이나마 환대를 베푸는 관계를 기대한다. 앞서 논의한 '신뢰'는 연대의 가장 중요한 조건이다. 연대는 산업화와 함께 개별화되는 개인주의, 빈곤, 불평등, 무질서를 극복하기 위한 반응이었다.[16] 과거 공동체에 대한 향수를 불러내는 연대도 있었지만, 대부분의 연대 사상은 미래 사회의 새로운 공동체를 지향했다. 공동체의 특징인 게젤샤프트는 일정하게 공유된 공간에서의 동지애나 우정과 연관되어 있었고, 사회학의 어원이 되는 소키우스(sócĭus) 역시 동지애에 관한 학문이었다. 사회는 벗들이 함께 어울리는 공간이고, 이것이 곧 공동체의 기반이었다(앨리엇·터너, 2015: 139). 유교주의에서 으뜸의 덕인 인(仁)을 구성하는 요소로서 제(悌, 형제애, 서로 공경함)도 이에 해당할 것이다. 연대를 이끌어내는 타자성찰적 실천이 바로 '돌봄'이다. 연

---

[15] 물론 '안 좋은 신뢰'에 의한 폐쇄적 연대가 작동할 수 있다. 개인의 이득은 취하되, 공공선의 가치를 해치는 특정 집단 이기주의적 연대를 말한다. 작게는 특정 이익집단을, 넓게는 배타적 민족주의 연대를 가리킨다.
[16] 참고로 빈곤의 사회적 과정과 공포, 분노, 자기 비하와 폭력 등의 현장을 연구한 조문영(2022)을 추천한다.

대는 나와 타자(공동체) 구성원들의 배려 혹은 돌봄을 중요한 가치로 담고 있다. 돌봄은 자기배려와 함께 타자에 대한 양보와 헌신의 형태로 나타난다. 그러나 돌봄이 유약한 개념은 아니다. 로버트 솔로몬이 주장한 대로 돌봄은 때로 폭력을 수반하는 매우 강렬한 감정이며, 행위이기도 하다. 예를 들어 자식을 돌보기 위해 부모는 외부의 위험에 폭력적으로 대응하기도 한다(솔로몬, 2023a).

고도로 분화되고 개인화된 사회에서 구성원 모두가 끈끈한 점성으로 뭉친다는 것은 상상하기 힘들고, 또 그럴 필요도 없다. 강력하게 접착된 국가주의 연대는 전체주의를 낳기도 하기 때문이다. 다양한 차원에서의 연대가 중층적으로 구성될 수밖에 없을 것이고, 전체 사회의 차원에서는 '느슨한 연대'가 가능할 것이다. 느슨한 연대는 부드럽고 유약한 인상을 주는 감정들로 뭉친 '끈'을 연상시키지만, 그 힘은 강력하다. 느슨한 연대는 오히려 강력한 연대보다 정보 교류를 폭넓고 활발하게 할 뿐 아니라, 다양한 이해관계를 가진 구성원들을 서로 포섭하는 연결 고리가 된다.[17] 느슨한 연대 사회에서 개인은 자율성과 함께 공동체성을 증대시킬 수 있다. 개인은 압박이나 통제로부터 벗어나 주체적 판단과 '십시일반의 참여'를 통해 공동체를 바라보고, '거리 두기와 합치기'를 반복 순환하기도 한다. 현대사회에서 공동체는 '만들어가는 과정'이지 이미 견고하게 만들어진 실체가 아니기 때문이다. 더구나 연대를 지향하는 우애, 관심, 배려의 감정에는 이미 어떤 의무가 탑재해 있다. 쉽게 참여하고 풀어지는 것은 연대가 아니다.

---

17) 그라노베타(M. Granovetta, 1985)는 느슨한 연대와 취업 정보 사이의 긍정적 상관관계를 논한다.

그렇다면 공동체의 범위는 어디까지일까? 오늘날 개인은 다양한 공동체에 속해 있다. 가족, 이웃(커뮤니티), 조직, 민족, 국가, 인류, 나아가 인간 너머 비인간의 세계, 지구 행성에 이르기까지 복합적이고 중층적이다. 각각의 공동체에 따라 연대의 내용도 달라진다. 주고받음의 내용이나 양도 다르다. 그런데 국민국가 이상의 수준을 넘지 못하는 것이 오늘날 연대의 현실이기도 하다. 시민사회와 국가를 넘어서는 코즈모폴리턴적 연대는 가능할까? 다양한 연대의 층들이 상충되고 갈등 관계에 놓이지는 않을까? 과연 우리는 '낯선 이'들과 연대할 수 있을까? 우리와 문화, 언어, 가치가 다른 이민자들이나 갑작스럽게 밀려들어 온 난민들, 이념을 달리하는 사람들, 더 나아가 '인간 너머 비인간 자연'과 연대할 수 있을까?

사회연대 연구의 일가(一家)를 이룬 강수택은 함석헌의 씨알 사상 속에 나타난 연대주의의 가치를 재해석하여 새로운 의미를 부여한다.[18] 그는 함석헌의 '씨알 사상' 속에는 '인격적 대우, 상호의존의 원칙, 결사체적 민주성의 원칙, 사회적 부채와 도덕적 책임의 원칙, 평화·자유·정의·사랑의 원칙, 세계 연대주의의 원칙, 생명 자연관의 원칙과 생태 연대주의' 등이 담겨 있다고 말한다(강수택, 2019b). 한국 사회가 걸어온 특수한 역사적인 맥락을 고려하면서도 인류 사회의 보편적 가치를 추구하고, 모든 생명과의 평화 연대를 도모해보자는 것이다.

그러나 여전히 한국 사회는 '연대 철학과 도덕감정의 빈곤'에 허덕이고

---

[18] 강수택은 한국 사회학계에서 '연대' 개념을 가장 정밀하고도 체계적으로 연구한 학자이다. 서구 사회는 물론 한국의 시민사회와 연고주의의 연대를 포함해, 최근 함석헌의 사상까지 다룬다(강수택, 2012, 2019). 그의 함석헌 연구에 대한 서평으로는 김왕배(2020a)를 참고하라.

있다. 사회복지는 바로 '나'에게 절박한 것임에도 불구하고 근근이 생활을 이어가는 기초 수급 대상자들에게 주어지는 수혜 같은 것으로 인식하려 한다. 공공 영역으로 전화(轉化)하는 과정에 있지만 여전히 양육이나 부양을 가족이 담당해야 할 몫으로 생각한다. 복지와 관련된 용어들, 예컨대 실업수당, 사회보장, 무상급식, 심지어 연금 수령을 '무임승차'나 '개인의 무능력'으로 인식하는 경향이 크다. 노동, 교육, 주거, 의료 등 삶의 질과 관련된 권리를 당당하게 주장할 수 있는 사회권에 대한 개념도 부족하다. 심지어 일부 보수 언론은 무상급식이나 복지 체계를 공산주의나 포퓰리즘 정책으로 몰아가지 않았던가?

시공간 압축적인 산업화가 위로부터 이루어진 것처럼, 한국의 복지 역시 국가 주도로 시행되고 있다. 이른바 '비인격적 관료행정에 의한 연대'가 의무적으로 진행되고 있는 것이다. 그러나 누차 강조하건대 연대의 철학적 사유와 타자성찰의 도덕감정이 바탕에 깔리지 않는다면 아무리 법적 의무로 강제한다 해도 비인격적 연대로 인한 갈등과 긴장은 그치지 않을 것이다. 오히려 사상누각이 될 수도 있다. 지그문트 바우만은 복지국가의 연대가 존재해야 한다는 주장을 정당화할 수 있는 유일한 이유는 윤리적인 이유일 뿐이라고 말한다. 경쟁, 비용편익분석, 수익성, 그 밖의 여러 가지 자유 시장 원리들이 지배하는 사회에서 비합리적으로 들릴지 모르지만, 윤리적인 이유 그 하나로 연대할 수밖에 없다는 것이다. 교각을 지지하는 힘은 가장 취약한 기둥의 강도에 달려 있는데, 이 기둥이 무너지면 다리 전체가 무너진다.

> … 합리적인 논쟁도 도움이 되지 않는다. 솔직히 말하자. 우리가 우리 형제에 대해 책임을 져야 하는 합리적인 이유, 우리가 다른 이들을 보살펴야 하는 합

리적인 이유, 우리가 도덕적이어야 하는 합리적인 이유는 없다. 그리고 효용가치를 지향하는 사회에서 쓸모없고 제 기능도 하지 못하는 빈곤층과 나태한 사람들은 자신에게 행복할 권리가 있음을 합리적으로 증명할 수 없다. 그렇다, 인정하자. 책임을 지는 행위, 보살피는 행위, 도덕적인 행위에서 '합리적인' 면은 없다. 도덕성을 뒷받침해줄 것은 도덕성 자체뿐이다. 내 책임이 아니라고 손을 털어버리기보다 관심을 갖고 보살피는 게 훨씬 낫다. 무관심한 태도보다는 다른 사람의 불행에 공감하고 연대책임을 느끼는 태도, 도덕적인 태도가 더 바람직하다. 설령 그렇게 하는 것이 사람들을 더 부유하게 만들지도 않고 기업들의 이윤을 높여주지 않는다고 해도 말이다(바우만, 2013: 137).

공동체의 구성원들은 그 당위적 가치에 대한 질문, 즉 '왜 자신과 이웃, 공동체가 함께 배려를 해야 하는지'에 대한 사유와 판단을 내려야 한다. 바로 이를 추동하는 것이 도덕감정이다.[19] 복지 연대를 위한 의무성과 강제성을 띤 연대조차도 도덕성이 없다면 분배에 대한 불만, 지속성, 재정 확보를 위한 조세 저항 등 많은 갈등과 저항에 부딪힐 수밖에 없다. 개인화의 고립을 막아주는 힘으로서의 연대가 타자성찰의 감정을 결여할 때, 즉 도덕감정의 힘이 사회연대를 지휘하고 응원하지 않을 때 강제적 결속으로 관계 맺은 개인들은 서로를 견제하고 타자의 누군가를 무임승차자로 의심한다. 설령 분배의 공정성에 불만이 있더라도 동료와 나를 위해 '감내'할 만한 것인지를 합의하고 소통하는 개방적 연대로 나아가야 한다.

---

19) 도덕감정은 연대를 제도화하거나 법제화하는 동시에 이를 수행하는 국가나 단체의 행위, 그리고 사회 구성원들의 의무와 권리를 감시하고 평가하며 변화시키는 힘이다.

2) 연대와 시민사회의 힘

연대는 새로운 가치를 지향하는 사회운동의 동력으로 작동한다. 혁명, 봉기, 저항운동, 불복종운동 그리고 새로운 가치를 추구하는 운동들, 예컨대 시민권 운동, 소수자 권리 운동, 환경 및 생태 운동, 나아가 영성 운동 등은 연대의 힘 없이 불가능하다. 특정한 목표를 공유하고 판단하며, 행위 과정 속에서 동료애를 불러일으키고, 자원 동원의 통로 역할을 하는 것이 연대이다. 이 연대의 힘은 어디서 나오는 것일까? 단순한 목표 공유일까? 사회운동은 기존의 질서나 법체계에 도전하는 열정적인 집합적 행위이다. 기존 질서의 벽은 너무나 공고하거나 때로 폭력적이어서 많은 희생이 발생하기도 한다. 누군가는 죽음을 맞이하기도 하고, 옥살이를 하기도 하고, 일터에서 쫓겨나기도 한다. 제도화된 사회운동조차 핍박을 받는 경우가 많다. 이를 극복하는 것이 연대의 힘이다(이 책의 3장에서 논의했던 '양심선언'의 당당함을 견고하게 뒷받침해주는 것도 연대이다). 연대는 저항의 소리를 모으고 이를 실천하는 역량이다. 단순한 관계망이 아니라 관계망 속에서 나와 타자를 상호 인도하는 힘이다. 현실적인 이해타산을 통해 연대할 수 있지만 연대는 단순히 그것들의 집합으로 격하될 수 없다. 연대는 존재적 사실이며 동시에 당위적인 가치인 것이다.

다음의 몇 가지 사례를 통해 연대의 힘에 대해 생각해보도록 하자.

1995년 7월 미국 시카고는 연일 40도에 이르는 폭염에 시달렸고 일주일 사이에 700명 이상의 사망자가 발생했다. 세계에서도 가장 선진국이라고 하는 미국에서 어떻게 폭염으로 하루 평균 100여 명이 사망할 수 있을까? 영국의 젊은 사회학자 에릭 클라이넨버그(E. Klinenberg)는 궁금증을 안고 시카고로 달려갔다. 사망자의 대부분은 저소득층이 사는 지역에서 발생했고 주로 노인들이었다. 건강과 계층 불평등의 상관성에 대해서는 이미 잘 알려져 있지만 클라이넨버그는 특이한 점을 발견했다. 같은 빈곤 지역인데도 북부 론데일과 남부 론데일의 사망률이 (10만 명 기준으로 환산했을 때) 무려 3~4배 가까이 차이가 난 것이다. 왜 그랬을까? 클라이넨버그의 진단은 이렇다. 사망자는 주로 호흡곤란이나 지병이 있는 노인층에 집중되었는데, 북부 론데일은 주로 흑인들이 거주하는 지역이다. 한때 공장이 몰려 있던 지역이었다가 공장이 이전하면서 실업자와 범죄가 많은 지역으로 변했다. 가난해서 제대로 된 냉방 시설을 갖출 수 없었던 노인들은 범죄의 위협 때문에 공원에 나와 더위를 식히기도 어려웠다. 그리고 그들을 돌볼 이웃도 없었다. 반면 남부 론데일은 연고주의가 상대적으로 강한 남미계 인구가 집중되어 있는 지역이다. 교회의 신부나 목사, 친척, 이웃들이 노인들의 안부를 묻고, 그들을 야외에 데리고 나가 더위를 식혀주기도 했다. 결국 두 지역의 사회적인 신뢰와 연대의 차이가 사망자의 차이를 드러냈던 것이다. 재난은 단순히 자연현상이 아니라 사회적 맥락에서 발생한다(클라이넨버그, 2018).

태풍 카트리나가 뉴올리언스를 덮쳤을 때, 연방 정부는 뉴올리언스의 흑인 거주지가 물에 잠기도록 포기하고 말았다. 주 방위군은 도로를 통제하고 사람들의 이동을 막았다. 이 지역에 거주하는 흑인들은 탈출이 가능한 자동차나 외부에 거주할 수 있는 기회를 갖지 못한 빈곤층이 대부분이었다. 재난과 계층 불평등의 상관관계 역시 분명하다. 국가가 이들을 통제하는 데 주력할 때, 오히려 외부의 일반 시민들은 서로 정보를 주고받으며 보트 등을 이용해 오갈 데 없는 주민들을 구출했다. 주 방위군은 주민들을 '통제'했지만 네트워크를 이용한 시민들은 연대하여 그들을 '구조'했던 것이다(솔닛, 2012).

전 인류가 코로나19 팬데믹에 마주했을 때 서방 세계의 두 지도자는 매우 극명하게 대조를 이루는 연설을 한다. 미국의 트럼프 대통령은 '아무것도 아니다, 각자 대처해나가기 바란다'는 무대책에 가까운 반응을 보였다(그도 결국 코로나19에 감염되었다). 독일의 메르켈 총리는 '우리는 2차 세계대전 이후 최대 위기에 봉착해 있으며, 이 위기를 극복할 수 있는 힘은 바로 시민들의 연대에 있다'고 연설했다. 위기 극복을 위한 가장 큰 처방은 백신이 아니라 연대라고 외치는 지도자와 이런 용어를 자연스럽게 수용할 수 있는 사회를 생각해보라.

아직까지도 한국 사회에서는 연대의 감각이 자연스럽게 통용되지 않는다. 물론 역사적으로 보면 계(契)나 두레, 향약 같은 전통 연대가 있었고,[20] 해방 이후 오랫동안 민주화를 위한 연대 투쟁도 있었다. 소위 'IMF' 위기라고 불린 국가 부도 상황을 '금 모으기'를 통해 극복해보려고 한 눈물겨운 헌신도 있었고, 태안반도 기름 유출 사태 때는 약 100만 인파가 전국에서 모여 해안가에 쌓인 기름때를 닦아냈다. 세월호 참사 기간에는 전국 시민들의 추모와 애도가 끊이지 않았다. 이태원 참사 역시 일군의 시민들이 유가족의 저항운동을 지지하고 있다. 연대를 통한 치유의 힘을 '회복 탄력성(resilience)'이라 부른다. 재난이나 사건, 범죄, 위험을 경험한 개인이나 집단이 트라우마를 극복하고, 보다 나은 상태로 도약하려는 희망의 힘이다. 이 힘은 시민사회의 연대가 바탕을 이루는 사회에서 가능하다. 그러나 한국 사회에서 연대는 '사건'에 대한 일회적이고 단기적인 반응에 그치는 경우가 대부분이다. 일상의 연대성, 그리고 이를 추동하는 연대의 도덕감정이 '마음의 습속으로 구조화'되어야 한다.

---

[20] 한국 전통 사회의 계에 대해서는 김필동(1999)을, 두레 등에 대해서는 신용하·장경섭(1996) 등을 참고하라.

3. 존중과 품위사회

1) 인격과 생명의 존중

반지성주의 사회에 대응하는 사회는 무엇인가? '품위사회'이다. 품위사회의 기본은 타인이나 국가, 제도가 나를 모욕하지 않는 사회, 양심과 책임윤리의 덕목을 갖춘 시민들이 상호 존중을 수행하는 사회, 서로 무시하지 않는 사회이다. 오로지 자신만을 지향한 삶의 세계인 '프라이버시'를 타인이나 공적인 제도가 침해할 때 우리는 수치와 모멸, 굴욕을 느낀다. 개인의 자율성과 자유를 훼손하고 굴복하게 하는 것은 더욱 치욕적이다. 품위사회란 수치와 모멸을 당하지 않는 사회이다.

인간은 자연권 사상에 입각하든, 인간 상호작용의 산물로 보든 누구로부터도 침해 받지 않을 인권을 소유하며, 또한 인격을 소유한다. 인격은 사람다움의 내용이며 형식이다. 유교에서 인격은 인간 행위의 틀을 의미하는 것으로 우리의 내면에 있는, 높은 수준의 덕목에 다다를 수 있는 잠재성을 의미하기도 한다(진교훈, 2014). 이런 인격을 폄하하는 태도가 무시이다.[21] 인정투쟁의 이론가 악셀 호네트는 무시야말로 인간의 인격을 폄훼하는 직접적·간접적 폭력이라고 말한다(호네트, 2011).

호네트는 헤겔의 『정신현상학』으로부터 주인과 노예의 변증법적 관계, 조지 허버트 미드의 『상징적 상호작용론』으로부터 객체적 자아와 주체적 자아의 관계에 착안하여 나와 타자의 상호성을 '인정투쟁'의 과정으로 설명

---

21) 상황에 따라 온정주의적 태도나 동정 역시 모멸감을 준다.

했다. 인정은 타자의 존엄성과 인격 그리고 인권을 존중하는 과정에서 성취된다. 이러한 인정을 폭력적으로 거부하는 사태가 무시와 모멸이다. 신체적 무시와 굴복은 강간, 고문, 살해, 학대, 그리고 여러 가지 신체적 폭력으로부터 발생한다. 생명과 존재에 대한 부정이자 위협이고, 자유를 축소시키거나 소멸시키는 폭력이다. 평생 수치와 모욕의 트라우마로 남을 수 있는 청소년기의 학교 폭력은 물론, 외국인 노동자나 성소수자에 대한 언어적 비난과 위협, 물리적인 가해도 이에 해당한다. 언어폭력은 언어 발화의 수행성이라는 측면에서 신체에 대한 위협과 다를 바 없다. 마치 얼굴에 주먹을 들이대며 협박함으로써 신체적 두려움을 갖게 하는 것과 같다.

다른 하나는 특정한 사회적 가치나 삶의 방식을 거부하는 무시와 모멸이다. 이념과 세계관, 특정한 가치와 삶의 방식을 부정하는 태도이다. 예를 들어 전통적인 언어를 사용하고 의복을 입는 것(한때 프랑스에서는 중동계 프랑스인의 히잡 착용에 대해 격한 논쟁이 있었다), 혹은 자신의 개성에 따라 특정한 가치를 신봉하는 행위를 비정상적인 것으로 간주하고 배제하는 것이다. 전체주의 사회에서는 말할 것도 없고 가부장주의적인 권위주의 사회에서 흔히 발견되는 일이다. 우리 사회에서도 오랫동안 사상과 가치관, 삶의 방식의 다양성이 무시되어왔다. 정치와 학문 그리고 도덕이 삼위일체였던 조선 시대의 사대부 정치체제에서는 주자학을 답문하지 않으면 곧 이단이었고, 교리를 어지럽힌다 하여 사문난적(斯文亂賊)의 대상이 되었다. 문헌에 대한 훈고학적 해석과 '정통'을 숭상하는 전통(음식점에서 볼 수 있는 원조 논쟁도 이와 유사하다)에다가, 식민지 전체주의는 물론 해방 이후 분단과 전쟁, 극한 이념 투쟁의 대립, 반공과 개발독재의 억압 속에서 우리는 '사상과 생각의 암흑기'를 지내야 했다. 민주화 투쟁에 앞장섰던 낭만주의적 민중주의자들이나 이념 투쟁가들도 권위주의적이기는 마찬가지였다. 획일성과 전체주의성의 유산은 아직도 사회 곳곳에 남아 있다.

또 하나의 무시와 모멸은 특정 집단의 사람들에게 기본적인 권리와 특수한 차이를 부정하는 것이다. 여성, 아동, 이주민, 장애인, 성소수자 등을 '이등 시민' 취급한다든지, '비정상성'의 범주로 여기는 것 또한 마찬가지이다. 사상, 표현, 집회의 자유와 더불어 정치적 참여와 보호를 받을 수 있는 시민권은 물론 사람답게 살기 위해 다양한 물질적 조건들(교육, 노동, 수입)을 주장할 수 있는 사회권을 제한하거나 부정하는 것이다. 한국은 해방 이후 실질적 정치 참여가 이루어지기도 전에 형식적인 법에 의해 남녀평등한 시민권을 부여 받은 나라 중 하나였고, 내용이야 어떻든 혼돈기 속에서도 다양한 선거와 투표를 치러왔다. 그러나 유신헌법 이후 실질적인 정치 참여는 거부되었고, '87체제'에 이르러 겨우 시민권의 핵심 요인 중 하나인 선거에 참여할 수 있었다.

그런데 평등한 시민권과 사회권은 보편적인 권리선언을 표방한다고 해서 달성되는 것이 아니다. 특정한 집단 속에 있는 개인들에게 실질적인 사회적 여건이 부여되었을 때 비로소 실질적 평등이 이루어지는 것이다. 이와 함께 차이를 인정해야 한다. 보편적 분배정의론이나 인권론을 비판하고 '차이'를 강조하는 사상가들은 차이를 무시한 보편성의 가치가 또 하나의 억압 담론으로 변질될 수 있다고 말한다. 가령 백인이나 소수 인종 모두가 보편적 인권 차원에서 동일한 존엄성을 갖고 있다는 보편적 가치만 주장하면 흑인이나 소수 이민자들의 생활 여건이나 사고방식, 생활 방식을 무시하게 된다(Young, 2011).

나는 보편과 차이는 변증법적 교합의 관계를 맺고 있다고 본다. 인간의 존엄과 존중은 이 양자의 교합 지점에서 동시적으로 드러난다. 예컨대 나는 칸트가 말한 대로 도덕적 인격을 가진 존엄성의 가치를 당신과 함께 지닌 보편적 존재이며, 당신과 달리 황색 피부에 검은 머리를 가진, 공화주의 도덕감정을 추구하는 특수자이다. 결국 나는 보편과 차이(특수성)를 지닌 개별 단독자이며 이 두 측면에서 모두 존중 받을 권리가 있다.

무시의 반대가 존중이라면 인간은 무엇을 근거로 존중 받는가? 존엄의 감각은 생명과 자신과 타자를 존중하는 감정의 표현이다. 인권의 궁극적인 목표는 인간이 무엇으로도 교환할 수 없는 존엄성을 지녔기 때문에 존엄성을 존중 받고, 나와 타자의 존엄성을 존중하기 위한 다양한 실행 조건들을 요청할 수 있는 권리를 쟁취하는 것이다. 칸트의 말을 인용해본다.

> 자연 안에서 인간은 미미한 존재이며 다른 동물들과 마찬가지로 대지의 산물로서 보통의 가치를 지닌다. 인간은 유용성이라는 사용가치를 줄 뿐, 이러한 가치는 물건으로 가지는 가격이며, 동물 거래에서처럼 사물로서 가지는 가치이다. 하지만 인간이 인격으로, 즉 도덕적·실천적 이성의 주체로 간주될 때에는 모든 가격을 넘어선다. 이 같은 인간은 단순히 타인의 목적, 심지어 자기 자신의 목적이라 하더라도 그것을 위한 수단이 아니라 목적 자체로 평가되어야 하기 때문이다. 즉, 그는 존엄성(절대적 내적 가치)을 지닌다. 그리고 이 존엄성에 따라 그는 다른 모든 이성적 존재자에게 자신을 존중하라고 강요하며, … 한 인간의 인격 안에 존재하는 인간성은 존중의 대상이며 그는 타인에게 자신을 존중해달라고 요구할 수 있다. 그러나 자신 역시 존중을 잃게끔 행동하지 말아야 한다(칸트, 2018: 325).[22]

---

[22] 이전에 쓰인 『도덕 형이상학 정초』에서는 이렇게 표현한다. "목적의 나라에서는 모든 것에 어떤 가격이 있거나 존엄성이 있다. 가격이 나가는 것이 있다면 그것은 자신에게 맞먹는 다른 어떤 것과 대체될 수 있다. 그에 반해 모든 가격을 초월해서 어떤 것과도 대체 불

다시 말하건대, 인간은 그 무엇과도 교환할 수 없는, 스스로 내적이고 절대적 가치를 갖는 도덕적 인격으로서의 존엄성을 지니기 때문에 존중 받을 권리가 있다. 그리고 자신 역시 타자를 존중해야 하는데, 인격적 인간은 타인에 의해서나 심지어 자신에 의해서 수단으로 이용될 수 없고, 언제나 목적이 되어야 한다. 존중은 인종이나 성, 계급, 직업이나 지위, 국적 등에 따라 차별 받지 않을 권리이고 차별하지 말아야 할 의무이다. 자신 및 타자의 인격을 존중해야 하는 개인은 "자신의 행위의 준칙이 자신의 의지를 통해서 보편적 자연법칙이 되어야 한다"는 정언명령을 따라야 할 것을 요구한다(칸트, 2020: 382).

그런데 자기존중과 배려, 그리고 타자 존중의 감정은 형이상학적이고 추상적인 보편성의 테제로 실현되는 것이 아니다. 호네트가 칸트의 도덕 형이상학보다는, 이성적인 이념과 구체적인 현실 사이의 상호 대립 및 연관성을 강조했던 헤겔의 정신현상학을 선호했던 이유이기도 할 것이다(주언, 2024). 나 역시 칸트가 지향한 도덕 형이상학의 이성 법칙과 자유의 개념이 현실의 개인들, 즉 일상생활에서 살아가는 개인들에게 어떤 식으로 구현되는지 도덕감정의 차원에서 보고자 했다. 그것도 나의 아버지와 어머니들의 땀과 숨, 고혈이 배인 한국 사회의 시공간이라는 특수한 맥락, 혹은 차이의 차원에서 파악해보고자 노력하고 있다. 그런데 무엇보다 우리가 존엄한 이유는 보편적인 도덕적 인격체로서뿐 아니라 '생명'을 지니고 있기 때문이

가능한 것이 있다면 그것에는 존엄성이 자리 잡고 있다. 인간의 보편적 경향성이나 욕구와 관련된 것에는 시장가격이 존재한다. … 애호 가격도 존재한다. 그러나 오직 목적 자체일 수 있도록 하는 조건을 이루는 데는 내적 가치, 이른바 존엄성이 자리하고 있다"(칸트, 2020: 91).

다. 칸트가 도덕적 이성의 법칙에서 인간의 존엄성을 찾았다면, 나는 그것에 수긍하면서도 이성을 넘어 최고봉의 자리에 있는 생명으로부터 존엄성을 찾는다.

생명은 아직도 설명할 수 없는 역동적인 힘의 결정(結晶)으로서 그 무엇과도 바꿀 수 없는 존엄의 가치를 지닌다. 탄생은 생명이 인격체로 구체화되어 세계를 마주하는 일이다(이제 그 인격은 인간에게만 국한되는 것이 아니라 비인간 자연에도 적용될 것이다). 『동의보감』은 인간을 작은 우주로 표현한다. 사람의 얼굴이 둥근 것은 하늘을 본뜸이고 발이 평평한 것은 땅을 본뜸이다. 음양이 기(氣)로 구성되어 있는 것처럼 사람의 몸도 그렇다. 인간은 '작은 우주'인 것이다. 이러한 인간이 태어날 확률은 무한대수 분의 일이다. 부모의 탄생과 그 부모의 탄생 등 결합률을 고려하면 가히 '수조 분의 일'일 것이고 다석 유영모가 말한 대로 "무량수의 사람들이 인연을 닦은 결과"이다. 그리고 이 생명은 나의 삶에 필요한 의식주를 고려했을 때 억만 무한(無限) 수의 생물, 무생물과 연결되어 맺어졌다. 세포 하나의 DNA 띠만 해도 약 2미터이고, 인간의 몸에 내장된 그 띠를 다 풀어 이으면 태양까지 70번 정도 왕복이 가능한 것으로 추정한다(송기원, 2024). 이 얼마나 경이로운 일인가?

막스 셸러가 언급한 대로 생명의 가치는 감정의 지향 대상이고, 감정의 직관적 느낌에 의해 포착된다. 일차적으로는 이성에 앞서 감정의 감지 작용에 의해 그 가치가 파악되고, 이를 바탕으로 도덕법칙이 형성된다. 시공간 속에 살아가는 생명 존재들은 종족 번식을 비롯한 다양한 욕망을 실현하고자 변화를 추동하는 힘과 의지를 갖는다. 이 생명력 하나만으로도 우리는 존중의 대상이 되어야 한다는 것이다. 이러한 생명 가치의 존엄성을 지각하고 사유하는 감정이 도덕감정이다.

2) 일상생활 속의 존중의례

인간의 생명과 인격의 존엄성은 존중되어야 하고 인권으로 보장되어야 한다. 표현과 사상의 자유를 제한하고 검증하며 증오와 혐오 표현을 통해 상대를 모멸하는 사회, 인권을 무시하는 사회가 곧 후진사회이며 반지성주의 사회이고 이에 맞서는 사회가 품위사회이다. 그런데 존엄성과 존중의 가치가 이념형으로만 논의되는 것은 별 도움이 되지 않는다. 거대한 형이상학적 담론으로서의 존엄과 존중이 아니라, 구체적인 삶의 현장, 그 안의 다양한 교류 속에서 자연스럽게 실행되기도 하고, 의지로서 표명될 때 그 가치가 드러난다.

일상에서의 다양한 의례는 존중의 표시이다. 랜들 콜린스(R. Collins)가 말한 대로 우리는 공식적이고 비공식적인 다양한 의례의 사슬 속에 살고 있다(콜린스, 2009). 의례는 자신과 타자에 대한 예의의 표현이고, 곧 타자의 존재감을 인정하는 존중의 태도이다. 악수나 공손한 인사, 목례, 손 흔드는 행위, 이 모두가 사소한 의례이지만 이 안에 일상의 존중이 배어 있다. 존중의 태도는 다양한 신체적 행위나 돌봄을 통해 나타난다. 인간의 존엄성을 존중하는 태도는 사회적 약자, 예컨대 장애인이나 노인, 어린아이처럼 신체상의 어려움을 겪는 이들에 대한 배려를 포함한다. 모르는 사이라고 해서 취약한 사람들을 무관심하게 취급하거나, 무감각하게 간호할 때, 설령 의도하지 않았다 해도 타자를 무시하는 행위를 범하는 것이다. 심지어 '코마' 상태에 빠져 있는 환자라 하더라도 우리는 그들을 존중해야 한다. 이는 결국 자신에 대한 존중으로 되돌아오기 때문이다(Sayer, 2011).

우리는 일상에서 서로를 존중하는 제스처를 쓰기도 한다. 모르는 사람들 끼리도 가벼운 목례를 하는가 하면, 소위 '실례'가 되지 않게 자기의 언사와 행위를 조절한다. 어빙 고프만은 익명의 대중이 행하는 이러한 의례적 행위를 "예의 바른 무관심"이라 불렀다(Goffman, 1972). 이러한 것들이 시민사회의 일상에서 구현되는 존중의 덕목이다. 상대의 입장을 비판하더라도 타인의 체면을 살리려는 배려와 진지함, 진정성이야말로 존중의 기본적 태도이다.

존엄을 지키려는 노력은 몸짓과 연관되어 있다. 우리의 눈과 몸은 말이나 언어와 마찬가지로 소통의 수단이 된다. 자신의 존엄을 높이기 위해 우리는 때로 '목을 꼿꼿이 세우고 등을 굽히지 말고 가슴을 펴고 걸으라'고도 말한다. 등이 굽은 모습, 조아리는 모습은 취약하거나 모욕적이고 종속적인 태도를 드러낸다(Sayer, 2011: 205). 우리는 반대로 타인을 무시하는 '몸짓 언어(body language)'의 동작을 하기도 한다. 인종차별적인 몸짓(동양인을 비하하기 위해 눈을 찢는 동작)이나 비언어적인 신체를 통해 타인의 존엄성을 훼손하려 들기도 한다(욕을 나타내는 손가락질 등).[23] 집단 토의를 하거나 대화를 나눌 때 '눈길 한 번 주지 않는' 행위는 상대를 투명인간 취급한다는 것이고 이는 타자 존재의 부정을 의미한다.

품격노동(decent work) 역시 품위사회의 중요한 구성 요소이다. 품격은 마음의 태도나 신체적 양식, 문화적 가치의 문제이면서 동시에 적정한 소득과 건강, 여가 등 삶의 질을 보장할 수 있는 여러 제도적이고 물질적인 조

---

23) 반대로 신체의 동작을 통해 존엄성을 과시하려 하기도 한다. 신체화된 존엄성의 예는 플라밍고 춤이다. 플라밍고 춤은 주로 남부 스페인 지역에 사는 집시 등 하층민의 춤인데, 무시와 억압 속에서 자신의 존엄성을 유지하려는 강렬한 저항과 분노를 나타낸다. 무용수의 모든 몸짓 동작은 존엄, 긍지, 강함, 저항을 나타낸다. 목을 꼿꼿이 세우고, 턱을 치켜들며, 가슴을 열고, 팔은 부드럽게 아치를 만들고, 무릎을 가볍게 붙여 절도 있고 열정적인 모습을 보인다. Sayer(2011)를 참고하라.

건을 포함한다. 오늘날 우리가 일자리, 노동환경이나 임금수준 등 품격노동을 강조하는 이유이기도 하다. 세계인권선언은 노동할 권리를 자신의 존엄성을 위해 불가결하다고 인정한다.24) 일할 권리란 공정하고 품위 있는 노동조건과 함께 자유롭게 직업 선택을 할 수 있는 권리이다. 직업은 일 종사자에게 노동을 통해 삶의 의미를 부여하는데, 현실에서는 일자리가 설령 소득을 보장한다 하더라도 자신이 원하는 의미 있는 일과 일치하지 않는 경우가 많다. 국가나 사회는 모든 사람에게 각자의 삶에 의미 있는 직업을 제공할 의무는 없다(그렇게 할 수도 없다). 그러나 사회는 그 구성원들이 의미 있다고 간주할 수 있는 종류의 직업을 찾도록 도울 의무가 있고, 그들을 인격적으로 대우할 필요가 있다. 품위사회는 모든 구성원에게 합당하게 의미 있는 직업을 찾을 기회를 제공하는 사회로서, 노동자들을 수단이 아닌 목적으로 대하는 사회이다(로젠, 2016; 마갈릿·골드블룸, 2008).

오늘날 시간제 계약으로까지 분절화된 노동시장, 무분별한 정리해고, 직장 폭력과 괴롭힘, 고용 불안정과 실업은 노동자들의 삶을 더욱 피폐하게 만든다. 노동자들은 단순히 소득을 올리기 위해서가 아니라 '인정'을 받기 위해 일한다. 일하는 자로서의 긍지와 신뢰를 통해 노동의 가치와 여가의 소중함, 삶의 의미를 깨닫고자 한다. 노동운동의 상당 부분도 '존중과 인정'을 위한 분투라고 볼 수 있다. 인도 카스트의 최하층민이 최소 생계를 위해 수행하는 즐겁지 않은 노동, 예컨대 달리트(Dalit)의 빨래 노동은 제도화된 모멸의 형태이다. 더구나 노동조합을 '악마화'하는 정치는 노동자의 최소

---

24) 세계인권선언 제23조 제3항의 내용을 참고하라. "3. 모든 근로자는 자신과 가족에게 인간적 존엄에 합당한 생활을 보장해주며, 필요할 경우 다른 사회적 보호의 수단에 의하여 보완되는, 정당하고 유리한 보수를 받을 권리를 가진다."

존엄마저 거부하는 냉혈한적이고 부도덕한 정치 행태이다. 노동자는 기계도 아니고, 일회용으로 쓰고 버리는 '티슈'가 아니다. 그들 역시 도덕적 인격의 소유자로서 존엄성을 가지며, 인간 가치의 최고봉이라 할 수 있는 생명을 소유한다.

3) 소통과 '다성성(多聲性)'의 미학

> 외부에서 받아들이는 차이는 내부의 잠재력을 확장하고, 더욱 풍부하게 만든다.
> ―로베르토 에스포지토

모든 사회적 관계는 두 지점이 아니라 세 지점에서 시작한다. 두 점의 관계는 개인과 개인의 관계일 뿐, 이로써는 어떠한 조합도 생기지 않는다. 제3의 지점이 존재할 때 조합과 대립이 발생하면서 다양성, 창발성, 집단 지성이 생긴다. 그리고 삼각형의 지점이 확산되면 개방적이고 익명적인 관계들로 발전한다. 각 지점에서 역할들이 상호 유기적으로 수행될 때, 즉 지식인은 지식인대로, 종교인은 종교인대로 정치인은 정치인대로, 언론인은 언론인대로, 국가는 국가대로, 시민사회는 사민사회대로 자율적인 가치와 원리를 가지고 서로를 견제하며 협력할 때 제3의 창조적 에너지가 발생한다. 성숙한 사회로 나아가는 것은 국가 대 개인의 이자 관계로 구성된 '이면체적 사회'에서 다양한 결사체들을 매개로 결성된, 국가-시민사회-개인의 '삼면체적 사회'로 진행하는 것이라고 말한 바 있다. 삼면체의 세계는 무수히 많은 면들로 다시 분화한다. 이러한 입방형의 사회가 제대로 작동하기 위해서는 분화된 면들 사이에 소통을 통한 유기적 연대가 필요하다.

우리 사회에는 여전히 이분법적 사유와 제도가 지배적이다. 교차점은 존재하지 않고 이항 대립적 관계의 평행선만이 존재한다. 자기는 옳고 정의롭기 때문에 나와 맞서는 상대를 굴복시키려는 강박증이 강한 사회에서 남는 것은 상호 소통이 아니라 자기 독백이다. 긴 시간 동안 우리는 '소통'을 실행해보지 못한 시민으로 살아왔다. 서구 부르주아지들이 자신의 정치적 견해와 예술적 취향을 주고받던 공론장, 그리고 그 물리적 공간으로서의 카페나 살롱을 보기도 힘들었다. 위르겐 하버마스는 자본주의 관료 사회에 의해 억압 당하고 있는 시민들이 자아성찰(self-reflection)을 통해 자유로운 시민으로서 합리적 이성을 회복하고, 이 이성을 통해 역사의 기획을 완수할 것이라는 계몽주의적 희망을 버리지 않았다. 그가 보기에 이성을 회복하고 기획하는 가장 중요한 수단이자 내용은 보편적 언어를 통한 의사소통이었다. 오늘날 공론장은 의사소통의 공간이며 국가로 전달되는 시민 여론의 통로이자, 법률 체계를 수립하는 입구이다(Habermas, 1990; 이진우, 1996).

존 롤스도 마찬가지였다. 그는 인간에게 합리적 '공적이성'이 존재한다는 점을 전제했다. 개인들은 삶의 지침이 되는 다양한 가치, 예컨대 종교적 가치나 정치적 의견, 관습 등을 가지고 살아간다. 이를 그는 '포괄적 교리'라고 불렀다. 그러나 현대사회는 다양한 집단들이 합의를 통해 상호 존중하고 지켜야 하는 공통의 의제를 수립해야 한다. 자신들의 포괄적 교리인 세계관을 단서로 세금 문제든, 성소수자의 결혼 합법화 문제든, 기후 문제든 공통의 주제에 합의하기 위해 서로 소통하는 것이다. 반대할 수도 있고 찬성할 수도 있다. 그러나 협의와 합의를 통해 공통의 의제를 도출한다면 적어도 공적 영역에서는 이를 존중하고 따라야 한다. 그는 이를 '중첩적 합의'라 불렀다(롤스, 2016; 장동진, 2012).

이러한 소통을 중심으로 한 민주주의를 심의 민주주의라 부른다. 그리고 일상에서의 다양한 미시 권력을 해체하기 위한 노력들, 서로 간의 소통을 통해 정체성을 만들어가는 정치를 생활 정치라 부른다. 이 모두가 형식 민주주의로부터 실질적 민주주의, 즉 참여 민주주의, 생활 정치의 민주주의로 나아가는 길이다. 그리고 이때 주체는 정치인들이 아니라 시민들이다. 나는 굳이 인간을 이성의 존재라고 부르기보다는 이성을 포괄할 수 있는 도덕감정의 존재라고 부르고자 한다. 합리적 이성을 통해 공적인 소통이 가능할지 모르겠으나, 우리는 상대와의 만남에서 공감과 상상, 그리고 다양한 감정의 교류를 통해 복합적인 소통을 한다. 진정성이 묻어나는 것은 이성이라기보다는 감정이 아닌가? 사유와 판단의 역량을 통해 '판단의 판단'을 가능하게 하고, 넓게 말해 타자의 맥락적 상황을 주시할 수 있는 도덕감정이 합리적 소통을 끌어내는 힘이 될 것이다.

날카로운 경쟁 압박 사회에서는 소통이 이뤄지기 힘들다. 타자를 배려하는 것이 아니라 굴복시켜야 하기 때문이다. 서로 일방향적으로 수행하는 형식적 소통은 토론과 비판의 사유 가능성을 오히려 쇠퇴시킨다. 한국 사회에서는 민주화 투쟁기에 권위주의 정권의 압박과 통제에도 불구하고 대중 집회와 정치적 토론이 활발히 이루어졌다. 정치인의 후보 연설에 구름같은 인파가 몰려들었다. 오늘날에는 우후죽순처럼 생겨난 유튜브와 종합편성 방송, 수많은 미디어 기구들을 통해 소통이 만발한 듯 보인다. 정보와 채팅을 주고받는 PC방이 한때 세계 여러 나라 사람들에게 관심을 끌었을 만큼 한국 사람들은 '말이 많다'. 한국의 시민들 모두가 정치 평론가라 하지 않는가? 그러나 말은 많은데 소통이 없다! 소통은 타자성찰을 기본으로 한다. 타자에 대한 해석과 이해를 통해 사유와 판단의 과정을 거쳐, '듣는 것'으로부터 시작하는 것이 소통이다.[25]

소통과 달리 독백은 자기만의 사유 세계를 빙빙 도는 것과 같고, 권력의지를 표방하는 독백은 이미 타자를 폭력적으로 지배하는 것과도 같다. 자아 중심적이고 자기 확장적인 독백은 신념의 이름으로, 타자와의 대화로 위장하고 우리 앞에 나타나기도 한다. 존 오스틴(J. Austin)이 말한 것처럼 특정 언어적 표현은 '수행적(performative)'인 효과를 갖는다. 즉, 해당 발화 자체가 행위를 드러내거나 유발하는 힘을 갖는다. 이는 단순한 진술(constative)과는 구별된다. 언어는 단순히 정보 전달의 수단에 그치지 않으며, 사회적 행위를 유도하고 실질적인 변화를 이끌어낼 수 있는 수행적 힘을 갖는다(오스틴, 1992). 대화로 위장한 독백, 그것도 권력자의 독백은 발화 수행성의 효과를 통해 타자를 지배할 뿐이다. 미하일 바흐친(M. Bakhtin)은 이 같은 자아 중심적 독백주의를 비판하고 진정한 대화주의를 강조한 문학 이론가이다. 대화는 글자 그대로 타자와 의견을 주고받는 것이다. 때로 이질적인 언어, 사유, 종결이 불가능한 과정, 자신들의 경계를 뛰어넘는 언어를 수행하는 과정이 대화이다(Bakhtin, 1981; 김욱동, 1988). 서로 반대되는 것은 모순이 아니라 상호 보완적인 것이다. 대화란 차이를 갖는 다양한 견해들이 지속적으로 전개되는 공존과 상호작용, 즉 '다성성(polyphonic)'의 전개를 말한다.[26]

소통은 자신의 '오류 가능성'을 인정하고, 다양한 목소리에 귀 기울이며

---

25) 정현종의 시 「경청」의 일부를 소개한다. "불행의 대부분은/경청할 줄 몰라서 그렇게 되는 듯/비극의 대부분은/경청하지 않아서 그렇게 되는 듯/아, 오늘처럼/경청이 필요한 때는 없는 듯/내 안팎의 소리를 경청할 줄 알면/세상이 조금은 좋아질 듯…"
26) 바흐친은 다성성 개념을 표도르 도스토옙스키의 소설 분석을 통해 도출해낸다. 도스토옙스키는 등장인물들을 자신의 관점에 귀속시키지 않고 그들이 다양한 목소리를 자유롭게 내게 한다. 작중인물은 단순히 작가에 의해 조정되는 수동적 객체가 아니라 작가와 나란히 공존하는 능동적 주체인 것이다(김동욱, 1988). 작가가 등장인물의 운명을 결정짓지 않기 때문에 인물들은 '미결정' 상태에 있다. 바흐친은 도스토옙스키를 공존과 상호작용 안에서 모든 것을 볼 줄 아는 문학가로 평가한다.

자신과 타자에 대한 설득과 합의에 도달하는 예술의 과정이기도 하다. 의사소통의 예(禮)와 예(藝)인 것이다. 물론 소통한다고 해서 반드시 합의에 도달할 필요는 없을 수도 있다. 합의에 도달하지 못한 다양한 목소리가 자발적으로 나올 수 있는 소통, 소수의 목소리라 해서 다수에 의해 파묻히지 않는 소통, 설령 합의에 도달했다 하더라도 자신의 오류 가능성 때문에 그것은 언제든 변할 수 있음을 인정하는 소통이 요청된다.

나가며

　도덕감정은 무엇이 옳고 그른지, 선하고 나쁜지, 바람직하고 바람직하지 않은지를 사유하고 판단하며 실천하는 감정이다. 타자성찰의 감정으로서 타자의 타자가 나라는 점에서 결국은 나를 성찰하는 감정이기도 하다. 타자가 개인뿐 아니라 공동체, 사회, 인류, 자연이라는 점을 상기해본다면 타자는 수없이 다양한 대상들로 펼쳐져 있다. 타자성찰을 위한 공감과 상상력은 자신의 문을 열고 나와 현실 바깥에서 현실을 바라보려는 도덕감정의 전위대 역할을 한다. 도덕감정은 심연 속의 양심과 책임의 소리를 들으려 하고, 나와 타자의 존엄을 배려하려 한다. 한편 복수와 원한으로 '무언가 잘못되어 있음'을 폭로하고 되갚으려는 예리하고 날카로운 정의감을 소유하는 감정이기도 하며, 그러나 복수의 순환에 머무르지 않기 위하여 '어려운, 너무나 어려운' 용서의 가능성을 타진해보기도 하는 감정이다. 다양한 감정이 수행하는 지각과 판단을 재차 성찰해보고 통솔하는 '판단의 판단' 역할을 하는 감정이다.
　그러나 도덕감정과 척을 지는 감정들과 장벽들이 존재한다. 특정 집단의 사람들을 '위험한 자들', '공공의 적'으로 삼아 온갖 부정적 기호를 낙인찍고 배제하려는 혐오와 반지성주의적 태도이다. 또한 최고의 존엄적 가치인 생명을 관리하고 통치하는 법(法)이며, 왜곡된 신념인 이데올로기이다. 법과 이데올로기를 동원한 정치는 누군가의 생명을 빼앗고 겁박하는 희생제의의 정치이며 면역의 정치이고, 격리의 정치이다. 오로지 자기의 가치관과 앎의 세계에 빠져 아집과 독선의 계몽을 일삼으려는 자들이나, 혐오와 증오의 단어를 여과 없이 내뱉는 요설(饒舌) 집단들이 활보하는 사회가 바로 반지성주의 사회이다. 일군의 우중은 그들의 짝패가 되어 맹목적인 추종과 광기에 유사한 환호를 보낸다. 그들은 몰라서 속기도 하지만 알면서도 속고, 속고 싶어 속기도 한다.

비판적 사유와 판단의 수호자인 도덕감정은 콘크리트 같은 현실의 벽에 어떤 식으로 균열을 낼 수 있을까? 때로 유순한 평화주의자들의 감정인 듯 보이는 도덕감정이 과연 그 거칠고 억센 일을 수행할 수 있을까? 도덕감정은 세상의 병을 모두 진단하고 고치는 만병통치약이 아니다. 그러나 강력하게 보이는 법과 이데올로기, 구조화된 혐오와 반지성주의는 의외로 얇은 널빤지에 불과할 수도 있다. 견고한 듯한 사회가 의외로 유리 그릇처럼 쉽게 부서지거나 변하기 쉬운 구조로 되어 있듯이 법이나 이데올로기도 사실 실체 없는 기표에 지나지 않을지도 모른다. 구조 자체의 내재적 자율성이나 시공간을 초월하는 통시성(dyachronic) 및 공시성(synchronic)을 강조하는 구조주의자들에게는 턱없는 소리로 들릴지 모르나 결국 사회는 인간이 만든 것이고 인간이 변화시켜왔다는 사실을 상기하자.

인간이 사라지면 정치도 죽고 사회도 죽는다! 보편과 차이가 만나는 궁극적 지점은 나의 몸이고 나의 몸들이 사라지면 사회 역시 시들다가 사라진다. 우리가 사회를 살려야 하는 것처럼, 사회 역시 우리를 살려야 한다.

살리라고 요구해야 한다. 나의 탄생과 삶이 타자인 당신들(사회)을 살리고 역으로 타자인 당신들(사회)의 탄생과 삶이 나를 살린다. 내가 사라지면 당신들도 사라지고, 당신들이 사라지면 나도 사라진다. 사회는 결코 나의 삶을 배신하지 않는다는 믿음, 이 신뢰와 연대는 '사회적인 것'의 실존론적인 기반이자 당위이다. 도덕감정은 바로 이 실존의 기반이 무너지지 않도록 부단히 서로를 살피고 조정하는 사유와 판단, 실천 의지를 드러내는 감정이다.

나는 도덕감정의 발현은 '최소공배수의 원리'에 기초할 것을 주장한다. 도덕감정의 핵심을 이루는 부채의식과 감사는 규범적이고 당위적이어서 자칫 권력 집단에 의해 이데올로기로 변질될 수도 있다. 예컨대 국가에 빚을 지었으니 충성하라는 애국(愛國)주의적 감정은 종종 국익(國益)의 이름으로 시민들의 보편적 인간권리를 쉽게 침범한다. 우리는 역사 속에서 그 병리적 형태인 파시스트들의 국가주의나 우파들의 권위주의 독재국가를 경험한 바 있다. 종교 근본주의자들은 죽어도 갚을 길 없는 신의 은혜를 명분으로 신도들의 맹목적 순종을 강요하기도 하고, 여전히 가부장주의적 습속에 휩싸인 사회에서는 여성과 약자와 소수자들에게 관습이 만들어놓은 '정상의 질서'에 편입할 것을 강조한다. 여기에는 주체적이고 자율적이며 자유롭고 당당한 개인이 설 자리가 없다.

애덤 스미스가 말한 제3의 관찰자의 시인이란 적정함과 관련이 있다. 도덕감정은 제3자가 공감할 수 있는 자기 이해에 기초하여, 최소한의 부채의식과 감사, 죄책감의 단서들만 보여도 될 듯싶다. 현대 다원사회의 공동체의 기반인 '느슨한 연대'를 위해서 지나치지도 않고 적지도 않은 과유불급(過猶不及), 적정 수준의 도덕감정이 요청된다는 것이다. 나는 도덕감정의 행위의 적정선을 '타자와 나에 대한 사유와 판단, 그리고 십시일반(十匙一飯)

의 참여'로 설정해본 적이 있다(김왕배, 2019b). 아울러 이와 같은 도덕감정의 적정선으로 비롯되는 관계를 '일반적 호혜 교환'이라 부른 바 있다(김왕배, 2011). 십시일반의 호혜는 익명적 구성원들의 공동체를 지탱하게 하는 교환이다. 누구나 자신의 이기주의적 욕망을 충족시키기 위해 살아가지만 불행한 타자는 나의 거울이다. 나 아니면 내가 사랑하는 누군가가 역시 불행의 가능성을 안고 살아가기도 한다. 십시일반의 참여는 자기의 이해관계와 공적인 것의 적정함을 성찰하고, 각자의 형편에 따른 양보와 겸양, 호혜적 교환을 주고받음으로써 사회적 안전망(social support network)을 형성할 수 있는 참여 방식이기도 하다. '전체는 부분의 합 이상의 힘'을 내는 법이고, 개인들의 작고 약한 고리 간의 조합은 복잡계의 나비 효과와 같은 큰 힘을 발휘할 수 있다. 너무 크게 빚졌다고 생각하지 말고, 너무 크게 감사할 필요도 없으며, 너무 큰 죄책감을 가질 필요 없이, 느슨하지만 견고한 사회 연대를 위하여.

만물은 고착되어 있거나 불변하는 것이 아니다. '있음(being)'은 이미 되어 있음이 아니라 되고 있음, 즉 현재진행형으로 존재한다. 유교에서는 기(氣)의 집합과 흩어짐으로, 불교에서는 덧없이 변해감[無常]과 공(空)의 이치로 이를 바라보았고, 다소 맥락의 차이는 있지만 진화론자들이나 과정철학자들도 그랬으며, 거대 진리 담론을 해체하고자 했던 포스트모던 자유주의자들도 그랬다. 세계는 변하고 있고, 지금 이 찰나의 순간에도 변하고 있다. 자연현상도 상대성과 불확정성, 프랙탈과 복잡계로 보는 마당인데 우리의 삶은 또한 얼마나 불투명하고 불완전한가? 욕망과 창의력을 가두려는 도덕 이론의 근엄함을 비웃으며 도덕 이론가들의 비극을 예상했던 존 듀이(J. Dewey)는 "현재는 지속되는 과정으로서 기억과 관찰과 예견이 이루어지는 과정이며, 앞쪽으로 밀려나고 뒤쪽을 쳐다보면서 다시 앞을 내다보는 과정"이라고 말한다. 이어 그는 아주 의미심장한 문장을 선보인다. "진보는 의미의 풍부함과 독특함을 부여하는 현재의 재구성이며, 반면 퇴보는 의미 부여, 단호한 결정, 폭넓은 이해를 포기하는 과정, 즉 의미를 특정한 시대의 공간에 가두려는 것"이라고 말한다. 한마디만 더 인용하자면 "대부분의 삶은 상호 충돌, 상호 교차, 불분명함으로 인해 부정적 요소가 많지만, 그렇다고 현재를 개선하는 데 초월적 계시를 요구할 것이 아니라 더 나쁜 것으로부터 벗어나는 쪽, 맹목적으로 나아가는 것이 아니라 더 좋은 쪽으로 나아가는 것"이라고 말한다. 역사의 진보는 "상상력의 꿈을 불어넣는 어떤 심원한 목표를 향해 가는 것으로, 우리에게 주어진 정언명령은 현재 경험의 의미를 확대하도록 하라"는 말도 잊지 않는다(듀이, 2020: 146~149). 내가 말하고자 하는 도덕감정의 전위대인 공감과 비판적 상상력과도 맞아떨어지지 않는가?

만약 도덕감정이 과거의 사태를 뒤돌아볼 것을 원한다면 나는 두 가지 차원에서 그렇다고 말하고 싶다. 하나는 오늘날 우리가 알고 있는 지식 혹은 삶의 방식은 오래전 지구상에 살아왔던 선조들의 피와 땀, 고통과 기쁨이 배어 있는 역사의 산물이라는 점이다. 현재의 앎이란 태평양에서 한 주발 물을 떠낸 것에 불과할지 모른다. 우리가 존중할 과거의 존재들도 얼마든지 있다. 이것이 우리가 흔히 말하는 온고이지신의 자세이다. 다른 하나는 과거의 사건과 사태를 보고 '지금/여기'의 현재와 다가올 미래 세대에 대한 지혜를 얻자는 것이다. 과거에는 한편으로 존중해야 할 것도 많지만 다른 한편으로는 윤동주 시인이 '어느 욕된 왕조의 유산'이냐고 한탄했던 것처럼 커다란 고통을 남긴 것도 있다. 그리고 그 유산은 아직 끝나지 않고 있다. 수백만의 유대인을 학살한 아돌프 아이히만의 재판을 보고 '악의 평범성'을 발견했던 한나 아렌트는 그 이듬해인가 『예루살렘의 아이히만』이라는 책을 출간했다. 아렌트가 살아 오늘날 유대인들이 벌이는 팔레스타인 가자지구의 학살을 봤다면 뭐라 말했을까? 분명 통탄했을 것이다. '텔아비브의 나탄야후'라는 책을 쓰지 않았을까? 아렌트는 정치의 위기는 도덕의 붕괴에 있다고 보았다. 과거를 기억하지 못하면 과거를 반복한다기보다, 과거가 미래를 위한 빛을 투사하지 못하면 정신의 어둠 속에서 헤맬 수 있기 때문에 과거를 들여다본다. 과거와 현재와 미래의 시간은 서로 끊어져 존재하는 것이 아니다. 과거는 지금/여기의 현재에 여전히 살아 있고, 아직 다가오지 않은 미래조차 '부재함'으로 지금/여기의 현재에 존재한다.

인류는 바야흐로 스스로 감당하기 어려운 생태교란과 기후위기의 시대에 살고 있고, 이 모든 위기의 증상을 미래 세대에게 전가하고 있다. 우리가 만약 도덕감정의 소유자들이라면 한스 요나스가 주문한 대로 다소 예민할지 모르지만 '공포의 발견술'이라는 삶의 방책을 가지고 살 필요가 있다. 이는 미래 세대에 대한 최소한의 양심과 책임, 배려와 사랑의 표현이다. 세상이 변화되는 유속은 너무나 빠르다. 생명공학과 컴퓨터 과학의 발달은 인류가 예상치도 못한 미래의 세계를 이미 우리의 허리춤 가까이까지 초대했다. 생명은 면역 통치와 시장 이윤의 대상이 되었고, 우리는 사유와 판단을 인공지능에게 점차 의존하고 있다. 기후위기로 인한 식량, 에너지, 난민 문제 등 생존과 직결된 사안은 과학기술을 필요로 할 수밖에 없을 것이고, 부분적으로는 문제가 해결되겠지만 또 다른 문제에 부딪히는 시대를 맞이할 것이다. '기후 리바이어던'의 등장인 것이다(Wainright and Mann, 2018). 미래 세대는 우리가 겪고 있는 것보다 훨씬 강력한 '감시 자본주의' 시대 속에 살아갈 것이며, 헌신과 사랑을 나타내는 '타자의 볼모'가 아니라 '인공지능의 인질'이 될지도 모른다. 그럼에도 현재의 우리는 삶의 질, 국가 경쟁력, 미래의 산업 등을 운운하며 그 씨앗들을 경쟁적으로 심고 있다.

우리에게 이질적인 인간들, 즉 문화와 역사, 언어, 피부, 생김새 그리고 이념을 달리하는 이방인들도 나와 마찬가지로 경이로운 생명을 소유한 존엄한 존재이다. 그러나 이질적인 것들에 대해 적대와 혐오를 동원하고, 직간접적인 폭력을 통해 생물학적·사회적 죽임을 일삼는 야만의 행위는 세계 곳곳에서 여전히 진행되고 있다. 앞서 언급했던 법과 면역의 정치를 잠깐 소환해보자. 면역은 원래 이질적인 것이 침투하여 일으키는 질병에 대항하기 위한 것이다. 적정한 면역을 통해 우리는 강한 신체를 보존할 수 있다. 그러나 때로는 이질적인 것, 즉 나와 차이가 분명한 것이 내 생명과 번영에 도움이 되기도 한다. 어떤 경우에는 가장 이질적인 것이 내 몸에 들어와야 창발적인 힘이 생겨나기도 한다. 로베르토 에스포지토가 말한 대로 새 생명을 잉태하는 임신의 경우가 대표적이다. 가장 이질적인 정자와 난자가 만나 새로운 생명이 탄생한다. 임신부가 하는 입덧은 산부의 몸과 태아를 보호하기 위한 하나의 면역 과정이다. 에스포지토가 주장하는 것처럼 우리는 자아와 타자의 양립 불가능성이 아니라 자아와 타자의 경쟁적 양립 가능성을 논해야 한다. 나의 정체성은 결코 나와 다른 타자의 '차이'를 배제하거나 선택하는 결과가 아니라, 바로 그 차이 때문에 생겨나는 것이기 때문이다.

물론 이질적 타자를 포용하고 환대하는 문제는 결코 쉬운 일이 아니다. 현실적으로 이들의 방문을 수용하기란 어렵다. 포스트모더니스트들이 주장하는 탈국가 영토론이나 시민권의 무조건적 개방은 신중하게 숙고해야 하고, 형편을 고려하면서 차근차근히 진행할 필요가 있다. 이방인들에게 조상의 피와 땀으로 일군 논밭을 떼어주고, 집의 열쇠를 내어주기란 거의 불가능한 일이다. 적대와 복수의 원한을 가지고 있다면 더욱 어렵다. 차라리 국민국가의 공동체를 좀 더 개방하고 이질성을 포용하는 자유주의의 기획이 더 필요할 듯싶다.

나는 인간 중심의 신뢰와 연대를 더욱 확장시켜 언젠가 인간 너머 '자연'들의 법적 권리를 인정하고, 이들을 민주주의 공화국에 초대하기를 원한다. 이는 나와 동료들이 다른 지면을 통해 제시했던 내용으로 자연에 일정한 법적 권리를 부여하자는 '지구법학'과, 그들을 시민사회의 공론의 장과 의회의 장으로 초대하는 새로운 미래 정치체제로서 '바이오크라시'에 관한 것이다(김왕배 엮음, 2023; 강금실, 2021). 인간 너머 존재들, 예컨대 지렁이와 나비, 임진강과 북한산 등 통칭 인간에게 '이질적인 것'들을 인간의 의회에 참여시키는 새로운 정치와 세계를 꿈꾸어보는 것이다. 이미 오래전 일군의 물리학자, 철학자들은 "원자에게도 영성이 있을 것이고", "돌멩이에게도 느낌이 있을 것"이라는 관념의 모험을 발휘해달라고 요청했고, 화이트헤드는 아예 "과학의 확실성이란 망상"에 지나지 않는다고 말했다(화이트헤드, 2018: 252).

어떤 존재는 우리에게 위험할 수도 있지만 매혹적일 수도 있다. 우리의 이성이 다가갈 수 없는 '느낌'들의 교환으로 소통이 가능하고, 인간의 언어가 아니라 지구의 언어와 몸짓, 감정의 교류를 통해 소통이 가능할 것이다. 그들이 바라보는 세계를 우리가 이해하고 반응하는 것, 즉 '이질성의 현상학'은 우월과 열등, 합리성과 비합리성, 현실성과 비현실성의 경계를 회의적으로 바라본다. 이 또한 배려와 우정, 나아가 환대하는 도덕감정의 문제이다. 도덕감정의 전위대인 공감과 상상력은 해석학의 임무를 안고 있다. 나와 다른 이질성들의 세계를 해석하고 이해하며, 때로는 우리가 파괴한 것에 대해 책임을 지는 도덕감정의 확장을 통해 '환대의 정치'의 가능성을 열어두자.

폐쇄적인 국민국가의 법과 국가 장치의 경계를 조금은 더 느슨하게 해둘 필요가 있다. 우리는 인종, 이념, 종교적 가치, 삶의 방식, 나아가 인간 너머의 존재들에게서 발견되는 차이와 다름을 인정할 수밖에 없는 시대에 살고 있다. 아렌트가 말한 대로 탄생은 바로 이런 '차이'들을 가진 생명들이 세계를 마주하는 것이다. 차이들의 교류가 바로 소통이고, 신뢰를 바탕으로 한 연대의 세계가 존중과 품위의 사회이다. 미래 사회를 위한 창의성과 미래 세대의 삶을 위해서라도 우리는 나와 다른 것들이 공존할 수 있는 여지를 넓혀두어야 한다. 도너 해러웨이가 말한 대로 "나의 욕망을 방해하고, 때로 인정하고 싶지 않은" 그 '트러블'들과 운명적으로 공생할 수밖에 없다면, 굳이 혈연과 민족, 이념, 인간/비인간의 잣대를 들이대고 갈라 칠 것이 아니라, 경계를 허문 느슨한 연대의 공동체를 만들어야 하지 않을까? 나를 불편하게 만들고 나의 의지를 훼방하는 것들과 함께하는 무위(無爲)의 공동체 같은 것(낭시, 2010)을 만들어보려는 노력도 도덕감정을 고민하는 우리의 과제로 놓아둘 일이다.

참고문헌

금강경. 2016. 홍정식 역해. 동서문화사.
논어. 2005. 박성규 해제. 서울대학교 철학사상연구소.
대학·중용. 2011. 이기동 옮김. 을유문화사.
성경전서. 2001. 대한성서공회
맹자. 2013. 우재호 옮김. 을유문화사.
숫타니파타. 2013. 전재성 역주. 서울: 한국빠알리성전협회.
쌍윳타니까야 2. 2018. 각묵 스님 옮김. 초기불전연구원.
잡아함경 3. 2019. 김윤수 역주. 운주사.
화엄경. 2016. 김지견 옮김. 민족사.

가다머, 한스게오르크(Hans-Georg Gadamer). 2012. 『진리와 철학적 해석학의 기본특징들 1, 2』, 이길우 외 옮김. 문학동네.
가라타니 고진(柄谷行人). 2007. 『세계공화국으로』. 서울: 도서출판b.
가츠라 쇼류(桂紹隆)·고시마 기요타카(五島淸隆). 2020. 『중론』. 배경아 옮김. 불광출판사.
강금실. 2021. 『지구를 위한 변론』. 파주: 김영사.
강상중. 2004. 『내셔널리즘』. 임성모 옮김. 서울: 이산.
강수택. 2003. 「사회적 신뢰에 관한 이론적 시각들과 한국 사회」. ≪사회와 이론≫, 3: 157~210.
_____. 2012. 『연대주의: 모나디즘 넘어서기』. 한길사.
_____. 2019a. 「분열형 사회에서 연대형 사회로의 전환을 위한 사회학적 성찰」. ≪한국사회학≫, 53(2): 137~165.
_____. 2019b. 『씨알과 연대』. 서울: 새물결.
강영안. 2005. 『타인의 얼굴』. 서울: 문학과지성사.
강인철. 2020. 「한국 개신교와 보수적 시민운동: 개신교 우파의 극우·혐오정치를 중심으로」. ≪인문학연구≫, 33: 3~30.
강정인·김수자·문지영·정승현·하상복 지음. 2013. 『한국정치의 이념과 사상』. 후마니타스.
강정한·권은낭. 2021. 「온라인 공간의 정치적 토론과 혐오: 시민 참여의 양면」. 조화순 엮음. 『네트워크와 혐오사회』. 한울아카데미.
강진옥. 2020. 「마키아벨리의 두려움의 통치: 미국 대통령 트럼프를 중심으로」. ≪담론201≫, 23(3): 113~145.

강학순. 2002. 「하이데거의 보살핌에 관한 현상학적 존재 사유」. 한국현상학회. 『보살핌의 현상학』. 서울: 철학과현실사.
강현아. 2004. 「5·18 항쟁 역사에서 여성의 주체화」. ≪한국여성학≫, 20(2): 5~40.
갤러거, 숀(Shaun Gallagher)·자하비, 단(Dan Zahavi). 2013. 『현상학적 마음』. 박인성 옮김. 도서출판b.
게일린, 윌라드(Willard Gaylin). 2009. 『증오: 테러리스트의 탄생』. 신동근 옮김. 황금가지.
고프만, 어빙(Erving Goffman). 2009. 『스티그마』. 윤선길·정기현 옮김. 한신대학교출판부.
금교영. 1995. 『막스 셸러의 가치철학』. 이문출판사.
_____. 1999. 「막스 셸러의 윤리학적 공감론」. ≪철학논총≫, 16: 3~23.
_____. 2013. 「막스 셸러 현상학의 연구」. ≪철학논총≫, 73집 3권.
금장태. 2008. 『한국 양명학의 쟁점』. 서울대학교출판부.
기든스, 앤서니(Anthony Giddens). 2000. 『뒤르켐』. 이종인 옮김. 서울:시공사.
김경희. 2009. 『공화주의』. 책세상.
김광규. 1979. 「나」. 『우리를 적시는 마지막 꿈』. 문학과 지성사.
김광기. 2002. 「왜 사회세계엔 '전형'이 반드시 필요할까?」. ≪한국사회학≫, 36(5): 59~85.
_____. 2005. 「알프레드 슈츠와 '자연적 태도'」. ≪철학과 현상학 연구≫, 25: 47~70.
김광수. 2016. 「애덤 스미스의 조직이론과 조직의 경제학」. ≪국제경제연구≫, 22(2): 1~34.
김광현. 2013. 『이데올로기: 문화 해부학 또는 하이퍼코드의 문제제기』. 파주: 열린책들.
김기협. 2008. 『뉴라이트 비판』. 돌베개.
김도형. 2018. 『레비나스와 정치적인 것』. 서울: 그린비.
김동노. 2023. 「개인주의, 집단주의, 자유주의, 공동체주의와 한국 사회의 변화」. ≪사회이론≫, 63: 153~196.
김명숙. 2003. 『막스 베버의 법사회학』. 한울아카데미.
김명희. 2012. 「한국 사회 자살현상과 『자살론』의 실재론적 해석」. ≪경제와 사회≫, 96: 288~327.
_____. 2016. 「한국이행기 정의의 감정동학에 대한 사례연구」. ≪기억과 전망≫, 34: 55~101.
_____. 2017. 『통합적 인간과학의 가능성』. 한울아카데미.
_____. 2020. 「5·18 자살의 계보학: 치유되지 않은 5월」. ≪경제와 사회≫, 126: 78~115.
김명희 외. 2022. 『5·18 다시 쓰기』. 오월의봄.
김무경. 2007. 「상상력과 사회」. ≪한국사회학≫, 41(2): 304~338.
김문조 외. 2022. 『탈사회의 사회학』. 한울아카데미.
김상봉. 2015. 『철학의 헌정: 5·18을 생각함』. 도서출판 길.
김상윤·정현애·김상집. 2019. 『녹두서점의 오월: 80년 광주, 항쟁의 기억』. 한겨레출판.
김상준. 2011a. 『맹자의 땀, 성왕의 피』. 아카넷.
_____. 2011b. 『미지의 민주주의』. 아카넷.
김서영. 2013. 「자크 라캉의 소유할 수 없는 편지」. 철학아카데미 엮음. 『처음 읽는 프랑스 현대철학』. 파주: 동녘.

김석근. 2011. 「공과 사 그리고 수기치인」. ≪오늘의 동양사상≫, 22: 101~119.
김성국. 2015. 『잡종사회와 그 친구들』. 서울: 이학사.
김성민. 2010. 『일본군 세균전』. 서울: 청문각.
김성보. 2009. 「남북국가 수립기 인민과 국민 개념의 분화」. ≪한국사연구≫, 144: 69~95.
김세은. 2010. 「해직 그리고 그 이후…해직 언론인의 삶과 직업을 통해 본 한국 현대언론사의 재구성」. ≪언론과 사회≫, 18(4): 158~208.
_____. 2012. 「해직 언론인에 대한 생애사적 접근 연구」. ≪한국언론학보≫, 56(3): 292~319.
김수정. 2019. 「개인화 시대의 '개인주의'에 대한 개념적 탐색」. ≪한국언론정보학보≫, 94: 7~33.
김영미. 2016. 「계층화된 젊음: 일, 가족형성에서 나타나는 청년기 기회불평등」. ≪사회과학논집≫, 47(2): 27~52.
김영범. 1998. 「집합기억의 사회사적 지평과 동학」. 지승종 외. 『사회사 연구의 이론과 실제』. 한국정신문화연구원.
김영찬. 2005. 「망각의 기억과 정치」. ≪문화예술≫, 42~44쪽.
김왕배. 2001. 『산업사회의 노동과 계급의 재생산: 일상생활 세계의 불평등에 대한 성찰』. 한울아카데미.
_____. 2011. 「호혜경제의 탐색과 전망」. ≪사회와 이론≫, 19: 177~213.
_____. 2014. 「한국의 교육열」. ≪지식의 지평≫, 17: 104~120.
_____. 2018. 『도시, 공간, 생활 세계』. 한울아카데미.
_____. 2019a. 「세대갈등과 인정투쟁」. 이대환 외. 『막힌 사회와 그 비상구들』. 파주: 아시아.
_____. 2019b. 『감정과 사회: 감정의 렌즈를 통해 본 한국 사회』. 한울아카데미.
_____. 2020a. 「씨알사상과 시민연대주의: 강수택, 『씨알과 연대: 함석헌의 연대 사상』(새물결, 2019)」. ≪경제와 사회≫, 125: 429~440.
_____. 2020b. 「코로나19와 삶의 전환기」. ≪bbb코리아≫, 57호.
_____. 2021a. 「'분노의 분노'를 넘어, 5·18 항쟁의 시간과 기억」. ≪감성연구≫, 23: 191~225.
_____. 2021b. 「'사회적인 것'의 재구성과 '비(非)인간' 존재에 대한 사유」. ≪사회와 이론≫, 40: 7~46.
_____. 2022. 「화충(和衷) 혐오와 반지성주의 사회갈등 해소를 위하여」. 연세대학교 국학연구원, 정인보 선생 기념회 발표문.
_____. 2024. 「사변철학과 불교화엄종의 사회학적 함의」. 지구와사람 발표문.
김왕배 엮음. 2023. 『지구법학: 자연의 권리선언과 정치참여』. 서울: 문학과지성사.
김왕배 외. 2017. 『향수 속의 한국 사회』. 한울아카데미.
김왕배 외. 2022. 『고도 개인화 시대의 가치의 정치』. 한국연구재단 보고서.
김왕배·김종우. 2020. 「호혜경제와 갈등의 감정동학」. ≪현상과인식≫, 44(1): 91~114.
김왕배·이경용. 2002. 「사회자본으로서의 신뢰와 조직몰입」. ≪한국사회학≫, 36(3): 1~23.
_____. 2005. 「기업구조조정과 생존자들의 사회심리적 건강」. ≪한국사회학≫, 39(4): 70~100.
김왕배·장경태. 2016. 「감정노동과 인권」. ≪사회연구≫, 30: 9~45.
김용학. 1999. 「경제 위기의 충격과 신뢰위기」. ≪사회발전연구≫, 5: 125~149.

김욱동. 1988. 『대화적 상상력』. 문학과 지성사.
김위정·김왕배. 2007. 「세대 간 빈곤이행과 영향요인에 관한 연구」. ≪한국사회학≫, 제41권 6호, 1~36쪽.
김인영 엮음. 2002. 『한국 사회 신뢰와 불신의 구조: 거시적 접근, 미시적 접근』. 소화출판.
김재명. 2024.1.27. "'악마 의사'가 힘쓸 틈 없이 무너진 관동군, '최후 마루타' 40명 독가스에 죽었다". 프레시안.
김정인. 2019. 「모두의 5·18로 가는 길」. 김정인 외. 『너와 나의 5·18』. 오월의 봄.
김정현. 2012. 「니체의 양심론」. 진교훈 외. 『양심』. 서울대학교출판문화원.
김종엽. 1998. 『연대와 열광: 에밀 뒤르켐의 현대성 비판 연구』. 서울: 창작과비평사.
김종우. 2021. 「한국의 포괄적 차별금지법을 둘러싼 담론 지형과 이중화된 인권: 포괄적 차별금지법 입법 과정을 중심으로」. ≪경제와 사회≫, 129: 84~117.
김종헌. 2003. 「기억과 재현의 영상이미지: 5·18 영화를 중심으로」. ≪민주주의와 인권≫, 3(2): 147~168.
김주성. 1995. 「롤스의 사회정의: 협소한 자유주의?」. 『현대사회와 정의』. 서울: 철학과현실사.
김주환. 2018. 「선물(gift) 교환에서 물신과 주술 그리고 적대와 사회적인 것의 문제」. ≪한국사회학≫, 52(3): 33~79.
김준수. 2019. 「돼지 전쟁」. ≪문화역사지리≫, 31(3): 41~60.
김진. 1998. 『아펠과 철학의 변형』. 철학과 현실사.
김찬호. 2014. 『모멸감: 굴욕과 존엄의 감정사회학』. 문학과 지성사.
김철원. 2017. 『그들의 광주: 광주 항쟁과 유월항쟁을 잇다』. 한울아카데미.
김필동. 1999. 『차별과 연대』. 서울: 문학과지성사.
김현경. 2007. 「공적 공간에서의 무시와 모욕의 의미에 대하여」. ≪사회와 역사≫, 75: 253~283.
김현민·김종우·이상준. 2022. 「라이프스타일 운동과 사회운동의 접점 및 한계: 부산 비건 매핑운동 사례」. ≪문화와 사회≫, 30(3): 7~61.
김현수. 2011. 「조건적 용서와 무조건적 용서의 화해를 향하여」. ≪한국기독교신학논총≫, 76(1): 275~299.
김현주. 2013. 『사회의 발견』. 서울: 소명출판.
김홍중. 2015. 「서바이벌, 생존주의, 그리고 청년 세대」. ≪한국사회학≫, 49(1): 179~212.
_____. 2020. 「코로나19와 사회이론: 바이러스, 사회적 거리 두기, 비말을 중심으로」. ≪한국사회학≫, 54(3): 163~187.
나간채. 2012. 『한국의 5월 운동: 민주·정의·인권을 위한 17년의 항쟁사』. 한울아카데미.
낭시, 장-뤽(Jean-Luc Nancy). 2010. 『무위의 공동체』. 박준상 옮김. 고양: 인간사랑.
너스, 폴(Paul Nurse). 2021. 『생명이란 무엇인가』. 이한음 옮김. 서울: 까치.
너스바움, 마샤(Martha Nussbaum). 2015. 『감정의 격동 2: 연민』. 조형준 옮김. 서울: 새물결.
노상우·박성자. 2005. 「불교사상에 나타난 탈자아중심적 교육관 고찰」. ≪교육철학≫, 33: 191~210.
노직, 로버트(Robert Nozick). 1997. 『아나키에서 유토피아로: 자유주의국가의 철학적 기초』. 남경희 옮김. 서울: 문학과지성사.
니체, 프리드리히(Friedrich Nietzsche). 2002. 『선악의 저편: 도덕의 계보』. 김정현 옮김. 서울: 책세상.
_____. 2005. 『도덕의 계보』. 백승영 해제. 서울: 서울대학교 철학사상연구소.
다윈, 찰스(Charles Darwin). 2014. 『인간과 동물의 감정표현』. 김홍표 옮김. 지식을 만드는 지식.
데리다, 자크(Jacques Derrida). 2004a. 『법의 힘』. 진태원 옮김. 서울: 문학과지성사.
_____. 2004b. 『환대에 대하여』. 남수인 옮김. 서울: 동문선.
도킨스, 리처드(Richard Dawkins). 2018. 『이기적 유전자』. 홍영남·이상임 옮김. 서울: 을유문화사.
뒤랑, 질베르(Gilbert Durand). 2022. 『상상계의 인류학적 구조들』. 진형준 옮김. 파주: 문학동네.
뒤르켐, 에밀(Emile Durkheim). 2012. 『사회분업론』. 민문홍 옮김. 서울: 아카넷.
뒬멘, 리하르트 반(Richard van Dulmen). 2005. 『개인의 발견』. 최윤영 옮김. 서울: 현실문화연구.
듀이, 존(John Dewey). 2020. 『인간 본성과 행위 2』. 최용철 옮김. 서울: 봄.
드워킨, 로널드(Ronald Dowrkin). 2005. 『자유주의적 평등』. 염수균 옮김. 파주: 한길사.
딜타이, 빌헬름(Wilhelm Dilthey). 2002. 『체험, 표현, 이해』. 이한우 옮김. 서울: 책세상.
라레인, 호르헤(Jorge Larrain). 1992. 『현대 사회이론과 이데올로기』. 한상진·심영희 옮김. 한울아카데미.
라이히, 빌헬름(Wilhelm Reich). 2006. 『파시즘의 대중심리』. 황선길 옮김. 서울: 그린비.
레비나스, 에마뉘엘(Emmanuel Levinas). 1996. 『시간과 타자』. 강영안 옮김. 서울: 문예출판사.
_____. 2003. 『존재에서 존재자로』. 서동욱 옮김. 서울: 민음사.
렘케, 토마스(Thomas Lemke). 2015. 『생명정치란 무엇인가』. 심성보 옮김. 서울: 그린비.
로젠, 마이클(Michael Rosen). 2016. 『존엄성』. 공진성·송석주 옮김. 서울: 아포리아.
롤스, 존(John Rawls). 2003. 『정의론』. 황경식 옮김. 서울: 이학사.
_____. 2016. 『정치적 자유주의』. 파주: 동명사.
롬바르도, 티모시 J.(Timothy J. Lombardo). 2022. 『블루칼라 보수주의』. 강지영 옮김. 서울: 회화나무.
루드비히, 랄프(Ralf Ludwig). 2004. 『순수이성비판: 쉽게 읽는 칸트』. 박중목 옮김. 서울: 이학사.
루만, 니클라스(Niklas Luhmann). 2015. 『법사회학』. 강희원 옮김. 파주: 한길사.
루소, 장-자크(Jean-Jacques Rousseau). 2002. 『에밀』. 손정수 옮김. 서울: 산수야.
류근일. 2008.2.4. "종북'주의". ≪조선일보≫.
류태건. 2014. 「한국, 일본, 미국, 독일의 대인신뢰와 정부신뢰: 수준과 영향요인 비교분석」. ≪한국정치연구≫, 23(3): 189~218.
르노, 알랭(Alain Renaut). 2002. 『개인: 주체철학에 관한 고찰』. 장정아 옮김. 서울: 동문선.
르봉, 귀스타브(Gustave Le Bon). 2019. 『군중심리학』. 민문홍 옮김. 서울: 책세상.
르페브르, 앙리(Henri Lefebvre). 1992. 『현대세계의 일상성』. 박정자 옮김. 세계일보사.
리그니, 대니얼(Daniel Rigney). 2018. 『은유로 사회 읽기』. 박형신 옮김. 한울아카데미.
리쾨르, 폴(Paul Ricoeur). 2002. 『텍스트에서 행동으로』. 박병수·남기영 편역. 아카넷.
_____. 2003. 『해석학과 인문사회과학』. 윤철호 옮김. 서광사.

_____. 2004. 『시간과 이야기 1, 2, 3』. 김한식 옮김. 문학과 지성사.
립먼-블루먼, 진(Jean Lipman-Blumen). 2005. 『부도덕한 카리스마의 매혹』. 정명진 옮김. 서울: 부글북스.
마갈릿, 아비샤이(Avishai Margalit)·골드블룸, 나오미(Naomi Goldblum). 2008. 『품위 있는 사회』. 신성림 옮김. 파주: 동녘.
마굴리스, 린(Lynn Margulis)·세이건, 도리언(Dorion Sagan). 2018. 『생명이란 무엇인가』. 김영 옮김. 서울: 리수.
마르쿠제, 허버트(Herbert Marcuse). 2009. 『일차원적 인간』. 박병진 옮김. 서울: 한마음사.
마르크스, 슈테판(Stephan Marks). 2009. 『나치즘, 열광과 도취의 심리학』. 신종훈 옮김. 책세상.
마르크스, 카를(Karl Marx). 1987. 『자본 1-2』. 김영민 옮김. 서울: 이론과실천.
_____. 1990. 『자본 1』. 김영민 옮김. 서울: 이론과실천.
_____. 2008. 『자본 1-1』. 강신준 옮김. 서울: 길.
_____. 2015. 『독일 이데올로기』. 김대웅 옮김. 서울: 두레.
마르틴, 한스(Hans Martin)·슈만, 하랄트(Harald Schumann). 2003. 『세계화의 덫』. 강수돌 옮김. 서울: 영림카디널.
마키아벨리, 니콜로(Niccolo Machiavelli). 2015/2017. 『군주론: 군주국에 대하여』. 곽차섭 옮김. 서울: 길.
마페졸리, 미셸(Michel Maffesoli). 2017. 『부족의 시대』. 박정호·신지은 옮김. 파주: 문학동네.
만하임, 카를(Karl Mannheim). 2012. 『이데올로기와 유토피아』. 임석진 옮김. 파주: 김영사.
매킨타이어, 알래스데어(Alasdair MacIntyre). 2021. 『덕의 상실』. 이진우 옮김. 서울: 문예출판사.
맥렐런, 데이비드(David McLellan). 2002. 『이데올로기』. 구승회 옮김. 도서출판 이후.
맥어스킬, 윌리엄(William MacAskill). 2017. 『냉정한 이타주의자』. 전미영 옮김. 서울: 부키.
메스트로비치, 스테판(Stjepan Mestrovic). 2014. 『탈감정사회』. 박형신 옮김. 한울아카데미.
메이시, 조애너(Joanna Macy). 2004. 『불교와 일반시스템이론』. 이중표 옮김. 서울: 불교시대사.
메이야수, 퀭탱(Quentin Meillassoux). 2010. 『유한성 이후』. 정지은 옮김. 서울: 도서출판b.
모스, 마르셀(Marcel Mauss). 2002. 『증여론』. 이상률 옮김. 서울: 한길사.
모스코비치, 세르주(Serge Moscovici). 1996. 『군중의 시대』. 이상률 옮김. 서울: 문예출판사.
미드, 조지 허버트(George Herbert Mead). 2010. 『정신, 자아, 사회』. 나은영 옮김. 파주: 한길사.
미조구치 유조(溝口雄三). 2004. 『중국의 공과 사』. 정태섭·김용천 옮김. 서울: 신서원.
밀스, C. 라이트(C. Wright Mills). 2004. 『사회학적 상상력』. 강희경·이해찬 옮김. 파주: 돌베개.
바바렛, 잭(Jack Barbalet). 2009. 『감정과 사회학』. 박형신 옮김. 서울: 이학사.
바슐라르, 가스통(Gaston Bachelard). 2000. 『공기와 꿈』. 정영란 옮김. 서울: 이학사.
바우만, 지그문트(Zygmunt Bauman). 2010. 『액체근대』. 이일수 옮김. 도서출판 강.
_____. 2013. 『방황하는 개인들의 사회』. 홍지수 옮김. 서울: 봄아필.
바타유, 조르주(Georges Bataille). 2000. 『저주의 몫』. 조한경 옮김. 서울: 문학동네.
박명림. 2019. 「정의의 회복과 과거 극복의 완전성의 문제: 거창사건을 중심으로」. ≪一鑑法學≫, 42: 39~70.

박병기. 2014. 「정의의 동양사상적 맥락과 21세기 한국 사회」. ≪한국학논집≫, 55: 25~50.
박성희. 1996. 「공감의 구성 요소와 친사회적 행동의 관계 연구」. ≪교육학연구≫, 34(5): 43~166.
_____. 2017. 『공감학』. 서울: 학지사.
박순성. 1994. 「시장 그리고 국가 스미스 자유주의의 경제, 정치, 도덕」. ≪사회비평≫, 12: 28~48.
박영주. 2004. 「규범적 사회제도와 시장메커니즘」. ≪한국거버넌스학회보≫, 11(1): 65~91.
박은식. 2011. 『왕양명 선생실기』. 최재목·김용구 옮김. 서울: 선인.
박인철. 2012. 「공감의 현상학」. ≪철학연구≫, 99: 101~145.
박재순. 2017. 『다석 유영모』. 홍성사.
박지영. 2018. 「대중의 위협인식이 트럼프 정부의 반(反) 이민정책 지지에 미친 영향: 문화적·안보적·경제적 위협 인식을 중심으로」. ≪한국정치학회보≫, 52(5): 217~242.
박찬웅. 2006. 『시장과 사회적 자본』. 서울: 그린.
박형신. 2018. 「집합행위와 감정」. ≪정신문화연구≫, 41(2): 161~196.
_____. 2022. 「혼술의 감정 동학」. 김문조 외. 『탈사회의 사회학』. 한울아카데미.
박형신·정수남. 2015. 『감정은 사회를 어떻게 움직이는가』. 한길사.
발리바르, 에띠엔느(Etienne Balibar) 외. 2008. 『법은 아무 것도 모른다』. 강수영 옮김. 고양: 인간사랑.
방연상. 2013. 「탈근대적 선교신학의 주체를 향하여」. ≪신학연구≫, 63: 253~279.
백승영. 2007. 「양심과 양심의 가책. 그 계보의 차이」. ≪철학≫, 90: 107~133.
백승욱. 2015. 「마르크스와 사회적인 것」. ≪한국사회학≫, 49(5): 219~266.
백욱인. 1994. 「대중 소비생활구조의 변화」. ≪경제와 사회≫, 21: 45~69.
백춘현. 2012. 「아펠의 양심론」. 진교훈 외. 『양심』. 서울대학교출판문화원.
백훈승. 2004. 「헤겔에서의 반성(反省)과 사변(思辨)」. ≪범한철학≫, 34: 225~246.
버킷, 이안(Ian Burkitt). 2017. 『감정과 사회관계』. 박형신 옮김. 한울아카데미.
베버, 막스(Max Weber). 2011a. 『직업으로서의 학문』. 전성우 옮김. 파주: 나남.
_____. 2011b. 『직업으로서의 정치』. 전성우 옮김. 파주: 나남.
벡, 울리히(Ulrich Beck). 1997. 『위험사회: 새로운 근대성을 향하여』. 홍성태 옮김. 새물결.
벤야민, 발터(Walter Benjamin). 2008. 『역사의 개념에 대하여; 폭력비판을 위하여; 초현실주의 외』. 최성만 옮김. 서울:길.
보드리야르, 장(Jean Baudrillard). 1999. 『소비의 사회』. 이상률 옮김. 서울: 문예출판사.
볼로뉴, 장 클로드(Jean-Claude Bologne). 2008. 『수치심의 역사』. 전혜정 옮김. 서울: 에디터.
부르디외, 피에르(Pierre Bourdieu). 2005. 『구별짓기』. 최종철 옮김. 서울: 새물결.
브리투 비에이라, 모니카(Monica Brito Vieira)·런시먼, 데이비드(David Runciman). 2020. 『대표: 역사, 논리, 정치』. 노시내 옮김. 서울:후마니타스.
사르트르, 장 폴(Jean Paul Sartre). 2010. 『사르트르의 상상계』. 윤정임 옮김. 서울:기파랑.
샌델, 마이클(Michael Sandel). 2010a. 『정의란 무엇인가』. 이창신 옮김. 파주: 김영사.
_____. 2010b. 『왜 도덕인가』. 안진환·이수경 옮김. 서울: 한국경제신문.
_____. 2020. 『공정하다는 착각』. 함규진 옮김. 서울: 와이즈베리.

서광 스님. 2016. 『유식 30송』. 서울: 불광출판부.
서동욱. 2022. 『타자철학: 현대 사상과 함께 타자를 생각하기』. 서울: 반비.
서동진. 2009. 『자유의 의지, 자기계발의 의지』. 파주: 돌베개.
서유석. 2013. 「연대(solidarity) 개념에 대한 철학적 성찰」. ≪철학논총≫, 72: 385~407.
세넷, 리처드(Richard Sennett). 2002. 『신자유주의와 인간성의 파괴』. 조용 옮김. 서울: 문예출판사.
센, 아마르티아(Amartya Sen). 1998. 『불평등의 재검토』. 이상호·이덕재 옮김. 한울아카데미.
셸러, 막스(Max Scheler). 1998. 『윤리학에 있어서 형식주의와 실질적 가치윤리학』. 이을상·금교영 옮김. 서광사.
_____. 2006. 『동감의 본질과 형태들』. 조정옥 옮김. 서울: 아카넷.
소병일. 2014. 「공감과 공감의 윤리적 확장에 관하여」. 고려대학교 철학연구소. 『감정의 도덕심리학적 고찰』. 파주: 한국학술정보.
손병권·김인혁. 2017. 「트럼프 시대 미국 민족주의 등장의 이해: 국가정체성, 민중주의, 권위주의를 중심으로」. ≪미국학논집≫, 49(3): 149~173.
솔닛, 레베카(Rebecca Solnit). 2012. 『이 폐허를 응시하라』. 정해영 옮김. 서울: 펜타그램.
솔로몬, 로버트(Robert Solomon). 2023a. 『정의라는 감정에 대하여』. 김영미 옮김. 시흥: Odos.
_____. 2023b. 『감정은 어떻게 내 삶을 의미 있게 바꾸는가』. 오봉희 옮김. 시흥: Odos.
송기원. 2014. 『생명』. 서울: 로도스.
_____. 2024. 『송기원의 생명공부』. 사이언스북스.
송복. 1999. 『동양적 가치란 무엇인가』. 서울: 미래인력연구센터.
_____. 2014. 「리더십 인문학 ①: 리더십의 원류(源流): 왜 인문학인가?」 ≪시대정신≫, 62호.
_____. 2016. 『특혜와 책임』. 서울: 가디언.
슈라이버, 도널드(Donald Shriver) 2세. 2001. 『적을 위한 윤리: 사죄와 용서의 정치윤리』. 서광선·장윤재 옮김. 이화여자대학교출판부.
슈뢰딩거, 에르빈(Erwin Schrodinger). 2001. 『생명이란 무엇인가』. 서인석·황상익 옮김. 한울아카데미.
슈미트, 카를(Carl Schmitt). 2012. 『정치적인 것의 개념』. 김효전·정태호 옮김. 살림.
스미스, 애덤(Adam Smith). 2008. 『국부론』. 유인호 옮김. 서울: 동서문화사.
_____. 2009. 『도덕감정론』. 박세일·민경국 옮김. 서울: 비봉출판사.
_____. 2016. 『도덕감정론』. 김광수 옮김. 파주: 한길사.
스타브라카키스, 야니(Yannis Stavrakakis). 2006. 『라캉과 정치』. 이병주 옮김. 서울: 은행나무.
슬로터다이크, 페터(Peter Sloterdijk). 2017. 『분노는 세상을 어떻게 지배했는가』. 이덕임 옮김. 서울: 이야기가있는집.
시덴톱, 래리(Larry Siedentop). 2016. 『개인의 탄생』. 정명진 옮김. 서울: 부글북스.
신경아. 2013. 「'시장화된 개인화'와 복지 욕구」. ≪경제와 사회≫, 98: 266~303.
신병식. 2017. 『국가와 주체』. 서울: 도서출판b.
신용하·장경섭. 1996. 『21세기 한국의 가족과 공동체문화』. 서울: 지식산업사.
신응철. 2018. 「용서(Forgiveness) 논쟁 다시 보기」. ≪철학·사상·문화≫, 27: 106~127.

신정근. 2004. 「도덕원칙으로서 서(恕) 요청의 필연성」. ≪동양철학≫, 21: 95~118.
신진욱. 2018. 『한스 요아스, 가치의 생성』. 커뮤니케이션북스.
_____. 2008. 「보수단체 이데올로기의 개념구조, 2000~2006」. ≪경제와 사회≫, 78: 163~193.
_____. 2022. 『그런 세대는 없다: 불평등 시대의 세대와 정치 이야기』. 개마고원.
심승우. 2015. 「신자유주의 시대와 공화주의 시민경제(Civic Economy)의 모색」. ≪시민과 세계≫, 78: 163~193.
싱, 칼루(Kalu Singh). 2004. 『죄책감』. 김숙진 옮김. 이제이북스.
싱어, 피터(Peter Singer). 1999. 『동물 해방』. 김성한 옮김. 고양: 인간사랑.
아감벤, 조르조(Giorgio Agamben). 2008. 『호모 사케르』. 박진우 옮김. 새물결.
아렌트, 한나(Hannah Arendt). 2010. 『예루살렘의 아이히만』. 김선욱 옮김. 한길사.
_____. 2015. 『전체주의의 기원 2』. 이진우·박미애 옮김. 한길사.
_____. 2017. 『인간의 조건』. 이진우 옮김. 한길사.
_____. 2022. 『책임과 판단』. 서유경 옮김. 서울: 필로소픽.
안경환·장복희 엮음. 2002. 『양심적 병역거부』. 사람생각.
안외순. 2009. 「『대학』의 정치철학: 자기성찰과 혈구행정의 정치」. ≪한국철학논집≫, 27: 327~361.
_____. 2021. 「동양정치사상에서의 정의(justice) 개념의 재고찰: 『논어(論語)』를 중심으로」. ≪동방학≫, 44: 137~164.
안현수. 2009. 「푸코 철학에 있어서 "자기배려"」. ≪동서철학연구≫, 54: 345~362.
알칼릴리, 짐(Jim Al-Khalili)·맥패든, 존조(Johnjoe McFadden). 2017. 『생명, 경계에 서다』. 김정은 옮김. 파주: 글항아리/사이언스.
애버크롬비, 니콜라스(Nicholas Abercrombie). 1987. 『계급, 이데올로기, 실천: 지식사회학의 제문제』. 김영범 옮김. 서울: 학민사.
액설로드, 로버트(Robert Axelrod). 2009. 『협력의 진화: 이기적 개인의 텃포탯 전략』. 이경식 옮김. 서울: 시스테마.
앨리엇, 앤서니(Anthony Elliott)·터너, 브라이언(Bryan Turner). 2015. 『사회론: 구조, 연대, 창조』. 김정환 옮김. 서울: 이학사.
야스퍼스, 카를(Karl Jaspers). 2014. 『죄의 문제: 시민의 정치적 책임』. 이재승 옮김. 서울: 앨피.
양선이. 2011. 「공감의 윤리와 도덕규범」. ≪철학연구≫, 95: 153~179.
양승태 엮음. 2014. 『보수주의와 보수의 정치철학』. 이학사.
양해림. 2017. 『한스 요나스의 생태학적 사유 읽기』. 대전: 충남대학교출판문화원.
양현아. 2011. 『한국 가족법 읽기』. 파주: 창비.
에스포지토, 로베르토(Roberto Esposito). 2022. 『임무니타스』. 용인: critica.
엘리아스, 노버트(Norbert Elias). 1995. 『매너의 역사: 문명화 과정』. 유희수 옮김. 신서원.
엠케, 카롤린(Carolin Emcke). 2017. 『혐오사회』. 정지인 옮김. 다산초당.
염유식. 2019. 「한국 아동·청소년 행복지수 조사, 2019」. 연세대학교 사회발전연구소. https://doi.org/10.22687/KOSSDA-A1-2019-0002-V1.

오딘, 스티브(Steve Odin). 1999. 『과정형이상학과 화엄불교』. 안형관 옮김. 대구: 이문출판사.
오수성. 2013. 「국가폭력과 트라우마」. ≪민주주의와 인권≫, 13(1): 5~12.
오수성·신현균·조용범. 2006. 「5·18 피해자들의 만성 외상 후 스트레스와 정신건강」. ≪한국심리학회지 일반≫, 25(2): 59~75.
오스틴, 존 랭쇼(John Langshaw Austin). 1992. 『말과 행위』. 김영진 옮김. 서울: 서광사.
5·18민주유공자유족회·5·18 기념재단 엮음. 2007. 『꽃만 봐도 서럽고 그리운 날들 1, 2: 행방불명자 편, 5·18 민중항쟁 증언록』. 한얼미디어.
오정진. 2022. 「에스포지토의 'the impersonal': 공정의 재배치를 향한 시론」. ≪법철학연구≫, 25(3): 113~138.
옹프레, 미셸(Michel Onfray). 2011. 『사회적 행복주의』. 남수인 옮김. 고양: 인간사랑.
요나스, 한스(Hans Jonas). 1994. 『책임의 원칙: 기술 시대의 생태학적 윤리』. 이진우 옮김. 서울: 서광사.
요한슨, 루네(Rune Johansson). 2006. 『초기불교의 역동적 심리학』. 허우성 옮김. 서울: 경희대학교출판국.
우치다 타쓰루(內田樹). 2013. 『하류지향』. 김경옥 옮김. 서울: 민들레.
_____. 2018. 『반지성주의를 말하다』. 김경원 옮김. 고양: 이마.
_____. 2023. 『푸코, 바르트, 레비스트로스, 라캉 쉽게 읽기』. 이경덕 옮김. 서울: 갈라파고스.
원재연·이민지. 2021. 「The Politics of Hegemonic Despotism: A Case Study of the Seoul City Official "Spy-Making" Incident」. ≪인문논총≫, 54: 91~110.
유승무·박수호·신종화. 2021. 『마음사회학』. 한울아카데미.
유영희. 2009. 「도덕적 감정과 일반적 감정」. 한국사상연구회. 『조선유학의 [개념]들』. 예문서원.
윤상현. 2019. 「관념사로 본 1910년대 '개인' 개념의 수용 양상: 유명론적 전환과 개체로서 '개인' 인식」. ≪인문논총≫, 76(2): 205~235.
윤태진. 2017. 「시민의 시대와 반지성주의」. ≪문화과학≫, 91: 236~247.
윤형철. 2017. 「남아공 '진실과 화해 위원회(TRC)'를 통해 본 기독교적 정의와 화해 담론」. ≪성경과 신학≫, 83: 83~117.
이경용. 1999. 「한국근로자의 신뢰수준과 관련 요인에 대한 연구」. ≪사회발전연구≫, 5: 205~259.
이글턴, 테리(Terry Eagleton). 1995. 『이데올로기 개론』. 여홍상 옮김. 한신문화사.
이기홍. 2017. 『로이 바스카』. 서울: 커뮤니케이션북스.
이나미. 2011. 『한국의 보수와 수구: 이념의 역사』. 지성사.
이남인. 2013. 『현상학과 해석학』. 서울대학교출판문화원.
이동수. 2006. 「공존과 배려」. ≪정치사상연구≫, 12(1): 57~80.
이매뉴얼, 리키(Ricky Emanuel). 2003. 『불안』. 김복태 옮김. 서울: 이제이북스.
이문수. 2018. 「인간 존재와 열린 공동체」. ≪문화와 정치≫, 5(2): 147~178.
이상익. 2004. 『유교전통과 자유민주주의』. 서울: 심산.
이승훈. 2015. 「공공 활동의 참여를 통한 "동감"의 구성」. ≪사회과학연구≫, 27(2): 57~85.
이양수. 2016. 『폴 리쾨르』. 커뮤니케이션북스.

이연승. 2019. 『동아시아의 희생제의』. 서울: 모시는사람들.
이완범. 2014. 「한국보수세력의 계보와 역사」. 양승태 엮음. 『보수주의와 보수의 정치철학』. 이학사.
이을상. 2012. 「하르트만의 양심론」. 진교훈 외. 『양심』. 서울대학교출판문화원.
이장희. 2008. 「동양철학의 현재성」. ≪사회와 철학≫, 16: 295~308.
이재승. 2010. 『국가범죄』. 엘피.
이재열. 1998. 「민주주의, 사회자본, 사회적 신뢰」. ≪계간사상≫, 37: 65~93.
이재열·조병희·장덕진·유명순·우명숙·서형준. 2014. 「사회통합: 개념과 측정, 국제비교」. ≪한국사회정책≫, 21(2): 113~149.
이재혁. 1996. 「신뢰, 거래비용, 그리고 연결망」. ≪한국사회학≫, 30: 519~543.
____. 2004. 「개인, 호혜성, 그리고 근대시장」. ≪사회와 이론≫, 5(2): 79~121.
이진우. 1996. 『하버마스의 비판적 사회이론』. 서울: 문예출판사.
이철승. 2019. 『불평등의 세대』. 서울: 문학과지성사.
이하준. 2014. 「울리히 벡의 개인개념과 한국 사회」. ≪사회와 철학≫, 28: 67~104.
이혜경. 2008. 『맹자, 진정한 보수주의자의 길』. 서울: 그린비.
이황직. 2017. 『군자들의 행진』. 파주: 아카넷.
이희승. 2000. 『일석 이희승 전집』(9권). 서울: 서울대학교출판부.
임의영. 2011. 『형평과 정의』. 한울아카데미.
임채광. 2012. 「프롬의 양심 개념」. 진교훈 외. 『양심』. 서울대학교출판문화원.
임철우. 2017. 『백년여관』. 문학동네.
자하비, 단(Dan Zahabi). 2017. 『후설의 현상학』. 박지영 옮김. 한길사.
장경. 2017. 「폴 리쾨르를 통해서 본 '용서'의 의미」. ≪철학논집≫, 49: 9~43.
장경섭. 2018. 「가족자유주의와 한국 사회: 사회재생산 위기의 미시정치경제적 해석」. ≪사회와 이론≫, 32: 189~218.
장덕진. 1999. 「경제 위기와 대안적 지배구조로서의 신뢰」. ≪사회비평≫, 20: 69~83.
장동진. 1994. 「미국의 자유주의」. 서정갑 외. 『미국정치의 과정과 정책』. 서울: 나남.
____. 2012. 『심의 민주주의: 공적이성과 공동선』. 서울: 박영사.
장승구 외. 2003. 『동양사상의 이해』. 서울: 경인문화사.
전남대학교병원. 2017. 『5·18 민주화운동 의료활동집』. ㈜비즈인.
전복희. 1996. 『사회진화론과 국가사상』. 한울아카데미.
전상진. 2018. 『세대게임』. 문학과 지성사.
전신현. 2009. 「감정과 도움행동」. '감정연구의 새로운 지평'. 제1회 한국학중앙연구원 현대한국연구소 국내학술회의 자료집.
전영갑. 2004. 「흄의 도덕 인식론」. ≪대동철학≫, 24: 411~437.
전주성. 2006. 「재정개혁의 정치경제적 과제」. ≪공공경제≫, 11(2): 217~238.
전태국. 2013. 『지식사회학』. 한울아카데미.
정경운. 2020. 「역사를 증언하는 여성의 몸과 목소리」. 경북대학교·전남대학교 영호남 교류학술대회(2) 발표문.

정근식. 2007. 「오키나와 한센 병사에서의 절대격리체제의 형성과 변이」. ≪사회와 역사≫, 73: 185~220.

정문영. 2019. 「진실을 향한 투쟁」. 김정인 외. 『너와 나의 5·18』. 오월의봄.

정영호·고숙자. 2015. 「사회갈등지수 국제비교 및 경제성장에 미치는 영향」. ≪보건복지포럼≫, 221: 44~55.

정운현. 2013. 『정이란 무엇인가』. 서울: 책으로보는세상.

정원. 2023. 「뒤르켐과 미완의 기획: 비판의 사회학과 '정치적인 것'」. 서울: 연세대학교대학원 박사학위논문.

정인관·최성수·황선재·최율. 2020. 「한국의 세대 간 사회이동과 교육 불평등: 2000년대 이후 경험적 연구에 대한 종합적 검토」. ≪경제와 사회≫, 127: 12~59.

정인보. 2020. 『양명학연론』. 한정길 역해. 파주: 아카넷.

정인재. 2014. 『양명학의 정신』. 서울: 세창출판사.

정해구. 1990. 『광주 민중항쟁 연구』. 사계절.

제어, 하워드(Howard Zehr). 2010. 『회복적 정의란 무엇인가』. 손진 옮김. 춘천: Korea Anabaptist Press.

제이, 마틴(Martin Jay). 2021. 『경험의 노래들』. 신재성 옮김. 파주: 글항아리.

조귀동. 2020. 『세습 중산층 사회』. 서울: 생각의힘.

조문영. 2022. 『빈곤과정』. 글항아리.

조정옥. 1999. 『감정과 에로스의 철학: 막스 셸러의 철학』. 철학과 현실사.

조현준. 2022. 『개인의 탄생』. 서울: 소소의책.

조효제. 2007. 『인권의 문법』. 서울: 후마니타스.

존스턴, 데이비드(David Johnston). 2011. 『정의의 역사』. 정명진 옮김. 서울: 부글북스.

주보프, 쇼샤나(Shoshana Zuboff). 2021. 『감시 자본주의 시대』. 김보영 옮김. 파주: 문학사상.

주언, 크리스토퍼(Christopher Zurn). 2024. 『악셀 호네트의 인정이론』. 박형신 옮김. 한울아카데미.

주은우. 2013. 「속도, 시각, 현대성」. ≪한국사회학≫, 47(4): 1~34.

주희·여조겸(편). 2004. 『근사록(近思錄)』. 이범학 역주. 서울대학교출판부.

지라르, 르네(René Girard). 2000. 『폭력과 성스러움』. 김진식·박무호 옮김. 민음사.

지마, 페터(Peter Zima). 1996. 『이데올로기와 이론: 비판적 인문사회과학을 위하여』. 허창훈·김태환 옮김. 문학과 지성사.

지멜, 게오르그(Georg Simmel). 2005. 『지멜의 모더니티 읽기』 김덕영·윤미애 옮김. 새물결출판사.

_____. 2013. 『돈의 철학』. 김덕영 옮김. 서울: 길.

지젝, 슬라보예(Slavoj Zizek). 2004. 『그들은 자기가 하는 일을 알지 못하나이다』. 박정수 옮김. 고양: 인간사랑.

_____. 2013. 『이데올로기의 숭고한 대상』. 이수련 옮김. 서울: 새물결.

진교훈. 2014. 『인격』. 서울대학교출판문화원.

진교훈 외. 2012. 『양심』. 서울대학교출판문화원.

진형준. 1992. 『상상적인 것의 인간학』. 서울: 문학과지성사.
체리, 스티븐(Stephen Cherry). 2013. 『용서라는 고통』. 송연수 옮김. 황소자리.
촐, 라이너(Rainer Zoll). 2008. 『오늘날 연대란 무엇인가』. 최성환 옮김. 한울아카데미.
최성수·이수빈. 2018. 「한국에서 교육 기회는 점점 더 불평등해져 왔는가?」. ≪한국사회학≫, 52(4).
최성호. 2019. 「양심이란 무엇인가?: 양심의 권위에 대한 두 가지 철학적 접근과 대한민국 사법부의 양심 개념」. ≪법철학연구≫, 22(2): 239~304.
최영송. 2016. 『슬라보예 지젝, 이데올로기의 숭고한 대상』. 서울: 커뮤니케이션북스.
최용철. 2008. 「윤리적 이기주의 연구」. ≪범한철학≫, 51(4): 309~332.
최원. 2016. 『라캉 또는 알튀세르』. 서울: 난장.
최유준. 2021. 「재현과 연행사이, 오월을 기념하는 소리들」. ≪감성연구≫, 22: 241~268.
최재목. 2006. 「동양철학에서 보는 '생명'의 의미」. ≪동양철학연구≫, 46: 343~368.
_____. 2017. 『양명학의 새로운 지평』. 서울: 지식과교양.
최정기. 2006. 「과거청산에서의 기억 전쟁과 이행기 정의의 난점들」. ≪지역사회연구≫, 14(2): 3~22.
최정운. 2012. 『오월의 사회과학: 사회과학자의 시선으로 새롭게 구성한 5월 광주의 삶과 진실』. 오월의봄.
최항섭. 2007. 「정보사회의 신뢰와 사회적 자본」. 정보통신정책연구원. 2007년 사회적자본 특별 심포지움 발표자료.
카프카, 프란츠(Franz Kafka). 2000. 『성』. 오용록 옮김. 서울: 솔.
_____. 2007. 『심판』. 김현성 옮김. 서울: 문예출판사.
칸타쿠지노, 마리나(Marina Cantacuzino). 2018. 『나는 너를 용서하기로 했다』. 김희정 옮김. 부키.
칸트, 임마누엘(Immanuel Kant). 2018. 『도덕 형이상학』. 이충진·김수배 옮김. 파주: 한길사.
_____. 2019. 『순수이성비판』. 최재희 옮김. 서울: 박영사.
_____. 2020. 『도덕 형이상학 정초』. 김석수·김종국 옮김. 파주: 한길사.
캉길렘, 조르주(Georges Canguilhem). 2018. 『정상적인 것과 병리적인 것』. 여인석 옮김. 서울: 그린비.
코언, 스탠리(Stanley Cohen). 2009. 『잔인한 국가, 외면하는 대중』. 조효제 옮김. 파주: 창비.
콜리어, 앤드류(Andrew Collier). 2010. 『비판적 실재론』. 이기홍·최대용 옮김. 서울: 후마니타스.
콜린스, 랜들(Randall Collins). 2009. 『사회적 삶의 에너지』. 진수미 옮김. 한울아카데미.
쿡, 프랜시스(Francis Cook). 1995. 『화엄불교의 세계』. 문찬주 옮김. 서울: 불교시대사.
크로포트킨, 표트르(Petr Kropotkin). 2005. 『만물은 서로 돕는다』. 김영범 옮김. 서울: 르네상스.
크리스테바, 줄리아(Julia Kristeva). 2001. 『공포의 권력』. 서민원 옮김. 동문선.
클라이넨버그, 에릭(Eric Klinenberg). 2018. 『폭염사회』. 홍경탁 옮김. 파주: 글항아리.
킴리카, 윌(Will Kymlicka). 2018. 『현대 정치철학의 이해』. 장동진·장휘·우정렬·백성욱 옮김. 파주: 동명사.
타르드, 가브리엘(Gabriel Tarde). 2012. 『모방의 법칙』. 이상률 옮김. 서울: 문예출판사.
_____. 2015. 『모나돌로지와 사회학』. 이상률 옮김. 서울: 이책.
토크빌, 알렉시 드(Alexis de Tocqueville). 2011. 『미국의 민주주의』. 은은기 역주. 대구: 계명대학교출판부.
퇴니스, 페르디난트(Ferdinand. Tönnies). 2017. 『공동사회와 이익사회』. 곽노완·황기우 옮김. 라움.
퍼트남, 로버트(Robert Putnam). 2000. 『사회적 자본과 민주주의』. 안청시 외 옮김. 서울: 박영사.
페르하에허 파울(Paul Verhaeghe). 2015. 『우리는 어떻게 괴물이 되어가는가』. 장혜경 옮김. 서울: 반비.
푸코, 미셸(Michel Foucaul). 2007. 『주체의 해석학』. 심세광 옮김. 서울: 동문선.
_____. 1991. 『권력과 지식』. 콜린 고든 엮음. 홍성민 옮김. 서울: 나남.
_____. 2012a. 『말과 사물』. 이규현 옮김. 서울: 민음사.
_____. 2012b. 『생명관리정치의 탄생』. 오트르망 옮김. 서울: 난장.
_____. 2016. 『감시와 처벌』. 오생근 옮김. 파주: 나남.
_____. 2020. 『성의 역사 1권: 지식의 의지』. 이규현 옮김. 파주: 나남.
프로이트, 지그문트(Sigmund Freud). 1995. 『토템과 타부』. 김종엽 옮김. 서울: 문예마당.
_____. 1997. 『문명속의 불안』. 김석희 옮김. 서울: 열린책들.
_____. 2014. 『문명 속의 불만』. 성해영 옮김. 서울: 서울대학교출판문화원.
프롬, 에리히(Erich Fromm). 2012. 『자유로부터의 도피』. 김석희 옮김. 서울: 휴머니스트.
하먼, 그레이엄(Graham Harman). 2020. 『비유물론』. 김효진 옮김. 서울: 갈무리.
하비, 데이비드(David Harvey). 1994. 『포스트모더니티의 조건』. 구동회·박영민 옮김. 한울아카데미.
하이데거, 마르틴(Martin Heidegger). 1998. 『존재와 시간』. 이기상 옮김. 서울: 까치.
하홍규. 2011. 「조지 허버트 미드와 정신의 사회적 구성」. ≪철학탐구≫, 30: 208~239.
_____. 2019. 『피터 버거』. 커뮤니케이션북스.
한비자. 2012. 『한비자』. 최태웅 옮김. 서울: 북팜.
한석정. 2004. 「서양의 국가폭력과 사과의 정치」. 한국 사회학회 2004 특별 심포지움 논문집, 학술대회자료.
한순미. 2019. 「공감과 연대: 내 속의 이 큰 슬픔을 누구에게 말할까?」. 김정인 외. 『너와 나의 5·18』. 오월의봄.
한준. 2008. 『신뢰: 한국 사회의 제도에 대한 신뢰』. 한림대학교출판부.
한채윤. 2016. 「왜 한국 개신교는 '동성애'를 증오하는가?」. ≪인물과 사상≫, 213: 114~127.
_____. 2017. 「왜 한국 개신교는 동성애 혐오를 필요로 하는가?」. 권현영 외. 『양성평등에 반대한다』. 교양인.
허시만, 알베르트(Albert Hirschman). 1994. 『열정과 이해관계』. 김승현 옮김. 서울: 나남.
허츠, 노리나(Noreena Hertz). 2021. 『고립의 시대』. 홍정인 옮김. 파주: 웅진지식하우스.
호네트, 악셀(Axel Honneth). 2011. 『인정투쟁』. 문성훈·이현재 옮김. 서울: 사월의책.
호크스, 데이비드(David Hawkes). 2003. 『이데올로기』. 고길환 옮김. 동문선.
호퍼, 에릭(Eric Hoffer). 2011. 『맹신자들』. 이민아 옮김. 궁리.
홉스, 토머스(Thomas Hobbes). 2018. 『리바이어던』. 진석용 옮김. 파주: 나남.

홍성민. 2016. 『감정과 도덕: 성리학의 도덕감정론』. 서울: 소명출판.
홍성수. 2018. 『말이 칼이 될 때: 혐오표현은 무엇이고 왜 문제인가?』. 어크로스.
홍윤기. 2010. 「연대와 사회결속: 연대의 개념, 그 규범화의 형성과 전망」. ≪시민과세계≫, 17: 45~64.
홍찬숙. 2016. 『개인화: 해방과 위험의 양면성』. 서울대학교 출판문화원.
화이트헤드, 알프레드(Alfred Whitehead). 2003. 『과정과 실재』. 오영환 옮김. 서울: 민음사.
_____. 2018. 『관념의 모험』. 오영환 옮김. 서울: 한길사.
황경식. 2012. 『덕윤리의 현대적 의의』. 서울: 아카넷.
황금중. 2014. 「공(公)과 사(私)에 대한 주희(朱熹)의 인식과 공공성 교육」. 김상준 외. 『유교적 공공성과 타자』. 서울: 혜안.
황석영·이재의·전용호·(사)광주민주화운동사업회 엮음. 2017. 『죽음을 넘어 시대의 어둠을 넘어: 광주 5월 민주항쟁의 기록』. 창비.
황수영. 2017. 『시몽동, 개체화 이론의 이해』. 서울: 그린비출판사.
황태연. 2014. 『감정과 공감의 해석학 1권』. 파주: 청계.
후설, 에드문트(Edmund Husserl). 2011. 『시간의식』. 이종훈 옮김. 한길사.
후쿠야마, 프랜시스(Francis Fukuyama). 1992. 『역사의 종말』. 이상훈 옮김. 서울: 한마음사.

Aberle, D. F. 1962. *A note on relative deprivation theory as applied to millenarian and other cult movements*. The Hague: Mouton.
Ahmed, Sara, 2014. *The Cultural Politics of Emotion*. Edinburgh University Press.
Allais, L. 2008. "Wiping the slate clean: the heart of forgiveness." *Philosophy & Public Affairs*, 36(1): 33~68.
Althusser, Louis. 1971. "Ideology and Ideological State Apparatuses." *Lenin and Philosophy and Other Essays*. Monthly Review Press.
Amsden, Alice. 1989. *Asia's Next Giant: South Korea and Late Industrialization*. Oxford University Press.
Archer, R. L., H. C. Foushee, M. H. Davis, and D. Aderman. 1984. "Emotional Empathy in a Courtroom Simulation: A Person-Situation Interaction 1." *Journal of Applied Social Psychology*, 9(3): 275~291.
Averill, J. R. 1983. "Studies on anger and aggression: Implications for theories of emotion." *American psychologist*, 38(11): 1145.
Bakhtin, M. M. 1981. *The dialogic imagination: Four essays*. M. Holquist.(Ed.) C. Emerson and M. Holquist.(Trans.) Austin: University of Texas Press.
Batson, C. D. 1987. "Prosocial motivation: Is it ever truly altruistic?" *Advances in experimental social psychology*, Vol.20, pp.65~122.
Batson, C. D. et al. 1995. "Empathy and the collective good: Caring for one of the others in a social dilemma." *Journal of Personality and Social Psychology*, 84: 619~631.

Batson, C. D., J. G. Batson, J. K. Slingsby, K. L. Harrell, H. M. Peekna, and R. M. Todd. 1991. "Empathic joy and the empathy-altruism hypothesis." *Journal of personality and social psychology*, 61(3): 413.

Bayertz, Kurt.(ed.) 1999. *Solidarity*. Kluwer Academic Publishers.

Becker, Gary. 1964. *Human capital : a theoretical and empirical analysis, with special reference to education*. New York: National Bureau of Economic Research.

Bell, Daniel. 1976. *The coming of post-industrial society*. New York: Basic Books.

Bell, M. 2012. "Forgiveness, inspiration, and the powers of reparation." *American Philosophical Quarterly*, 49(3): 205~221.

Berry, J. W., E. L. Worthington, N. G. Wade, van Oyen Witvliet, C., and R. P. Kiefer. 2005. "FORGIVENESS, MORAL IDENTITY, AND PERCEIVED JUSTICE IN CRIME VICTIMS AND THEIR SUPPORTERS." *Humboldt Journal of Social Relations*, 29(2): 136~162.

Bhaskar, Roy. 2008. *A realist theory of science*. London: Verso.

Bourdieu, Pierre. 1990. *The Logic of Practice*. Stanford University Press.

Bray, Karen, Heather Eaton, and Whitney Bauman. 2023. *Earthly Things: Immanence, New Materialisms, and Planetary Thinking*. Fordham University Press.

Coleman, James. 1990. *Foundations of a social theory*. Cambridge, Harvard University Press.

Cooley, Charles Horton. 1956. *Two major works of Charles H. Cooley: social organization, human nature and the social order*. Glencoe, Il: Free Press.

Coser, Lewis. 1956. *The Functions of Social Conflict*. Free Press.

Dapretto, Mirella, Mari S. Davies, Jennifer H. Pfeifer, Ashley A. Scott, Marian Sigman, Susan Y. Bookheimer, and Marco Iacoboni. 2006. "Understanding emotions in others: mirror neuron dysfunction in children with autism spectrum disorders." *Nature neuroscience*, 9(1): 28~30.

Darwall, S. 1977. "Two Kinds of Respect." *Ethics*, 88: 36~49; reprinted in *Dignity, Character, and Self-Respect*. R. S. Dillon.(ed.) New York: Routledge. 1995.

Davis, Mark H. 2007. "Empathy." Jan E. Stets and Jonathan H. Turner. *Handbook of the SOCIOLOGY OF EMOTIONS*. Springer Science+Business Media, LLC, pp.443~462.

Day, A., M. N. Nakata, and K. Howells.(Eds.) 2008. *Anger and indigenous men: understanding and responding to violent behaviour*. Federation Press.

Delanty, Gerard. 2010. *Community*. London: Routledge.

Dillon, R. S. 1992. "Respect and Care: Toward Moral Integration." *Canadian Journal of Philosophy*, 22: 105~132.

_____. 1997. "Self-respect: Moral, emotional, political." *Ethics*, 107(2): 226~249.

Dimaggio, Paul and H. Louch. 1998. "Socially Embedded Consumer Transaction: For What Kind of Purchases Do People Most Often Use Network?" *American Sociologcal Review*, 63: 619~637.

Dovidio, J. F. 1984. "Helping behavior and altruism: An empirical and conceptual overview." *Advances in experimental social psychology*, 17: 361~427.

Dovidio, J. F., J. Allen, and D. A. Schroeder. 1990. "The specificity of empathy-induced helping: Evidence for altruism." *Journal of Personality and Social Psychology*, 59(2): 249~260.

Durkheim, E. 1962. *Socialism.* New York: Collier Books.

_____. 1984. *The Division of Labor in Society.* translated by W. D. Halls. The Free Press.

Einoff, C. 2008. "Empathic concern and prosocial behaviors; a test of experimental results using survey data." *Social Science Research*, 37(4): 1267~1283.

Eisenberg, N. and P. A. Miller. 1987. "The relation of empathy to prosocial and related behaviors." *Psychological bulletin*, 101(1): 91.

Faulkner, J., M. Schaller, J. H. Park, and L. A. Duncan. 2004. "Evolved Disease-Avoidance Mechanisms and Contemporary Xenophobic Attitudes." *Group Processes & Intergroup Relations*, 7(4): 333~353.

Field, C., J. Zander, and G. Hall. 2013. "'Forgiveness is a present to yourself as well': An intrapersonal model of forgiveness in victims of violent crime." *International Review of Victimology*, 19(3): 235~247.

Fredrickson, B. L. 2004. "Gratitude, like other positive emotions, broadens and builds." *The psychology of gratitude*, pp.145~166.

Frijda, N. H. 1986. *The emotions.* Cambridge University Press.

Fromm, Erich. 1965. *Escape from freedom.* New York: Discus Books/Published by Avon.

Fukuyama, F. 1995. *Trust: The social virtues and the creation of prosperity.* New York, Free Press.

Gambetta, Diago. 1988. "Can we Trust Trust." *Trust: Making and Breaking Cooperative Relations.* Cambridge: Basic Blackwell.

Garfinkel, H. 1967. *Studies in ethnomethodology.* Englewood Cliffs, Prentice-Hall.

Giddens, Anthony. 1979. *Central problems in social theory.* Berkeley: University of California Press.

Goffman, Erving. 1972. *Relations in public; microstudies of the public order.* New York: Harper & Row.

Govier, T. 1999. "Forgiveness and the Unforgivable." *American Philosophical Quarterly*, 36(1): 59~75.

Granovetta, Mark. 1985. "Economic Action and Social Structure: The Problem of Embeddedness." *American Journal of Sociology*, 91: 481~510.

Habermas, Jurgen. 1990. *Moral consciousness and communicative action.* Cambridge: Polity Press.

Haidt, J., S. H. Koller, and M. G. Dias. 1993. "Affect, Culture, and Morality, or Is It Wrong to Eat Your Dog?" *Journal of Personality and Social Psychology*, 65(4): 613~628.

Hall, Stuart. 1996. *Modernity*. Blackwell Publishing.

Harvey, David. 1983. *The Urbanization of Capital*. John Hokins Uni. Press.

Holmgren, Margaret. 1993. "Forgiveness and the Intrinsic Value of Person." *American Philosophical Quarterly*, vol.30, no.4.

Hudson, S. D. 1980. "The Nature of Respect." *Social Theory and Practice*, 6: 69~90.

Joas, Hans. 2000. *The Genesis of Values*. Chicago: The University of Chicago Press.

Khalil, E. L. 2001. "Adam Smith and three theories of altruism." *Louvain Economic Review*, 67 (4): 421~435.

_____. 2004. "What is altruism?" *Journal of economic psychology*, 25(1): 97~123.

Kim, Wang-Bae. 1999 "Rethinking Korean Developmental Model: From Miracle to Mirage?" in Ho-Youn Kwon.(ed.) *The Urgent Future of Korea*. North Park University.

Kingstone, Rebecca. 2011. *Public Paasion: rethinking the grounds for political justice*. McGill-Queen's University Press.

Lewicki, R. J. and B. B. Bunker. 1996. "Developing and maintaining trust in work organization." R. M. Kramer, T. R. Tyler.(ed) *Trust in organizations: Frontiers of theory and research*. London, Sage Publications.

Lewicki, R. J. and D. J. McAllister, and Robert J. Bies. 1998. "Trust and Distrust: New Relationship and Realities." *Academy of Management Review*, 23(3): 438~458.

Lewis, J. D. and A. Weight. 1985. "Trust as a social reality." *Social Forces*, 63: 967~985.

Lewis, M., J. M. Haviland-Jones, and L. F. Barrett. 2008. *Handbook of Emotions*. New York : Guilford Press.

Lin, Nan. 1999. "Social network and Social Attainment." *Annual Review of Sociology*, 25: 467~487.

Lohmar, Dieter. 2006. "Mirror neurons and the phenomenology of intersubjectivity." *Phenomenology and the Cognitive Sciences*, 5(1): 5~16.

Marshall, T. H. 1977. *Class, Citizenship, and Social Development*. The University of Chicago Press.

Marx, Karl. 1977. *A Contribution to the Critique of Political Economy*. New York: International Publishers.

Mayer, R. C., J. H. Davis, and F. D. Schoorman. 1995. "An integrative model of organizational trust." *Academy of management review*, 20(3): 709~734.

Miller, W. 1997. *The Anatomy of Disgust*. Haverd Univ. Press.

Mishra, A. K. 1996. "Organizational Responses to Crisis." Roderick M. Kramer and T. Tylor. (eds.) *Trust in Organiztions*. Sage Publication.

Murphy, Jeffrey G. and Jean Hampton. 1988. *Forgiveness and Mercy*. Cambridge University Press.

Navarrete, C. D., and D. M. T. Fessler. 2006. "Disease avoidance and ethnocentrism: the effects of disease vulnerability and disgust sensitivity on intergroup attitudes." *Evolution and Human Behavior*, 27(4): 270~282.

North, Douglas. 1990. *Institutions, Institutional Change and Economic Performance*. Cambridge Press.

Novitz, David. 1998. "Forgiveness and Self-Respect." *Philosophy and Phenomenological Research*, vol.LVIII, No2.

Nussbaum, M. C. 2007. *Frontiers of justice: Disability, nationality, species membership*. Harvard University Press.

Pedersen, A., S. Clarke, P. Dudgeon, and B. Griffiths. 2005. "Attitudes toward Indigenous Australians and asylum seekers: The role of false beliefs and other social-psychological variables." *Australian Psychologist*, 40(3): 170~178.

Portes, Alejandro. 1998. "Social Capital: It's Origins and Applications in Modern Sociology." *Annual Review of Sociology*, 22: 1~24.

Putnam, Robert. 2001. *Bowling alone: the collapse and revival of American community*. New York: Touchstone.

Rand, Ayn. 1986. *The virtue of selfishness, a new concept of egoism*. New York: New American Library.

Ricoeur, Paul. 2004. *Memory, History, Forgetting*. Chicago, The University of Chicago Press.

Rizzolatti, Giacomo, Luciano Fadiga, Vittorio Gallese, and Leonardo Fogassi. 1996. "Premotor cortex and the recognition of motor actions." *Cognitive Brain Research*, 3(2): 131~141.

Roberts, R. C. 1995. "Forgiveness." *American Philosophical Quarterly*, 32(4): 289~306.

Rousseau, D. M., S. B. Sitikin, R. S. Burt, and C. Cramerer. 1998. "Not So Different After All: A Cross-Discipline View of Trust." *Academy of Management Review*, 23(3): 393~404.

Ryan, Alan. 1993. *Justice*. Oxford University Press.

Sahlins, Marshall. 1972. *Stone Age Economics*. Chicago: Aldine-Atherton.

Sayer, R. Andrew. 2011. *Why things matter to people: social science, values and ethical life*. Cambridge University Press.

Schultz, T. W. 1961. "Investment in human capital." *The American economic review*, 1~17.

Schumitt, Christopher S. and Candace Clark. 2007. "Sympathy." Jan E. Stets and Jonathan H. Turner. *Handbook of the SOCIOLOGY OF EMOTIONS*. Springer Science+Business Media, LLC, pp.467~485.

Schutz, Alfred. 1975. *On phenomenology and social relations*. n.p.: The University of Chicago Pr.

Shapiro, S. P. 1987. "The Social Control of Impersonal Trust." *American Journal of Sociology*, 93: 623~658.

Shaver, P., J. Schwartz, D. Kirson, and C. O'connor. 1987. "Emotion knowledge: further exploration of a prototype approach." *Journal of personality and social psychology*, 52(6): 1061.

Sitkin, S. B. and N. L. Roth. 1993. "Explaning the Limited Effectiveness of Legalistic remedies for Trust/Distrust." *Organizational Science*, 4: 367~392.

Smith, K. D., J. P. Keating, and E. Stotland. 1989. "Altruism reconsidered: The effect of denying feedback on a victim's status to empathic witnesses." *Journal of Personality and Social Psychology*, 57(4).

Solomon, Robert. 2008. "The Philosophy of Emotions." in M. Lewis, J. M. Haviland-Jones and L. F. Barrett.(eds.) *Handbook of Emotions*. New York: The Guilford Press, pp.3~16.

Stets, J. E., and J. H. Turner. 2007. *Handbook of the Sociology of Emotions*. New York, NY: Springer.

Strange, S. 1997. *Casino capitalism*. Manchester University Press.

Tompson, E. P. 1978. *The Poverty of Theory and Other Essays*. New York: Monthly Review Press.

Turner, J. H., and J. E. Stets. 2005. *The Sociology of Emotions*. New York, NY: Cambridge University Press.

Turner, Jonathan H. and Jan E. Stets. 2007. "Moral Emotions." Jan E. Stets and Jonathan H. Turner. *Handbook of the SOCIOLOGY OF EMOTIONS*. Springer Science+Business Media, LLC, pp.544~565.

Urry, John. 1975. *Social Theory as Science*. Routledge and Kegan Paul.

_____. 2000. *Sociology Beyond Societies*. Routledge.

Wainwright, J. and G. Mann. 2018. *Climate Leviathan: A political theory of our planetary future*. Verso Books.

Walzer, Michael. 1987. *Interpretation and Social Criticism*. Havard University Press.

Ware, Owen. 2014. "Forgiveness and Respect for persons." *American Philosophical Quarterly*, vol.51, no.3.

Weber, Max. 1949. *Methodology of the Social Sciences*. Glencoe: Free Press.

_____. 1951. *The religion of China: Confucianism and Taoism*. Glencoe: Free Press.

Wispe, L. 1986. "The Distinction between sympathy and empathy: To call forth a concept, a word is needed." *Journal of Personality and Social Psychology*, 50: 314~321.

Yamagishi, T. and M. Yamagishi. 1994. "Trust and commitment in the United States and Japan." *Motivation and Emotion*, 18(2): 129~166.

Young, I. M. 2011. *Justice and the Politics of Difference*. Princeton University Press.

Zucker, L. G. 1986. "Production of trust: Institutional sources of economic structure, 1840-1920." *Research in Organizational Behavior*, 8: 53~111.

찾아보기

ㄱ

가치중립 136
가치판단 64, 136
가핑클, 해럴드(H. Garfinkel) 355
각자도생의 생존주의 36
감사 72
감시 자본주의 309
감정 아비투스 53
감정 전염 102
감정의 교류 50
감정의 현상학 54
감정이입 102
강제적 처벌 156
개발독재 18
개별화 과정 313
개성 307
개인의 탄생 303
개종 345
객관적 관찰자 90
거래비용 359
거리 두기 193
거울 자아 83
견유주의 28
결핍감 162
경멸 210
경험 63
고독 310
『고독한 군중』 312
공감 83

공감론의 계보 86
공감의 적정선 90
공감의 척후병 83
공공의 적 24
공동체 315
공론장 146, 390
공리주의 160
공분 179, 196
공적감정 58
공적이성 58, 390
공정성 163
공정으로서의 정의 160
공평무사 165
공포의 발견술 143
관용과 환대 321
구별 짓기 22, 358
구성적 신뢰 355
구조적 혐오 211
국가범죄 172
국가주의 연대 373
군자들의 행진 241
극우 14, 216
극우 정당 14
근본주의자들 236
글로벌 네트워크 13
글로벌 사우스 14
『금강경』 115
금융위기 33
기계적 연대 315

기억 190
기억과 망각 202
기억의 정치 194
기체적 모더니티 12

ㄴ
나르시즘적 폐쇄형 인간 313
내면의 재판관 119
너스, 폴(P. Nurse) 255
노블리스 오블리제 24
노직, 로버트(R. Nozick) 159
『논어』 157
누빔점 286
누스바움, 마사(M. Nussbuam) 161
눈에는 눈, 이에는 이 157
뉘른베르크법 264
뉴라이트 31
느슨한 연대 320
니체, 프리드리히(F. Nietzsche) 127

ㄷ
다성성(多聲性, polyphonic) 392
다중성(plurality) 256
단독자 51
단자론 314
대화 392
도덕 59
도덕감정 52
도덕적 가치판단 88
도덕적 열등감 188
도덕적 존엄 348
도덕적 죄 187
도덕적 해이 248
도킨스, 리처드(R. Dawkins) 327
독백 390, 391
돌봄 373
되갚음 169

뒤따라 느낌 95
뒤랑, 질베르(G. Durand) 108
뒤르켐, 에밀(E. Durkheim) 158

ㄹ
라이프니츠, 고트프리트(G. Leibniz) 314
라캉, 자크(J. Lacan) 284
라투르, 브루노(B. Latour) 314
레비나스, 에마뉘엘(E. Levinas) 336
로보쿠스 35
루만, 니클라스(N. Luhmann) 249
리쾨르, 폴(P. Ricoeur) 193
리바이어던적 두려움 226
리스먼, 데이비드(D. Riesman) 312

ㅁ
마키아벨리, 니콜로(N. Machiavelli) 144
만하임, 카를(K. Mannheim) 273
매카시즘 232
메스꺼움 210
메스트로비치, 스테판(S. Mestrovic) 312
면역 패러다임 267
면역력 262
면역의 과잉 268
면역의 정치 266
모라토리엄 29
모델 210
모스, 마르셀(M. Mauss) 72, 329
모욕 347
목적론 140
무(無)시간성 236
무시 347
무임승차 313
물신숭배 278
미국 제일주의 14
『미국의 반지성주의』 229
미드, 조지 허버트(G. Herbert Mead) 84

미래 세대에 대한 책임 142
민중 233
민중주의의 감성 234
밀스, C. 라이트(C. Wright Mills) 109

Ⓗ
바슐라르, 가스통(G. Bachelard) 106
바우만, 지그문트(Z. Bauman) 375
바이러스 262
바이러스의 사회학 265
바이오크라시 43
바흐친, 미하일(M. Bakhtin) 392
박탈감 154
반공 안보 269
반지성주의 27, 229
반지성주의 동맹 232
방관자 188
배경적 신뢰 354
배려 339
벌거벗은 생명 253
법가 167
베버, 막스(M. Weber) 134
베이컨, 프랜시스(F. Bacon) 274
벡, 울리히(U. Beck) 309
벨, 다니엘(D. Bell) 272
병영적 통제 18
보드리야르, 장(J. Baudrillard) 35
보수대연합 31
보이지 않는 손 92, 159
복수 154
복수는 나의 것 170
복수심 168
복음주의 부흥운동 230
복지국가 연대 367
부끄러움 119
부르디외, 피에르(P. Bourdieu) 291, 357
부인의 정치 173

부채 의식 67
분노 178
분배 정의 159
불안 35
비(非)식별 영역 220
비릴리오, 폴(Paul Virilio) 12
비말의 사회관계 265
비인간 자연의 생명 254
비판 112

Ⓢ
사과의 정치 189
사르트르, 장 폴(J. Paul Sartre) 106
사변 104, 110
사변적 실재론 13
사상의 암흑기 18, 233
사실판단 136
사유의 불능 148
사이보그 담론 19
사회경제 164
사회의 '면역화' 262
사회자본 352
사회적인 것 46
사회학적 상상력 109
사회화 84
상기 191
상대적 박탈감 22, 162
상상력 104, 107
상상의 인류학 108
상속 163
생명 252
생명 통치 253
생활 세계 78
서(恕) 98
선물 교환 72
성찰적 감정 58
세 겹의 시간 지평 192

세상에 관여하는 방식　57
센, 아마르티아(A. Sen)　161
셸러, 막스(M. Scheller)　52, 94
소극적인 덕목　155
소명 의식　134
소명으로서의 언론　246
소비이데올로기　283
소통　390, 391
솔로몬, 로버트(R. Solomon)　55
수명　255
수치심　119
수행적 효과　214
슈뢰딩거, 에르빈(E. Schrodinger)　255
스미스, 애덤(A. Smith)　90
슬로터다이크, 페터(P. Sloterdijk)　290
승인의 감정　88
시기심　162
시뮬라크르　283
시민 덕성　145
신(新)사회운동　16
신념　293
신념 윤리　135
신뢰　352
신비화의 신비화　280
신자유주의적 인재　305
신자유주의형 인간　36
실존적인 현상학　69
실증주의　104
심의 민주주의론　146
십시일반의 참여　373
쌍용자동차　34

ㅇ
아감벤, 조르조(G. Agamben)　220
아노미　315
아렌트, 한나(H. Arendt)　148
아이히만, 아돌프(A. Eichmann)　148

악마　244
악마화　24
악의 평범성　148
알튀세르, 루이(L. Althusser)　283
앎　111
액체적 모더니티　12
야스퍼스, 카를(K. Jaspers)　186
양극화　32, 163
양명학　123
양생　342
양심　118, 186
양심선언　120
양심의 가책　127
양지　122
양지감통　123
어려운 용서　190
에스포지토, 로베르토(R. Esposito)　261
엘리아스, 노버트(N. Elias)　215
여험　216
역량 이론　161
역지사지　105
연대　366
연대주의　371
연민　339
연성 독재　235
열정　135
열정의 시대　18
예외 상황　220
예외 상황적 합법　308
예의 바른 무관심　51
오웰, 조지(G. Orwell)　309
온정적인 신뢰 관계　362
왜곡된 의식　275
외로움　310
요나스, 한스(H. Jonas)　141
용서　190
용서의 연행　204

용서의 윤리학 198
우골탑 20
우상화 275
우중 25
우치다 타쓰루(內田樹) 236
우파 221
원탁의 정의 164
원한 176
원한 감정 130
위험과 해방의 이중주 309
유기적 연대 315
유전무죄 무전유죄 39
육체 자본 342
윤리적 이기주의 324
은유와 환유 285
음모론 237
응보적 분노 169
응보적 정의 157
의사소통 390
이글턴, 테리(T. Eagleton) 295
이기주의 323
이데올로기 272
이미지의 현상학 107
이질성 321
이차적 반추 능력 88
이타주의 324
이행기 정의 172
인간 너머 비인간 103
인격적 존엄성 348
인공지능 364
인권과 평화 206
인드라망 83, 115
인류의 유사성 89
인지의 경제 56, 214
일등국가 18
일반화된 타자 77, 84
일상 50
잉여 주이상스 288
잉여의 사랑 202

ㅈ

자가면역질환 269
자기 회귀 345
자기배려 342
자기존중 347, 349
『자본론』 276
자산 관리 342
자연 상태 144
재야 18
저스티스 165
저항 이데올로기 273
적과 동지 218
적수의 정치 25
전도된 의식 277
전체주의 256
전형 60
절대 공동체 184
절대빈곤 20
정리해고 30
정명론 137
정의 151
정의감 152
정치 혐오 224
정치인의 소명 134
정치적 죄 186
정치적인 것 219
제3자의 시선 75
제도적 신뢰 354
존엄 252
존재론적 불안 35
존재론적 안녕 364
존중 347
종북좌파 222
죄의식 127

죄책감 74, 185
주권적 개인 129
주체 284
『중용』 111
중첩적 합의 146, 390
즉자적 개인화 36
즉자적 이기주의 323
증오와 선동 216
증환 22
지구법학 43
지라르, 르네(R. Girard) 218
지역감정 189
지행합일 122
지향성(intentionality) 54
직업윤리 134
직업집단 316
진실과 화해 173
집합 기억 195
짝패 222

ㅊ
참회 150
채권-채무의 관계 127
책임 133
책임 윤리 133
천민성의 공연장 247
초국적 거버넌스 15
초네트워크화 15
초월적 의식 54
출애굽기 157
측은지심 167

ㅋ
카지노 자본주의 12
카프카, 프란츠(F. Kafka) 258
칸트, 이마누엘(I. Kant) 349
콜먼, 제임스(J. Coleman) 356

쾌락 89
쿨리, 찰스 홀튼(C. Horton Cooley) 83
크로포트킨, 표트르(P. Kropotkin) 369
크리스테바, 줄리아(J. Kristeva) 215

ㅌ
타자 지향 83
타자성찰의 감정 82
타자의 타자 65
탄생 256
탈리오의 원칙 154
탈주술화 337
테러리즘 214
토크빌, 알렉시 드(A. Tocqueville) 147, 235
트라시, 앙투안 데스튀트 드(Antoine Destutt de Tracy) 275

ㅍ
파놉티콘 309
파르헤지아 345
파슨스, 탤컷(T. Parsons) 257
판단 149
판단의 판단 228
패도 23
팬아메리카니즘 14
페르소나 300
평화와 인권 195
포괄적 교리 390
포괄적 차별 금지법 41, 216
포스트휴먼(post-human) 시대 11
포퓰리즘 228
폴라니, 칼(K. Polanyi) 164
품위사회 348
프라이버시 306
프레임 56
프롬, 에리히(E. Fromm) 250

ㅎ

하버마스, 위르겐(J. Harbermas) 146
하이에크, 프리드리히(F. Hyek) 159
학력자본 22, 241, 357
한류 17
한비자 145
합리적 이기주의 323
항쟁의 의미 205
해석학적 방법론 86
해체 16
행복 추구 342
허위의식 276
혁명적 인간상 250
혈구 24
혈구지도 99
혐오 209
혐오 접착의 정치화 217
혐오 플레이어 225
혐한류 216
형식 민주주의 391
형이상학적 죄 186
호네트, 악셀(A. Honneth) 347, 380
호명 284
호모 사케르 220
호프스태터, 더글러스(D. Hofstadter) 229
호혜 경제 164, 329
호혜 교환 164
호혜적 이타주의 324, 329
홉스, 토머스(T. Hobbes) 144
『화엄경』 115
화이트헤드, 알프레드(A. Whitehead) 111
화해 202
확증 편향 238
환대 197
환대의 정치 350
환상 285
회복적 정의 158

후설, 에드문트(E. Husserl) 54
후안무치 119
후쿠야마, 프랜시스(F. Fukuyama) 272
흄, 데이비드(D. Hume) 86
희생 제의 219
희생자 묘역 189

숫자

1970년대 패러다임 21
1980년대 패러다임 21
68혁명 16
87체제 19

지은이 / 김왕배

연세대학교 사회학과 교수로 재직하고 있다. 연세대학교 사회학과를 졸업하고 동 대학원에서 사회학 박사학위를 받은 후, 박사후과정의 일환으로 캘리포니아 버클리 대학교 동아시아연구소의 객원연구원을 지냈다. 이어 시카고 대학교 사회학과의 조교수(전임초빙)로 재직했다. 주요 연구분야는 대안사회를 위한 호혜경제, 지구법학, 감정사회학이다.

지은 책으로 『산업사회의 노동과 계급의 재생산: 일상생활 세계의 불평등에 대한 성찰』(2001), 『도시, 공간, 생활세계: 계급과 국가 권력의 텍스트 해석』(2018, 개정판), 『감정과 사회: 감정의 렌즈를 통해 본 한국사회』(2019, 2020년 대한민국학술원 우수학술도서) 등의 단독 저서와 『세월호 이후의 사회과학』(2016, 공저), 『향수 속의 한국사회』(2017, 공저) 등 다수의 공저가 있다. 엮은 책으로 『지구법학: 자연의 권리선언과 정치참여』(2023)가 있으며, 옮긴 책으로 『국가와 계급 구조』(1985), 『자본주의 도시와 근대성』(1995, 공역) 등이 있다.

주요 논문으로 「맑스주의 방법론과 총체성」(1997), 「노동중독」(2007), 「자살과 해체사회」(2010), 「호혜경제'의 탐색과 전망」(2011), 「언어, 감정, 집합행동」(2017) 등이 있으며, 그 밖에도 감정노동, 정리해고, 사회자본, 인권에 관련된 다수의 논문이 있다.

한울아카데미 2528

도덕감정의 사회학
ⓒ 김왕배, 2024

지은이 | 김왕배
펴낸이 | 김종수
펴낸곳 | 한울엠플러스(주)
편   집 | 배소영

초판 1쇄 인쇄 | 2024년 7월 23일
초판 1쇄 발행 | 2024년 7월 30일

주소 | 10881 경기도 파주시 광인사길 153 한울시소빌딩 3층
전화 | 031-955-0655
팩스 | 031-955-0656
홈페이지 | www.hanulmplus.kr
등록번호 | 제406-2015-000143호

Printed in Korea.
ISBN 978-89-460-7528-3 93330 (양장)
    978-89-460-8322-6 93330 (무선)

※ 책값은 겉표지에 표시되어 있습니다.
※ 이 책은 강의를 위한 학생판 교재를 따로 준비했습니다.
  강의 교재로 사용하실 때에는 본사로 연락해주시기 바랍니다.